徽学文库（第二辑）　　　教育部人文社会科学重点研究基地
主　编◎周晓光　　　安徽大学徽学研究中心基金资助
副主编◎王振忠　胡中生

多元视角下的徽商
与区域社会发展变迁研究

——以清代民国的婺源为中心

何建木◎著

图书在版编目(CIP)数据

多元视角下的徽商与区域社会发展变迁研究:以清代民国的婺源为中心/何建木著. —合肥:安徽大学出版社,2020.12
(徽学文库/周晓光主编. 第二辑)
ISBN 978-7-5664-2185-2

Ⅰ. ①多… Ⅱ. ①何… Ⅲ. ①徽商－研究－婺源县 Ⅳ. ①F729

中国版本图书馆 CIP 数据核字(2020)第 268418 号

多元视角下的徽商与区域社会发展变迁研究
——以清代民国的婺源为中心

Duoyuan Shijiao Xia De Huishang Yu Quyu Shehui Fazhan Bianqian Yanjiu

何建木　著

出版发行：	北京师范大学出版集团 安　徽　大　学　出　版　社 (安徽省合肥市肥西路 3 号 邮编 230039) www.bnupg.com.cn www.ahupress.com.cn
印　　刷：	安徽新华印刷股份有限公司
经　　销：	全国新华书店
开　　本：	170 mm×240 mm
印　　张：	20.75
字　　数：	300 千字
版　　次：	2020 年 12 月第 1 版
印　　次：	2020 年 12 月第 1 次印刷
定　　价：	58.00 元

ISBN 978-7-5664-2185-2

总　策　划：	陈　来　齐宏亮		
执行策划编辑：	李　君　吴泽宇　范文娟	装帧设计：	李　军　孟献辉
责　任　编　辑：	吴泽宇　范文娟	美术编辑：	李　军
责　任　校　对：	钱翠翠	责任印制：	陈　如　孟献辉

版权所有　侵权必究

反盗版、侵权举报电话:0551－65106311
外埠邮购电话:0551－65107716
本书如有印装质量问题,请与印制管理部联系调换。
印制管理部电话:0551－65106311

总 序

徽学是以徽州历史地理、徽州传统社会、徽州历史文化及其传承创新为研究对象的一门学问。尽管关于徽州自然与人文的记述与探究,历史上由来已久,但作为具有现代学科意义的徽学,则形成于20世纪80年代。已故徽学研究奠基人和开拓者张海鹏先生在《徽学漫议》一文中说:"在20世纪70年代末到80年代中期,随着'科学的春天'的到来,学术园地百花齐放,异彩纷呈。其中,'徽学'也在群芳争妍中绽开了蓓蕾,成为地域文化中的一枝新秀。"①已故著名徽学专家、原中国社会科学院历史研究所周绍泉先生在《徽州文书与徽学》一文中说:"徽学(又称徽州学)是80年代以后才出现的新学科。"②著名徽学研究大家叶显恩先生在胡益民先生编著的《徽州文献综录》一书写的序中说:"徽学在短暂的三十年间,从默默寡闻而勃然兴起,今已蔚然成大国,耸立于学界之林,成为与敦煌学、藏学相比肩的显学。"③回溯30年,正是20世纪80年代。中国社会科学院栾成显先生在《明清徽州宗族文书研究》中同样指出:"20世纪80年代徽学兴起以来,学者们利用谱牒、方志及其他文献资料,乃至进行社会调查,对徽州宗族作了较为深入的研究,成果

---

① 张海鹏:《徽学漫议》,载《光明日报》,2000年3月24日。
② 周绍泉:《徽州文书与徽学》,载《历史研究》,2000年第1期。
③ 叶显恩:《徽州文献综录序》,见胡益明:《徽州文献综录》卷首,合肥:安徽教育出版社,2014年。

显著。"①上述关于徽学形成于20世纪80年代的观点,已是学术界的基本共识。

徽学之所以在20世纪80年代以后勃然兴起,有其天时、地利、人和等多种因素。

从"天时"来看,20世纪80年代是学界处于中华人民共和国成立以来的一个学术研究重要转型期。就史学研究而言,著名史学理论与史学史研究专家、北京师范大学瞿林东先生认为:"中国史学上的第五次反思出现于20世纪八九十年代,其历史背景和学术背景是,20世纪七十年代末,中国的政治形势从'以阶级斗争为纲'转向实行改革开放、以经济建设为中心;在意识形态领域则是以拨乱反正、正本清源、解放思想、实事求是为其时代特征……中国的理论界、学术界从'万马齐喑'的状态一下子活跃起来,几乎每一个学科或学术领域都在思考自身的发展道路。"②中国史学"视野开阔了,研究领域拓展了,中外史学交流日益加强了,新问题、新材料、新成果不断涌现出来"。③ 在此转型期中,文化史、社会史和区域史的研究受到高度重视。徽州因其独特的地理与历史文化秉性,吸引了海内外学者的目光,有关徽州及其历史文化的各类研究成果纷纷问世。由此,徽州成为当时区域史研究的一个重要对象。正是基于学术研究转向的这一背景,徽学因时而生。中国社会科学院卜宪群先生在《新中国七十年的史学发展道路》一文中评述这一时期的史学研究时说:"与历史文献学有密切关系的甲骨学、简帛学、敦煌学、徽学等古文书学研究取得了重要成就。徽学成为国际性学科,敦煌在中国,敦煌学在国外的状况得以根本改变。"④1999年12月,中华人民共和国教育部设立首批15所人文社会科学重点研究基地,安徽大学徽学研究中心入选。它标志着经过20年的发展,徽学学科得到了国家层面的正式认可。

---

① 栾成显:《明清徽州宗族文书研究序》,见刘道胜:《明清徽州宗族文书研究》卷首,合肥:安徽人民出版社,2008年。
② 瞿林东:《史学理论史研究 中国史学上的五次反思》,载《史学史研究》,2015年第1期。
③ 瞿林东:《传播·反思·新的前景——新中国70年史学的三大跨越》,载《中国史研究动态》,2019年第4期。
④ 卜宪群:《新中国七十年的史学发展道路》,载《中国史研究》,2019年第3期。

从"地利"来看,它包含了多个方面的内容:

一是历史上关于徽州自然与人文的探究传统,为徽学形成奠定了基础。从南朝梁萧几《新安山水记》、王笃《新安记》,唐代《歙州图经》,北宋祥符年间《歙州图经》、黄山祥符寺僧行明《黄山图经》,南宋姚源《新安广录》、罗愿《新安志》、刘炳等《新安续志》,到元代朱霁《新安后续志》,明代程敏政《新安文献志》、程瞳《新安学系录》《新安文献补》、何东序等《徽州府志》、方信《新安志补》、蒋俊《祁阊图志》、戴廷明等《新安名族志》、张涛等《歙志》、傅岩《歙纪》,清代高晫《徽州府通志》、赵吉士《徽州府志》、施璜《紫阳书院志》《还古书院志》等,以及各历史时期其他大量有关徽州的府县志、专志、纪述,都是涉及徽州山川风物、疆域沿革、风俗变迁、宗族迁徙、文教兴衰、人物事迹等自然与人文历史的记述与考察。近代以来,学者又开始有意识地关注徽州历史与文化问题,把徽州视为一个既有特殊性、又具普遍性的区域加以关注、研究。其成果为20世纪80年代的徽学成为专门学问奠定了基础。

二是源远流长且内涵丰富的徽州历史文化,为徽学形成提供了研究对象。徽州文化具有丰富的内涵,其内容包括新安理学、徽派朴学、徽州教育、新安医学、徽商、徽州科技、徽派建筑、新安画派、徽派篆刻、徽派版画、徽剧、徽菜、徽派雕刻、徽派盆景、宗族、民俗、方言,以及文房四宝等。其文化秉性既是区域个性的标签,也展现了独特的文化风采。第一,徽州文化是连续不断的文化。宋徽宗宣和三年(1121)"徽州"得名,从此开始了徽州文化的时代。在其后的800年间,徽州文化有过盛衰变迁,但它从未中断过,长期保持了高位水平发展态势且始终具有个性特征。这在其他区域文化中是不多见的。徽州文化的"连续不断",主要表现在两个方面:一方面,宋代以降,各个时期徽州都是传统文化的发达之区,其生生不息的文化传承,构成了徽州文化的连续性;另一方面,徽州文化中的一些主要文化现象,宋代以来一直传承不息,源远流长。比如,徽州传统学术文化从新安理学到徽派朴学延续了600多年而未断层就是一个典型的事例。第二,徽州文化是兼容并包的文化。徽州文化虽有其独立的个性,但在其发展过程中,也吸收了大量的其他区域、其他学派的文化。因此,兼容并包成为徽州文化的重要特色之一。第三,徽州文化是引领潮流的文化。作为引领潮流的文化,徽州文化中的新安理学成为国家意志和国家"主流"意识;而徽州文化中的其他各种文化现象,不仅因其地域特色鲜明而在中国传统文化中独树一帜,而且能突破区域局限,引领各领域的文化潮流。第四,徽州文化是世俗生活的文化。徽州文化中无论是精神层面的文化,还是物质层面的文化和制度层面的文化,都与世俗生活息息相关。第五,徽州文化是体系完备的文化。在中国传统社会后期,随着传统文化的地域化发展,各具特色的区域文化纷纷出现,形成繁星满天的情景。这些区域文化,各擅其长,或以哲学思想影响当时及后世,或因文学流派享誉天下,或藉教育和科举形成特色,或由民风民俗传扬四方,但集各种文化现象于一身者,并不多见。徽州文化则因其具有丰富的内涵,成为别具一格的文化体系,形成鲜明的区域特色。这些文化现象,涉及徽州经济、社会、教育、文学、艺术、工艺、建筑、医学等学科,涉及中国传统文化的各个方面,也全面反映了中国传统社会后期经济、社会、生活及文学艺术等基本内容。无论是物质层面的文化、制度层面的文化,还是精神层面的文化,中国传统文化的特质在徽文化中均有典型体现。因此,徽州文化具有独特的研究价值,也成为徽学之所以形成的"地利"因素之一。

三是丰富的徽州历史文献和大量的文化遗存,尤其是20世纪80年代以来近百万件徽州文书的重新发现,为徽学的形成提供了坚实的资料支撑。徽学是以历史学为基础的综合性学科,史料是支撑学科成立的重要因素。历史上徽州向来以"文献之邦"著称,《新安歙北许氏东支世谱》说,江南诸郡中"以文献称者吾徽为最"。① 清乾隆年间编纂的《四库全书》,收录徽人著作254种(含存目类);而道光《徽州府志·艺文志》则著录徽人著述宋504种、元288种、明1245种、清(道光以前)1295种,总数达3332种,分经、史、子、集四大类,数十门类。胡益民编著的《徽州文献综录》著录的各类徽州典籍文献逾15000种。② 这些历史文献成为徽学研究的重要史料,并且在20世纪80年代以后包括《四库全书》在内的大型丛书陆续影印出版,为研究者提供了便

---

① 《新安歙北许氏东支世谱》卷五《寿昌许公八秩序》。
② 胡益民编著:《徽州文献综录》,合肥:安徽教育出版社,2014年。

利。徽州还是物质和非物质文化遗产保存较为丰富的地区,祠堂、牌坊、古民居、古村落、传统工艺、民间艺术等数量巨大,类型多样,它们既是徽学研究的重要内容,也是支撑徽学学科的资料类型之一。值得特别强调的是,20世纪80年代以来近百万件徽州文书的重新发现,在徽学形成过程中起到了极其重要的作用。甚至有学者认为,徽州文书具有"启发性、连续性、具体性、真实性和典型性的特点",这些特点"吸引了许多研究者全力以赴地研究它,以致出现了一门以徽州文书研究为中心、综合研究社会实态、探寻中国古代社会后期发展变化规律的新学科——徽学"。① 丰富的历史文献、大量的文化遗存和百万件的徽州文书,成为徽学形成的重要"地利"因素。

从"人和"来看,学术界致力于徽学学科的理论与方法研究,推动了徽学的形成。20世纪80年代以来,众多学者开始自觉为构建徽学学科体系而开展了一系列的讨论,涉及的问题包括徽学的名称、徽学的研究对象和研究范围、历史时段等。张立文、刘和惠、张海鹏、周绍泉、赵华富、黄德宽等学者分别撰文,探讨徽学学科建设的相关问题。安徽大学徽学研究中心在2004年还召开了"徽学的内涵与学科建构研讨会",40余位专家围绕徽学的内涵和学科体系建构等问题展开了深入讨论,会议成果被编成论文集《论徽学》,由安徽大学出版社出版。② 2000年,中国社会科学出版社出版的《徽州学概论》,也是一部探讨徽学理论与方法的著述。③ 这些有意识地构建徽学学科的研究,成为20世纪80年代以后徽学形成的重要因素。

天时、地利、人和,三者共同促成了徽学在20世纪80年代后成为一门与藏学、敦煌学齐名的"显学"。在至今近40年的发展历程中,徽学研究取得了丰硕的成果。数千篇散见于报刊的徽学相关领域研究的论文,为我们展示了徽文化的博大精深和研究者的深度思考;数百部徽学专著,为我们解读和剖析了徽文化中诸种文化现象的前因后果,以及这些文化现象在中国历史和中国文化史上的地位与作用;数十种大型徽州文书与民间文献丛刊的影印出

---

① 周绍泉:《徽州文书与徽学》,载《历史研究》,2000年第1期。
② 朱万曙主编:《论徽学》,合肥:安徽大学出版社,2004年。
③ 姚邦藻主编:《徽州学概论》,北京:中国社会科学出版社,2000年。

版,为我们提供了徽学研究的重要珍稀资料。徽学成为一门"显学",正是立足于近40年徽学研究的成果之上。

为推动徽学研究的深入开展,集中展示最新的徽学研究成果,从2014年开始,安徽大学徽学研究中心与安徽大学出版社联手打造了《徽学文库》项目。该项目受到了国家出版基金的立项资助,第一辑共9种于2017年全部推出。《徽学文库(第一辑)》出版后,在学界产生了较大的影响。随后,我们策划了《徽学文库(第二辑)》出版项目,并再次得到国家出版基金的立项资助。《徽学文库(第二辑)》共收录徽学研究原创性著作10部,其中部分著作是省部级以上重点项目的结项成果,前后持续数年打磨而成;部分著作是学界新锐的博士学位论文,在导师指导下积数年之功形成的学术精品。作者分别来自安徽大学、复旦大学、上海财经大学、安徽师范大学、黄山学院和香港浸会大学等高校,均为长期关注徽州、从事中国史和徽学研究的学者。

《徽学文库(第二辑)》呈现了以下特色:

第一,聚焦徽学研究薄弱领域,填补学科发展空白之处。第二辑推出的10部著作,选题大多聚焦于徽学原先研究中相对薄弱的课题。比如,近年来随着徽州文书和民间文献的发现和整理,数量众多的徽州日记得以披露,但学界关于徽州日记的专题研究成果,尚未出现。第二辑中《明清以来徽州日记的整理与研究》一书,是作者20余年来深入村落田野进行调查,收集到大量散落民间的日记后,探幽发微、精心整理而成的著作,既有重要的学术价值,又填补了徽学相关研究领域的空白。徽州长期以来被视为儒学发达之区,有关徽州儒学的研究备受重视,而对徽州宗教的研究则相对薄弱。《徽州佛教历史地理研究》通过对大量徽州文书、佛教史籍、金石文字和考古资料的分析,从不同角度对徽州特定历史与地区的佛教传播、寺院分布、高僧籍贯等进行全面研究,对徽州各地区佛教发展的水平层次及其前后变化进行探讨,揭示了徽州佛教文化与其他文化的关系,以及佛教文化与徽州地理的相互作用。这一研究也是针对现有徽学研究的薄弱之处而进行的探索,具有填补空白的意义。《宋元明清徽州家谱的历史演进》《宋明间徽州社会和祭祀礼仪》等,均为徽学研究中独辟蹊径、创新领域的成果。

第二，重视徽州文书和民间文献等新资料的挖掘、整理与研究，推动徽学研究利用特色资料走向深入。大量徽州文书和民间文献存世，是20世纪80年代以来徽学得以形成的重要"地利"因素。本辑中的多部著作，非常注重利用徽州文书与民间文献开展研究。如《宋元明清徽州家谱的历史演进》立足于徽州地域社会，以时间为序，对宋元明清徽州家谱进行了细致的考察与分析，揭示其内在特质及发展规律。《明清以来徽州日记的整理与研究》分上、下两编。上编为研究编，收录作者研究明清徽州日记的最新成果，内容涉及徽州乡土社会、徽州商人的活动和徽州名人的事迹等。下编为资料编，收录《曹应星日记》《复堂日记》《习登日记》等10部日记，或为稿本，或为抄本，极具学术研究价值。《晚清乡绅家庭的生活实态研究——以胡廷卿账簿为中心的考察》对晚清时期的徽州乡村社会及民众的日常生活图景作了总体性描绘，而其主要资料来源则是胡廷卿账簿前后19年的流水记录。通过对胡廷卿一家日常生活状况的研究，结合族谱资料，分析晚清时期徽州社会民众日常生活中的空间、生计及社会关系等问题。注重对徽州文书与民间文献的挖掘、整理与利用，成为本辑多数著作的共同特色。

第三，致力于以微见著，体现徽学作为区域史研究的典范价值和宏观意义。本辑著作从题目来看，多为关于徽学领域中的具体问题或某一现象的研究，但作者往往以小见大，着眼于相关问题的宏观意义，从而凸显徽学研究在解读中国历史、社会和文化发展中的样本价值。如《多元视角下的徽商与区域社会发展变迁研究——以清代民国的婺源为中心》围绕徽商中婺源商人与区域社会之间的互动、融合、发展与变迁这一核心问题展开讨论，希望揭示的是传统社会中商人群体兴起和形成的原因、商业经营网络及其主要经营行业、商人流动迁徙及其组织形态、同乡组织及其慈善事业、乡村的人口流动与商业移民、商业移民与侨寓地的社会变迁、商人和商业与市镇之间的关系等宏观问题。《历史社会地理视野下的徽商及徽州社会——以清民国时期的绩溪县为中心》较为系统地考察了绩溪本土社会的近代化表现，而作者的立意则是剖析近代商人、商业与地方社会变迁之间的内在联系。《晚清乡绅家庭的生活实态研究——以胡廷卿账簿为中心的考察》虽是关于胡廷卿一家日常生活状况的研究,但作者的目的在于阐释晚清时期国家、社会与个人之间的相互关系。《传统职业变迁与明清徽州人口流动研究》从明清徽州的自然与社会因素出发,较为系统地考察了明清徽州传统职业观的转换与建构,而作者的意图还在于解读"四民"间职业变迁、"四民"间人口流动及其对整个明清社会的作用和影响。本辑10部著作是关于徽州区域史研究的精微力著,但其学术价值和研究意义是远远超出徽州的。

第四,跨学科方法的运用,也是本辑著作的显著特色之一。如《民间历史文献与明清徽州社会研究》首先从文献学的角度对徽州档案文书史料进行了系统的考证和研究,再立足历史学、社会学等视角对徽州民间文书所反映的各种社会关系加以阐发,深入解读并阐释徽州民间文书的形式和内涵,从而探索基层社会诸侧面,以及开展徽州区域社会的研究。《徽州佛教历史地理研究》《多元视角下的徽商与区域社会发展变迁研究——以清代民国的婺源为中心》《历史社会地理视野下的徽商及徽州社会——以清民国时期的绩溪县为中心》等作品,则侧重于采用历史学、历史地理学、宗教学、社会学等多学科方法进行综合研究。《徽州文献探微》在研究中采用了文献学、方志学、谱牒学及史学研究的方法。跨学科的研究方法,有助于多角度、多层面探讨相关问题,从而得到更为可靠的结论。

徽学作为一门新兴的学科,只有近40年的历程,未来要发展为成熟的学科,仍需学界同仁作出持之以恒的努力。我们相信,久久为功,必有大成。这次推出《徽学文库(第二辑)》,是我们为发展繁荣徽学贡献的绵薄之力,期待有助于徽学研究水平的提升和徽学学科的建设。

是为序。

周晓光

2020年5月20日于
安徽大学徽学研究中心

目 录

MULU

前 言 …………………………………………………………… 1

第一章　婺源商人群体兴起及其与徽商关系 ……………………… 1

　第一节　婺源历史地理概况与商人群体的兴起 ……………… 1
　第二节　婺源商人群体与徽商的关系 ………………………… 11

第二章　徽商与区域社会的互动与融合发展 ……………………… 22

　　第一节　婺源商人出生地的空间分布及其特点 ……………… 22
　　第二节　商人、商业与婺源市镇的发展和变迁 ……………… 33
　　第三节　婺源城乡商品生产及其与徽商关系 ………………… 67

第三章　徽商的主要经营行业、经营特点与区域社会变迁 ……… 86

　　第一节　木商与木业 …………………………………………… 86
　　第二节　茶商与茶业 …………………………………………… 127
　　第三节　墨商与墨业 …………………………………………… 165
　　第四节　其他行业 ……………………………………………… 192

第四章　徽商的流动迁徙与商业移民 …… 207

第一节　商人的流动迁徙与组织形态 …… 207
第二节　旅外徽商同乡组织及其公益慈善事业 …… 217
第三节　徽商的人口结构与流动倾向 …… 257

参考文献 …… 289

后　记 …… 303

前 言

自 20 世纪中叶以来,以徽州社会经济史特别是明清以来的徽州社会经济史研究为主体、徽州整体历史文化、徽州人在异地活动等内容为研究对象的徽学呈现出方兴未艾发展趋势。徽学作为一门综合性学科,迄今已经取得了多方面成果[①],尤其是老一辈学者凭借扎实的文史功底,对土地契约及佃仆制度等方面的研究已经相当深入[②]。新生代学者也在持之以恒永续接力,从方法论角度看,20 世纪 80 年代以来的徽州学研究更多地着眼于研究视野的扩大,以及社会学、人类学、民俗学、地理学、语言学、人口学等周边学科方

[①] 王振忠:《徽州文书与明清以来的中国史研究》,载《安徽大学学报》,2018 年第 1 期。卞利:《20 世纪徽学研究回顾》,《徽学》第二卷,合肥:安徽大学出版社,2002 年。邹怡:《徽州佃仆制研究综述》,载《安徽史学》,2006 年第 1 期。王世华:《徽商研究:回眸与前瞻》,载《安徽师范大学学报》,2004 年第 6 期。唐力行:《徽州宗族研究概述》,载《安徽史学》,2003 年第 2 期。薛贞芳:《徽学研究论著资料索引(1995—1997)》,载《大学图书情报学刊》,1999 年第 1 期。阿风:《徽州文书研究十年回顾》,载《中国史研究动态》,1998 年第 2 期。曹天生:《本世纪以来国内徽商研究述论》,载《史学月刊》,1995 年第 2 期。曹天生:《本世纪以来国内徽学研究概述》,载《中国人民大学学报》,1995 年第 1 期。张健:《徽商研究评介》,载《中国史研究动态》,1992 年第 7 期。畅民:《建国以来徽商研究综述和前瞻》,载《安徽史学》,1986 年第 5 期。王振忠:《徽州社会文化史探微》和《明清徽商与淮扬社会变迁》的前言部分。唐力行:《明清以来徽州社会经济研究》的序言部分。

[②] 在此方面的重要学者包括叶显恩、栾成显、章有义等人。

法的引入、融合与交叉运用①,同时大量徽州民间文献得到了发现、整理与出版。就徽学研究而言,以往大量雪藏于基层社会的徽州文书被发现与整理,这为跨学科研究思路提供了一个极佳的实践领域。而且近数十年来整理出版的大量徽学资料②和探索性论文,为后来的学者进行系统研究奠定了基础。近年来,充分利用各种民间文本、文献资料进行多学科探讨,日益成为徽学研究的一个重要发展趋势。

当然,在多学科交叉运用和学术范式的构建方面,徽州区域研究相比起华南③、江南④、华北⑤和四川盆地⑥等区域的区域史研究,整体上呈现出对史料的深度挖掘和解读较多,但具有学术典范意义的论著数量相对较少的特点。

---

① 如王振忠:《"徽州朝奉"的俗语学考证》,《中国社会经济史研究》,1996年第4期。赵赟:《徽州地区土地利用变化驱动力分析(1500—1900)》,载《复旦学报》,2002年第5期。周绍泉、落合美惠子和侯杨方在2002年8月"中国家庭史国际学术讨论会"提交的论文中对明万历三十年和四十年安徽休宁县的黄册底籍进行了细致的人口学分析,详见王利华:《中国家庭史国际学术讨论会述评》,载《历史研究》,2002年第6期,后来该文刊载于张国刚主编:《家庭史研究的新视野》,北京:生活·读书·新知三联书店,2004年。

② 研究视野的扩大也推动了大量资料汇编和提要的问世。1980年代以来,国内出版的重要徽州研究资料目录提要包括:《徽州历史档案总目提要》,合肥:黄山书社,1996年。《徽州文书类目》,合肥:黄山书社,2000年。资料汇编则有《明清徽州社会经济资料丛编》第一辑,北京:中国社会科学出版社,1988年。《明清徽州社会经济资料丛编》(第二辑),北京:中国社会科学出版社,1990年。《明清徽商资料选编》,合肥:黄山书社,1985年。《徽州千年契约文书》,石家庄:花山文艺出版社,1991年。《田藏契约文书粹编》,北京:中华书局,2001年。《美国哈佛大学哈佛燕京图书馆藏明代徽州方氏亲友手札七百通考释》,合肥:安徽大学出版社,2001年。《新安名族志》《太函集》《新安文献志》等收入"徽学研究资料辑刊"丛书,合肥:黄山书社,2004年。王振忠主编:《徽州民间珍稀文献集成》,上海:复旦大学出版社,2018年。此外,大量涉及徽州区域社会的地方志(府县志、乡镇志)也陆陆续续在大陆和台湾出版,为研究者提供了极大方便。

③ 如刘志伟:《地域社会与文化的结构——珠江三角洲研究的历史学与人类学对话》,载《历史研究》,2003年第1期。

④ 如黄宗智:《长江三角洲小农家庭与乡村发展1350—1988》,北京:中华书局,2000年。黄宗智:《长江三角洲小农家庭与乡村发展——略论农村社会经济史研究方法》,载《中国经济史研究》,1991年第3期。

⑤ 如黄宗智:《华北的小农经济与社会变迁》,北京:中华书局,2000年。黄宗智:《近数百年的小农经济与社会变迁——兼及社会经济史研究方法》,载《中国经济史研究》,1986年第2期。

⑥ 如施坚雅:《中国农村的市场和社会结构》,北京:中国社会科学出版社,1998年。王笛:《跨出封闭的世界——长江上游区域社会研究(1644—1911)》,北京:中华书局,2001年。

有学者认为,目前徽学研究正在走向三个偏向,一是徽学研究的地方史色彩日益浓重,碎片化倾向日趋明显;二是徽学研究者之间真正意义上的颇具宏观视野和现实观照的学术对话愈发困难;三是徽学作为一门学科的总的研究旨趣、理论范式迟迟未能很好地建构。① 对三个偏向的概括,笔者认为,究其原因,徽州区域史研究的最大薄弱之处可能就在于跨学科方法的应用仍显不足;研究的价值取向有所偏颇,没有从细节上走出来,没有走向更大的宏观整体。

以往学者对于徽州区域社会的研究,从其研究内容和研究对象来看,重点是徽商,其次是宗族、法制、土地赋役、民间组织、家庭生活、社会关系等,在徽商与侨寓地关系研究方面也有一些新成果②。从其研究对象的地域范围来看,大的大到以徽州为整体,小的小到以一个宗族或村落为中心,而介于"大徽州"和小村落、宗族之间的是县份,以徽州一个县份为中心进行系统而微观的探讨,目前还较少③。在徽州地区,每个县份在"徽州"这一名词掩盖之下,其实具有更加细微的区域特征,或可称以"县域"为观察单元所呈现出的介于宏观和微观之间的较小范围的"中观"特点。在徽商的经营行当上,各县都有不同的行业侧重及经营特色;在社会习俗方面,各县也存在一定的差异。因此,考察每个县域的特征,既可以推动徽州区域社会史、经济史研究的深化和细化,也能为徽州区域社会变迁提供微观的个案和实证考察的新视角。

婺源是徽州乃至整个江南区域社会中极具特色的县份。在徽商的经营行当中,婺源商人群体是徽州商帮的木业、茶叶和墨业等几大行业的主要经营者,与歙县盐商、休宁典当商一样,是明清以来传统社会中最引人注目的一个群体。婺源商人在整个徽州商帮中,是极为重要的一支,也是徽州商帮中最为活跃的一支,其商业实力在整个徽州商帮中与歙商、休商具有同样重要

---

① 梁仁志:《在徽州发现中国:徽学研究的出处与归处》,载《南京社会科学》,2018 年第 10 期。
② 如张小坡:《旅外徽州人与近代徽州社会变迁研究》,北京:中华书局,2019 年。
③ 卜永坚、毕新丁编:《婺源的宗族、经济与民俗》,上海:复旦大学出版社,2013 年。廖华生:《明清婺源的官绅关系与地方政治——以地方公共事务为中心》,厦门大学历史学系博士学位论文,2006 年 9 月。赵力:《商业与社会变迁——以 1644—1949 年黟县为例》一文,复旦大学历史地理研究所硕士论文,2003 年 5 月。武世刚:《明清以来徽州休宁县的经济社会变迁及其旅外商人》,复旦大学历史地理研究所硕士论文,2007 年 5 月。

的地位,而目前的研究大多集中于歙、休两县,关于婺源县域商人群体的研究则略显薄弱,只有零星的研究性论著或资料介绍性质的文章①。婺源是徽州

---

① 以婺源一县相关题材为研究对象的研究性或资料介绍性论著包括:[日]熊远报:《村の紛その解決》,1995年5月,东北中国学会的报告。[日]熊远报:《清代徽州地域社会史研究:境界・集団・ネットワークと社会秩序》,东京:汲古書院,2003年。[日]熊远报:《联宗统谱と祖先史の再構成—明清時代、徽州地域の宗族の展開と拡大を中心として—》,载《中國——社會と文化》,第十七號,2002年6月。[日]熊远报:《清代徽州地方における地域紛争の構図:乾隆期婺源県西関壩訴訟を中心として》,载《东洋学报》81卷,1999年第1期。[日]中岛乐章书评:《熊远报著〈清代徽州地域社会史研究——境界・集団・ネットワークと社会秩序〉》,载《社会経済史学》69卷,2004年第6期。[日]重田德著,刘森译:《清代徽州商人之一面》,《徽州社会经济史译文集》,合肥:黄山书社,1988年。[日]夫马进:《试论明末徽州府的丝绢分担纷争》,载《中国史研究》,2000年第2期;[韩]权仁溶:《清初徽州一个生员的乡村生活——以詹元相〈畏斋日记〉为中心》,《徽学》第二卷,合肥:安徽大学出版社,2002年。刘和惠:《读稿本〈畏斋日记〉》,载《中国史研究》,1981年第1期。王振忠:《徽州文书的形成——以抄本〈新安上溪源程氏乡局记〉二种为中心》,载"历史档案的多国比较研究"成果年次报告书平成16年度》,日本,平成16—19年度科学研究费补助金 基盘研究(A)(2),大学共同利用机关法人人间文化研究机构、国文学研究资料馆档案学研究系,2005年3月。王振忠:《清代前期徽州民间的日常生活——以婺源日用类书〈目录十六条〉为例》,台湾中研院"中国日常生活的论述与实践"国际学术研讨会论文,2002年10月26日。王振忠:《水岚村纪事:一九四九年》,北京:生活・读书・新知三联书店,2005年;王振忠:《徽州小说〈我之小史〉抄稿本二种》,载《华南研究资料中心通讯》,2004年第34期。王振忠:《稀见清代徽州商业文书抄本十种》,载《华南研究资料中心通讯》,2000年第20期。王振忠:《晚清婺源墨商与墨业研究》,载《古代中国:传统与变革》(复旦史学集刊第一辑),上海:复旦大学出版社,2005年。赵华富:《婺源县游山董氏宗族调查研究》,《徽学》第二卷,合肥:安徽大学出版社,2002年。龚恺:《中国古村落・豸峰村》,石家庄:河北教育出版社,2003年。陈健鹰、王钟音:《婺商述略》,政协婺源县委员会文史资料研究委员会编《婺源县文史资料》第三辑》,1989年5月;李自华:《清代婺源的水旱灾害与地方自救》,载《农业考古》,2003年第1期。曹国庆:《清代婺源的茶商与茶叶贸易》,载《农业考古》,1991年第2期。陈爱中:《清代婺源茶商管窥》,载《农业考古》,1994年第4期。陈爱中:《清代婺源墨工简述》,载《黄山高等专科学校学报》,1999年第4期。刘隆祥等:《"婺绿"茶史考》,载《农业考古》,1992年第2期。王钟音:《婺源茶史》,载《农业考古》,1992年第2期。何建木、张启祥:《一个上海徽商的家庭及其生活——俞昌泰口述史》,载《史林》,2006年第92期。何建木:《村落、家族社区的历程与徽商活动——以〈星源西冲俞氏宗谱〉为中心》,"徽州谱牒:家族与社会国际学术研讨会"会议论文,2005年10月。何建木:《徽州木商世家——婺源西冲俞氏》,载《寻根》,2005年第6期。何建木:《徽州墨商研究——婺源虹关詹氏》,载《寻根》,2006年第4期。何建木:《地名与徽州区域社会——以婺源为例》,载《中国方域》,2004年第3期。

府下辖的一个县,是"小徽州"之一,通过对"小徽州"的考察不仅有助于理解"大徽州"的整体面貌,也有助于了解二者之间的联系与差异。在地理空间上,婺源紧紧依临徽州府其他各县,同时又与浙赣数县接壤,这在一定程度上也值得我们探讨。

本书试图将区域研究与宏观理论分析相互结合,将商人、商业、家族社区与徽州区域社会变迁放置在整个江南区域社会中加以研究。解剖的对象是皖南徽州地区的一个县份——婺源。婺源相对于幅员辽阔的中国而言,只不过是非常小的一块土地。对于这样一个区域研究,可能无法得出关于中国传统社会变迁的一般性结论;而且相对于经济文化的多元性和地区性差异明显的中国来说,它可能也不具有广泛的代表性。然而,"在社会科学的研究中,没有不具备'典型性'的区域,至于认为区域性研究的成果与结论只适用于局部地区,这是种缺乏学术通识的误解"。[①] 事实上,通过许多个案或区域性的微观研究,常常可以得出具有普遍意义的结论。对于揭示传统区域社会变迁的某些特点与规律,个案或区域研究不失为有效的方法之一。徽州地区不一定被视为中国传统社会变迁的缩影,但是关于徽州这个典型传统社会的区域研究至少也为国内不同区域间的比较研究提供了一个典型事例。事实上,个案研究与区域研究是观察、透视、了解并接近中国传统社会变迁的重要步骤。20世纪以来,个案研究作为一种研究方法在社会学、人类学、心理学、经济学等学科中广受青睐。不过,笔者试图与传统的社会学和人类学个案研究有所不同:社会学和人类学大多以一个家庭或一个村(自然村或行政村)、一个乡(镇)或一个县为研究单位,进行观察和描述,再加以深度的解剖,从而得出关于这一单元客体的科学认识;而笔者的研究则是在商人个案、商业经营行当的基础上,把整个婺源县,以及婺源商人足迹所至的侨寓地,都纳入研究考察的视野与范围之中,既是对徽州区域社会经济史的微观研究,也是对徽州区域商人群体与江南等侨寓地社会变迁关系史的宏观研究,这些区域社会之间

---

① 叶显恩、陈春声:《论社会经济史的区域性研究》,载《中国经济史研究》,1988年第1期。

既有互动的成分,也有融合发展的成分。为了使研究具有一定的深度,笔者从婺源县这个"小社会"变迁的个案研究下笔,来展现徽州乃至江南区域社会的特征。

从时间上看,因为目前所见历史文献资料和田野调查所获得的证据,主要集中在清代和民国;从商业与社会发展的关系看,清代和民国时期具有延续性很强变化最明显的特点,因此,商业传统在社会大背景下的裂变及其推动的近代社会变迁就成为人们非常关注的话题。为了看到婺源这个小区域从清代到近代社会的"变迁"与"不变",所以笔者选取清代和民国这个时期进行研究。

从资料来看,明清以来婺源的地方志资料比较充足,目前大多已经出版,可资利用。现今大量族谱和文书资料陆续公布,也可利用。上海图书馆谱牒部收藏有大量徽州族谱,其中直接在婺源刊刻者为数亦不少,有五六十种,除少数因破损等原因造成的无法阅读之外,大部分可以参阅。此外,笔者在婺源县进行实地考察时,结识了部分晚清、民国时期徽商的后裔,进行了深入的访谈,也获得了如族谱、散件文书等民间文献,可供参考。在婺源进行田野调查时,在田间地头、旧宅老屋发现的某些完整碑刻,也记载了区域社会某一方面的社会生活内容,具有相当高的史料价值。

从研究方法看,对各类文本进行广泛的统计学分析是此项研究的重要工作基础。首先,对清至民国历修《婺源县志》收录的商人传记进行统计。这些县志包括康熙(1669)、康熙(1694)、乾隆(1754)、乾隆(1786)、嘉庆(1807)、道光(1826)、光绪(1882)、民国(1920)等历修八部县志,其中民国《婺源县志》就有2464条商人个案。通过对这些数据统计、对比分析,就能比较清楚地看到商人的家庭背景、商人外出经商原因、商人的出生地、商人资本的来源、经商地点和行业、商人在家乡婺源及经商地或侨寓地的社会活动、其获得的功名等事项。这些事项在婺源县的各个乡村或宗族的出现频率是不一样的,从中可以看到县域之内的空间差异;而在这些商人个案中,也有许多父子继替、祖孙继替等现象,足以看出在经商特点上的家族链特征;商人活动具有多元化和集中性对当地社会经济和文化产生较大影响,从而推动着当地的社会变迁。这种变迁的表现是多方面的,包括社会问题、社会风尚、社会思潮、价值观念、家庭经济等方面。但不同时期的方志等材料所记载的商人活动事项的内容是有明显差异的,其中可以看出社会发展的连续性及其变迁过程。在此意义上讲,此项研究是采用"长时段"宏观视野关照下的一种区域社会经济史研究尝试。受法国年鉴学派历史学家费尔南·布罗代尔(Fernand Braudel)"长时段"理论的启发,此项研究将其"长时段"理论作为一个基本理念。布罗代尔把研究的历史时间划为"长时段""中时段""短时段"三种时段,并提出与这三种时段相适应的概念——"结构""局势""事件"[1]。在此项研究开展过程中,笔者对研究对象进行具体观察,注重从历史进程上进行纵向的比较分析与研究,根据过去和现在的辩证关系,不但追述了近代以前明清时期婺源乃至徽州地区的社会经济状况、商人群体的兴起与全国商品经济发展的关系,而且通过徽州区域社会的地理、自然和历史概貌的描述,以商人、商业为切入点,集中展现了以婺源为观察单元的徽州区域社会在数百年中,由以徽商为代表的区域人群[2]所带动的徽州城乡商品经济的转型、变迁,以及由徽商所带动的侨寓地的社会变迁,并归纳出一些规律性的认识。

其次,结合家谱、档案以及民间文书等资料,对《婺源县志》收录的婺源商人的具体活动进行补充论述,比如族谱中所记载的人物生卒年,可以更准确地将商人活动时间进行框定;族谱中所记载的人物传记,事迹往往更加详细,更可以准确地将商人的活动情况定量、定性,最终也可以比较清晰地看到由商人、商业所推动的整个区域社会变迁的过程。来自民间的文书,更加清楚地透露出民间生活实态,更能贴近真实的民间社会,因此利用文书/档案资料

---

[1] 张芝联:《15至18世纪的物质文明、经济和资本主义·中译本代序》,北京:生活·读书·新知三联书店,1992年,第7页。
[2] 区域人群历来是历史地理学的一项重要研究内容。区域人群,是指在历史时期具有约定俗成的称呼、较为稳定的职业特征和民俗传承,并在不同程度上对中国社会文化产生影响的人群。关于区域人群的划分,详见王振忠《历史文化景观形成的地理与历史背景》,邹逸麟主编:《中国历史人文地理》,北京:科学出版社2001年,第371页。

作细致的个案分析,能加深这项研究的探讨、同时体现强烈的地域特色。在基本史料的选择和运用上,除了纸介质文本文献资料之外,还尽可能使用碑刻、口述史等资料,并努力借鉴历史人类学的视野,对徽州家族社区和区域社会进行研究。

笔者希望通过多元视角的分析研究,尽可能地充分展示婺源商人群体作为徽州商帮重要一支所具有的独特面貌,同时力图展示婺源所在徽州区域社会与其生活经营的侨寓地所经历的社会变迁。这种变迁,既有变化的成分,也有长期延续的区域特征;既发生在婺源商人故乡徽州,也发生在其经营的侨寓地,因此为"区域"赋予了双重身份,既在区域之内,也包括区域之外,而区域内外的发展变迁,通过商人、商业和家族这一纽带的互动和融合,展现出更加丰富多彩、更加多元化的面貌。

本书以清代民国时期的婺源县为中心,围绕徽商群体与区域社会之间的互动、融合、发展与变迁这一核心问题,进行微观、中观的实证性探索与研究。由"商人和商业带动、催化区域社会发展与变迁"这一基本命题出发,引发出一系列的问题,比如商人群体兴起和形成的原因、商业经营网络及其主要经营行当、商人流动迁徙及其组织形态、同乡组织及其慈善事业状况、乡村人口流动与商业移民状况、商业移民与侨寓地的社会变迁、商人和商业与市镇之间的关系等相关内容,进行细致的考察。在对上述问题一步步解剖和辨析的过程中,展示了一个传统区域社会在数百年历史中所发生的"变化"及其不变的内容,也展示了来自该区域社会的商业移民对于侨寓地区域社会变迁所起到的作用及其如何适应侨寓地的新环境、如何适应时代的变革,从而一步一步走向近代中国。

本书的主要观点主要包括以下几个方面。

第一,徽州婺源独特的自然地理环境和浓厚的人文氛围,孕育了具有独特个性的婺源徽商群体。婺源商人群体与徽州商帮之间具有密切的关系,他们是徽州商帮极为重要的一支,但在经营行业上又与徽州商帮其他县域商人群体具有不同的职业选择。婺源商人主要的经营行当在于木业、茶叶和墨业,而其他行当则不是婺源商人的经营重点。木业的经营地点主要集中在长江沿线和广大江南地区。茶叶的经营地点则随时代发展而变化,道光年间刚刚五口通商时,婺源茶商的主要经营地点是广州;太平天国运动之后,其经营地点逐步转移到上海、屯溪、九江等城市和市镇;墨业的经营地点则一直遍布全国各地。在这些经营行当上,婺源商人具有垄断性和家族性的特点,其中以木商和墨商最为典型。婺源木商和墨商的经营往往具有家族链、产业链的特点,可以发现在集中在婺源东北乡的少数家族中具有九代经营木业和墨业的现象。

第二,由于自然地理状况的不同和历史文化传统的差异,商人出生地在婺源四乡的分布是不均衡的,其中东北乡商人多、西南乡商人少,而不管是东北乡还是西南乡,这些商人都具有家族性的特点,即商人往往集中在几个大的市镇和家族聚落之中,同时,这些市镇和家族聚落往往分布在婺源对外交通线路的两侧。在婺源县内,市镇和家族聚落的变迁与商人息息相关,具有长期的互动关系,在市镇和家族聚落中,家族分布格局也具有集中性,几个大家族不仅"盛产"商人,而且"盛产"士宦,这深刻地影响着区域社会的变迁。徽商作为特定区域社会的产物,其所构筑的社会网络深深地影响了徽州区域社会的面貌。正是由于徽商这一群体,形成了具有独特面貌的徽州乡村社区变迁。

第三,商人是徽州区域社会中一个最具活力的因素。随着商人的兴起,区域社会中的村落发展速度也开始加快,家族聚居的社区面貌也为之大变。徽商在回归家乡之后,积极参与家乡的社会事业,比如修纂族谱、建造祠堂、捐纳功名、构建区域社会网络等。徽商所做的这些事情对村落和家族社区的变迁都起到了极为重要的作用,而村落和家族社区的变迁,又反过来影响着徽商的经营活动,这种影响不仅表现在徽商故里的村落和家族社区之中,还会涉及商人的经营地点。商人活动和村落家族社区间的互动,一直是徽州区域社会中的一个重要特征。

第四,婺源商人群体的流动迁徙具有多样性,而其组织形态也同样具有多样性。婺源商人群体作为徽州商帮的重要一支,清代时期,他们在经商地通常经由会馆、同乡会、同业公会等社会团体组织起来。到近代时期,还新增商会等社团组织。这些徽商同乡团体具有血缘性和地缘性,它们在商人的经营活动中发挥了重要作用,如在侨寓地开展面向同乡和侨寓地居民的慈善事业,大大有利于商人们的经营活动,为他们顺利地融入侨寓地创造了更好的条件。

第五,在商业移民的商业经营上,徽州区域特征在他们的身上表现得特别明显,他们利用由同乡商人构筑起来的社会网络开展商业活动。随着时代的发展,这种社会关系网络也有所扩展,又反过来对商业移民的经营及其家庭生活产生了影响。与商业经营相伴相随的是,徽商移民逐步通过利用参加科举考试、文化活动、永久性移民等方式,与广大的江南区域社会开始互动融合,从而推动了江南区域社会的发展变迁。

第六,区域社会网络的外延是不断拓展的,徽州区域社会是江南区域社会的一部分。徽商群体不断向外迁徙、发展,使得徽州区域社会进一步融入江南区域社会的大环境之中。移民在侨寓地的活动,包括通过组织同乡社团和开展慈善活动,不断强化着互动、变迁与融合发展的这种区域之间的关系。这种变迁,既有变化的成分,也有一直延续下来的区域特征。这种变迁,既发生在婺源商人的故乡徽州,也发生在他们经营的侨寓地,因此将"区域"赋予了双重身份,既指"区域"之内,也包括"区域"之外,而区域内外的变迁,通过商人、商业这一纽带,以及区域人群社会关系网络的构建,展现出更加丰富多彩的、更加多元化、多样化的面貌。

当然,作为研究,本书不可能面面俱到,至少在几个方面尚有很大的探讨空间:第一,婺源一县所展示出来的社会变迁概貌,是否能够反映出整个徽州区域社会的面貌?第二,这些个案到底具有多大的代表性和典型性?在整体和个案之间,到底还存在多少差距?第三,商人、商业固然是徽州区域社会中最具代表性的特征,如何把这两个特征放置在更加广阔的徽州区域社会里面进行整体性的揭示和阐发?除了商业经营活动为主体之外,商人对区域社会的影响、作用,还有哪些方面可以进一步挖掘?第四,商人个案的资料极为丰富,而如何更好地利用这些资料,对区域社会中的商人面貌进行归纳、综合并进行理论的提升?第五,如何将徽州区域与江南甚至清代民国时期的中国其他区域社会进行深度比较?事实上,从笔者目前所收集的地方文献资料来看,徽州区域社会的面貌和特征应该是丰富多彩的,对其特征的揭示要进行归纳总结、提高到理论层次上,还需要花费大量的时间和精力,需要通过与其他区域社会进行对比分析,通过借鉴其他相关学科的成果,进行更多的实证个案的考察,最后综合归纳出合乎科学的结论。

第一章　婺源商人群体兴起及其与徽商关系

第一节　婺源历史地理概况与商人群体的兴起

一、婺源县域历史地理概况

婺源县位于今江西省东北部,东邻浙江省开化市,北界安徽省休宁县,南接德兴市,西连景德镇市,西南与乐平市毗邻。婺源境内山多田少,属"八分半山一分田,半分水路和庄园"的偏僻山区。县境东北部层峦叠嶂,以鄣公山最高,海拔1629.8米,旧有"盘踞徽饶三百里,平分吴楚两源头"之称。河流纵横,有主河星江(又称婺江)一条,支流11条,属饶河水系,南源乐安河上游,其总长516.4千米,流域面积2621.9平方千米。

唐开元二十八年(740)设置婺源县,隶属歙州管辖。宋徽宗宣和三年(1121)歙州改名徽州。宋元明清时期,婺源一直隶属徽州。民国元年(1912)裁府留县,婺源直隶安徽省。民国二年(1914)设省、道、县三级制,婺源隶属芜湖道。民国十七年(1928)再次废道,直隶安徽省。民国二十一年(1932)设立行政督察区,婺源隶属安徽省第十行政督察区。民国二十三年(1934)九月,婺源被划归江西省第五行政督察区管辖。抗日战争胜利后,民国三十六年(1947)八月,婺源重新划归安徽,隶属第七行政督察区管辖。1949年5月

1日婺源解放；9月,江西省人民政府成立,婺源改属江西省乐平专区；11月,属江西省浮梁专区。1952年10月,属江西省上饶专(地)区。2000年为上饶市辖县至今。

二、婺源商人群体兴起的原因

婺源人外出经商,既是客观形势使然,也是婺源人抓住天时地利人和作出主动适应、主动选择的结果,这与县内自然地理条件推动、明清时期全国商品经济大发展、江南地区人口大繁衍所带来的市场吸引力密切相关。

第一,山多田少,婺源县所生产的农产品不足以供应婺源人的日常生活需要,这是婺源商人兴起的直接原因。"婺居徽饶间,山多田少。西南稍旷衍,东北多依山麓,垦以为田,层累而上,至十余级不盈一亩,牛犊不得耨其间,刀耕火种,溪涧之润,多不及受,而仰泽于天。每岁概田所入,不足供通邑十分之四,乃并力作于山,收麻蓝粟麦佐所不给。而以杉桐之入易鱼稻于饶,易诸货于休"①。婺源《燉煌洪氏统宗谱》称："吾邑习俗每喜远商异地,岂果轻弃其乡哉？亦以山多田寡,耕读为难,而苦志读书者又不可多得。是以挟谋生之策,成远游之风,南北东西,本难悉数。而始而经商、继而遂家者,则有迁清江浦、湖南、广西、成都、金陵、繁昌、桐城、蔡田等处。"②"士之子恒为士,不能化而为农。农终岁勤劬,亩不获一口之入,土瘠而硗,犁仅一尺,与休接壤而有膏腴瘦薄之分,一出婺界而入饶,顾瞻田,苗隐牛没,确如是而欲农之为士,安可得也"③。在这样的强烈对比下,外出经商便成为婺源人的重要谋生手段。

第二,婺源盛产杉木、茶叶、砚石等土产,是婺源商人兴起的另一个原因。康熙《婺源县志》卷二《疆域·物产》中对于婺源各种出产记载甚详,其中包括杉木和茶叶、砚石等,这为清代婺源商人外出经商奠定了良好的经营基础。

---

① 康熙《婺源县志》卷二《疆域·风俗》。
② 婺源《燉煌洪氏统宗谱》卷五十九,转引自《明清徽商资料选编》,第53页。
③ 康熙《婺源县志》卷二《疆域·风俗》。

到了清代中后期,随着中国对外贸易的兴盛和欧美国家对中国茶叶需求的不断增加,婺源商人在传统经营木业的基础上,开始种茶、制茶、卖茶,逐步向茶业进一步拓展,直接带动了晚清、民国时期婺源茶业的兴盛。

第三,婺源的独特地理区位及特殊的对外交通条件,也诱发了婺源商人群体的兴起。婺源县所处的独特地理位置和山岭横亘,制约了婺源的对外交通。清末时有人喟叹:"婺源与赣饶、浙衢二府交错,陆多山岭,水有沙滩,虽舟车之利,亦无所用,交通最不便,今本省建筑铁路,其路线亦难通,本境之人深以此为病也。"①就是到了"婺白之路已通,沪杭咫尺;婺德之路又将开驶,景乐相连"的民国时期,人们依然普遍认为对外交通的不便是制约婺源发展的主要因素:"我婺僻处万山之中,东有崇山峻岭,车运维艰,西则水浅滩多,舟行不易,以致文化莫能灌输,商业未由发达。"②

历史上,婺源通往外界主要有西去和北上两个方向。西去,经饶州和景德镇入江西;北上,由休宁入安徽各县,或由休宁再往东下浙江。不管哪条道路都异常难走:"走饶则水路险,鼓一叶之舟;走休则陆路崎岖,费肩负之力。"③水路险峻、陆路崎岖,正是明清时期婺源对外交通的真实写照。早在明代隆庆四年(1570)刊刻的《一统路程图记》,就收录有数条经过婺源县境往江西走的交通路线图:一是饶州府至婺源县水、陆路;二是饶州府由景德镇至休宁县水、陆路④。明代天启六年(1626)刊刻的《士商类要》,还记载有饶州由乐平县至徽州的陆路⑤。以上路线都是明清以来从徽州府经婺源县通往江西的主要路线,清代民国时期延续未断。由此可见,早从明代起,婺源就是

---

① (清)董万墨等纂:《婺源地理教科书》第八十课·婺源交通之大要,光绪丙午出版,婺邑畅记公司发行。
② (民国)朱笑山:《呈为呈请赏示保护事》,民国二十四年二月二十四日,见于档案资料《婺源县政府秘书室"民众申诉等卷"》,婺源县档案馆藏。
③ 康熙《婺源县志》卷二·《疆域·风俗》。
④ (明)黄汴:《一统路程图记》卷八《江南陆路·二三 饶州府由景德镇至休宁县水、陆路》,第212页、第227页。
⑤ (明)程春宇:《士商类要》卷一《三九·饶州府由乐平至徽州府陆路》,《明代驿站考》,第263页。

徽州府属各县通往江西的主要通道。婺源商人出江西后,即可南下广东、福建等地经商①。从婺源通往休宁县、徽州府,再转向明清时代全国经济中心的江南地区,或北上亳州等地经商,他们主要经由几条交通道路:一是徽州府至婺源县的陆路②;二是徽州府由严州至杭州的水路③,这条自明清至20世纪50年代一直没有改变。康熙三十八年(1699),婺源县东北乡庆源村的生员詹元相到应天府参加乡试,走的就是这条路,先到杭州,再从杭州转船到南京④;三是苏州由四安至徽州府的陆路⑤;四是南京由芜湖至徽州府的陆路⑥;

---

① 具体行商路线见王振忠:《徽州社会文化史探微》,上海:上海社会科学院出版社,2002年,第410页。
② (明)黄汴:《一统路程图记》卷八《江南陆路·一〇·徽州府至婺源县路》,第224页。
③ (明)程春宇:《士商类要》卷一《二 徽州府由严州至杭州水路程》,《明代驿站考》,第248页。
④ "初十日,同法叔起程,共带王百祥担行李。是日二人俱轿送至溪口。十一日,溪口搭船至屯溪。十二日,雇船至杭,三人包一仓(舱),共付银六钱(同船诸友:曹滨日、周伊和、汪鹤远、汪涵英、扶云宗叔、休邑四人)。十三日,上午天阴,中午小雨,下午阴。船自屯溪至镇口宿,计五十里。十四日,天晴,船行三十里,至天井滩,因水浅,步过米滩里余上船,至小金山(月下过方腊坟,传此山玲珑剔透,能应人声,试之果然。界口以上属徽州,山势环包,一滩一潭,□□崚嶒,仅通一舟,此水口之密,所以殷富,而好讼或亦在此。界口以下属严州,□□开阔,清和秀润,又一境界也)。十五日,天晴。早行十里,过淳安县,是县也无城郭。晚间月明如昼,比昨更皎然可爱,舟行三四里,清风徐来,水波不兴,真飘飘欲仙也。至仓后滩住。十六日,天晴。午后过严州府,至七里滩,风逆上,舟自下来者,樯帆无数飞走,亦一快观。传其山顶有孙权祖坟,名为万笏朝天,盖取诸此。是夜冷水铺住,微雨。夜静月食。十七日,天晴。东方白,已过子陵钓台,未之见也。上午过桐庐县,县如淳安。□□江风逆作,潮水[荡]漾,兼之远处大雨,舟行颇不安。顺行十余里,虹见风静,至汤家埠住。十八,天晴。夜当半后,月明江白,舟至富阳县,众方熟睡,忽声闻若雷,船家喊好大潮,急揭半篷视之,见其势有三层,奔涛怒浪,迅速莫当,舟直迎之,摇撼震荡,虽快心,亦股栗焉。下午避晚潮,住澜泥汊,将晚潮至,比早更大,潮头约有六七尺,亦奇观也。十九,天晴。开船至刷口上岸,风逆可畏。予先数里独上岸,步过六和塔,循江岸尾船而行,亦稍观杭山水焉。寓洋沣桥洪兆吉兄家。午后游吴山,前江后湖,万家烟火,海外三山……二十日,予欲特游西湖,偶天微雨,诸友中不同志者一大半,遂不获焉。……用钱六文过一坝,又三文过三坝。中午抵北新关,写船至丹阳。"详见(清)詹元相《畏斋日记》,《清史资料》第四辑,北京:中华书局,1983年,第185~186页。
⑤ (明)程春宇:《士商类要》卷一《十七 苏州府由四安至徽州府陆路》,《明代驿站考》,第253页。
⑥ (明)程春宇:《士商类要》卷一《二八 南京由芜湖至徽州府陆路》,《明代驿站考》,第257页。

五是丹阳县由梅渚至徽州府的陆路①;六是仪真县由宁国府至徽州府的陆路②。婺源商人往往翻越浙岭,入休宁,过徽州府,经由第二至第六条交通路线,前往江南各地。

在上述交通道路中,以婺源走江西的第一条水路最为便捷。晚清以来,随着长江沿岸口岸开放,蒸汽机汽轮被运用在长江水面,从婺源经由饶州、转九江,沿江而下到南京、上海,成为一种新的重要交通方式。晚清以来,也是婺源茶叶外销最兴盛的时期,当时婺源所产绿茶的外销运输,婺源商人选择不同的交通路线,也往往能够因时势变化而有所调整。民国二十二年(1933),傅宏镇在调查新安江流域各产茶区的茶业经济时,对徽茶运输的情况作了如下描述:"徽茶运输,多恃各该地境内之天然河道,以为运输之利器,歙、休、黟、绩及婺源北部者,多由出产地用人力或畜力运至屯溪,复由屯溪,循徽港、下钱塘,至杭州,再由沪杭甬路运沪。其婺源东南两乡,则向由婺江,入江西乐平之乐安江,至饶州转浔至沪。西乡者多取道江西浮梁景德镇,走昌江抵饶过浔来沪。近年来乐河匪炽,河道被阻,向日走乐河者,均改道屯溪。惟徽港上游,水浅滩多,运输濡滞,至浙江严州以下,始可用汽轮曳住,而沿途搬运手续繁难,且用费亦钜,倘误触滩石,损失立至。今者陆路交通,有各汽车路,徽茶运输,当较前便捷。"③上海徽宁思恭堂对旅居上海的徽州死殁乡人无力运回家乡的盘棺,有一定资助,其中规定"至婺源由长江上运洋七元四角",可知沿长江至婺源是最为便捷的交通方式。唯不得已,"婺邑迩因长江不便,多由徽港前往,兼有越岭艰险,每具暂加盘费大洋三元"。④ 沿长江上溯至九江,再至饶州搭船上溯乐安江返婺,显然比沿新安江上溯至回郡、

---

① (明)程春宇:《士商类要》卷一《二五 丹阳县由梅渚至徽州陆路》,《明代驿站考》,第255页。

② (明)程春宇:《士商类要》卷一《十七 仪真县由宁国府至徽州路》,《明代驿站考》,第266页。

③ (民国)傅宏镇:《皖浙新安江流域之茶业》第六章《徽茶之运输》,上海大文印刷所民国二十三年印行,第31页。

④ 《徽宁思恭堂征信录》,上海徽宁思恭堂辑,民国六年石印本,第37页。

然后由徽郡经休宁翻山越岭至婺源的运输成本要低许多。

就婺源县内而言,各乡都的交通沿线也设有驿站,称为"急递铺",直至晚清依然存在:"急递铺又名驿站,旧时官事交通特有此铺耳,本境设铺十七处,东递休宁十一(樟木、鹄溪、古箭、古坑、汪口、湖山、烈矶、金竺、若坦、官亭、镇南),西递德兴者三(寅坑、梅林、江湖),北递祁门者三(前坦、清华、充头),法隔若干里则一铺,铺则置司一名,兵一名至六名,以传递公文,法繁费重,不如邮政之便且速也。"①清代以来,婺源民间人士也经常参与桥梁道路建设,为婺源人出行提供了便利,比如:"施兆,字仰辉,九品衔,诗春人,侨居石岭。性好善,婺在万山中,桥梁道路,向皆甃石砥平,自兵燹后,邻邑车载轧碾,沿途坍塌,步行者苦焉,兆慨然独备资斧,奔走约绅士,吁请宪示禁车安步,由是履道坦坦,行人皆归力于兆。兆居乡,释忿解争,义行多类此。"②就本条资料所言,所修道路不为通车而仅用于步行,实为倒退,并不利于商品经济的流通。尽管如此,修路对行人而言却改善了步行的路况,有利于人员流动。

第四,徽州整体经商风气对婺源产生了重大影响,地理状况的相似、彼此婚姻圈和市场价值取向的偏好,导致在生计选择上的相似。早在明代中叶,"徽商"就是一个整体,包括一府六县的商人。而通过同乡的地缘和婚姻等关系,发轫于徽州核心区域的经商风气,不可避免地逐渐扩散。由于此种原因使得与休宁接壤的婺源东北乡,同时也是婺源自然地理环境较为恶劣的乡村,成为婺源商人兴起最早的地带。

关于中国古代商帮在明代中叶以来兴起的原因及其背景、经营行当等方面,范金民已进行了极为全面的论述③。他认为,"商帮"的提法,大体上晚至清末光绪年间才在相关文献中出现;但在实际商业活动中,有关地域和行业"帮"的说法,至迟在乾隆年间就已散见各类文献,嘉道时期,各地有关地域和

---

① 《婺源地理教科书》第八十四课《交通机关·急递铺》。
② 民国重修《婺源县志》卷四十《人物十一·义行六·施兆》。
③ 范金民:《明代地域商帮的兴起》,《社会转型与多元文化国际学术研讨会论文集》,复旦大学 2005 年。

行业"帮"的说法较为常见;"商帮"这一概念是晚清以来对地域商人群体的指代词,而非从来就有;地域商帮的形成,是多种因素整合的结果,商帮的兴起是中国近世社会转型的具体标志之一。

在此有必要厘清婺源商人群体和婺源商人个体的关系。"徽商"作为一个群体的形成,大体在明中叶时期。据王振忠先生考证,"徽商"一词最早出现在 16 世纪初的明代正德年间;至万历年间,"徽商"一词在社会上的使用已极为普遍。① "徽商"作为一个约定俗成的词语,表明了徽州商人已成为一个区域人群而被社会广泛认同。婺源是徽州府属的一个县,"徽商"的范围自然也包括婺源商人在内。但是,由于各方面的原因,徽属各县在商人群体产生的时间上,是不同步的。以往徽学界的研究成果,似乎表明徽州府在地理空间上存在着一个"核心区",也就是歙县和休宁作为徽州府的核心地带,既是文风最为昌炽的地带,同时也是徽商最早出现且最为集中的地带。范金民在综合考察徽州商帮兴起的时间之后,指出:"笔者基本赞同《徽商研究》的看法,大体上可将成弘之际视为徽商特别是歙商休宁商形成商帮的时期。只是需要指出的是,由地方文献的记载来看,其时徽人从商风习的形成,仅限于歙县、休宁、祁门三县,还不能说'整个徽州从商风习已经形成'。祁门经商风习虽与休、歙二县同,但势头没有休、歙猛,地域范围没有休、歙广。黟县按《黟县志》的说法,到清前期才有人经商,嘉庆志才称'为商为贾,所在有之',可以断言,黟县经商成风是清前期的事。婺源商人以在长江沿线贩木而出名,但也是清前期的事,而且仅限于该县东北乡人。绩溪直到嘉庆时,农业仍是主业,外出经商之风形成相当晚。"② 这种说法不完全正确,把黟县和婺源的情况说反了。就黟县而言,根据赵力的研究,"直到顺治、康熙、乾隆中期,黟县社会的经商风气还没有形成气候,商人还没有形成规模"。③ 但就婺源的实

---

① 王振忠:《明清文献中"徽商"一词的初步考察》,载《历史研究》,2006 年第 1 期。
② 范金民:《明代地域商帮的兴起》,《社会转型与多元文化国际学术研讨会论文集》,复旦大学 2005 年。
③ 赵力:《商业移民与社会变迁——以 1644—1949 年黟县为例》。

际来看,经商成风显然早在清前期即已形成,而非到清前期才蔚然成风。虽然目前被引用最多的"婺远(源)服贾者率贩木"这句话,确实是收录在康熙《婺源县志》卷二《疆域·风俗》,但其所记载的事实却远远早于康熙年间。婺源商人在长江沿线以贩木而出名,却并非清前期才被世人所知,而不过是清代康熙年间的婺源人士在回顾婺源地方史时,所发表的总结性意见而已。关于婺源木商与木业的论述表明:至迟到明初,婺源木商即已形成一定规模,到明代中晚期已形成较大势力,即便不成商帮,在当时木材市场上也占有一席之地。

如果论及商人个体,则婺源县在更早的时候就有不少商人远赴异地经商,最早可以追溯到宋元时期,不过从地方志和族谱等地方史料所能见到的资料看,应是零星的记载,不能视为群体现象。比如,婺源东乡的济溪游氏一族,元代末年即有族人远贾他方:①元代"游德敬,字松盛,商两淮,习武艺,臂力超群,善骑射,元末与汪同起义兵,保障乡间,为牛济岭防御,尝拒贼鹄溪,重发石毙贼,贼奔溃,时岭外小寇蜂起猬聚,闻公骁勇,俱窃伏逃匿不敢犯,大鯆以东,秋毫无警,以功授武节将军,管军万户"。①②"珪一公伯圭为盐商子,德骥无传,捐白石岭田一亩四十八步"。"都五公渊老,一讳润,元季商两淮,遭乱莫归,兄弟悲思之,为捐马头岭田五分"。② 其实,不唯济溪游氏一族如此,北乡凤山查氏一族,早在宋元之际也已经有族人外出经商,比如宋代时人、第十四世查世荣,"讳安富,字世荣,经公长子,赋性纯厚,然诺不欺。事亲极尽孝道,乡里推重。年稍壮,奉父命往浙经营,有创业功,不愧家督。待诸弟白首友爱无间。后置产万亩于江阴,子孙遂家焉"。③ 至元明之际,有更多的查氏族人外出经商,比如第 20 世查涵可、查元道、查公显等人,均为查氏一族的富商大贾,而且经营当时的特殊商业行当——皇木。"涵可公,公讳公

---

① 《济溪游氏宗谱》卷二十一《选举志·材武·游德敬》。游德敬的事迹,亦见民国重修《婺源县志》卷三十六《人物十·武略》,文字完全相同。
② 《济溪游氏宗谱》卷二十六《建置·义跡》。
③ 《婺源查氏族谱》卷尾之二《行实·(十四世祖)世荣公》。

度,字涵可,伯东公长子,少值乱离,父母早逝,赘考川胡氏,幼弟公齐、公道往依之,公告于舅,舅曰:'吾虽无子,汝当念手足归宗。'乃携胡妣还居东村故址,同心兴创,家道日起,洪武间充里正,书算精详,莅事勤谨,官称其能,人谓星源有三度,盖指公及程元度、詹叔度也。享年六十有一,葬东村住后庚向,妣同穴"。① 公度之弟公道:"元道公,公讳公道,字元道,行和四十五,伯东公之第六子也。甫七龄失怙恃,长兄公度赘考川胡氏,三兄公会绍叔昭后,因兵燹徙居沱溪,公与五兄齐贤依于长兄公度,度请于岳归宗,抚弟三人,还居祖址东村飞凰塘,同心协力,创置家业,随买西村基地,公与齐贤徙居焉。娶清华胡氏,子四人:永真早卒;永辉为八房派;永昌前坦派;永显七房派是也。墓在东村飞凰塘戌向白象卷湖形,妣葬查村药铺前子向仙人献掌形"。② 公道之子查永辉,更是以支持其父亲的皇木生意而闻名一族:"查尚庆,又名永辉,字月轩,凤山人。弱冠侍父公道运粮之京,适经南兵起,途遭劫掠,庆负父逃入山中乃免。后公道为官商贩木,缘事拟戍,庆挺身代父庭辩,拷掠濒死,父乃得白。景泰甲戌岁大歉,诏富民出粟赈济,庆输粟八百石赈楚,遂授冠带,敕旌'尚义之门',建坊西村巷口。"③ 关于查氏 21 世永辉的事迹,县志里仅有一百多字,不够翔实,族谱所载事迹则有精确的时间和地点:"尚庆,子永辉,号月轩,乳名佛庆,弋阳令六世孙,公道公次子。性颖悟,甫十岁,卓然自立。建文庚辰,从父运粮于京,适靖难兵南下,奸民乘机杀掠,公冒刃负父窜于草野,同事被掠殆尽。丙戌,父因漂流官木,问拟充戍,公挺身哀辩,受刑几毙,幸婺北绣溪庠生张理公保至家调养,七旬始得脱罪而归。公田四百余亩、山一十三顷,时有盗木者,公赐之酒,仍与其木,劝之改正,人咸德之。宣德正统间,修水口官路;天顺壬午,造寒溪石桥;景泰甲戌岁荒,旨下劝赈,公慨然上粟八百石,赐以冠带,诏建尚义坊,县令王余庆有赈济请书,见《文翰》,邑志载

---

① 《婺源查氏族谱》卷尾之三《行实·(二十世祖)涵可公》。
② 《婺源查氏族谱》卷尾之三《行实·(二十世祖)元道公》。
③ 民国重修《婺源县志》卷三十七《人物十一·义行一·查尚庆》。

《义行》。"①查氏第 20 世公显,族谱中未指明经营何种行当,"讳仪桂,字公显,宗大公子。为人豪迈旷达,仗义疏财,尝为淮西大贾,赀本充牣,佐元季屡年饥馑,复遭兵燹,因弃家避难,尽捐所有以与亲友,行李萧然,公晏如也。其度量过人如此"。②

除查氏一族外,收入康熙《婺源县志》和各种族谱等文献资料中的婺源木商,亦复不少。及至明代中叶之后的地方族谱资料中出现的婺源木商,更是数不胜数。据此,可初步推断:早在明代初年,木业经营已成为婺源商人的一个重点经营行当,至明中晚期渐成气候。虽然目前尚无法准确指出婺源商人群体形成的时间,不过可以肯定的是,至迟到明代中后期,婺源商人群体已颇具规模,但因为被来自徽州核心区的歙县盐商、休宁典当商的光芒所掩盖,相比起那些拥资数万、富甲一方的盐商和典商而言,规模较小的婺源木商群体当然不会引人注目,因此误导了学界认为婺源商人群体的形成是在清代前期。

综上所述,清代以来婺源商人群体已经完全成为稳定的区域人群。清代地方政府不能作为服务者身份出现,只能以管理者身份出现,注定它对农村社会的生计无法提供任何帮助,包括技术平台和培训等现代服务方式。民众只能依靠自己的聪明才智,维持生活,而维持生活并提高生活质量的一个重要手段就是外出经商。社会经济增长的手段除了技术革新之外,还需要有良好的经济组织和制度安排③,而清代政府在此方面却很薄弱。不过,清代的赋税政策对婺源商人的发展极其有利。清代中央政府颁发了"滋生人丁,永不加赋"的诏令,摊丁入亩,在雍正五年(1727),江苏、安徽、江西等地均议行摊丁入亩,"每亩摊丁银一厘一毫至六分二厘九毫不等"④。"摊丁入亩"简化了税收手续,对无地或少地农民外出谋生提供了更多的时间和可能。因此,

---

① 《婺源查氏族谱》卷尾之三《行实·(二十一世祖)永辉公》。
② 《婺源查氏族谱》卷尾之二《行实·(二十一世祖)公显公》。
③ [美]道格拉斯·诺思:《西方世界的兴起》,北京:华夏出版社,1999 年,第 6~7 页。
④ 韦庆远、叶显恩:《清代全史》第五卷,沈阳:辽宁人民出版社,1991 年,第 359 页。

赋税政策对于商人兴起的重要性不言而喻。同时，清代不断修改的商业税收政策也对婺源商人群体有利。就茶业贸易而言，清代的茶税管理对于茶商也比较有利，清代茶税款内，注明"徽属山多田少，居民恒借养茶为生。向章新茶出山，皆归休宁屯溪办理，由休宁县排承查验给引，由大厦司勘合切角放行"。休宁、屯溪与婺源交通尚属方便，相距不过百十里路程，脚夫早晨从婺源各乡起程，下午即可到达。清代的茶叶税相对较轻，明洪武九年(1376)茶株官抽共科芽、叶二茶二万一千七百十一斤一十两八钱，折钞二千九百三十九贯一百七十文；永乐十年(1412)前后加增岁该六千二百七十五贯六百一十文。清前期不征引，乾隆四十年(1775)始增颁余引四千六百道。到同治元年(1862)颁发新章，每引净茶，合库平银十六文八两钱，秤一百二十斤为一引，每引缴正项银三钱，公费银三分，捐银八钱，厘银九钱五分，共缴银二两零八分。次年每引加捐库平银四钱，共缴银二两四钱八分；同治六年(1867)，裁去引捐厘三票，改用落地税以归简便，仍完二两四钱八分①。因此，从清代商业税收政策来看，茶业有利可图，这应该是清代中后期婺源茶商特别较多的原因。

第二节　婺源商人群体与徽商的关系

婺源商人群体与徽州商帮的关系，基本上就是婺源与徽州、婺源人与徽州人的关系。这个问题必须从历史的源头和发展演变的脉络去寻找答案。

考察婺源商人群体与徽州商帮之间的关系，有一件婺源历史大事件提供了绝佳的观察分析角度——20世纪三四十年代的"回皖运动"。如今婺源已成为江西省东北部的一个普通县份，但在当时，在延续了上千年较为稳定的行政区划之后，婺源县在民国二十三年(1934)骤然改隶江西，在婺源人(包括婺源商人群体)之中掀起轩然大波，酿成声势浩大的"回皖运动"，要求民国政

---

① 胡樵碧：《祁门茶叶略述》，《安徽史学通讯》第二卷(1958年5月)，第372～374页。

府重新将婺源划归安徽。对于"回皖运动"事件过程,已有学者进行专题研究①,在此仅就婺源与徽州之关系的诸方面进行讨论。

民国二十三年六月二十七日,婺源旅沪同乡会在给国民党中央军事委员会委员长蒋介石的呈文中,即最能集中反映婺源与徽州之间的内部关系,里面罗列了三条婺源必须回皖的主要原因:一是从历史沿革立论,不可划给江西。在行政区划设置上,婺源长期隶属徽州,徽州一府六县的语言、习惯、风土、人情,与江西迥异。二是从文化立论,不可划给江西:"徽州六邑人士,笃于学术,代产儒宗。自紫阳扬其辉,江戴振其绪,讲学风气,盛极一时。世人每赞扬徽州理学,媲美于桐城文章,不特为安徽学术界光之荣,即在中国文化史上亦有相当之令誉。徽人潜移默化,蔚为礼教之邦。"相比之下,江西邻邑"大都民风强悍,勇于私斗、寻仇报复,法令几不能制止"。三是从民生立论,不可划给江西:"婺源山岭环绕,限于地理关系,民多习贾远方。徽属各县亦复同此情形。旅外同乡,本桑梓之热情,谋精诚之团结,各埠会馆之设立,至为普遍,类皆冠以徽名、崇祀朱子。此种景仰先贤之表示,实为徽商重视信义之准则。今划婺源于皖省以外,亦即摈[摈]弃朱子故乡,则上述团体,不复有存在之意义,匪惟日后商人陷于孤立无依,即当前解体之纠纷,亦将层叠见,而不易解决。改制之举,适病商民。"②

以上观点,集中反映出了民国时期的婺源人,尤其是有文化的文人和商人,对婺源与徽州关系的大致看法。实际上,这几条主要观点,已经从历史与文化的视角、从经济与民生的视角,基本阐明了婺源与徽州、婺源商人与徽商群体的基本关系。

---

① 唐立宗:《省区改划与省籍情结——1934—1945年婺源改隶事件的个案分析》,胡春惠、薛化元主编:《中国知识分子与近代社会变迁》,香港珠海书院亚洲研究中心、国立政治大学历史学系2004年9月;徐建平:《政治地理视角下的省界变迁》第一章第一节《县级政区隶属关系调整过程中的背景因素——以婺源、英山政区隶属关系变动为例》,上海:上海人民出版社,2009年。

② 《婺源回皖运动特辑》,婺源县回皖运动委员会1946年7月编印,第40~43页。

第一章 婺源商人群体兴起及其与徽商关系

显然,民国政府完全能够理解包括婺源旅沪同乡会等众多婺源民众所反映的意见和诉求。接到民众反映的意见和诉求之后,民国政府对婺源群众的诉求作了进一步的概括分析,将这些意见归纳为习俗悬殊、经济差异、文化差异和历史沿革共计四点。在概括分析的基础上,蒋介石进一步罗列了四条答复,对婺源民众的意见和诉求一一加以批驳。①

在军事的现实需要和悠久的历史传统之间,蒋介石毫不犹豫地选择了历史传统让位于现实军事需要的策略,他回复的重点显然是在第四条,认为行政区划的调整必须揆时度势以适应事实之需要,绝不能墨守成规。

在此,笔者想要指出的是:婺源与相邻的江西各县域之间在文化传统上的差异则是事实,从婺源与相邻的江西各县域之间的差异,可以反观婺源与徽州的关系。尤其是婺源与邻近的乐平、德兴等江西所属各县之间的纷争,无时不有、长期存在,相比婺源与邻邑休宁之间的争斗显得更多,这一点,恰恰反证了婺源与徽州之间的亲密关系,而与江西在历史文化传统之间的格格不入。目前尚未见有学者从历史文化传统的独特角度来叙述婺源与江西之间的差异、从而反观婺源与徽州之间的亲善关系,因此笔者对此问题多着些笔墨。

一份民国时期的婺源县地方政府档案资料表明:在婺源西乡太白临河开设"王吉成号"杂货铺的商人王吉甫,于民国三十一年(1942)七月二十二日向财政部江西省直接税局浮梁分局婺源查征所请求歇业,指出其歇业的主要原因是遭到德兴匪劫:"窃商民开设太白临河,与德兴隔界接近之地,上年蒙亲友筹措资金成立吉成西牌号,经营小贩杂货而维生计,不料于本年七月十日晚间有匪徒多人入店,当时将民捆吊,火烧手足,四肢受惨不堪而言,店内财货劫去一空,无力复始营业,万不得已,理合据实备文叩请钧局鉴核俯恤商民

---

① 蒋介石《中华民国国民政府军事委员会委员长令婺源县政府文》,《婺源县志》,北京:档案出版社,1993年,第653~655页。

匪灾,并准派员彻查,依章免征营业税,不胜感激之至,实为公便!"①可见民国时期太白一带治安不靖。

婺源县太白乡处于婺源与江西德兴、乐平交界之处,地理区位相对复杂;由于历史上与隔壁江西的乐平有较多的通婚来往,因此一般民众认为,从风俗上看,地处西南乡的太白等乡,原本是朴实的风俗,但由于受到江西人的感染而变得刚猛好斗,这个民间的观点还竟然被写进晚清时期的婺源乡土地理教科书:"(婺源)西南乡则率安朴质,然界近浮梁,性颇刚猛,勇于私斗。"②作为徽州区域边缘的婺源县,与江西接壤,在人文习俗上多少受到毗邻江西各县邑的影响,这原本属于正常的现象。不唯如此,即便到人口迁移较为频繁的晚清时期,地处徽州区域核心的屯溪镇风俗也有所变迁,当时的徽州人出于对江西人的偏见,而将部分不良的社会风习归结于江西人的到来。比如,其实在徽州民间颇为盛行的溺女之风,在徽州士绅看来完全是江西人带来的坏风气:"徽属民情素称浑朴,非赤贫难产婴母随亡者,尚无轻弃骨肉。自江右客民聚处日繁,溺女之风迩来日炽,除作孽于不见不闻之地,商等未能周知,乃有将婴置诸道路,犬残鸟啄,惨不堪言。"③显然,徽州士绅为了达到其自身目的,将原因归结为江西人的到来,这种说法既不客观,且带有十分偏见的,显然十分牵强,无法令人信服。

一般在人们印象中,徽州地域性格比较文弱,而江西等地人相对凶悍一些,民国时著名记者曹挺岫也曾发表过言论:"皖南、闽北、赣东一带,壮丁体格普遍的低劣,这是建国上一个大弱点。戴孝悃将军曾发皖南有弱丁壮丁之叹;宋明理学家的人士态度,偏向'文弱',爱'静逸'生活,社会上流行的萎靡不振风尚,大都是理学家提倡出来的。现在要变换风尚,先得从反理学开场,

---

① 档案资料《婺源县税务局"商业呈请开歇业案卷"》,1942年2月至1943年4月,婺源县档案馆藏。
② 《婺源乡土志》第六章第七十三课《婺源风俗续前二》。
③ 《新安屯溪公济局徵信录·光绪十九年禀呈》,光绪二十七年刻本。

不过'反理学',就得有勇气,难!难!"①正因为婺源属于徽州,而乐平等地属于江西,人可能比较刚猛一些,所以在接近乐平、德兴等县的西南乡匪患更多,是比较自然的事情。"乐邑风俗好斗"②可能是婺源人的共识。同治年间,甚至发生了一起婺源南乡洪村地痞伙同乐平土匪杀人放火抢劫的案件③。洪村即今婺源西南乡的洪钟坦,离德兴、乐平很近,乐平土匪对其滋扰,也是趁地利之便,与太白乡商店的绑架案如出一辙。

事实上,历史上婺源与邻县乐平、德兴之间的关系一直较为紧张。笔者阅读到的最早一段话是婺源西乡怀金乡四十二都项村的项氏宗祠碑记:"天锡公倡族重创,挥费千金,恢复故业,名曰义田,欲后人顾名思义,识不忘也。年来众务纷沓,因租落乐界,土瘠佃顽,致经理者徒嗟扼腕。崇祯戊寅岁,族谋金同释远就近,将前田便价五十三两,易置本处田二十三亩,众与祠有分田产者,尽输入祠,所谓从革而取鼎新者是也。"④该碑记的落款为"皇明崇祯辛巳岁次小阳月谷旦汝南项氏宗祠立、裔孙履泰一泾拜书",从行文措辞的语气可以很容易感受到,早在明末,婺源人对乐平人已经有了很大的成见。

清代康熙年间,乐平人继续对婺源西南两乡不时进行骚扰:①"汪三锡,字怀万,邑庠生,霍口人。性勇于义。康熙甲寅,乐界蜈蚣山草寇剽掠,邑莫能抗,详请徽饶两镇府会剿,三锡念兵集难支,控宪辞剿,与项村巡司习练民壮以讨平定,两省居民安堵如故。明季朱公一桂,籍属昌江,少时逐鹿婺西,

---

① 曹挺岫《大江南线》,"1939 年十一月一日光泽通信",沈云龙主编"近代中国史料丛刊",第三编第 960 种,第 146 页。
② 民国重修《婺源县志》卷四十二《人物十一·义行八·程锦泰》:"程锦泰,字炯文,长径监生。性朴实,识大义。在乐平乡间设肆,同邑失业者依之,泰代为谋,敬礼有加。乐邑风俗好斗,泰常阴縻己赀为之排解,乐人感其德。与弟析居,推肥取瘠,居二亲丧,号泣如孺子,其至性有足多者。"
③ 《婺源洪发祥伙同乐平匪徒杀人放火抢劫案简报》(此题目为笔者所拟,原文所无),《上海新报》新版第 292 号,己巳年(即同治八年,1869)十一月十四日第二版"中外新闻"栏目。收入沈云龙主编"近代中国史料丛刊",第三编第 585 种《上海新报》,第 2244 页。
④ (清)项茂桶、项茂棋纂修《汝南项氏续修宗谱》,不分卷,《贻范文集·记·项氏宗祠碑记》,康熙四十九年刻本。

与婺西争猎,后宰婺,春秋丁祭,责婺西供活鹿,详宪定例,启奸丛弊,三锡与生员戴贞遇诸人控宪厘革,婺西至今诵之"。① ②"张琛,字集辉,新田人。甫冠,补弟子员。性慷慨有为。康熙甲寅,地寇骚扰,琛集设防捍,村获安堵。婺西毗浮,浮猎获鹿,婺夺之,后浮人朱一桂公令婺,责婺西岁取活鹿供丁祭,着为定例,衙蠹假端索诈,琛与生员汪三锡吁宪禁免镌石,所费不赀,乡人至今德之"。②

清代以来,不少婺源人对乐平人有着很大的偏见,这可能同现实生活经验密切相关,具体体现在山林纠纷等事上。族谱资料中收录了一些事件,比如"公讳槐(1702—1741),字公植,号朝庚。公有祖山在汪毕村者,邻江右乐邑朱姓山,向被侵占,公率昆弟控府县者五年,必返其侵乃已,及今不生觊觎,业赖以保,公之不畏强御而果敢无窒者,又有然"。③"翁名庆瑜(1682—1758),字其采,号璞轩。且居恒安分,又善识时变,不规规于小利。翁王父支裔共置又程田苗山数十余亩,山旷土肥,闻者心动,翁甫冠,见山累乐邑,俗尚浇漓,戒诸兄勿栽养,以绝祸端,时论皆嗤之。后果余乐邑遘讼,三年不解,遂群服翁之少年卓识,能料事于未然,弭患于无形焉"。④

乐平与江西之间民间关系的恶化,此起彼伏,以至于需要官方介入。为此,明代万历九年(1581),婺源县地方政府在项村专门设立了巡检司:"项村巡检司:司官旧设四十七都浇岭,后改四十三都严田,万历九年,因乐婺之界居民相斗至死,改设于此。"⑤此外,婺源县地方政府曾在毗邻浮梁、乐平和德兴的边境,设立了西湾和彰睦等边防哨防:"西湾(在县西一百一十里),地界乐平,向拨防兵四十名屯驻讥察。康熙十九年,知县刘继儒盖造营房(旧并见

---

① 民国重修《婺源县志》卷三十七《人物十一·义行一·汪三锡》。
② 民国重修《婺源县志》卷三十七《人物十一·义行一·张琛》。
③ 《清华文敏公宗谱》卷八《历世忠孝节义类·洪源启槐公行述》,清嘉庆二十三年木活字本。
④ 《清华文敏公宗谱》卷八《历世忠孝节义类·洪源庆瑜公传》。
⑤ 民国重修《婺源县志》卷五《建置二·公署》。

沿革表),安札[扎]守卒。雍正七年,设外委把总协防中平汛。十二年,以中平汛属内地,而西湾、樟睦二汛界连江西德兴、乐平、浮梁,请外委移防西湾兼管樟睦二汛。乾隆三年,又设额外外委把总协防婺源城守(旧沿革表作协防西湾,误)。""彰睦(即樟睦,在县西一百里),距乐平十里,土寇窃发不时,康熙十九年,知县刘继儒盖造营房(旧并见沿革表)分拨守兵四十名驻之(外委把总兼管见西湾)"。①

道光年间,江西沿河遏籴、半路抢劫偷盗、阻船勒索等事件,层出不穷。比如:①"程缋光,字端叔,城西培人,盐课大使。敦孝友,尤存心利济。道光壬辰,饶郡遏籴,人心惶惶,缋竭蹶购办米粮,减价平粜,邑人赖以济饥"。② ②"施应诠,字体真,诗春人,五品衔。幼失怙,嫡庶母在堂,克谐以孝,助幼弟完婚。弟殁后,抚孤恤嫠,恩谊周至。尤敦根本,重气谊,安葬祖茔,不下千金。友殁德山,为运榇归里,不索费。道光壬辰,乐匪沿河诈索,叔父中翰彰请宪委亲临饶郡,诠面陈乐地积弊,为立碑加禁,舟楫乃通,商旅赖之。藩宪方额以'克绍前徽'"。③ ③"程若金,字汝砺,城西培人,盐运司经历广西知府尚义长子。道光年间,乐匪啸聚阻船索诈,河路不通,人心震动,金乃集五乡会议,慨然承办鸣官究治拿获申详,所费不赀,皆独任"。④ ④"李登瀛,字亘千,理田人,职贡。事母以孝闻,性慷慨见义勇为,尝业茶往粤东,经赣被盗,力控究办,请示勒石于通衢,商旅以安。乐匪阻船需索,诉诸督抚各宪,河道肃清"。⑤ ⑤"江翔云,字允夫,清华人,理问衔。幼贫,兄弟五人,节皆星散,云邀归,勤勉营业,家日隆起。乐匪沿河需索,为通县食货病,云携同事控理,河路获通,生平勇于蹈,义多类此"。⑥

---

① 民国重修《婺源县志》卷十二《兵戎一·防营》。
② 民国重修《婺源县志》卷四十《人物十一·义行六·程缋光》。
③ 民国重修《婺源县志》卷四十一《人物十一·义行七·施应诠》。
④ 民国重修《婺源县志》卷四十《人物十一·义行六·程若金》。
⑤ 民国重修《婺源县志》卷四十《人物十一·义行六·李登瀛》。
⑥ 民国重修《婺源县志》卷四十《人物十一·义行六·江翔云》。

直至晚清,婺源民间同邻近江西各县的关系依然较为紧张。比如廪贡生齐礼撰有《润光公暨淑配朱孺人合传》,其中略云:"公讳圣旰,字润光,坦白正直人也。公秉性孝友,少事高堂,冬温夏清,昏定晨省,庭闱聚顺,人无间言。家彻贫,公念无以养亲,因垂钓水滨,贯柳携鱼自鬻以供甘旨。比长,贷本贩卖粮食,因受舟人掣肘,乃造舟与弟兄子侄自事其业。时往来于邑中,与商贾贸易,皆以诚信为本。邑西乐人间有诈,闹生端、逞勇滋事,而公不畏强御,力为排解,并直斥其非为,是以乐之商人钦而敬之,黠者见而慑之。邑西经营交易自是赖为安静,而乐人亦不敢好勇斗狠者,皆公之果毅有以怯之也。"①该段传记落款时间为"光绪十年岁次甲申嘉平月",可见粮食商人王圣旰生平所经历的事情也多发生在清代道咸年间,该段文字也概括了乐平人性格特点之一斑。又比如"王泽霖,字惠和,太常寺博士衔,城北人。性孝友,居丧哀毁骨立。兄早没,迎孀嫂同居,事之若母,抚侄婚教成立。岁甲午(1894),乐邑匪徒阻绝河道,粮不通者累月,米价腾贵,霖走金陵诉制府刘公,蒙调兵至乐,运粮无阻,地方德之"。②

程若金等人在道光年间经常遇到"乐匪饶河阻船",到光绪年间这种状况依然没有改变。直到民国年间公路开通,对乐安江的依赖性才降低,婺源人与江西人之间在现实利益上的争斗才相对缓解。清民国时期的地方文献资料中,有很多这样的记载,如"俞之杰,字绚文,号再生,思溪人,廪贡生,候选训导。……光绪间,乐船丛泊西关,船丁当街聚赌,无所顾忌,甚且沿河阻茶箱杂货,邑侯几莫能治,杰愤然与方君允中等同诣金陵制军署禀请炮船弹压,至今安靖"。③加上水路上婺源人外出必须经过乐安江水路,因此在饥荒发生的年份,江西人遏籴,也造成两县关系的紧张,"李从枢,字焕文,严田人。

---

① 《新安武口派梅田王氏支谱》卷末《润光公暨淑配朱孺人合传》,光绪十年敦义堂木活字本。
② 民国重修《婺源县志》卷四十八《人物十二·质行九·王泽霖》。
③ 民国重修《婺源县志》卷四十二《人物十一·义行八·俞之杰》。

乐善好施,遇岁饥,江西闭籴,由杭省买米,归按户口给散,乡人赖无饿莩"。①在调解无效的情况下,婺源人也往往求助于官军来解决同乐平人的关系问题,民国《婺源县志》甚至收入有一条非常有趣的记载:"防河炮船:光绪三年因乐匪徐延坡纠众阻船,捉人勒赎,吁请弹压,蒙前督部堂沈札九江道提徐延坡讯供,就地正法,派拨炮船三号,驻扎乐河,河道肃清。近年乐匪又于上游肆扰,复请添拨炮船驻婺,八年十二月初一日又奉爵阁部堂左公批:'据禀已悉。查该县与江西乐平县境接壤,匪徒借故阻船,捉人勒赎之案,不一而足,虽节次严拿惩办,而此风仍未稍息,实属憨不畏法,亟应添炮船以资弹压,候照饬湖口镇照数拨往驻巡,并一面咨会江西巡抚部院转饬一体遵照,俟炮船到防加差,会同各哨兵加意巡缉,务期匪戢民安。是为至要,仍将该炮船到防日期报查缴。'后炮船到婺,一驻西关外,一驻小港。庚申按:炮船旋即调去。"②

由此看来,婺源民间对乐平人多有成见,属于一种地方性的"民间经验",也可以看作清代至民国时期婺源民间的一种偏见。身为朱子故里的婺源人认为自己一向有着深厚的儒雅气息,与所谓"好斗"的江西人不可同日而语。发生在某些特殊时期的偶发事件,还往往加剧了这种民间的矛盾、偏见与隔阂。比如"咸丰八年戊午……贼分踞高砂,往来于寅川铺等处,乐平奸商与之贸易,官军及东北乡勇攻剿数月,贼屡夜出劫官军营,北乡清华监生胡颜春随官军攻城,贼出马队,断其后,颜春杀贼目数人,力战阵亡于三都,同死者百余人。"③这段文字表明,因为乐平人与太平军做生意,在太平天国期间形势危急的情况下,这类事情极易导致仇恨与成见。乐平人在发生叛乱时,也首先将目标对准邻邑婺源,因此婺源人民时刻保持着对乐平的警惕:"光绪三十三年丁未,乐平乱民夏混天麻子据岞崌山,婺西戒严,县请省兵驻防,乃不敢扰

---

① 民国重修《婺源县志》卷四十七《人物十二·质行八·李从枢》。
② 民国重修《婺源县志》卷十二《兵戎一·防营》。
③ 民国重修《婺源县志》卷十二《兵戎二·战守》。

婺。后攻乐城格毙。"①

事实上,婺源与乐平之间的关系紧张,在民间甚多体现。比如,1947年"回皖运动"尾声之时,发生了一件极为有趣的事情,即乐平等县江西人发起与"回皖"运动相对应的"排婺"运动,由此更可进一步证明婺源与江西之间的水火不容,而与徽州之间的亲密无间。《文汇报》1947年5月3日第七版《婺源老人"请愿回皖吟"引起赣东排婺运动"门敲夜来搜孤弱,不止唐诗赋石壕"》一文报道:

【本报南昌通讯】日来赣东北鄱阳,乐平,浮梁各地,因婺人有诗辱骂赣人,群情愤慨,排婺情绪异常激烈,纷纷发起"欢送婺人回皖运动",乐平等地之婺人均避居乡间,婺人商店亦均歇业。后经调人从中调解,方始缓和。此激怒赣人之"请愿回皖吟",系婺人年已八十一之张梯云所写,载诸婺县参会会报"婺源通讯"上,诗共有十首,兹录其四:"阴教齐家重自修,徽州礼训胜饶州(鄱阳古名),狂潮卷入贤关地,风俗人人抱杞尤。""山县山硗异乐(乐平)浮(浮梁),乐浮稻□遍田畴,十年县级提高后,吸尽脂膏疗骨留"。(此怨一等县难做)"虎役征丁莫敢逃,绳牵缠系柱号啕,门敲夜来搜孤弱,不止唐诗赋石壕。""杂税交征派摊成,荷枪扫缴不容更,银铛在狱输无策,子捐妻务取盈。"余不录。此虽婺人回皖之音,然亦可见人民于征兵可税交逼下之苦况。(四月二十三日陈迟)

由该则新闻报道,完全可以感受到婺源与徽州作为一个区域文化整体,与江西的历史文化传统有着巨大差异,这是"回皖运动"发生的最根本原因。

"婺与江西之浮梁、乐平、德兴,浙江之开化等县皆犬牙交错,邑人不注意工艺,故江西工民多佣食其间,其人性多粗犷,稍不如意,辄呶呶忿骂,而婺人处之淡然。又婺水直接乐河,乐邑沿河村氓争运货、争赁纤,时有要挟婺舟、阻截河道之暴动。而乐邑船户屯聚婺埠者,居人从不欺侵。至若商界旅婺者,布业有黟帮,盐业、酱业有休宁帮,烟业、丝业有泾帮,其人皆极和平,主客

---

① 民国重修《婺源县志》卷十二《兵戎二·战守》。

尤无窒碍,此与旅民交际之情状业。"①从这一段话可知,婺源人认为能与婺源人"和平"共处的外来人口包括经营布业的黟帮、经营盐酱业的休宁帮,以及经营烟丝业的泾县帮,这三帮从历史文化传统意义上讲,同属著名的"徽州商帮"。从此一段文字即可见婺源商人群体与徽州商帮之密切关系。从江西乐平与婺源西南乡的长期历史纠葛,可知婺源西南乡,包括怀金、游汀等乡,是徽州商人群体所在之乡,即徽州商帮在徽州区域最西南的边界。

---

① 《陶甓公牍》卷十二《法制科·婺源民情之习惯·交际间之状况》。

第二章　徽商与区域社会的互动与融合发展

清代以来,随着婺源商人群体的崛起、兴盛,乡人外出经商日益频繁。商人在侨寓地所习到的生活习俗、思维习惯以及商业资本回流家乡,使婺源基层社会由封闭渐趋开放、由静滞转向流动。徽州是典型的宗族社会,徽商的主要来源往往局限于某些村落、宗族社区之中;徽商的社会行为也影响改造着其生活的村落、社区,并构筑起徽商的社会网络,这是徽商经营活动的重要社会资本。

第一节　婺源商人出生地的空间分布及其特点

一、商人来源的县域空间分布

独特的地理环境孕育出独特的职业。清代道光年间担任婺源县教谕的进士夏炘曾指出,"婺源居万山中,以山为田,以茶为稼穑,以采买贩鬻,往来江右、粤东为耕耘"。① 特别是婺源东北乡,是商人数量最多的、商业气氛最为浓厚的地区,有大批的婺源人外出经商。现将从民国《婺源县志》整理的2473例商人个案的出生地作统计,并依照来源的乡都、村落和宗族进行排

---

① （清）夏炘《景紫堂文集》卷十三《江济川家传》。

名,结果如表 2-1 所示①。

表 2-1 清代民国时期婺源县城和各乡都商人数量分布表

范围	乡名	里名	包含都图	村落数	包含坊/村落的具体名称	商人数量及来源宗族	全县排名
城厢	城厢		十六(坊)	16	牧民坊 双桂坊 兴善坊 种德坊 昭义坊 福泽坊 兴孝坊 登瀛坊 崇化坊 太平坊 明道坊 集贤坊 泽民坊 闻善坊 锦绣坊 旌善坊	191,以城西程氏、城东董氏、城南胡氏等姓氏为主。	No.2
东乡(1—10都)	万安乡	松岩	一都 二图	7	明堂里 雍家溪 水口 唐村 车田 段底 锡源	1	
		松岩	二都 一图	10	龙陂 下坑 东源 蓓蕾坞 张村 湖源 寺前 东山 洙源 杨家林	10	
		千秋	三都 二图	11	东溪 朱绯塘 香田 武口 王村 玉田 石门 乌坑 白石 渔潭 山下	18	
		千秋	四都 一图	13	长田 金盘 曹家段 水车埠 上源 和村 西坑 上村 茶坑溪 车田 由岭 田塍 王坦	3	
		灵属	五都 四图	13	上河 鹄溪 词坑口 李坑 沙城 蒋村 词坑 黄连潭 汪村 古箭 岭溪 新村 上坞	91,以词源王氏、理田李氏为多。	No.11
		灵属	六都 二图	11	汪口 杨村 钟吕坦 洪村 鸿村 毕家坑 古塘 古坑 严坑 旗材 双槎	51,以汪口俞氏、洪村洪氏为主。	No.17

---

① 民国重修《婺源县志》覆盖了所有历代纂修《婺源县志》的文字内容。换言之,民国版婺源县志收录的商人个案数量,就是整个清代以来所有被收录县志的商人总数,对其进行统计显然具有完整性。婺源县域以下的基层行政区划,元以前无考。明初定坊都制,婺源划定:城厢分为 8 坊;城厢之外的乡村划为万安、浙源、来苏、丹阳、怀金、游汀 6 乡,统辖 30 里、50 都。后经多次调整,至清末宣统元年(1909),分城厢 16 坊,农村 6 乡、29 里、共 50 都。宣统二年(1910),改坊都制为区乡制。民国时期,婺源县先后分区、保联、乡镇等几种区划。

续表

范围	乡名	里名	包含都图	村落数	包含坊/村落的具体名称	商人数量及来源宗族	全县排名
东乡（1—10都）	万安乡	大鳙	七都 八图	13	江湾 中平 旗坑 吾村 镇头 张村 湖山 阳田 溪边 高岸 龙源 汪路岭 砚山	48,以江湾江氏为主。	No.18
			八都 九图	14	大畈 济溪 西坑 坑口 上鳙 源口 栗木坑 篁岭 田坑 黄泥坦 马岭下 里庄 金田 方坑 岭下	42,以大畈汪氏为主。	No.20
		长城	九都 五图	15	长径 晓秋口 秋溪 官桥头 港川 金竺 长皋 桃源 南坑 山后 朱村 古汀 上荷田 正荷田 坑头	85,以秋溪詹氏、荷田方氏为主。	No.13
			十都 五图	27	上下溪头 龙尾 外庄 晓起 芦头 上泓源 莘源 泓坑 湖边 湖村 井坞 新屋 大碣 东岸 西岸 北山源 城口 桃源 方思山 洪源 桐源 清源 东溪 斗垣 枣木坮 龙池坮 朝阳坮	94,上下溪头程氏、晓起江氏、晓起叶氏、汪氏最多。	No.10
			东乡小计			443名	
北乡（11—23都）	浙源乡	嘉福	十一都 四图	18	官坑 回岭 裔村 西岸 西源 洋边 茶源 爵坑 余岭 城口 源头 吴村段 石佛 冈岭 里塘 外塘 东村 项山	34,裔村汪氏最多。	No.22
			十二都 四图	15	段莘 庆源 东山 仰田 清源 江村 中村 上山头 山下 晓庄 大睦段 腾坑 汪溪 捷坑口 淇源	122,庆源詹氏最多。	No.6
		孝悌	十三都 四图	17	庐源 山坑 湾头 里焦 鸿源 大起 沱口 平坦 沱溪 下坞 千槎 新桥湾 里村 埕头 槎口 庐坑岭 澄川	81,庐坑詹氏最多。	No.15

续表

范围	乡名	里名	包含都图	村落数	包含坊/村落的具体名称	商人数量及来源宗族	全县排名
北乡(11—23都)	浙源乡	孝悌	十四都二图	15	荷花桥 凤腾 梓坞 石岭 管头 浙岭脚 庄前 十堡 察关 虹瑞关 浯村 沂源 司马墩 石潭 界首	107,凤腾程氏、岭脚詹氏、虹关詹氏最多。	No.7
	来苏乡	大安	十六都四图	15	沱川 黄村 江村 双桂 莒源 源口 莒溪 水路 车田 岭下 沙田 梧村段 椿源 塘汇 金溪	168,以沱川余氏、黄村黄氏和轮溪吴氏最多。	No.3
			十七都三图	16	芳岩 福溪 李溪 石岭 竹源 方村 外施村 里施村 莒径 张溪 南源 篁田 水岩 霖源 杨垓 里村	98,以施春施氏为最多。	No.9
		沱川	十八都七图	17	云邱 湖宙段 漳村 玉犀 泓田 江源 北山头 长滩 清华 城村 甲椿 龙腾 槎坑 大坞 源溪 罗云 花园约内诸姓	338人,清华胡氏、戴氏、凤山查氏、甲椿李氏、漳溪王氏、龙腾俞氏和长滩俞氏最多。	No.1
		芮平	十九都三图	17	前坦 银头郑村 江岸 槎潭 思口 戴村 延村 金竹 枧田 西源 理源 王村 江村 汤皋 坑口 秀水上源 梅田	101,江岸程氏、金竹戴氏和延村金氏最多。	No.8
		长寿	二十一都五图	17	考水 思溪 西冲 章村 仁村 横路 上坑 江村 大田 曹源 汪村 源口 银峰 高仓 双岭 长尧 桃源 半港 上源	135,思溪俞氏、西冲俞氏、读屋泉孙氏、仁村胡氏最多。	No.4
		何暮	二十三都五图	11	龙山 新源 寨下 孔村 洪村 嵩山 何暮村 坑头 和公 里碳石 栈溪	125,龙山程氏、坑头潘氏、豸峰潘氏和桃溪潘氏最多。	No.5
					北乡小计	1309名	

续表

范围	乡名	里名	包含都图	村落数	包含坊/村落的具体名称	商人数量及来源宗族	全县排名
南乡(24—37都)	来苏乡	安丰	二十四都三图	12	汤村 井坞 太子桥 杨坞 罗村 香坑 汪家桥 江木坦 石头嘴 官源 黄潭 杨坑	26,官源洪氏、汪氏最多。	No.23
	丹阳乡	瑞亭	二十五都五图	15	环村 齐家岸 小港 寅坑铺 祝家庄 福阳 宋村 梅林 长源 渡头 湖村 碧水 石枧 转坑 坑口	14	No.21
		环石	二十七都二图	27	官坑汪家 老屋胡家 朱家 詹家 祝家 店坞 玉坦 坦里赵家 塘坑 叶坑 曹源 罗谷 罗田 埧上 石井 锡林 岭背潘家 汤家段 石珑坑 锦云岭 老鸦岭 张家 羊公岭 王俞 符村 新屋 西坑	37,罗田朱氏、玉川胡氏为多。	
			二十八都四图	6	许村 凤岭 高砂 下市 汪村 陷田	6	
		云亭	三十都四图	8	丰田 王家墩 嵩峡 龙居 中云 江村 下槎 江源	83,中云王氏最多。	No.14
		还珠	三十一都三图	11	宋村 清水港 程家湾 曹门 平乐 中山 五福镇 坳头 浮溪 浮沙 横坑	4	
		新安	三十三都二图	20	仙市 董村 朱家 吴家 徐家 蔡家 梅田 妙坦 杨家坞 李家桥 俞家湾 梅田薛村 忠想 岭底朱家 桐充 程家 胡家 竹林寨 沂春 上大埤	1	
			三十四都三图	14	太白潘村(即芳溪) 荷岸 符竹 井塝程村(即沙溪) 王壖头 余源 新村 沙洋 下大埤 早禾山 新屋 小岭 石田墩 项源	16	
		新定	三十五都二图	12	石田 阳村 绍溪 临河 岭西 中埤 洪坑 曹村 祊源 港口 大园 新村	11	

续表

范围	乡名	里名	包含都图	村落数	包含坊/村落的具体名称	商人数量及来源宗族	全县排名
南乡(24—37都)	怀金乡	黄江	三十六都六图	25	龙槎 中方村 朱村降 理源 言坑 新屋 范坑 横槎 程家库 岩潭 方村 大源徐 三桠 好音岭 西坑 刘家坞 蒋源 小路 汾水 霞港 毕埠 蓉溪 黄江 龙坡 万田	44,汾水吕氏、方村方氏最多。	No.19
南乡小计						242	
西乡(38—50都)	怀金乡	游汀	三十八都二图	5	霍口 臧坑 桐坑口 楚溪 中村 游汀	3	
		三溪	三十九都五图	24	仁洪 桂潭董村 碧潭 金埠 呈家段 上仁 表坑 许村 箬岭 西山头 梅田 董村 清源 洪塘 双溪 溪头 朱墩 磻溪 朱村 枣源 双盘 杉木坞 隐东 田内	8	
		福临	四十一都四图	22	盘山 澄源 龙川 环溪 大麓 芳春 朗湖 洙村 彰睦 泽阳 香田 水埠头 吴村 洙口 芜村 墩头 项家埠 朱坑 仙源 汪家坞 上石痕 下石痕	22,盘山程氏为最多。	No.24
		怀金	四十二都三图	6	曹村 项村 周溪 汪毕村 塘尾 芦溪	4	
	游汀乡	符溪	四十三都三图	15	对坞 水路 福亭 洪源 项源 严田 甲路 湖山 亨溪 宝石 王村 梅源 桃源 延村 忠村	68,对坞汪氏、甲道张氏和严田李氏最多。	No.16
		杭溪	四十五都二图	15	港头 古坑 东岸 齐村 毕源 梅山 冲田 唐原 桂岩 沙古段 考坑 长溪 曹家 方家 翁村	88,冲田齐氏、桂岩戴氏和长溪戴氏最多。	No.12

续表

范围	乡名	里名	包含都图	村落数	包含坊/村落的具体名称	商人数量及来源宗族	全县排名
西乡(38—50都)	游汀乡	婺安	四十六都二图	6	富春 新田 吴村 排前 澄坑 虎埠	22,赋春吴氏最多。	No.24
		延宾	四十七都二图	9	藻睦 西坑 楚源 冷水亭 大源张村 石硖 楚坑 镇头 寺岭	1	
		凤亭	四十九都二图	9	黄砂 凤亭 游山 石下 大源 戴充 西湾 西湾坦 南源	9	
			五十都二图	11	董门 龙溪汪村 福田 洪钟坦 秀山 吴源 官源 张村 周坑 月窟 湾头	11	
					西乡小计	236名	
全县总计					16坊、564村	全县共2473名（包括52人未知哪个村落）	

资料来源:道光《徽州府志》卷二《舆地·乡都》;民国《婺源县志》卷三《疆域四·乡里都》。村落数量根据1909年乡里都的数据;商人数量根据民国《婺源县志》各卷帙人物传记资料统计整理。

二、商人来源的县域空间分布特点

根据表格 2-1,可以进一步分析总结婺源商人的县域空间分布的规律和特点。

(一)商人分布的空间不均衡性

第一,从婺源当地人对县域空间四至的地理方位来划分,东西南北"四乡"里面,婺源商人的出生地主要来自北乡和东乡,南乡和西乡数量相对偏少。

北乡商人总数遥遥领先,总人数多达 1309 名,占全县商人总数的52.93%;其次是东乡,总人数为 443 名,占全县商人总数的 17.91%;南乡总人数为 242 名,占全县商人总数的 9.79%;西乡总人数为 236 名,占全县商人总数的 9.54%。此外,县城的商人总数为 191 名,占全县商人总数的 7.72%。可见,除县城外,婺源商人来源最多的是婺源北乡,其次是东乡;西乡和南乡的商人数量则最少,而且其数量比起北乡和东乡,要少得多。

清末人董钟琪、汪延璋在《婺源乡土志》第六章《婺源风俗》中指出:"四乡风气不齐,东北乡人多服贾,于长江一带输入苏杭,俗尚稍事华靡;西南乡则率安朴质,然界近浮梁,性颇刚猛,勇于私斗。教育家能发明公理,随其习惯,振以尚武精神,保卫乡邦之选,于是乎在。"①这种说法,正好与统计结论相符。婺源东北乡农业耕作的自然环境比西南乡更差,这可能是东北乡商人数量较多的原因之一。董吉符在《风俗举要》中指出:"婺之女红,西南乡间有能纺织者,东北妇女治蔬圃、操井臼,针刺等事亦不能。"②就农业生产而言,西南乡的妇女更为手巧一些,这与西南乡以农业生产为主要产业不无关系,这也反证西南乡在商业和商人数量上不如东北乡。

第一,更重要的原因可能在于,以地理位置上而言,东北乡与徽商最多的徽州核心区域——歙县和休宁毗邻、婚姻相通,东北乡又是从徽州核心区通往江西各府县的通道,因此徽州人群体经商之风气,亦易于波及至此。在婺源县的商人数量排名前十五位的乡都中,其商人数量之所以显得庞大,与这些都中某些村落盛产徽商直接相关。这些主要村落大多分布在婺源东北乡的主要交通干道沿线一带,可见婺源主要的商人出产地和输出地,基本位于交通干道沿线或距离交通干线较近的村落。③

第二,婺源商人出产地集中在一些都,且呈现出"多者恒多、少者恒少"的县域分布不均衡特点。

民国《婺源县志》收录商人传记较多的乡都,按照数量多少排列,商人的人数超过20人有25个都,按照数量多寡的顺序排列,依次为:十八都、县城、十六都、二十一都、二十三都、十二都、十四都、十九都、十七都、十都、五都、四十五都、九都、三十都、十三都、四十三都、六都、七都、三十六都、八都、二十七

---

① (清)董钟琪、汪延璋:《婺源乡土志》第六章《婺源风俗》,第七十三课《风俗举要》续前二。
② (清)董钟琪、汪延璋:《婺源乡土志》第六章《婺源风俗》,第七十八课《风俗举要》续前七。
③ 参见《清代婺源县疆域山川乡都总图》。

都、十一都、二十四都、四十一都和四十六都。一、三十三和四十七都,均只有一位商人传记被收入县志;三十八、四和三十一都,分别有三人、四人和四人收入县志;二十八、三十九等都,亦仅见少量商人事迹被收入县志。

在排名前十五位的乡都中,商人数量均超过 80 人,可见婺源商人数量的乡都分布具有集中性的特点。在全县各乡都的排名顺序中,属于婺源北乡的十个都(第 11—23 都),除第十一都外,其他九个都商人数量均排名在前十五位,呈现出高度密集的特点。其中,清华镇及其周边村落所在的第十八都,总共有 17 个村庄,产生了 338 名商人,在全县各乡都排名第一,且数量远超排在第二名的婺源县城。婺源县城共有 16 坊,出产商人数量为 191 人。把清华镇所在的第十八都商人数量和县城商人数量相加,总共达 529 人,占到全县出产商人总数的 21.5%,可见作为老县治的清华镇和清民国时期的县城蚺城镇,是婺源县商人出产地的最核心地区。属于婺源东乡的十个都(第 1—10 都)中的第五、九、十都,属于婺源南乡的第三十都、西乡的第四十五都,亦排名在前十五位之列。

(二)商人分布的家族性与集聚性

出产商人排名第一的十八都,所包括的村落有云邱(思口)、湖亩段、漳村、玉犀、泓田、江源、北山头、长滩、清华、城村、甲椿、龙腾、槎坑、大坞、源溪、罗云等村落,其中商人最多的村落是漳村、长滩、清华、甲椿和龙腾等村落。除甲椿外,漳村(即漳溪,今思口镇漳村)、长滩、龙腾,均位于从县城蚺城镇经由思口到清华镇的交通干道上,且清华镇为婺源县域之内仅次于县城蚺城镇的重要市镇。县城的商人数量排名居全县各乡都第二,这同县城自身的地理位置、市镇繁荣和作为县治的政治地位不无关系。商人数量排名第三的第十六都均有重要村落盛产商人,其中沱川、黄村和轮溪等村落商人数量最多。第二十一都中的思溪、西冲、读屋泉、仁村等村落商人数量最多。

商人数量多的村落,全部是世家大族的聚居地,且呈现出大聚居、小杂居的特点。婺源县城的世家大族中,城西程氏、城北双杉王氏、城东董氏、城南胡氏、城东陈氏、城西汪氏、城西俞氏等宗族,均有大量商人。就东西南北"四乡"而言,也呈现出家族社区相对高度集聚的情况,详见表2-2。

表2-2 清民国时期婺源商人来源最密集的村落及其姓氏一览表

四乡	村落及其姓氏
北乡	清华胡氏、清华戴氏,漳溪(漳前)王氏,长滩(上东山、下东山)俞氏,甲椿(椿田)李氏,龙腾俞氏,沱川(理坑)余氏,黄村(环溪)黄氏,车田(轮溪)吴氏,施村(诗春、分内施村和外施村)施氏,思溪(泗水)俞氏,西冲(西谷)俞氏,仁村(象山)胡氏,龙山程氏,新源俞氏,孔村(龙山)、桃溪、坑头、豸下潘氏,考水(考川)胡氏,段莘(中村)汪氏,庆源(龙川)詹氏,庐坑(庐源)詹氏,察关、浙岭脚(环川、外村)、虹瑞关(虹关、鸿溪)詹氏,山坑(凤山)查氏,荷花桥(环溪、花桥)吴氏,凰腾(板桥)程氏,梓坞(梓里、子午口)宋氏
东乡	理田(李坑、沙城里)李氏,汪口(永川)俞氏,江湾(云湾)江氏,晓起(晓川)江氏,汪氏、叶氏,秋溪(秋口、晓秋口)、词坑口)詹氏,词坑(词源)王氏,荷田(荷源)方氏,上下溪头(仁庆)程氏,龙尾(砚山)江氏,洪村(鸿川、鸿村)洪氏,长径程氏
南乡	中云(云川、云山、钟云)王氏,太白荷岸(潘村)潘氏,汾水(沣溪)吕氏
西乡	冲田(冲麓)齐氏,桂岩、长溪(马源)戴氏,严田(上严田、下严田、严溪)李氏,甲路(甲道)张氏,赋春(富春)吴氏以及盘山(盘谷)程氏

从这些商人密集的村落和家族社区来看,有几个主要特点:一是地理位置比较重要,或在交通要道上,或在川流两侧的开阔平地上。二是这些聚居点均为世家大族生息繁衍之所,有着较强的宗族凝聚力,而且人口较多。三是这些世家大族从明清以来均在科举、商业等方面有过较高成就。像婺源这样地处徽州边缘区域的县份,要产生徽商所具备的条件,也正是上述几个重要特点,而其中尤其重要的是必须具备较多的宗族人口、较大强度的宗族凝聚力,以及较为悠久的人文发展历史。通过考察其个案,他们的经营活动具有明显的家族性和地域性。村中一个人经营于某地某行业,如果成功了,久而久之,族中子弟或左邻右舍都会循着他的足迹去经商,依靠他的提携和扶持,从而使得某地某行业或相关行业的经营也带有了家族同乡色彩,西冲俞氏木商与金陵木业经营、虹关詹氏墨商与全国各大城市的墨业经营等,均为显明的例证。当然,婺源商业的家族性这也使其在经营行业和经营方法上,表现出一种惰性,这种惰性的最直接体现在于开拓创新者少、因循守旧者多;中小商人多,有魄力的实业巨擘少。在晚清、民国时期,以盐商、典商为代表

的徽商逐渐全面衰落,这种趋势表现得尤为突出。

反之,在商人分布极少的那些乡都村落中,比如最少的第一、三十三和四十七都,均为地域面积较小、村落数量也较少,且宗族的分布较为零散、宗族姓氏大杂居、小聚居的现象比较突出,这些特点均不利于商人的产生。第三十三都虽然从列表中所见的村落数量颇多,但从今天的行政区划来看,它们属于与农业产区德兴市接壤的小村庄;第一都亦与德兴接壤,范围不大;第四十七都的范围大体相当于今天的镇头镇一带,亦与景德镇东部的主要农业产区接壤。因此这些乡都的商人数量的多少,同其地处婺源最边陲之地不无关系。

婺源各乡镇、村落商人数量的差距,同婺源一邑在人口分布、城乡聚落形态密切相关。乡村人口是指乡村聚落中的居民。就婺源县域的情况而言,出产商人密度较大的聚落主要是集中在交通要道附近两侧的村落和集镇,大多为平原或者小平原、河谷地带,这些地方的人口密度相对较大,为宗族繁衍发展提供了便利。在婺源,一般隔一两千米的距离便有一个村落,而这些村落亦多为单姓村或多姓村,不过均以宗族聚居的形态出现,这也是在一个宗族中能产生诸多婺源商人的原因。

通过考察这些商人输出地(如县城、清华、西冲等)城乡聚落的分布情况,可以看到它们多位于重要的交通干线上或离交通干线很近的地方。[①] 便捷的交通不仅能减少成本,降低风险,而且更易于获得商业上的信息,从而把握住商机,因此村落是否靠近交通干线是其能否大规模输出商人的重要条件。

另外有两个现象值得注意:第一,农业人口向商业人口的转化,表现在村落上不是同步的,同一时期,不同村落商人的密集程度有差异,它呈现出差序格局的状态。第二,通过考察商人个案,可以发现他们的经营活动具有明显的家族性。

---

① 民国重修《婺源县志》卷一《疆域图》;笔者对婺源交通路线开展的实地考察所获印象和体会。

第二节　商人、商业与婺源市镇的发展和变迁

明清以来,徽州市镇的发展与徽州宗族人口繁衍密切相关。在市镇上聚居的宗族,其人口的发展与分布往往催生了市镇的繁华,同时也进一步强化了徽州市镇的商品流通型特质和服务辐射周边乡村的功能。比如,明代晚期婺源人洪允温①对自身亲历见证的晓秋口(今婺源县秋口镇)市镇发展历程作了简要描述:"晓秋口当北乡左臂,上达休邑,下通饶潏之要路。宏[弘]治正德间,寥寂荒郊。嘉靖初,元洪南桥公创辟兹土,而昆季随之,仅二三烟耳。癸丑秋,予总角时,侍先大夫过此,恒主其家,后少泉君继之,情款如昔,其地人事渐繁,今以翕然成市镇,有十八姓居焉。感而识之。"②明万历四十三年(1615),婺源官源洪氏在官源开局修谱,洪氏各支派共襄盛举,洪允温应邀主持纂修,他在卷末把修谱过程中的一些见闻和心得体会以跋言的形式写下来,因此这类记载基本真实可靠。这段话描述了晓秋口从明代弘治、正德年间的"寥寂荒郊",到嘉靖初年洪氏兄弟始迁入,再到嘉靖三十二年(1553)日渐繁华,直至明代万历晚期"人事渐繁""翕然成市镇"。仅仅经历近百年时间,晓秋口已从一片荒芜变成十八姓聚居的婺源北乡重要市镇。晓秋口市镇在发展过程中所经历的,也是清代以来婺源和徽州市镇在发展过程中所经历的。正因为徽州区域社会所具有的强烈的宗族特色,因此研究婺源市镇,必须将宗族因素全盘考虑在内。这一点与江南市镇的情形完全不同,江南市镇主要是来自全国各地的外来商民聚居之所,因此以宗族聚居的意识相对较为淡薄。婺源市镇,其实说到底只不过是村落的放大而已,是一个或几个世家大姓聚居的宗族(家族)社区。清、民国时期,婺源县最重要的市镇当属蚺城镇和清华镇,这两个市镇,无论是人口规模还是繁华程度,均属于婺源的中心市镇。

---

① 洪允温,婺源官源(今婺源县段莘乡官坑村)人,著名学者洪垣(1507—1593)之子。
② 《官源洪氏总谱》卷之末《晓秋口埠市》(版心刻:墩厚派埠市),清乾隆间(1792)钞本。

一、蚺城镇的商人、商业与家族分布格局

婺源因为深居万山之中,清代以来,市镇经济并不发达。关于婺源市镇首先必须述及县治蚺城镇(1946年改名紫阳镇)。抗日战争前数年,有学者调查婺源时,曾经描述蚺城镇的概况,并且从历史沿革的角度,阐述了民国时期的蚺城镇的城镇布局自明代嘉靖时期开始,历久未变的事实:"南唐时设县治于弦高镇(即今治),挟深池为险,刘津始筑城,周九里三十步,二门,宋因之,元时立木栅,四门,明初汪同复因遗址为城,周五百三十余丈,后坍坏,嘉靖间,何东序冯叔吉议建石城,俯瞰绣水,旁临杉潭,为门四:东曰锦屏,南曰瑞虹,西曰宝婺,北曰璧月,俱有楼,有月城,又为小门亦四:曰环带,曰嘉鱼,曰来仪,曰弦歌,计长九百余丈,北东因山是增,望之峻若天府,池则因溪为绕,不事加凿,视他邑更壮伟云。城内有文公阙里,县立初级中学校,图书馆,茶商同业公会,星江电灯公司,电报局,邮局等机关,街市则有鼓楼街,前街,后街,十字街,南市街,清池街等,坊则有双桂,昭义等。"①这是民国时期婺源县城的大略情形。

关于婺源县治蚺城镇的坊市街道布局,资料记载颇不详尽,这可能同其政治功能强于经济功能不无关系。民国《婺源县志》记载了历代蚺城镇的坊厢沿革情况,从中可以看出蚺城镇的市镇发展轨迹。婺源县治的坊都格局:"元以前无考。明定制坊厢……乾隆八九年,增二里,共一百五十五里,内计坊厢十四里,乡都一百四十一里。"②大体十四里即为十四坊,各坊设置和街巷分布的情况,自清代以至民国,相沿不变:"①牧民坊:在县治南街。宋元曰子民,明改牧民。②双桂坊:在县治东南门内前街,本名永宁,宋淳熙间,滕氏兄弟璘,珙居此,皆登第,邑令许应龙改此名,以志喜,见《滕氏文献录》。③兴善坊:在汪鋐天官四柱牌坊边,宋元有此坊,又有兴逊坊。明无兴善坊而改兴逊为致祭,今无致祭坊,唯有兴善坊。④种德坊:在县治东道观巷,程氏之先有工医者,号种德居士,邑令许应龙因以名坊,见《方伎·程约传》。⑤昭义

---

① 李絜非:《婺源风土志》第三节《县城及市镇》。
② 民国重修《婺源县志》卷三《疆域四·坊都》。

坊:在县治东南门内东街,宋高宗以此名旌张珏也,事见《孝友·张珏传》。
⑥福泽坊:在县治东,宋元旧名。⑦兴孝坊:在县治西南街,宋元旧名。⑧登瀛坊:在县治西钓桥坑,明所增。⑨崇化坊:在县治西儒学山东,宋元曰兴礼,明改此名。⑩太平坊:在县治东南鼓楼街,明所增。⑪明道坊:在县治南街,明所增。⑫集贤坊:在行察院东十字街,明所增。⑬泽民坊:在县治西庙街,明所增。⑭闻善坊:在县治西西湖边,明所增。⑮锦绣坊:在县治北汤村,宋元曰兴贤,明改此名。⑯旌善坊:在县治东门外,明所增"。①

上述十六坊中,城内者有十四,城外者有二,即锦绣坊和旌善坊。街坊布局以县衙为中心,以通往县衙的道路为中心轴线,分别往四边扩展。县衙设在全城中心最高点儒学山上,俯瞰全城。这种分布格局大体遵循传统的县治格局,突出体现以政治功能为主,而弱化商业经济等其他功能。从晚清民国的文字资料可以看出,在县城之中,并没有专门的、单一功能的商业区,而是围绕着各坊都的街道,分布有零星的商业店铺,也没有专门的商业街巷,商铺等各种建筑物随意分布在县城之中②。这也决定了婺源县城中的商业不可能非常繁荣。其中主要的街巷包括:鼓楼街,在治东南;上庙街,在治东;南街,在治南;后街,在治北;学前街,在治西南;十字街,有二,一在治东集贤坊,一在濠口市南;市街,在治南;城墙街,在治北;道观巷,在治左;马公巷,在治西;陈家巷,在治东③。

县城往往是一县的政治、经济重心,居住者多为非农业人员,除了官僚外,还有乡绅、地主、商人和手工业者。当时的婺源县城所在地即今之紫阳镇,紫阳镇自五代时便有建制,旧称"县街",为婺源政治、经济、文化、交通中心。婺水三面绕城而过,地势西南高,东北低,镇内主要街道在婺水以西,是县内集市贸易中心。从民国时期的档案资料来看,当时蚺城镇城多铺户;从上文表2-1所反映情况看,出生地在县城的商人数量多达191人,仅次于以清华镇为中心的北乡第十八都的数量,可见县城也是婺源县域最主要的商人

---

① 乾隆《婺源县志》卷三《疆域四·坊都》;民国重修《婺源县志·坊都》,一仍其旧。
② 民国重修《婺源县志·婺源城垣街道图》《婺源县治城垣旧图》。
③ 民国重修《婺源县志》卷三《疆域四·坊都》。

出生地。出生在婺源县城的商人中,以程氏、董氏、戴氏、汪氏、王氏、郑氏、胡氏、金氏、俞氏等姓氏为主。这些商人和商人家族居住县城的具体分布,城西从商的人数最多,且以程氏、郑氏为主,经商地多为湖南北、浙江、江西;城东从商者中多为董姓,经商地多为江西、姑苏和浙江;城北从商者中则多为王姓,经商地多为江西。资料显示,县城商人的经营行业主要为木业、茶业、医药行业等。这个事实说明,县城的世家大族在经商上也有家族性、垄断性的特点。

之所以会形成这种局面,同聚居县城的大姓分布密切相关。明清以来,婺源县城各姓均建有祠堂,祠堂能反映姓氏聚居情况。兹以乾隆和民国两种《婺源县志》为基础依据,梳理婺源县城各姓氏的祠堂分布情况。详见表 2-3《婺源县城各姓氏祠堂分布表》。

表 2-3 婺源县城各姓氏祠堂分布表

地点	姓氏	祠堂名及祀主、创建者及创建年代
城西	汪氏	乾隆《婺源县志》登记:(1)汪氏世泽祠,大中丞祠,祀都御史汪大受;德光祠,祀赠兵部郎中汪修龄;邦伯祠,祀太守汪昌龄;丰豫汪公祠,莘麓,汪仿邱祠。(2)还珠汪氏存著祠,还珠汪氏居仁世泽祠,俱在闻善坊。民国《婺源县志》新增:(3)葆和堂,城西,祀汪伯恕,祝世禄题。
	程氏	乾隆《婺源县志》登记:(1)西湖程氏宗祠;程氏家祠,辽东屯田程克显①同众建,祀曾祖士华;孝友堂祠,冯邑侯为程学祖题。(2)程氏宗祠溯源堂,程之吉支裔建;程氏支祠承志堂,程宇支嗣鹏、华、鹄、鹊同建。民国《婺源县志》新增:(3)节烈坊祠,庙街,赠通议大夫程青炜继妻张氏立;遗荫堂,城西程文绪母王氏建,为子孙读书处,邑侯言题"熊丸精舍",今为祠。
	徐氏	乾隆《婺源县志》登记:徐氏宗祠,北门。
	俞氏	乾隆《婺源县志》登记:俞氏宗祠,冲山,俞宗康兄弟建。
	郑氏	乾隆《婺源县志》登记:郑氏宗祠,西门外(晚清时期改建北门泽民里)。
	韩氏	乾隆《婺源县志》登记:韩氏宗祠,韩家坞,节妇余氏建,礼部张汝霖记;旌节祠,韩村,祀节妇余氏,翰林张炳谟题。
	石氏	民国《婺源县志》新增:石氏宗祠,名善继堂,在兴孝坊,石起达支裔建。
	金氏	民国《婺源县志》新增:金氏敬睦祠,在兴孝坊金家岭,彦瑛支裔建,祀宋进士金党。

---

① 万历四年丙子应天乡试举人,万历二十六年戊戌赵秉忠榜进士。山东济南府推官,奉差辽东屯田,未任卒。见《婺源县志·学林传》。其高祖程广,景泰四年癸酉应天乡试举人,天顺元年丁丑黎醇榜进士。其曾祖程文,弘治十一年戊午应天乡试举人,弘治十八年乙丑顾鼎臣榜进士,城西人,广东按察司佥事,见《名臣传》。

第二章 徽商与区域社会的互动与融合发展

续表

地点	姓氏	祠堂名及祀主、创建者及创建年代
城东	陈氏	乾隆《婺源县志》登记:陈氏宗祠,东隅正街,邑侯冯时来题"仁德世家"。
	胡氏	乾隆《婺源县志》登记:(1)胡氏宗祠,胡氏合族建,邑侯万题"明经世家"。(2)胡氏宗祠,东溪。 民国《婺源县志》新增:(3)胡先生祠,东门普济寺前,祀宋胡一桂,原址馆驿前,今圮。(1)胡氏宗祠崇经堂,即前志所载"明经世家",在昭义坊,胡应浯支裔光裕嗣重建。
	董氏	乾隆《婺源县志》登记:(1)董氏宗祠光裕堂,福泽坊;董氏支祠,双桂坊。 民国《婺源县志》新增:(2)善人祠,城东善人董世源故居,今为祠;承启堂,城东,祀董文鼎、号月泉。
	张氏	乾隆《婺源县志》登记:张氏宗祠,昭义坊。
	陈氏	乾隆《婺源县志》登记:陈氏宗祠,陈家巷。
	程氏	乾隆《婺源县志》登记:程家祠,里巷井右。
城北	王氏	乾隆《婺源县志》登记:双杉王氏宗祠,邑侯谭题"星源望族";双杉义祠,州同知王德俊建;王懋斋支祠,邑侯胡题"承启堂"。
	张氏	乾隆《婺源县志》登记:张氏宗祠,西湖畔张延肃裔鋐、昊、夔同叔儒并疏建。
	董氏	乾隆《婺源县志》登记:董氏宗祠,泽民坊。
	程氏	民国《婺源县志》新增:程氏宗祠,城北泽民坊,程保忠裔兆梁①嗣同建,祀始迁祖元谭湘暨支祖大昌,学士昌期题"承荫堂",邑侯许肇封记。
	徐氏	民国《婺源县志》新增:敦崇堂,城北徐大坤建。
城南	程氏	民国《婺源县志》新增:典诒堂,城南,祀程应鹏。
	滕氏	民国《婺源县志》新增:滕氏启贤堂,有二,一在双桂坊,一在江湾东思贤段,祀宋中奉大夫滕洙及先儒璘、珙并配享,明万历中邑侯朱为申请祀生奉祀,题其堂曰"名贤世家"。

资料来源:乾隆《婺源县志》卷九《建置五·官室·祠》;民国《婺源县志》卷七《建置五·官室·祠堂》。

通过祠堂的分布可以推测各姓氏在县城的聚居分布情况,民国重修《婺源县志》收入几座民居的分布也印证了这些姓氏的空间分布特点:"终慕堂:城北王氏建,王寿记;市隐堂:城东,胡宗正建,祭酒汤宾寅题;承启堂:城北王

---

① 民国重修《婺源县志》卷四十五《人物十二·质行五·程兆樑》:"程兆樑,字建遐,城北人。七岁失怙,事父益谨。比长,贸易获丰裕,即为先世卜宅兆。季弟居火,为更新之。抚侄如子,婚教成立。尝念程氏迁蚺城后,未建家祠,祀典久缺,慨然以家塾输作祠基,正欲谋及堂构,适遇疾,赍志以殁。子六人,克成之。长士传,贡生,余俱国学生。孙辈多列庠序。"

懋斋;保翼堂:太守汪昌龄建;宪德堂:城东,邑侯赵昌期为尚书余懋衡题;希文堂:城东,陈继儒为余鸣雷题;慎德堂:城西,尚书王崇简为余维桢题;庄和堂:城北,户部王廷举题;正治堂:城东,邑侯朱一桂为太仆卿余一龙题;来章堂:城西,太学程宏祖建,贲园汪秉忠题;德星堂:城东十字街东林陈氏宗祠;衍庆堂:城西徐朝钦建,抚宪周题;德誉堂:城西徐廷鸾建,抚宪刘题;孝睦堂:大理卿陶泗桥为城北王姓题;槐荫堂:城北王大成建,内构问心轩,邑侯张绶跋;澄心堂:太学陈尚贵建,知县冯时来题;安雅堂:太守汪秉元建,太史朱之蕃题;居仁堂:汪士汉建;存著堂:汪氏宗祠;孝友堂:城东,郡守朱肇基为明经董起予父子题;霖望堂:贡生王廷鉴建,与嫡裔住,以奉祀典;怡馨堂:王起良建。以上俱在城民堂。"①

从上述婺源县城的祠堂、民居分布情况可见,城西是主要的宗族聚居地,程氏、汪氏、郑氏、韩氏等姓氏主要分布于城西崇化坊、登瀛坊和闻善坊等各坊;董氏、陈氏、胡氏主要分布于城东福泽坊、昭义坊和种德坊;朱氏主要分布于城南双桂坊;王氏主要分布于城北泽民坊。除了少数商人的住址是从城外迁入城内之外(其原因也可能是从农村迁至县城开设店铺等),大多数县城商人世居县城,因此是县城的土著宗族。当然,祠堂的建设虽然表明宗族大概的聚居情况,真实的姓氏分布情况却复杂得多,因为家族地理分布并非完全按照坊的建置而形成,它有一个自然发展的过程。兹举县城几大主要家族略加阐释。

第一,城西程氏。程氏主要聚居在城西,或称城西培、西培。《清代硃卷集成》收录了三位婺源城西程氏的硃卷,根据这三份硃卷,程允中"世居西培崇化坊",程元恺"世居城西泽民坊",而程达璋"世居城南明道坊"。这三位程氏举人有共同的近祖,即生活在清代顺治年间的五十六世祖程之吉、五十七世程克鉴和乾隆时期的五十八世祖程宇。因此,至迟到清代乾隆年间,城西程氏在县城的分布已呈扩散之势,这可能同程氏家族繁衍密切相关。《婺源县志》所收录的城西程氏人物,大多生活在康熙年间之后,因此可以推断康熙

---

① 乾隆《婺源县志》卷九《建置五·宫室·民堂》。民国重修《婺源县志》收录的在城民居,与乾隆五十二年县志收录的县城民居数量、名称,完全一样。

雍正之间，正是程氏家族繁盛的最重要发展时期。从收入历修《婺源县志》的城西程氏商人传记可知，程氏主要人物均活动在清代，且外出经商的程氏子弟以经营木业为主。比如明清之际的程日宁，"商楚数千里，以承母欢。……尝舟泊洞庭，邻舟醉客夜起，臂囊五十金堕宁舟，诘晨各解缆去，宁得金知必邻客物，舣舟守候，还之，客感泣，愿识公名，不告而别。丙子（1636），宜城民遭洪水，尸蔽汉江，宁恻然挥金瘗之。寓景陵二十载，敦善乐义，楚俗为化，后以流氛日炽，乃归婺，逾年，寇果蹯境，邑人服其先几［机］。"①其后，程氏依然主要以木业经营为主，正如历修《婺源县志》收入的程氏人物传记所记载，"业木于苏""运木京口""承木业以代父劳""以家窭、两弟尚幼、兄读书求上达，不欲以家政分兄心，改就木业，居停倚重"的程氏商人即有不少，而更多的是写明"父命就商，历游吴越""往来吴楚间""经营吴楚间""年十五，父殁于四川重庆""往来豫章江苏东粤间""尝营商于吴，捐金入同善堂""后承父命，弃儒服贾，或江右，或岭南""曾负贩枲江西""贾游江淮"，等等，均表明其主要是沿着长江一带，从上游到下游长途贩运木材，至于少数"商粤"者则是晚清时期在广东贩茶叶的。正是因为其家族主要经营木业，故而程氏族人对木业寄托有特殊感情，从邑庠生程氏的事迹，很容易看到这一点："程式，字商珍，城西人。幼失怙，母极钟爱。成童循例入成均。式思绍书香，旋缴执照，攻举业，二十三补邑庠，文名大噪，益加砥砺。兼有才干，尝应省闱回籍，道过丹阳，见各省木筏经运，地猾党诈肆行，式毅然陈于大府。牒下，州县按法严惩，勒石永禁，商赖以安。家居严肃，以礼自绳，购古籍善本，不惜重价。年二十九，赍志以殁，以子世俊覃恩赠承德郎、兵部车驾司主事。"②在镇江、丹阳一带的木商大多数为婺源人，程氏既然肯为其他木商出头，则说明他们与婺源木商之间关系较好。事实上，程世杰第三女（1801－1880）即嫁给婺源北乡西冲大木商俞本仁第五子、国学生俞光澄，而俞本仁及其子孙多人均为在江苏营业的木商。总之，城西程氏应当是以木业为主要家族经营行当。

---

① 民国重修《婺源县志》卷四十三《人物十二·质行一·程日宁》。
② 民国重修《婺源县志》卷三十四《人物八·文苑一·程式》。

第二,城东董氏。同城西程氏一样,城东董氏也是一个商业与教育并重的大家族。城东董氏始祖为唐陇西郡公晋之四世孙曰申,唐敬宗、文宗时为吏部侍郎,迁居德兴海口①。迁婺城支祖为成祖②。董氏一族,世居城东昭义坊,科举与商业两途并重,是婺邑极为显赫的大族。董氏所取得的社会名望,可能要数大鲲一脉以下裔孙最为成功、最为兴盛,因为县志所收录的董氏商人、举人进士(包括董氏一门三同胞进士桂敷、桂新、桂科),均出自大鲲之后。历修《婺源县志》所收录的董氏商人个案,除了第 14 世起煜、第 16 世大田、第 18 世董升以及未知何世代的延禧之外,均为光裕支裔孙。而且,除了少数昌字辈裔孙为大鹏(大鲲六弟)之子外,其余均为董大鲲的裔孙。这种商业和科举的成功,相对集中在同一个祖先支下的现象,在婺源并非少见,前文所提城西程氏亦是如此。之所以形成这样的局面,有着其内在和外在的原因,内在的原因在于该支人口较为繁盛,外在的原因在于其自身为后代所创造的条件,董大鲲一支所取得的士、商两方面成就足以说明。董大鲲生子三人:兆熊、兆凤和兆谦,均为商人。其中最早出门经商者是长子兆熊:"董兆熊,字望公,朝议大夫大鲲长子,以邑庠生候选卫千总。少有至性,弱冠,父多外游,两弟俱幼,母命供薪水役,蔽衣负荷不敢辞。已而从师力学,旋奉父命服劳四方,无间寒暑,家赖以裕。"③兆熊长子邦超,依然子继父业,重操商业,却依然同其祖大鲲一般,是典型的儒商:"董邦超,字亦吾,城东人,理问衔。少读书,工诗词。后就木业,尝在南康见一舟坏,舟中人抱桅号泣,超购渡拯之,乃南赣兵备道邓公子也,翼日府官迎去,将厚酬不受。又在河北口舟中救一米商,米商言有金在坏舟内,为觅善泅者,取而还之。后在六合拯乡试六人,赠金雇船,送至金陵。卒年八十有三,著有《补笙堂诗》《露花词》。子桂山,青阳训导,覃恩敕封修职郎。"④兆熊四子朝伟,亦曾前往姑苏经商:"董朝伟,字丙

---

① 《新安名族志》后卷《董·婺源游山》。笔者另注:《新安名族志》点校本将"海口"误写为"海日"。
② 《董晋贞硃卷》。
③ 民国重修《婺源县志》卷三十《人物七·孝友三·董兆熊》。
④ 民国重修《婺源县志》卷四十《人物十一·义行六·董邦超》。

侯,附贡生,城东人。少颖悟,年十九补弟子员,旋援例入成均。诸兄或商或馆,伟独左右定省,晨昏无间。尝奉命往姑苏,闻母心疾不治,整装促归,途遇大雪,未尝旅宿也。归侍月余,母乃痊。友诸兄皓首如孺慕。里有敬神会,涎其会赀者悉分秩,伟不受,以所分钱纳诸庙,为首事两孤人展墓,且载其名不朽。性好书史,抱病时犹手自抄录尽卷,不错一字。"①"董兆凤,字箫伍,号五楼,附贡生,城东人,大鲲次子。……子孙累累叠膺馆选、掇科甲,家学莫盛焉。以孙桂敷覃恩诰封奉直大夫,翰林院编修加三级。卒年八十有八,学宪王给额曰'诗礼传家'"。②兆凤子邦直,"号古鱼,国学生,城东人。昆季五,俱业儒,食指日繁,奉父命就商,奔走之余,仍理旧业,出必携书盈箧,经纪三十余年,无私蓄,无矜容。客姑熟,闻母讣,奔归哭踊不欲生。终身言之,泪涔涔下。自此,事继母若所生。友兄弟益怡怡如孺子。善交游,大江南北名宿时相往还,稍暇,手一编不撒,喜歌诗兼工词,著有《停舸诗集》四卷、《小频伽词集》三卷。唐邑侯额以'才优学赡',雨苁徐御史赠以'艺苑清芬'。子桂林,拔贡生;桂台,庠生"。③兆谦,"字衡友,贡生,城东人。幼习儒,以父老未卒业,从兄服贾。性行敦朴,重义轻财。支祠产未裕,经理十二年,劳费不惜。途径西乡,有吴某聘不能娶,将改嫁,谦助之完娶。南乡有节妇余氏抱养一子,年几五十而子逃,谦悯氏无依,收恤之,七十目又盲,氏欲归依族人,谦不累其族,按月给食用。氏殁,为备棺衾,与夫合葬,立碑焉。学宪王尝给额曰'金贞玉粹'"。④从十八世以下的十九、二十、二十一世,大鲲支下的商人代不乏人、层出不穷。通过这些董氏商人的事迹来看,十八世之前的董氏主要经营行当应该是木业,而且主要经营地点包括江西(赣州、吴城镇、河口镇等地)、姑苏、杭州等地。从历修《婺源县志》董氏人物传记可以看出,多为"买木南赣","经商豫章吴会间",甚至有些董氏族人"殁江右",而苏州也是一个经

---

① 民国重修《婺源县志》卷三十《人物七·孝友四·董朝伟》。
② 民国重修《婺源县志》卷三十一《人物七·孝友五·董兆凤》。
③ 民国重修《婺源县志》卷三十《人物七·孝友四·董邦直》。
④ 民国重修《婺源县志》卷三十九《人物十一·义行四·董兆谦》。

营的重要地点,"业木姑苏",至于杭州,则有如"浙江商籍庠生"一类名目所表明的那样,一般是在杭州经营的商人后代所考取。而十九世之后,其经营范围有所扩大,包括有"侨居上海",也有"殁于沪"者,甚至有人"业茶广东",说明董氏族人在经营地点和经商行当上的选择更具多元化发展。

董氏一族,除经商之外,依然持守儒学,亦儒亦商,士商并举,比如兆熊次子、举人炼金,被收入《婺源县志·文苑传》[①]。董兆熊长孙邦超的长子桂山、次子桂洲,均为举人,其中桂山于嘉庆六年江南乡试中式,桂洲于道光八年戊子江南乡试由优贡中式[②];第三子桂庄亦为商籍庠生[③]。董兆凤生子五人,即国英、邦直、朝青、朝绂和朝勋,其中国英为增生、覃恩赐赠修职郎、芜湖县训导加一级晋赠朝议大夫;朝青为乾隆癸卯举人、拣选知县;朝绂为廪贡生、署泾县训导;朝勋为增生,以子桂敷、覃恩诰赠奉直大夫、翰林院编修加三级、晋赠奉政大夫。而朝勋三子桂敷、桂新、桂科则为一门同胞三进士,在婺源乃至徽州成为美谈:桂敷,嘉庆五年庚申恩科江南乡试举人、嘉庆十年乙丑榜进士;桂新,嘉庆六年辛酉科举人、嘉庆七年壬戌榜进士;桂科,嘉庆二十三年戊寅科举人、道光三年癸未榜进士[④]。国英生子桂森,为嘉庆六年辛酉江南乡试举人,与桂山、桂新为同科举人。而晚清时期,城东董氏产生的举人远不止上述数人,还包括嘉庆三年戊午江南乡试举人汝成、道光十九年己亥恩科江南乡试举人元湘(原名霆锐)、同治九年庚午江南乡试举人应崧、光绪元年乙亥恩科江南乡试举人晋贞等人[⑤]。此外,还有不少在侨寓地获得"商籍庠生"等名目。如果连同那些郡庠、邑庠,以及通过捐纳途径获得的国学生等算在内,董氏一门拥有科名的人数很可观[⑥]。董氏家族如此昌盛,其中原因在于董氏商人不仅重视商业经营,也更重视文化教育,大部分子孙都能够像董大

---

① 民国重修《婺源县志》卷三十四《人物八·文苑一·董炼金》。
② 民国重修《婺源县志》卷十五《选举一·科第·董桂山、董桂洲》。
③ 民国重修《婺源县志》卷十六《选举四·贡职·(附贡)董桂庄》。
④ 民国重修《婺源县志》卷十五《选举一·科第》。
⑤ 民国重修《婺源县志》卷十五《选举一·科第》。
⑥ 详见《董晋贞朱卷》。

鲲一样,"每暇日,则以经史课子孙,人文丕振,翰苑翱翔,乡贤孝友,代不乏人"。直至清末宣统元年(1909),清政府废除科举制度,但这一年准各学生员会考拔贡,城东生员董吉符因此赶了科举的末班车,成为当年婺源仅有的六名拔贡生之一①。1908年,董吉符编撰有《婺源乡土志》一书。民国二十二年(1933),董吉符担任了婺源县茶业同业公会的秘书一职②。可见,时代虽然往前不停推进,但城东董氏族人在经商与业儒之间,一直都是不断顺应着时代潮流的发展。

第三,城北王氏。王氏主要居住在城北龙井墩(泽民坊一带)。据乾隆年间婺源中云王氏所修宗谱《婺南云川王氏世谱·祖源世系图》载,在王仲舒的七子七孙中,贞之子希翰之下注说:"一名瑜,迁婺源弦高镇。"笔者所阅《双杉王氏宗谱》和《双杉王氏支谱》,就是迁居婺源城北的王瑜后裔所修之谱。城北王氏,自称婺源双杉王氏,始迁祖王瑜,一名翰,字仲信③,号霞谷居士,王仲舒之孙、王贞之子,生于唐元和元年(806),卒于唐天复元年(901),自宣州迁于婺源弦高镇龙井墩下,因居地有杉二株,又号双杉居士④。娶宣州镇江口丁卯桥许氏,生一子:宣。宣生姜。姜生四子:雷,字元同;霆,字元鸣;霂,又名霓,字元发;震,字元威。其后遂分四房。四房人众,至明代始繁盛,至清更盛。如今能够得见的光绪十九年双杉谱,是第四房震房的谱;民国三十五年《双杉王氏支谱》,则是长房雷房所修,谱称王雷官至隣州刺史,王震官至山南东道节度使,故雷房也称刺史支,震房也称节度支。该族乾隆初年于婺源

---

① 民国重修《婺源县志》卷十五《选举四·贡职·宣统年》:"董钟琪,字吉符,己酉拔贡,江西直州判。"己酉之后的庚戌年,婺源县尚有四人考取拔贡生,这两年中考取的十名拔贡生,就成为婺源末代科举中人。

② 傅宏镇:《皖浙新安江流域之茶业》,《歙休婺三县茶业同业公会职员一览表(民二十二年)》,第43页。

③ 此说据光绪《双杉王氏宗谱》(震房谱)。而民国《双杉王氏支谱》(雷房谱)却云"瑜字子珪,又名翰,字信之。"

④ 而据《新安名族志》前卷《王·婺源·城北》的记载,王氏"在邑北泽民坊。出武口派,七世曰浚明,由武溪迁水东,至十八世曰宗礼,出续双杉子原,后居城北。"未悉《名族志》所载与《双杉王氏宗谱》出入何在。

城隅建双杉书院,教育族中子弟,书院至民国末年尚存,书院西即为王氏家祠。城北王氏一族,在科举事业上也取得过不错的成绩。

根据族谱资料的记载,可以推测婺源城北王氏拥有大量族产。在婺源县城,王氏应该是最主要的地产、房产所有者之一。《双杉王氏支谱》详细记载了从明代末年到民国末年王氏宗祠所经营的田产、房产等不动产情况。明代时期,只记载王氏经营田产的情况。从清代顺治年间始,一直到王氏修谱的民国时期,《理祠总册》则详尽记载了王氏家族的经营房产和店铺运营管理情况[①]。据《理祠总册》记载,王氏祠产除田产外,更有不少楼房、店铺等房产。这些房产分布在县城各个坊市街巷间,即大街、泽民坊、兴孝坊、崇化坊、闻善坊、登瀛坊、城门头、北门、太平坊、登瀛坊临江门、临江门昇平桥等处。《理祠总册》关于王氏祠堂建造的最早记录时间是顺治十三年(1656),"德政、大鹤、承宫经理。造华光楼造祠三门造大街店二间"。记载其他建筑的建造最多的一次发生在乾隆五十六年(1791),"造闻善坊店屋并右边墙,租金冠卿。庙各铺余屋余地赁借等项:泽民坊铺店一局,谭振鲁租;又铺店二局 王经善租;又铺店一局 王徽祖租;又铺店一局,蒲元顺租;兴孝坊铺店一局,董源诚租;登瀛坊铺店一局,程其珍租;闻善坊铺店二局,王百川租;登瀛坊铺店一局 王太峻租;泽民坊铺店一局 吕瑞南租;泽民坊铺店一局,曹大成租;元斌输日字号屋一堂;承贡输日字号屋一堂;新买日字号屋一堂;以上三号今改作书院晒场"。对祠堂进行修建变动最大、最复杂的一次记载是在光绪三年(1877),"光绪三年丙子六月,族举炳坤、元淦、启明、维新经理。彻停丁丑戊寅两载祖惠,装修中堂地板照壁房间,补光绪元年上届所停耆胙妣饼,重造神宫鱼池。光绪己卯给散丁谷,质去店业殆尽。合族公议抽分配享租一千五百秤,抽分经文租一千二百秤,抽分纬武租九百六十秤,抽分先达租五百秤,抽分尊贤堂租五百秤,各举经理。甲申年元淦自知咎有攸归,奔避外省,先将要用租簿封存祠内,历届交盘册及捐簿专仪簿并紧要契墨,大半从此失去,至今接理无从

---

① 《双杉王氏支谱》卷十六《理祠总册》。

考核。泽民坊人租店质本洋四百元,泽民坊永馨店质本洋一百七十元(震公房谱载二百三十元),民国壬戌经文文会赎回。兴孝坊恒太店质本洋四百元,登瀛坊义丰店质本洋一百七十元,泽民坊信兴店质本洋九十元(光绪甲申经文文会赎回),登瀛坊宝源楼质本洋二百三十元(丙辰届司理赎回)"。《理祠总册》最后一次记载族产经营情况是在民国五年(1916):"民国五年丙辰六月,族举朝勋、治平、天泽、光炜经理。中堂东廊拆旧换新,修大庙头门及观音堂,修角塘并换谷仓地板,登瀛坊店屋内进换枋接柱加瓦翻盖。修龙墩各庙。赎回登瀛坊店屋一局(原押价分加昇平桥鼎新医坊及兴孝坊詹大有号两店仓内)。"

对照《婺源县志·坊市图》可以发现王氏家族的房产店铺绝大部分分布在城西,仅有太平坊一处在县城的城东。之所以形成这样的格局,是与城西的面积较为开阔、街巷较为繁华有关,还是同王氏宗族势力主要集中在城西有关,尚待进一步探讨。至于商店牌号,有松盛店、饼店、兴孝坊烟店、城门头德裕店、泽民坊人租店、泽民坊永馨店、登瀛坊义丰店、泽民坊信兴店、登瀛坊宝源楼、升平桥鼎新医坊及兴孝坊詹大有号。从这些名号看起来,均为经营一些城乡日常生活必需品(如兴孝坊烟叶和詹大有笔墨店),或者其他服务业(如鼎新医坊)。作为王氏祠产的店铺和临街楼房,不仅向王氏裔孙租赁,而且向异姓开放,如从乾隆五十六年(1791)登记的王氏宗祠店铺赁借情况来看,租赁者既有王姓,也有金、谭、蒲、董、程、吕、曹、詹等姓氏。其中谭、蒲两姓氏,据笔者判断,很可能非婺源土著商人,而是外来客民。县志所收录的王氏商人,指明经营地点的寥寥无几,仅有三位商人在江右经营。从王氏宗祠所拥有的店铺有不少租赁给王氏族人这一点来看,县志中收录的王氏商人的经营地点主要在本地县城。

除上述城西程氏、城东董氏、城北王氏外,婺源县城的主要聚居姓氏宗族还包括城南胡氏、朱氏,城西郑氏、俞氏各支、汪氏各支等世家大族,以及金氏、石氏、韩氏、张氏、徐氏、曹氏、游氏、杜氏等人口较少的家族。这些家族在商业经营方面的行业选择、经营手法与特点上,与上述世家大族基本一致。

作为一个商业市镇,婺源县城蚺城镇虽僻处山隅,但也吸引了不少外来的手工业者、小商贩和专业菜农。我们可以通过梳理太平天国时期外来人口死亡的情况加以佐证。一些寄居婺源城乡的外来人口,在抗击太平军的过程中献出了生命。根据《婺源县志·人物·忠节》的记载,这些外来的殉难者大致有数十名,基本来自婺源周边的黟县、泾县、乐平、都昌、德兴、开化、青阳,也有稍远一点来自湖北,大都是手工业艺人[1]。这些外来人口的来源地,与《婺源地理教科书》的叙述基本相符。《婺源地理教科书》称:"境外之人,与本境交通而寄食于本境,是曰客民,黟县人之布业、泾县人之烟叶、江西之竹木手工、银铁手工、皮漆手工,寄食于本境者,在稍大村落则必有之。盖本境人之手工业殊不注意,故客民聚于斯矣。"[2] "郑达文,字德三,城西人。尝有抚州来种瓜者负逋几百金,瓜被水没,愿归售妻以偿,达文折券慰之还,邀至家,与酒食、给资斧、令归乡,此其佚事云"。[3] 嘉庆时的郑达文,世居婺源城西,因此抚州瓜农可能是在城郊租用婺源地主之地,专门为县城居民提供蔬菜者。上述在太平天国运动中丧生的外省人有来自浙江龙泉、江苏太湖和湖北黄梅的,从这一点看出,婺源县城以及较大的村落中,客居的异地商民数量并不算太多,而且其主要的经营规模也不甚大。虽有深入农村者,但就其职业选择来看,都是与城乡民众生活密切相关的一些手工业和其他服务业,这同婺源城乡商品经济不发达、没有形成专业的生产市镇,不无关系。

再晚些时候,到晚清时期,婺源人与其他地区的人际交往情况,可以分为两类,一是与外来教民,二是与上述的外来客民。"婺邑交际占大部分者有数端:一为对于外人,自董门建天主教堂,邑遂有白种人足迹,奸民借奉教为护,欺压乡里,邑人只有文明之争,绝无冲突之举,久之司铎嘉居民平恕,严斥教徒之凶横者,民、教遂至今相安,此与外人交际之颠末也。一为对于旅民。婺与江西之浮梁、乐平、德兴,浙江之开化等县皆犬牙交错,邑人不注意工艺,故

---

[1] 民国重修《婺源县志》卷二十七《人物六·忠节三·附寄居殉难民人》。
[2] 《婺源地理教科书》第八十三课《交通之客民》。
[3] 民国重修《婺源县志》卷四十四《人物十二·质行四·郑达文》。

江西工民多佣食其间,其人性多粗犷……至若商界旅婺者,布业有黟帮,盐业、酱业有休宁帮,烟业、丝业有泾帮,其人皆极和平,主客尤无窒碍,此与旅民交际之情状业。"① 这也是聚居婺源县城的各宗族姓氏及外来人口聚居的大致情况。

现存的民国时期婺源官方档案资料,保存了一些关于民国时期婺源县城商业状况的历史记载,尤其对县城一些商店的店号和经营项目,都有详细地描述和统计。比如民国末年《中国通邮地方物产志(分省)》记载了婺源县城和江湾几家商店的情况,详见表2-4。

表2-4 中国通邮地方物产志(分省)·婺源县

地名	类别	行号	业务	地址
婺源	农产	万通	米麦杂粮	西门外
		慎源	茶	北门杀牛巷
		益隆	染料	鲜鱼街
	水陆畜产	裕承	猪	西门外
	林矿	王同昌	木材	西门程家街
	制造品	曹恒泰	丝绸	南门石家祠
		庆丰	棉纱布疋	小南门外
		万洪茂	瓷器	西门程家街
		新兴	书籍文具	南门正街
		五福居	照相	南门金家巷
		乾元栈	国药饮片 膏丸	城门头
江湾	农产	岷泰行	茶	江湾大街
		聚成	桐油柏油	同
	林矿	怡升	竹木	同
	制造品	同盛	雨伞	同

资料来源:《中国通邮地方物产志(分省)》,"中国经济史料丛书"第一辑第四种,台北:华世出版社,1978年,赣省第37页。

表2-4虽然仅罗列婺源县城为数不多的商号的经营项目及其地点,但从

---

① 《陶甓公牍》卷十二《法制科·婺源民情之习惯·交际间之状况》。

中可以看出当时婺源县城商业分布的大致情况。西门外、南门街是最为繁华的商业街道,这两处既有米麦杂粮铺、猪行、木行、瓷器行、药店,也有布店、文具店和照相馆。这种分布格局,具有历史延续性。笔者实地考察婺源县城时可以发现,与当时西门外、南门外相对应的今县政府门前蚺城路以南的星江路、南门街和蚺城路以西的北门街、大庙街,依然是婺源县城最热闹的商业街。

根据婺源县档案馆所藏其他档案资料,可以更进一步看清婺城商业的发展状况。表2-5是民国三十一年(1942)一至七月份,各乡镇向婺源县税务局申请开歇业店号的概要,也是目前所能看到的较为完整反映婺源几个商业市镇各商号及其经营状况的档案资料。笔者按档案原卷根据时间顺序排列,对商号所处市镇重新编排顺序制成此表。当时处于抗日战争时期,全国各地交通封锁、物价飞涨、货源短缺,因此商品流通极为不便,地处深山的婺源一邑,其市镇的商业经济也遭到深刻的影响。

表2-5 民国三十一年度婺源各乡镇申请开歇业店号概要

序号	所在市镇	商号名及经营行当	经理人	开设或申请开业时间	歇业时间	铺保（保证商店）	摘要
1	本城	程信茂鑫记纸号			三月三日		歇业
2	本城程信茂鑫记纸号原址	盘顶信茂生财底货,更易巽懋牌号	经理李子香	三月三日			开业
3	本城先儒街	程信茂鑫记号经营纸业	经理程镜庵	于兹已有多年	民国三十一年	文和堂,乾元栈	歇业
4	婺城	民承祖遗有文和堂书坊一所,以雕刻印章为业	具呈人郑荣锡	由民父炼臣经理至今(至迟1916起)	五月二十二日	证明商店婺邑王恒亨号	歇业
5	蚺城镇第五保	独资开设婺源大兴笑和印刷社	店主程远如		三月二十日	和兴祥信记号,婺源采芝堂	歇业
6	蚺城镇第五保	集资二万元承顺大兴笑和印刷社一切生财家具,在蚺城镇第五保开设大星祥印刷所	经理程星南	三月十五日		和兴祥信记号,婺源采芝堂	开业

续表

序号	所在市镇	商号名及经营行当	经理人	开设或申请开业时间	歇业时间	铺保（保证商店）	摘要
7	蚌城镇西关外	独资开设李焕记灯笼手业铺	店主李焕芝	于兹已有多年	三月十九日	源丰分号，王同记	歇业
8	本城西关外	婺源公泰运输行	经理江养涵	三月二十一日		婺源永利号	开业
9	本城朱志成竟记原址	婺源顺成号。集股承顶志成货底家伙等物，另立招牌为顺成	经理朱笑山	三月十二日		怡和祥，婺邑隆顺号	开业
10	蚌城铺水府庙	开设聚奎楼菜馆	经理白春生	三月三十一日		文和堂	开业
11	蚌城镇西关外原玉成猪行旧址	开设友成仁猪行	经理程云珊	四月十四日		婺邑王恒亨号，婺源乾元药号	开业
12	蚌城镇西关外	玉成猪行	经理程远如		四月十日	万丰	歇业
13	西门外	婺源先记。小号之营业，原以油盐酒米为大宗	经理人王实甫		二月十九日	婺源永利号，焕记	歇业
14	本城	公顺布号	经理人董子黼		七月七日	婺源乾元药号，怡和祥	歇业
15	本市西门程家街	本市程家街发记布号	经理人智千	三月十五日		顺生布号	开业
16	本城	婺源咸贞号布号	经理人王伯群		三月二十六日	怡和祥	歇
17	婺城	根发于本年四月间邀集股东合资经营锦昌号，曾向兰溪办有土布一次	经理俞根发		五月九日	婺源永康隆，婺源巽懋号	歇业
18	小西门三角地三号	敝号开设婺源以来，鉴于镶牙非日常人生必需	（异乡人士）陈卓章		五月十七日	铺保厉顺茂（图章）四海春馆	歇业

续表

序号	所在市镇	商号名及经营行当	经理人	开设或申请开业时间	歇业时间	铺保（保证商店）	摘要
19	本城	原店名：鼎益。新店名：鼎益裕记	经理郑道丞	三月十五日		婺源乾元药号	开业
20	本城鼎兴号原址	仍用鼎兴老牌	经理金恩熙	民国三十一年			开业
21	蚺城镇先儒街	婺源郑广有	经理郑贤武	于兹已有多年	二月二十三日	婺源洪顺，婺源采芝堂	歇业
22	蚺城镇金家巷内	春记号贩运各货	经理程叔如	四月二十八日		婺源乾元药号，婺源宝华银楼	开
23	婺城	春记	经理程叔和	小号自本年开业	七月五日	婺源乾元药号，婺源宝华银楼	歇业
24	婺城	婺城丰记	经理人王斌善	小号于本年三月开始营业	七月九日	同兴德布号，婺源维新布号	歇业
25	婺城	婺源怡裕祥号	经理人金杰然	小号自本年呈报开业	七月五日	怡和祥，婺源郑顺记	歇业
26	兴孝坊街二十三号	自集少数资本，设摊营业	义民熊木林		七月二十五日		歇业
27	江湾	信孚号	经理人江竹青		三月十三日		歇业
28	婺源县第二区江湾乡	江义和洋货号	经理江荣晖	于今数载	二月二十六日	江福昌	歇业
29	东乡江湾	德和烟店	经理江子基		三月二十日	饮苏堂，江湾同和裕布号	歇业
30	第二区江湾	福昌布号	经理江霖澍	已历数十年矣	三月十五日		歇业
31	江湾镇	聚源震记酒号	经理江碧澜		三月十九日	聚源品记烟店，饮苏堂药号	歇业
32	江湾	江广源官酱园	经理江碧勋		七月五日	饮苏堂江湾饮苏堂，聚源鸿记	歇业

续表

序号	所在市镇	商号名及经营行当	经理人	开设或申请开业时间	歇业时间	铺保（保证商店）	摘要
33	清华	俊卿早岁就商鄱阳，年来返里，常为清华店商前往鄱、乐一带代运零货，因附货较便，家庭兼一小本营业，类似小贩，牌号俊记	新华乡戴俊记经理戴俊卿		七月二十五日	万益，婺源清华中街施道济堂	歇业
34	婺源清华上街	奇英承父遗聚兴货店一所，经营迄今。施聚兴南货号	经理施奇英		七月二十七日	黄良济国药号，俞源和号	歇业
35	清华下街	民号（炎兴）开设于清华下街，向赖兼营粮食为基本生活……民号地址非适其冲，进货更难，与夫坐食山空，不得不转营木业	胡应喜		民国三十一年八月	店邻：清华程集顺号，江余记	歇业
36	清华下街	浩兴和米店	商民施和庆	于兹已有多年	民国三十一年		歇业
37	第三区清华乡清华中街	小号浩兴和，经营粮食杂货	施和庆	于兹已有多年	民国三十一年	胡振茂，清华胡利丰	歇业
38	第三区原和平乡第一保（即今车田）	公盛济记经营杂货	经理黄少川①	于兹已有多年	一月二十二日	新兴隆号经理：黄宗佩	歇业
39	思口	思口顺记。窃本号于本年三月三十一日申请登记，四月开始营业	经理人戴中芠		七月十五日		歇业

① 据《皖浙新安江流域之茶业》附表《皖浙新安江流域重要各县之茶号调查表（民国二十二年）》，经理人黄少川在黄家开设有"公和盛"茶号，年产箱额为208箱。见该书第59页。

续表

序号	所在市镇	商号名及经营行当	经理人	开设或申请开业时间	歇业时间	铺保（保证商店）	摘要
40	思口	牌号：思口浚源字号	经理赵诵荣		五月二十五日	万利字号经理俞逸园，日隆号经理张夺标	歇业
41	思口	万利商店	经理俞逸园	三月十六日		元昌，和兴祥信记号	开业
42	云邱乡	诚泰商店。经营布业			二月十五日	日隆号，义泰	歇业
43	第五区云邱乡所在地（即思口街）	永泰字号小本经营布帛零货	经理人滕叔康		民国三十一年六月	义泰号，日隆号	歇业
44	冲赋乡第一保	民先父达善于曩年开设顺昌牌号经营盐米两业		曩年	民国三十一年	吴和昌，戴仁术，吴勤生	歇业
45	冲田	商民齐锦林，现年六十四岁，年前开设复生堂国药店于冲田乡间，交易很小	商民齐锦林		七月十五日	齐协同昌烟庄，齐隆兴	歇业
46	冲赋乡冲田	源昌	店主齐锦才		一月二十八日		歇业
47	冲田	声（申）请人在冲田开设怡昌北记牌号经营杂货业	经理人齐北辰		七月二十八日		歇业
48	婺西区冲赋乡第六保	永茂兴商店	店主齐仰松		七月十日	仁术堂	歇业
49	赋春	商民吴台夫，昔年开设赋春和昌育记，布帛杂货营业，历有年所（商号：吴和昌布号）	商民吴台夫		七月二十四日	仁术堂，勤生号	歇业

续表

序号	所在市镇	商号名及经营行当	经理人	开设或申请开业时间	歇业时间	铺保（保证商店）	摘要
50	太白临河	婺源临河王吉成号。上年蒙亲友筹措资金成立吉成西牌号经营小贩杂货而维生计	经理人王吉甫		七月二十二日	怡康，万隆	歇业
51	中云	伞店：王同盛希记，制伞为业			七月九日	郑宏盛号，王鸿盛号	歇业
52	中云	伞店 王大顺，制伞为业。	店主王铭德		七月九日	王隆顺，中云王隆盛号	歇业
53	中云	伞店：万盛，制伞为业，	店主王有根		七月八日	王隆顺，恒和	歇业
54	中云	郑宏盛号经营伞业仅只二年			七月九日	王鸿盛号，王同盛希记	歇业
55	中云	小号鸿盛向以制伞为业（王鸿盛号）	中云王品庄		七月九日	郑宏盛号，大元堂	歇业
56	中云	民父开设信昌糊纸衣店于中云			七月五日	务本堂，万茂	歇业
57	中云	义盛布店	店主王弇其	于兹已有多年	三月十九日	复隆，锦隆	歇业
58	中云	协记			七月五日	王鸿盛号，郑宏盛号	歇业
59	中云	商店正和		于兹已有多年	四月二十八日	复隆、锦隆、婺源永康隆、王同昌号、婺源郑顺记	歇业
60	中云	商店复隆，零售杂货	经理人俞朗辉		七月八日	振兴隆号，大元堂	歇业
61	中云乡第二保	商店牌号：中云王隆盛号	经理王云冕		七月九日	大顺，万盛	歇业
62	中云乡中云下街	牌号王和盛			七月十日	王隆顺，和茂	歇业
63	中云乡第三保	商店牌号 王隆顺	经理王锦益		七月八日	和盛，和茂	歇业

续表

序号	所在市镇	商号名及经营行当	经理人	开设或申请开业时间	歇业时间	铺保（保证商店）	摘要
64	中云	商店：中云宏泰昌，杂业	主人显堂	于兹已有多年	七月六日	恒盛仁，和茂	歇业
65	中云	小买卖杂货店王万茂仁记			七月八日	中云义兴，恒盛仁	歇业
66	中云上街	属号永昌，原设中云上街，南货营业	经理人王寿朋		七月八日	大元堂，万茂	歇业
67	中云商店	民开设中和茂商店，原系小买小卖，不过摆摊性质，以为糊口而已			七月八日	王隆顺，和盛	歇业
68	中云乡第二保	小号俞顺昌	歇业店主俞永昌		五月二十三日	中云王隆盛号，俞顺隆	歇业
69	中云	民在中云开设鸿泰杂店	主人王雁昭		七月十三日	中云恒和，锦隆	歇业
70	中云庙街	小店恒和	经理人吴问梅	经营仅经载余	七月六日	中云宏泰昌，吕锦隆	歇业
71	中云	商民俞观保，寄居中云，开设牌号义兴，做卖糕饼，受业性质，本小利微	商民俞观保		七月八日	务本堂，万茂	歇业
72	中云	民生楼面馆	店主陈安民		七月八日	吕锦隆	歇业
73	中云乡第三保中云	窃民夫朱大林，余干人，侨居中云，开设怡兴面馆	嫠妇朱徐凤	于兹已有多年	民国三十一年五月	中云宏泰昌	歇
74	中云乡	小号锦隆开设中云乡所在地，专售零星铁器，小买小卖营生			七月五日	和茂，中云恒和	歇业
75	中云	务本堂药铺		于兹已有多年	七月八日	信昌、恒盛仁	歇业
76	中云第一保第四甲	王恒盛仁号药店		于兹已有多年	七月八日	王鸿盛号，王同盛希记	歇业

续表

序号	所在市镇	商号名及经营行当	经理人	开设或申请开业时间	歇业时间	铺保（保证商店）	摘要
77	中云	小号大元堂经营药业	董瑾秋	于兹已有多年	七月八日	王鸿盛号，王同盛希记	歇业
78	中云乡第二保	小店松记银匠为业			民国三十一年	务本堂	歇业
79	未知	怡茂号	经理王仲孚		六月十日	公记商店，江源丰	歇业

资料来源：根据档案资料《婺源县税务局"商业呈请开歇业案卷"》整理绘制，1942年2月至1943年4月，婺源县档案馆藏。

表2-5中所列前二十六家申请开业或者歇业的商号均开设在婺源县城，可知的分布地点包括西关外、小西门、兴孝坊、先儒街、金家巷、水府庙等地点，均集中在城西（今星江路一带）、南门（南门街一带）和西关外（今城南路，即星江大桥以南长途客运站一带）。这些商号的经营项目包括：①纸号两家（前后相沿，严格说只是换了牌号而其他货底、地址均不变）；②印刷社两家（前后相沿，同前）；③刻书坊一家①；④灯笼手业铺一家；⑤运输行一家；⑥菜馆一家；⑦猪行两家（前后相沿，同前）；⑨布号四家；⑧摆摊一家；⑩杂货店数家（经营油盐酒米等日常生活品，未指明经营项目者可能都是杂货店）。民国时期茶叶和木材是婺源两大经济支柱，故而婺源县城的茶庄也不少，举两个规模较大的茶庄为例：⑪茶庄数家，"电仰按照朱督征员瑞曾抽查核定税额清册 核发该所城区各该商号本年一至六月份营业税抽查核定通知书由。财政部江西区直接税局 浮梁分局 代电 中华民国卅五年九月四日〈直三字第164号〉。内有仁记、义益两茶庄原未核定，亦于此次核定。又，金鹤轩、郑贤武两茶庄卅四年营业税原未核定，亦于此次核定。查金鹤轩、郑贤武两茶庄规模甚大，何故卅四年竟未课税，卅五年金鹤轩改牌义益，亦均未于全城各单位

---

① 即编号第4的"婺源文和堂书坊"。虽然档案资料未注明该商号始于何年，不过笔者查阅1916年刊印的《清华东园胡氏勋贤总谱》（胡上林等纂修，民国五年木活字本，三十卷，共35册），在该族谱的"新谱序"末尾处，题有"婺邑文和堂郑胜和镌"，可见，文和堂早在1916年之前即开始营业，且不仅接手县城的生意，其经营范围还包括为四乡各族刊刻族谱。

全部核定时予以查定"。① 从这些商铺的经营范围来看,婺源县城的商号除了茶庄具有一定的加工生产能力外,其他商号均经营市镇居民日常所需品,这种经营只参与经营销售的环节,不直接参与加工生产环节。在此意义上,从婺源县城的商业状况来看婺源县城的市镇性质,结论基本可以断定为:婺源县城基本是纯粹的消费型市镇。

从经营者的姓氏看来,店主大体都来自在城居住的程氏、朱氏、郑氏、王氏、董氏、金氏等各大族姓,但也有少数外来客民。比如,在小西门开设齿科的异乡人士陈卓章:"敝号开设婺源以来,鉴于镶牙非日常人生必需,犹以抗战期间为最,故顾客稀少,早拟息业,缘卓故乡沦陷,挈眷携幼流亡客地,无法谋生计,聊赖此以勉强维持,近来更因成本过高、材料来源断绝,实无法继续开设,除即日停止营业外……"。又如编号10的聚奎楼菜馆经理白春生,应该也是外来客民;编号26的在兴孝坊街二十三号摆摊的熊大林,从姓氏看应该是外来客民。从民国末期这一卷档案来看,婺源县城当时的人口布局同清代一样,以世居大姓为主,外来商民较少,其清至民国的闭塞性由也此可见一斑。

二、清华镇的商人、商业与家族分布格局

清华镇位于婺源县北部。唐开元二十八年(740)婺源建县,设县城于清华镇,唐天复元年(901)迁至弦高(今婺源县城紫阳镇)。光绪《婺源县志》在婺源县疆域地图上,于"清华镇"注明"船行止此"。民国六年刻本《清华胡仁德堂续修世谱》则称:"婺浙二水合流处,吴楚舟楫俱集于此。"说明此地是船运的终点。婺水从大鄣山向东南直下三十千米,至清华镇西侧数里,折而东流,弯环过镇北,在镇东侧汇合浙水,然后向南流去婺源县城。"婺水:本境发源之水名婺水,东南流二十五里为莒水,又二十里过洪源,再十余里过施村,

---

① 档案资料《婺源县税务局"行住商登记稽征清册卷"》,1946年9月,婺源县档案馆藏。

及至清华,乃东北流,环绕本境,至寨山下,然后合浙源水,至邑治入鄱湖"。①婺水因此成为婺源最为主要的可通航河流。

至于陆路交通,清华镇也是古驿道交会之地,北去徽州,下至饶州,是徽饶古道中段的最重要市镇,南去婺源,转衢州、上饶,地处"京省要津"。清华镇的"龙脉"起于大鄣山,在镇西南五里突起一座茱岭,《清华胡仁德堂续修世谱》称它为"来龙少祖山",其东南方有一带屏风形的山峰,东西并列五峰,称为"五老峰",是"本境主山"。五老峰自南而北,迤逦直抵清华镇南,尽端叫玉屏山,是"中市座山"。清华镇夹在玉屏山和婺水之间,呈弓状延伸。世代传诵的"清华八景",其灵感便来源于这青山、碧水、古镇构筑出的锦绣风光,这八景依次为茱岭屯云、藻潭印月、花坞游春、寨山耸翠、东园曙色、南市人烟、双河晚钓和如意晨钟②。对于清华镇这种形胜,《胡氏宗谱》称之为"清华来龙山发源大鄣山,历石城山角子尖,至船槽峡过峡,峡旁有日山、月山、凤山、天柱岩、青萝洞,过脉后,历何公岭、老鼠山、茱坑岭而后,连起五峰,中峰落脉,穿田复起,冈峦累累如贯珠,有四坊、九井、十三巷,又有八景之胜,船槽岭过脉之右枝,为今邑治发脉处,再右为朱子祖墓发脉处"。③

清华镇原有的两座雄伟而又珍贵的古桥,一座是街西头从徽州府经休宁县经清华镇通向景德镇的彩虹桥,一座是街东北角通向徽州府的聚星桥,两者都是石墩木梁的风雨桥。彩虹桥始建于宋代,在村西婺水向北弯折的地方,东西走向,桥长140米,有4个石砌桥墩、5个桥洞,桥墩长13.8米。桥洞上造廊,两坡顶。廊桥木构结构简洁明了,全部是卯榫搭接,在石墩上的廊南北有突出,在突出的部分置以石桌石凳,供来往的人歇息。桥廊两侧通长设栏杆靠椅,在桥上可欣赏南面的五老峰和茱岭,以及北面的河湾、山岗和村落。聚星桥位于清华下街,为西南至东北走向。从《清华胡仁德堂续修世谱·八景图》上看,原聚星桥和彩虹桥的建筑形式基本一样。目前,清华街西段

---

① 《清华胡仁德堂续修世谱》卷一《记载·清华景物汇录·水》。
② 《清华胡仁德堂续修世谱》卷一《记载·清华景物汇录·八景》。
③ 《清华胡仁德堂续修世谱》卷一《记载·清华景物汇录·山》。

的街道和建筑保留尚好,东段许多新建民居破坏了原有古街风貌,各种建筑杂陈,使景观的延续性受到了破坏。

清华镇的街坊格局比较简单,其主干街道是一条长约1.1千米的古商业街,首尾贯通全镇。西半街为西南向,约500米,称为"上街",东半街东西向约600米,称为"下街"。镇东部偏南,对面二水合流处,是唐代县治所在地(据《世谱·八景图》所得印象),它的南边是"东园",西边是一片民宅,就是"南市"。北宋咸平五年(1002),江南名儒、清华人胡定庵编订的《星源志》记载,清华镇在北宋时已经有四坊、九井、十三巷的格局。"四坊"从西至东,依次是长寿坊、桂枝坊、安仁坊和仁寿坊,每坊都有一个两柱式的坊门。"始祖常侍公建四坊,每坊设大宅,令二子居焉。遵公、崇公居长寿,润公、庆公居桂枝,徇公、武公居安仁,文公、愈公居仁寿,今迁徙靡常,惟武公、文公世居于此。然自宋以来,乡人以四坊为大社,至今崇奉"。① "九井"均为唐代水井,《星源志》考订过它们的名字,《世谱》中亦有记载:"一井狮子尾,二井狮子头,三井冷彻骨,四井有惊忧,五井泉不竭,六井后街沟,七井灵芝润,八井岭前求,九井依山下、近在下街头。相传昔有老者谓:'太史定庵公曰公修《星源志》亦载清右古语九井也。'今按:一在柳树下,一在犴子头,一在狮子头,一在玉屏前,一在白果树底,一在灵芝阁右,一在富教堂左,一在古邑治前,即盲井也,相传为古狱中井仍,一在戴氏民居内,不可得而见矣。"② 这些井大多分布在清华镇的南侧,大体依次由西向东,可见唐末时,清华一带已经人烟稠密。现今唐井大多不存,只剩下古县署旧址、水井巷和双井巷各一口古井了。除四坊、九井之外,清华街道布局中最重要的一条是"十三巷",即"程家巷通井沟、张家巷泊石牛、撩东巷拜宝塔、方头巷看蜓蚰、安乐巷道堂山、大夫巷藻水潭、蔡家巷向荷塘、戴家巷连水滩、曹家巷吴家窟、姚家巷张公台、小公巷灵芝阁、傅家巷云梯桥,街头巷一道丁字起祖来"。③ 从这个十三巷的名称来看,

---

① 《清华胡仁德堂续修世谱》卷一《记载·清华景物汇录·四坊》。
② 《清华胡仁德堂续修世谱》卷一《记载·清华景物汇录·九井》。
③ 《清华胡仁德堂续修世谱》卷一《记载·清华景物汇录·十三巷》。

至少在唐代时,在清华居住的世家大族有程、胡、戴、蔡、曹、姚、傅氏等。从民国《婺源县志》所收录的清华镇人物资料可知,在明清时期,这些大姓中仅剩下胡氏和戴氏为聚居清华的重要姓氏,其他姓氏大多湮没无闻。"十三巷"中方头巷是清华胡氏总祠仁德堂所在地,祠堂遗址在今彩虹门旁边。大夫巷是宋冀大夫胡师礼旧居,今仍用旧名。其余十二巷大部分还保持原有格局,只是巷名已经完全更改,无从核对了。

清华镇作为婺源县治的时间长达 161 年,又是水陆码头,自古商业相对发达。历史上清华街曾是婺源第一长街,号称五里,两侧店铺林立,只偶然被作为宗祠和府邸。婺水自西向东流,东端是水口,下街的东段,靠近船坞码头。从宋至明,曾是瓷器街,三户一家窑货铺,五户一间瓷器店,因为清华镇附近出产高岭土,除了供应景德镇之外,东园一带从唐代以来就遍布陶瓷窑,出产青瓷、影青瓷和青花等。清华镇的瓷窑业曾对景德镇有过影响。1957年发现的清华古窑址,位于婺源县北部清华镇东园一带,同年被列为江西省重点文物保护单位。大量的出土瓷片、瓷罐、壶、碗、碟和窑具等物证实该地自唐至明代曾生产过青瓷、影青瓷、青花瓷等日用品器具。《浮梁志》记载:"婺源(清华)坯土九十斤,值银八钱,淘净土七斗二斤。"

清代以来,清华镇各街的商业店面大多为两开间,少量一间或三开间,有些为连排店面有五间或七间;两开间的店堂,一间设曲尺形柜台,一间开放,都是铺板门面。店堂后进是住家,前后进之间有一个极狭窄的天井,因为房子狭小,二楼大多住人,向前挑出几十厘米。楼上正面大多为板壁、开窗,窗下槛墙有贴花式栏杆做装饰的,更多的是在下沿的花枋,花板上作华丽的浮雕。上文表 2-5 注明民国三十五年开设在清华各街的商号仅有江恒丰等 24 家,其中编号 33-37 的清华各商号标明了自己在民国三十一年的经营情况。编号 34 为开设于清华上街的"施聚兴南货号",声称"窃奇英承父遗聚兴货店一所,经营迄今,以维生计,讵自最近浙东事变,赣北寇扰以来,货物来源已告断绝,土产出口,又成问题,既无以流通市面,而应社会需求,复以资金有限,就人员薪给,以及赁金等开支浩繁,坐吃山崩,殊堪忧虑,为此不得不暂行停业,以减轻个人担负,而免因循苟且,陷家计于绝境,除本月份营业税照章缴纳外,理合备文呈请鉴核准予停业,实为德便"。由此可知施聚兴南货号主要经营商品来自浙赣等省,可能兼营各种土产。编号37为开设于清华中街的浩兴和米店,店主施和庆声称:"民在清华下街开设浩兴和米店,于兹有年,历年生意,仅得敷衍。兹因年来物价高昂,开支颇大,本小力薄,不易周转,已于旧历年关即行停止营业。"可是编号36,同是浩兴和米店,却写明不同地点,"小号浩兴和,开设在清华中市,经营粮食杂货有年。申请停业止税"。落款为"第三区清华乡清华中街 浩兴号",可能因为清华上街与下街相互贯通,而浩兴和可能开设于清华街的中段而又有所东偏,故而又称"中街"。

另有编号33的戴俊记商店,则声称"为货源断绝营业停顿声(申)请准予截止核销营业税由。缘俊卿早岁就商鄱阳,年来返里,常为清华店商前往鄱、乐一带代运零货,因附货较便,家庭兼一小本营业,类似小贩,牌号俊记,去岁清华营业税额增至数倍,排挤小本商店,加以分负致本号派认营业一千元,彼时自以为商人应尽义务,未料今岁鄱乐货价大多相等我婺,且最近浙赣铁路战事发生,鄱乐极紧,货源隔断,采办固属不易,输运又复困难,本号小资经营,纯非独立性质,依附鄱乐货物为移转,自四月间以来,底货渐行售清,五月份起营业已行停止,为此觅保声(申)请钧局体察实际,准自七月份起将戴俊记牌号营业,予以核销,俾符税则,实为德便"。由此可见,清华戴俊卿早岁经商鄱阳,后来两地奔走,沟通了清华镇与鄱阳、乐平的商品流通,货源完全仰仗于鄱阳、乐平两县。再据编号第35开设于清华下街的炎兴商店声称"为祸遭莫测资本净尽实行歇业请求准予止税由。窃民号开设于清华下街,向赖兼营粮食为基本生活,苦迩年来,乐、德粮食之遏籴,船运来源遂告时断,纵本邑西南乡陆运来者,数亦极少,民号地址非适其冲,进货更难,与夫坐食山空,不得不转营木业,讵料命途多舛,所营杉木,实遭洪水淹没,可怜全部资本,一旦付之漂流,在此非常时期,虽欲恢复旧业,借贷无门,再四思维,惟有实行歇业,是以觅具店邻证明,遵章将七八月份营业税,连同备文呈请钧长鉴纳下情,准予自八月份起歇业止税,而恤商艰,实为公便"。由此呈文可知炎兴米号先是经营大米,后来转营木业。民国时期木材业已经成为与茶业并举的婺源两大经济支柱,因此这种在经营行当上的策略转换同当时的时代背景是相适应的。此外,炎兴米号所仰仗的粮食来源主要经由婺水,将乐平、德兴两县的粮食贩运至清华镇,而极少来源于本邑西南乡。

综合编号33、35两号,则清华镇商号的商品主要可能也是经由婺水沟通江西临近各县。由此可进一步证明星江对清华镇的重要性。表2-5编号33—37号所反映的清华街4家商号中,其店主一姓戴、一姓胡、两姓施,从收录《县志》的清华商人个案中可知,胡氏和戴氏均为清华最为繁盛的两大世族,收入《县志》的清华胡氏、戴氏等姓氏商人甚多,其主要经营行当也是木材、茶叶等,也有少数人投身近代新式商业。清华胡氏、戴氏商人的家族在经营行业上的特点,主要也是以木业、茶业为主。而施氏则是来自于距离清华镇仅有八点五千米的施村(施春),被收入县志的施村商人甚多,其数量丝毫不逊于胡、戴两姓,由此可知聚居在清华镇营业的商民主要也是来自本镇及其附近村落的乡民。清华镇的商业便利对其附近村民具有向心的作用,因此,该镇既是附近村民类似施春、施聚兴等人的就近经营场所,也是附近村落购买粮食等日常生活用品的市集。

婺源《西冲俞氏宗谱》收录了一例在清华镇经营布匹生意的商人个案。俞崇道(1876—1924)是俞明富之子,西冲俞氏希瀹公房文训公支第37世孙。俞明富(1841—1912),"字仰高,家极贫,专务农业,克勤克俭,白手起家,自少至老,足迹未尝越境,惟日服田力穑,乃亦有秋纳稼,余闲招二三农人饮酒言欢,洵可乐也。胼手胝足,蔬食布衣,味不求夫适口,服无取乎称身,尤能独力谋娶,得孺人慧而且贤,借针黹纺绩易钱以补助之,数年间连举二子,长崇道,次崇运幼殇,于是婚教崇道成立。当斯时也,一家四口,生计愈艰,公曰:'农之子恒为农,其然岂其然乎?独不可为商乎?'乃命子学布业于环溪,东人见公子敏而练达,欲提拔之,公念寄人篱下,终非长策,又备历艰苦,耕九余三,蓄有资本,复命子独设布肆于华川,肆名'开泰',果渐次泰来,肆中诸人所食之米,均由公耕田日卓午汗滴禾下土所致,一帆风顺,家称小康,咸羡公之义方是训,有是父故有是子,培成一鹗,胜人鸳鸟,累百以视,逞繁华、贪安乐,坐享富贵,如浮云过眼,与溺爱不明,养而不教,教而不严,任子嬉游,以误终身,其相悬若天壤也。公桑榆好收,享寿七十有二,犹沐清恩,例赐粟帛,顶戴荣身。虽公殁后十五年,而善贾如公子崇道,惜年仅四十有九亦殁,经今三年,然幸再传,兰孙鼎峙,长旭光、次绍光早受室,幼尔康亦成童,皆克守布业,难兄难弟,不让薛家三凤专美于前矣"。①俞明富本人力田起家,终身为农,命子俞崇道学布业于婺源环溪(今清华镇黄村、轮溪一带)市肆,后来转向清华镇经营布业。俞崇道"家世清贫,父明富勤俭持家,从无暇逸,君性孝顺,幼随父习勤劳,聪敏异常,嗜学不厌,因家计,不获卒读。甫成童,习布业于清华镇,精研算数,奋志服贾。弱冠后独树一帜,不屑寄人篱下,勉设市肆于环溪,抱布贸丝,交际之余,兼习文学事,与环溪乡先达黄紫封大令为忘年交,交最久,凡经史子集、诗歌词曲,以及星命之言,李虚中、袁天纲之术,无所不学,学必尽其能,黄公深器重之,目为畏友。君坐贾环溪数载,于兹地方褊小,不足设施,乃移肆于清华。夫清华为古县治,婺北巨镇,江浙通衢,一河两市,水陆交通,舟车商贾往来辐辏,且夙为君习业地,驾轻就熟,能生巧而泉布流行,有日不暇给之势。君待人克己,接物持平,虽五尺之童适市,莫之或欺,而布业从兹发达,远迩驰名。君处己俭约,依然故我,生平食不二味,衣不重袭,布衣蔬食,怡然自得,有远戚故旧远来造访,必洁酒肴以享馔之,从无倦意。尝训肆子弟以勤谨谦和为先务,崇俭戒奢为要图,市肆尊为楷模,奉为圭臬,至今称道不少衰"。②从西冲到清华镇的距离不过5千米路程,路程之近决定了即便身在清华市肆的俞崇道,日常与西冲俞氏家族社区的联系非常密切,自己布店中所食之米均由其父俞明富力耕所得:"肆中诸人所食之米,均由公耕田日卓午汗滴禾下土所致。"③平时也有不少亲友时而到店中叙旧:"有远戚故

---

① 《西冲俞氏宗谱》卷十四《传文·仰高公传》。
② 《西冲俞氏宗谱》卷十四《传文·梅先公传》。
③ 《西冲俞氏宗谱》卷十四《传文·仰高公传》。

旧远来造访,必洁酒肴以享馔之,从无倦意。"①

《婺源县志》也收录一位清华商民的义举:"胡德梅,清华人。少孤母老,不忍远离,寄迹近市,炊糕为业。轮溪有洪氏子,母命买糕,还,至方头溪木桥,颠踬落水,泣不能归,梅闻召之回,如所买数给之,自是慨然欲易木桥以石,倡集输造,五载讫功。"②据此,轮溪洪氏伊母放心令其年幼之子到清华集市上购买糕点,可见轮溪距清华集市不至过远,符合市镇史研究者所谓的"一日往返"的范围。查《婺源县地名志》,得知洪氏、吴氏聚居的轮溪,即今鄣山乡乡政府所在地车田村,距离清华镇 6 千米,6 千米之外尚有乡民派遣童子至清华集镇购买糕点。由此可见,清华镇市镇市场对婺源北部各乡都的服务辐射功能、对婺源北乡婺源人民日常生活的重要性不言而喻。

三、其他市镇的商业发展与社会变迁

除县城蚺城镇和旧县治清华镇外,其他婺源市镇的分布情形如下:"市镇东则有大畈、江湾、古坑、茗坦、汪口、武口等地,北则有沱口、清华、前坦等地,西南则有梅林铺、太白、项村等处,其中以江湾武口、清华、沱口、太白等为大,江湾可顺流而下七十里,通县城,武口在县东五里,扼东北水运之焦点,清华沱口皆当水陆交通之关键,为婺源黟县祁门间之冲要;太白临婺水与梅源水交汇处,入赣浙必经之地,且为休邑两县与江西东部交通要道,昔在此设局抽厘,以进口为大宗,如米、麦、杂粮、高麻、杉木、南竹纸类,多来自江西,洋油、糖类、洋货则多来自上海,或运销本地各镇及邻邑。太白并有围墙,周匝五里许,开三门,溃而复修。各地详状,以无可征,乃多简略。"③这段话已指明婺源的主要市镇及其形成的原因,关于太白一地的经营商品也有所涉及。

以上市镇镶嵌于婺源四乡,其主要成因在于地处交通干道,对邻近农村

---

① 《西冲俞氏宗谱》卷十四《传文·梅先公传》。
② 民国重修《婺源县志》卷四十五《人物十二·质行五·胡德梅》。
③ 李絜非:《婺源风土志》第三节《县城及市镇》,《学风》,第 3 卷第 9 期,安庆 1933 年 11 月 15 日。

具有商品集散地的服务辐射功能。婺源县域面积广袤,山地阻隔,四乡之下的各农村,自然围绕着一定的集市,这样就可以满足日常生活需要。历史上记载的婺源各乡村集镇的商店数目,大体仅有民国时期有数据。结合婺源县档案馆所藏民国时期档案,统计得出几个年份的商店数据如下:民国十二年(1923),婺源境内私营商店362家;十三年(1924)年增至371家;十六年(1927)增至378家;至二十九年(1940)商店达2500余家;民国三十年因"灾年欠收,田赋增加,农村经济破产,许多商民无法经营,纷纷报告停业",商店作坊减少至274家;后来经过缓慢发展,到中华人民共和国成立前夕全县商店作坊共计391家,分布如下:①县城94家,从行业分类看,包括杂货40家,布匹11家,百货、糕点11家,国药、烟酒8家,雨伞、蜡烛、机面12家,酱油、印染、印刷6家,纸张文具、丝线、银楼、木行6家。②农村集镇297家,各种门类均有之。

分布在婺源各市镇的商业商店,整体呈现出资本单薄、营业不振之势。公营商业主要是对一些短缺货物,实行公卖或专卖,由官方或地方绅士开办经营,比如民国二十二年(1933)成立食盐、火油公卖处;民国二十七年(1938)建立烟类公卖处;民国三十一年(1942)成立食糖专卖处。① 近代以来,婺源县尚建立有商会,婺源商会设立年月是民国二年(1913)七月,根据民国九年(1920)的数据,其时会长为旧官僚江峰青,会董数30人,会员数264人,会议回数28次,议事件数47件,一年间总收入962元、一年间总支出962元。婺源县商会设立于县城蚺城镇,下辖粮食业、纸业、酒业、油业、布业、南货业、药业、旅店业、屠业、杂货业等11个商业同业公会。② 虽然商会在整个民国时期持续运营,但婺源各市镇和农村集镇的商业,无法称得上繁荣。根据档案资料,现将民国三十五年(1946)婺源各主要集市商店的准确数目统计如表2-6所示。

---

① 金协华:《民国时期的婺源县商会概况》,政协婺源县委文史资料研究委员会编《婺源县文史资料》第三辑,1985年编印。
② 金协华:《民国时期的婺源县商会概况》,政协婺源县委文史资料研究委员会编《婺源县文史资料》第三辑,1985年编印。

表 2-6 民国三十五年度婺源城乡行住商登记稽征清册表表

乡别	商店名(举例)	商店数	乡别	商店名(举例)	商店数
赋春	汪同校 等	8	江湾	得元堂 等	13
冲田	何三根 等	4	济溪	怡生 等	5
上严田	王国丰 等	2	大畈	同德 等	4
下严田	永昌 等	2	秋口	王永益 等	10
巡检司	祥记 等	2	汪口	清记 等	7
长溪	公记	1	晓起	泰兴 等	3
岩前	岩前商店	1	东溪	洪瑞庭纸楮 等	3
洪家	洪家石灰棚 等	2	岭下	廉记 等	3
北山	永桂	1	沱口	益生祥、浙记等(浙记为行商)	3
甲道	张纯璧(万太) 等	8	庆源	大顺祥 等	4
中云	宏盛、务本堂 等	26	凤山	祥盛 等	15
石田	益生 等	4	虹关	三挽 等	4
杨村	杨村店	1	繁关	恒裕 等(其中行商一)	3
太白	合记 等	11	十堡	立生祥	1
玉坦	大众商店	1	沱川	同兴	15
清华	江恒丰 等	24	车田	万利元 等	3
思口	复泰 等	10	总计		

资料来源:档案资料《婺源县税务局"行住商登记稽征清册卷"》,1946年9月,婺源县档案馆藏。

仔细研究表 2-6 这个统计表格,可以得出两个结论。

第一,民国末年婺源城镇的商店数量很少,反映了婺源城乡商品经济十分凋敝。民国三十四年(1945)抗日战争胜利,经过长期战乱,婺源乃至全国各地的城乡经济已经甚为萧条,因此这些商店的数目不可能超过抗战之前的数目。另一卷档案资料则记录了民国三十一年婺源某些市镇的商店申请开、歇业的情况,表明当时婺源各市镇商店数远不止表 2-6 所列。以中云一镇为例,民国三十四年的"稽查清册"则注明云山(即中云)的商店数目为 17 家,又从表 2-5 可知宏盛、务本堂两家商号已经在民国三十一年申请歇业,而表 2-6 所罗列的主要商店名号中,宏盛、务本堂尚在,则其可能为恢复营业的缘故。

第二,商店数最多的集市或市镇是中云、清华、凤山、沱川、太白、秋口、思口和赋春等地,这些市镇历史上长期以来对周边农村的服务辐射能力相对较大,市镇依然保持相对繁荣。

比如,中云距县城 20 千米,历史上一直是婺源赴乐平、景德镇的通衢,是婺源南乡历史上最为重要的市镇,也是婺源最主要的产粮乡镇,自古有"婺源粮仓"之称①。据《云川王氏世谱》载,唐代广明元年(880),王云由歙县篁墩迁徙至此,望龙泉井气上腾为云,凝成彩色,喟然曰:"此祥云所钟也。"自忖已名隐符其瑞,水曰云川、山曰云山、村曰钟云。而中云王氏也是科甲世家,宋明以降,曾经诞生过不少举人、进士,更有科第蝉联者,如宋政和戊戌登王昂榜进士王建、建子昺、昺子允恭、允哲等,均为进士②。除了王氏之外,中云大姓尚有吴氏。据《新安名族志》,赋春吴氏"在邑西八十里。唐侍御少微公之后,至后周曰显者,官至仆射,镇池州,长子曰源,迁居吴山之麓赋春。"中云吴氏"在邑西四十里。出赋春派曰子弘者,自赋春迁邑之碧山,再居中云。时值红巾扰乱,弘以武勇御剿有功,乡人赖之。子伯英,洪武戊午从大军征进"。③从家族聚居的角度看,中云与县内各大村落市集均无两样,均以大聚居、小杂居为家族分布格局。表 2-5 收录的 1941 年申请开歇业商号中,编号第 51—78 总计 29 家商店,均开设于中云。表 2-6 登记的中云商号则为 26 家,由此可知中云的商号可能有数十家之多。在所有 29 家指明经营行当的中云商店中,存在着较为明显的专业分工:①编号第 51—55 共 5 家,伞号;②第 56 号为糊纸衣店;③第 57 号为布店;④第 58—70 号均为杂货或南货店;⑤第 71 号为糕饼店,第 72 号、73 号均为面馆;⑥第 74 号为铁器店、第 78 号为银匠铺;⑦第 75—77 号均为药店。而这些经营店铺中,第一类即伞号,虽然只是手工业生产,但已经具有一定的商品生产性质,而不单纯只是销售和中转。除了伞店具有一定的生产性质之外,其余中云商号,均为满足附近乡民日常需要

---

① 《婺源县地名志》,中云概况,第 139 页。
② 民国重修《婺源县志》卷七十《杂志一·人瑞·科第蝉联(庚申新纂)》。
③ 《新安名族志》后卷《吴·婺源·赋春、中云》。

而开设的一些杂货店、药店等，不具备生产性质，由此可知中云虽为重要市镇，却仅仅是一个消费型的小市镇。

婺源东乡最重要的市镇是江湾和汪口；西乡最重要的市镇是太白、甲道①；北乡的市镇除清华外，还有凤山等地。不过其规模，从表2-6所开列的商号数目来看，不是很大，而从其经营项目上来看，也多为满足乡民日常需要，并不具备专业生产性质，因此其情况与中云相似，兹不赘述。

总而言之，就婺源市镇的规模和性质来看，具有以下两个特征：一是规模都不大，而且均为宗族聚居的场所，其发展历程可能大多同晓秋口一样，是先有宗族聚居繁衍，随着人口的增长，而逐渐形成市镇，因此婺源的市镇也可以看成宗族社区的扩大，是农村聚落的扩大；二是没有形成现代工业生产规模的市镇。因为婺源僻处山区的地理特征，以及受交通的限制，都决定婺源市镇的手工业不具备现代工业生产的性质，而仅仅是满足附近乡民日常生活需要的消费型小市镇。从这两个特征看来，婺源市镇或市集，均与明清以来在江南各地蓬勃兴起的大中小市镇极为不同，其具有独特的面貌。

第三节　婺源城乡商品生产及其与徽商关系

通过民间文书等文字资料，辅之以实地考察所获得的各种资料，可以较为清楚地描述清代以来婺源城乡农村商品经济发展的状况。从各种资料看，清代以来婺源农村与市镇的商品经济均不发达，农村与城镇的发展相互依赖。其主要原因在于三个方面：一是婺源城乡商品经济总体上不发达，城镇对周围农村的服务辐射带动能力不强；二是周边的农村人口总量少，伴随着徽商外出，男性劳动力外出较多，农村留存人口以妇女、儿童和老年人为主，整体农村的商品购买力差；三是清代以来，中国农村普遍的自给自足的生活方式，以及在乡村之间互通有无的交易方式，都限制了当时城乡商品经济的发展。

---

① 民国重修《婺源县志》卷七《建置五·宫室·阁》记载，在甲道西市有振秀阁，因此可知甲道的市场分为东西两市。

一、城乡手工业与商品生产

由于婺源县独特的地理环境,其出产的商品多为山区特产和林木副产品。据晚清时人的描述,"婺源之木,昔颇有名,奖励林业,原不可缓,樟能炼脑,竹与楮能造纸,槲能养山蚕,推而行之,莫大之利也。若江湾之雪梨、凤山之金豆、朱坑等处之香菇,最为佳品。棉麻米麦粟,所出皆微,茶产虽为大宗,今对洋商屡遭亏折,亟宜变计为是"。①

婺源土产的分布状况及其产量,决定了婺源乡村的商品生产属性,只能是以小规模的家庭副业为主。据《婺源风土志》记载,民国时期婺源的商品制造情况是:"制革、制油、制米,皆属小规模者,而本色特种制造品,则为制茶与制纸。"②而且在其他商品制造方面,婺源四乡的分布状况也不平衡,有些已经形成一定的名气:"竹木及有纤维之草类,皆足以资制造。本境朱村、昆潭等处,以稻草为纸,源口、玉坦以楮树之皮为纸,严田为油纸,洪源为火纸,然不足以言纸业。中云、甲路制雨伞,亦取材于竹木。若柏子之油制造灯烛,狃于旧法,未能尽物之性。至于焙茶之法,陈陈相因,无进步亦未改良,故屡年以来,茶户仍无起色。"③

关于婺源县域商品经济的状况,晚清时的政书《陶甓公牍》提到:"婺邑制造以茶、墨二者为特色。墨销售遍国中,制造最精,亦最宏。茶则焙法花样陈陈相因,亟宜研究新法以求优胜地步。他如莒根山之纸、朱村之草纸、洪源之火纸、源口、玉坦之皮纸,皆取材植物,各具匠心,然出数有限,销路未畅,究不

---

① 《婺源地理教科书》第七十五课《本境之植物类》。江湾雪梨因产地江湾而得名。中国土产公司1951年7月编印的内部参考资料《中国土产综览》中的《皖南》部分详细记载了食品类中雪梨的产地、产量等情况。民国重修《婺源县志》卷十一《食货五·物产·果之属》:"金豆,橘小如弹丸、黄如金者曰金橘;小如豆者曰金豆,金豆惟婺源有之,用糖制之,为佳果。"关于香菇,《皖南》部分详细记载了食品类中香菇的产地、产量、品质、用途、销地、销量、价格变化等情况。

② 《婺源风土志》,第59页。

③ 《婺源地理教科书》第七十八课《植物之制造》。

足言纸业。若夫龙尾之砚,中云之雨伞,甲道、巡检司之油纸,山坑之火爆,思口、宋家之铜锁,精且良矣,业此者寥寥,未能输入外埠,识者惜之。"①

无疑,从清代起直至晚清民国时期,制墨、造纸、做伞和制茶等一直都是婺源县最主要的乡村手工业。笔者先以《婺源风土志》为主要资料②结合其他档案记载,适当论述民国时期婺源造纸业的情况。

中国为造纸技术的发源地,许多地方都能手工造纸,而皖省徽宁两地最多③,为国内产纸丰富之区,除泾县精制之宣纸著称中外外,婺源所产皮纸、京仿,亦不亚于鄂赣,且大宗输出。以婺深居山之中,竹木产量大,南北两乡纸户,因制纸原料不忧匮乏,厂槽随之增加。民国初期,婺源造纸户间有仿造宣纸,其出品之洁白坚韧,不逊宣泾所造,后因需工过巨,成本加重,经营者屡遭亏折,遂中止制造。到了民国末期,婺源各造纸户所制之纸,全为皮纸及京仿,其产量与销量不一。

第一,皮纸。皮纸产地主要集中在婺源南乡的玉坦和北乡元口两处,均为家庭手工业,无大规模之制造厂,其出品之坚细洁白,足与汉口皮纸相匹敌,玉坦制纸户全村共有百余户,元口制户十余家,其中资本较大、出产较优者,有玉坦胡祥福、胡金焕、胡锡遂等十余家。当时婺源造纸的原料全用石榴

---

① 《陶甓公牍·婺源民情之习惯·制造之品类》,第594页。
② 《婺源风土志》,第59~60页。关于古代造纸的方法,明代科学家宋应星刊行于1637年的《天工开物》第十三章《杀青》对于绵纸、皮纸、竹纸等纸类的制法,也有非常详尽的描述。清初学者朱彝尊、查慎行二人结伴从浙江出发,经江西入福建,途经衢州常山、广信铅山、建宁崇安等盛产竹纸的府县,将观察到的造纸实况写成两首联句诗,即《水碓联句四十韵》和《观造竹纸联句五十韵》(载朱彝尊《曝书亭集》卷十八),将亲眼所见造纸的全过程写入诗歌,追述古代造纸发展的历史。清代学者钱塘人黄兴三曾到衢州进行实地调查,采访了当地造纸山民,对浙江山区制造竹纸的技术作了详细的记录,并写出《造纸说》一书(载杨仲羲《雪桥诗话续集》卷五;邓之诚《骨董琐记》卷五,生活·读书·新知三联书店1955年版)。清代学者胡韫玉《朴学斋丛刊·纸说·附宣纸说》(1923年刊本)对造纸亦有详细的说明。通过文献对比可以看到,明清以来直到民国年间,造纸技术始终没有革新,这或许是作为商品的纸张无法大规模生产的重要原因。
③ 关于皖南皮纸的情况,中国土产公司1951年7月编印的内部参考资料《中国土产综览》中的《皖南》部分(第134~136页)详细记载了民国末期手工艺品类中土纸的产地、产量、品质、用途、销地、销量、价格变化等情况。

皮,产自婺源本县的东北山谷和江西玉山等处,皮分红、乌、细三种,类似棉树苎麻皮,富于弹拉性。这些原料由产地山户悉数售与纸户,每担现时售价由十四五元至二十元不等。造纸的制法是:先将树皮把捆置水久浸,继用石灰醃压,再次蒸、揉、洗、漂、捞、烘、折,经十余道工序而成纸。其种类分细皮、真料条连、假料条连、大连、顶料、箱皮六种,(一说细皮、顶料、箱皮、真转条连四种),顶料每四十张为一刀,售价一角九分至二角零,余均每刀六十张,售价一角八分。大连、原料、细皮销于制伞油纸之用,顶料销于制炮竹引线之用,箱皮销于茶箱封罐之用,真料条连销于制灯笼之用。各纸销售额以婺源及江西乐平为最多,余如德兴、万年、饶州、景德、开化、建德、遂安、屯溪、休宁、祁门均有大宗的需求。1948年至1950年,江西乐平炮竹生产多半停业,顶料销场因之大衰。民国时期,婺源各纸的市价情况是:原料细皮每担十五元,真料条连每刀八角,顶料每刀一元二角,箱皮每刀九角,大连每刀一元二角,假料条连每刀五角。玉坦、元口两处制纸户,1945年间共有三百余家,每家出纸五百元,全年产额总值约十五万元,新中国成立前夕,玉坦纸户大半辍业,1944年开槽者只有三十余家,每家产纸约三百元,全年产额只有四万元。

第二,"京仿"纸。京仿产自婺源北乡的白坞、白山、双桂、大坑、贵崐山、故里、张湾、菊径、早口、黄泥坑、通源观、石蓬、净水、岚山、三宜坞、小休宁、药笼、石门坳、粪基台、郑家山、上燕山、碧坞、洪源、岭脚、胡垾、丛坑等村。1948－1950年,共有制槽二百余。当时婺源北乡不少农民的生计均依赖制纸。该处山场特广,竹林葱翠,弥望皆是,制纸原料,全用苗竹,由纸户买山自种。制法是先将竹破碎晒干,继用水浸,经过一定时日,所出用石灰醃压,淘制时以石筑为锅,宽阔约八尺,将醃竹放锅煮烂,散入河中洗净,再集放入木缸,灌溉入粪锅四十天,又取出滤干,重放缸内,用清水漂洗,再滤三次,捣成细粉,又入纸槽用棍搅融,另置一槽,用竹藤捞扯作坯,施以滑色制浆,粘贴烘堂烘干,截扎成纸。种类有京仿、中仿、长庄、厂尖四种,大号京仿阔一尺四寸至二尺八寸,通常长二尺三寸、阔一尺三寸,中仿长二尺八寸、阔一尺二寸,长庄长三尺、阔一尺二寸,厂尖长三尺、阔八寸。京仿的价格:每刀一百九十六张,每担二十四刀,市价二十元至十八元;中仿每石四十刀,市价自十九元至十六元;长庄每担四十刀,市价自二十元至二十四元;厂尖每担四十刀,市价十八元。京中仿销于裱封染五色花烛之用,销路以屯溪、杭州、严州、上海为大宗,1948年至1950年,"京仿"纸的销量大增,江西德兴原本也属于产纸之区,由于战争等因素,纷纷停产而转向婺源购买,因此婺源的纸张销场骤增,大有供不应求之势,当时的市价时涨,顶货(本山)每担及十四元,次货(地铺)亦每担十元左右。纸槽营业最大,出产最多者,首推双桂、德元、怡兴、贵崐小万成、隆泰记、大盛、蔚记等几家造纸户。当时各村制纸户有三百余家,全年计产八千担,每担价二十元,总值及十六万元,连及皮纸两计三十万元。

除造纸外,榨油也成为晚清民国以来婺源乡村工业的一个重要项目。民国末年太平洋经济社调查了全国各地的地方经济,对柏油有所记载。柏油为植物一种,用途很广。据民国末年调查显示,柏油长期都是婺源县域农村副产收益的大宗①。婺源县柏油的生产、制法、用途、销路,大致如下。

第一,柏油的生产。婺源柏子产地遍布四乡,其中以北乡清华至县城一带为最多。各地都产柏子,但质量首推龙腾。婺源民间有句谚语称:"他处净,不如龙腾荒。"龙腾土壤肥沃,所产的柏子确比其他地区所产更为肥硕,所含油质亦较丰。婺源四乡柏树,皆自发生长于河堤、田野、茶园、隙地,不用人工去培植,树高者五六丈,老的柏树,多至百余年,比桐子树的生育力强得多,枝繁叶茂,叶圆小而端尖,春发秋凋,叶经霜染,色鲜红悦目,有过丹枫,每年四月开花,六月结实,实圆小如黄韭,初结实皮壳色青,子肉成熟,色渐黑,熟后至十月间,皮脱现子,色全白如玉,白色的肉质,即柏油,肉核黑子,即青油,一子分成两种油类,各有各的用途,为树类中最有价值的植物。

第二,柏油的制法。柏子在每年十一月底成熟,至脱壳合度时,农户以长

---

① 《中国经济年鉴》中编:《地方经济·婺源》,民国三十六年(1947)太平洋经济研究社发行。收入沈云龙主编《近代中国史料》第三编第899种,第30～31页。中国土产公司1951年7月编印的内部参考资料《中国土产综览》中的《皖南》(第113～114页)详细记载了工业原料类中皮油的产地、产量、季节、交易习惯、销地、销量,以及价格变化等方面的情况。

竿铁镰,把柏子连枝割下,摘净去壳,卖给榨坊子贩,由榨坊收买制油。制法是取柏子置木桶中,用木杵捣碎,以竹筛筛之,分成白肉黑子两种,将外层白肉蒸熟,裹之以草,踏成饼形,置榨车上,以长木柄铁锤,悬撞饼的中心,加压力榨出其油,入锅煮沸,装入木桶,暖退冷,结圆疍,即成为柏油。核肉黑子的榨制青油,和柏油制法无大差异。

第三,柏油的用途。柏油为制肥皂、蜡烛等的主要原料。青油主要用以制油漆油墨等,柏青油的油渣,可作为农作物的肥料。抗战期间,外国柏油、蜡烛的来源告绝,内地皂烛厂的需量大增。除青油全数代替柏油为点灯之用外,柏油又仿制洋烛代替外货,用途极广。抗战期间,我国大后方的各城镇乡村在黯然无光的黑夜里,得放光明,照耀于每个角落,几乎全部依靠柏子贡献的力量独多。

第四,柏油的销路。婺源的柏子油榨坊制成柏油青油,疍售各商店,还有一部分运销于屯溪、饶州、杭州、上海等地。解放战争时期,当地物价步涨,柏青油销路尤俏,经营榨坊油贩,多获巨利。因旧岁柏子收获时,市价未见大涨,子价收进尚廉,到榨坊搜办开制,油价狂腾,成本减轻,售价倍贵。1946年,婺源四乡柏子,因天时失调,收成歉薄,柏油生产户鉴于上年度柏子的贱售,莫不作桑榆之收,预料新子登场,市价必较旧柏倍涨,各榨坊以新子将上市,纷纷准备开场,榨坊家数,比旧有增十余家,1947年青油产地售价,每担十二万元,大抵无货应市。对柏油生产加工冲击最大的是煤油,因为煤油盛销各地,售价比青油低廉,原先使用柏油的农户,民国末年基本改用煤油。所以婺源柏油的生产制造,主要的销路仅限于本县农村之用。1947年,婺源县内共有油坊三十家,每家出油百担,每担价十万元,统计柏青油输出总额,年产额较大,约三亿元,当时人感慨说柏油的产销"实有驾本邑最著名的绿茶而上之趋势"。

纸伞是清代、民国时期婺源城乡持续时间最久远的手工业品类。至迟在康熙年间,婺源纸伞即已闻名于世。据康熙《婺源县志》记载:"雨伞:城及中云作之,他处亦有造者,由休邑屯溪达浙江,行之颇广。"①当然,婺源雨伞的生产地点并不仅限于中云一地,在县城、甲路、江湾均有生产。在婺源开展实地调查时,笔者发现在清华镇老街、江湾镇街和思溪村巷里,都有不少妇女正在加工纸伞,推断纸伞的确是婺邑源远流长的手工艺产品②。由此可知,晚清以来,雨伞、制纸与柏油,均为与制茶并列的几种婺源最重要产品。从晚清以来婺源一邑的城乡手工业的发展状况来看,除了制茶、造纸、榨油、做伞等之外,其他行业在全县的经济结构中,不占主要位置。

二、城乡商品交易情况:以《畏斋日记》为例

在诸多地方文献资料中可发现,清代、民国时期的婺源城乡居民购买商品,既有自行到附近的市镇采购,也有很多并非亲自到市镇上采办,而是通过与乡邻之间的互借或从本村本地小商贩或者货郎小贩处购买的。比如,康熙年间婺源北乡生员詹元相的《畏斋日记》记载了从康熙三十八年(1699)到康熙四十五年(1706)其本人所参与的婺源商品交易、抵押、物价等情况③。这

---

① 康熙《婺源县志》卷四《疆域·地产·货之属·雨伞》。
② 据《婺源县地名志·补白·甲路雨伞》的记载,伞以木头作伞顶葫芦,紫竹或苦竹作伞柄;把毛竹劈成细条,另配骨撑以发索穿连组成伞骨;用柿树油粘皮纸于伞面,皮纸上抹以桐油,制成精巧的雨伞。艺人在伞面上还精心勾画出栩栩如生的花鸟、姿态优美的仕女、山明水秀的风景等图案,使雨伞不仅成为美观大方、晴雨相宜、经久耐用的生活用品,而且为很有欣赏价值的工艺美术品。品种有色彩艳丽的花伞、朴素大方的黑油伞、色泽光亮的透明伞等多种。民国三十二年,全县产伞25.2万多把,其中外销17.6万余把。尤以"甲路雨伞"扬名国内外,先后在1936年的粤湘鄂赣四省特产联合展览会、1943年江西省农工产品展览会上展出,还曾被选入国际产品博览会,深受国内外消费者的欢迎。
③ 除了民国时期档案资料较为丰富之外,历史上持续记载物价波动的资料数据极少,因此《畏斋日记》对于研究当时乡村物价情况,具有极高的价值。笔者目前仅见有《李煦奏折》(中华书局1976年5月第一版)等资料中具有这些翔实的记载,而《李煦奏折》也是反映康熙下半叶江南尤其是苏州的物价情况,因此颇可与《畏斋日记》相印证,比如在康熙三十八年至四十五年之间,苏州一带的米价一般保持在每石一两上下,这与婺源乡村谷每石六七分相差无几。关于中国历代物价的研究,可参见谭文熙《中国物价史》一书,武汉:湖北人民出版社,1994年。关于清代物价的研究,详见岸本美绪《清代中国の物価と経済変動》,东京研文出版社,1997年。

份资料极为珍贵,它翔实记载了一个地主家庭参与的商品交换的过程,其中既记载有直接购买,也有抵押,还有是礼物的交换等情况。

笔者通过《畏斋日记》数次记载的乡间商品采购或者互相换购,勾勒出在此期间詹元相在庆源村涉及的商品交易情况,在辑录出这些商品采购或互换的具体事例之后,总结出詹元相的日常商品交易的特点。

第一,盐、食用油、南枣等日常生活必需品,换购源自本家宗亲,或者是行走于乡间的货郎。比如:"(八月)二十一,天阴。支文[银]三钱,买盐二十四斤,干。又一钱,买大榜弟盐七斤四两,干。二十二,天阴。九六银一钱一分半,买去核枣四斤十两,干。支银八钱九分,常,还太叔布,讫。"①作者并未交代盐、去核枣的销售者,不过从行文看来,一定是在本村本地购买这些商品,因此没有交代出售方的必要。"收法叔豆油八斤,干,言定三分六厘一斤(算还讫)"。②詹法叔或为油贩子。"十四,天晴。支银一钱,买麻油三斤,干。时价亥六分、丑二分四厘"。③"初四,天阴。借来仪一叔九七足色银二两,常(一锭、一块、一小件;九月十七还讫),言定九月间即还,不加利,付泳姊家用。支文[银]九分,买新南枣六斤,干。又支九分九,代仪一叔买南枣六斤,干。扣还豆油银,仍欠油钱一钱九分八(还讫)"。④作者虽未言明出售新南枣的商人来自何处,不过从行文看来,当为游商至庆源村的小商贩,而恰好此前仪一叔也交代要詹元相帮忙购买南枣,才会"代仪一叔买南枣六斤"。作者不止一次购买南枣,除了八月二十一日购买南枣之外,据日记记载,九月二十七日又购买过一次南枣:"二十七,立冬……去核南枣一钱得四斤,干。"⑤葛粉也购买所得:"十四,天晴。葛粉一钱五斤,干。支银一钱六分,买獭皮一张,做冬帽。"⑥

---

① 《畏斋日记》,第 200 页。
② 《畏斋日记》,第 190 页。
③ 《畏斋日记》,第 200 页。
④ 《畏斋日记》,第 204 页。
⑤ 《畏斋日记》,第 199 页。
⑥ 《畏斋日记》,第 206 页。

第二,药品的购买,来自本家宗亲。"初五,天晴。支银九五色常等四钱,付振斯叔点药,言定不起利(振斯叔银,面许除收过药贴二钱,其余奉谢不收)"。① 可见,詹振斯必为乡间医生,或医药小商贩。在庆源村行医者,不独詹振斯一人,更为著名者当属仍月先生:"初二,天晴。因三麟娘病,适仍月先生在村,接伊候脉立方,晚,备夜饭八品(同席汪履安妹夫、振斯叔、茂功弟)。支文[银]一钱二分,买伊香连丸三钱三分、槟榔丸六钱。"②

第三,棉布、鞋帽等服装穿用品,购自本家宗亲詹孟交叔或其他本地商贩。"初九,天晴。旭鲁侄不育,代赊孟交叔绵布六尺(十一月十九,代还银七分二厘,讫;收还银讫)"。③ 又记载了当族弟詹元攀去世之后,向宗亲孟交叔购买棉布送殓的事情:"初九,天晴。元攀弟于未时疾终。呜呼,弟之为人,经营生意,备极智巧,而劳心劳力,遂得虚症。盖病而稍愈,于今数年矣。生平颇见小利,而为贫所使,不得不然耳。今妻小俱幼,嗷嗷待食,何以自给?哀哉!是夜,代余[赊]孟交叔绵布二十三丈一尺,言定九五色银二两五钱四分。代倩裁缝三人:孟交、郑川、象弟。送:敛加伯、楷兄、果兄、五锦弟、廷耀弟、枌兄、□弟、叶祥兄、向煜侄、四喜兄,仆四[五?]人(江小、江缺九、祝春九、宋旺、社女),以上俱点心、酒、粥、面、鲞鱼、鸭子(仆四人只吃点心)。楷兄经手借来皮纸六十七张。王锦弟付弓单纸四十四张。身家充顶号绵半斤,计四十九产[?]。"④"二十一,天晴,下午小雨。赊孟交叔绵布二匹,计价八钱(一匹二丈九尺,一匹三丈,足;八月二十二还银并赊布五尺,俱讫)"。⑤ 由此可知,詹孟交本人即为在本地贩卖棉布的小商人。日记的第 208 页有记载孟交叔实为裁缝兼布商:"十八,天雨。江孟交叔十四日起共裁衣五工。"⑥六月初九、七月

---

① 《畏斋日记》,第 190 页。
② 《畏斋日记》,第 198 页。
③ 《畏斋日记》,第 190 页。
④ 《畏斋日记》,第 195 页。
⑤ 《畏斋日记》,第 196 页。
⑥ 《畏斋日记》,第 208 页。

初九、八月十一日,詹元相三次向詹孟交购买棉布。在庆源村似乎不止有孟交一人售布,詹周佑也可能是布料商人:"二十一,天晴。赊来周祐叔毛青布一匹,计一丈七尺,言定二钱一分,又线一分(前欠线三分,俱清讫)。之棻叔借去猪骨一口,言定作价八钱(系张船岭、夏冬九兄还敦睦堂租银者,计九钱。收立荣叔亥,五钱)。"①詹元相不仅购买新棉布,而且还曾经购买过二手的布靴:"二十三……云级代充文银二钱四分,买半旧布靴一双(去籼米一斗计八分,又代买金扇一把计五分,仍欠伊一钱一分。寄五湖兄银一钱一分付云级府考用,清讫;银未付退回,十二月二十付米并钱,讫)。"②八月二十三日,詹元相从詹云级处购得旧布靴一双,到九月初三,詹云级又从元相处购买籼米一斗,两相抵扣,正好持平:"初三,天阴。云级去籼米一大斗,计文八分,扣充靴银。"③此事足可见乡间之商品交换,很多情况乃是互通有无之平价交易,并未纳入正规的商品交易市场体系之中。

第四,首饰、丧葬用品等奢侈消费品的购买,也是在本家宗亲之间互通有无。"初四,天晴。送佛散坛。结帐剩银三分、铜钱六十文(后润可叔还钱四十文),在鸿安兄处。原从王押租银描金桲合一只,内沾银碗六只,在鸿安处,锡花插一只[在]身处(四十年十二月十六,阆青叔买去花插,言定文银一钱二分)"。④

第五,书籍、纸张、墨等文具商品的代购和二手购买。"十八,天晴。公铎舅上午来留嬉,至下午去。收代访公《谷传》四本,当去银三钱,常,言借往休宁作路费(□□[一钱]算书价,借二钱)"。⑤"十一月。借来六保弟纹银一钱,还云级代买书。"⑥"四月初四,段莘公铎舅至,因留嬉数日,赏酴醾,赋诗。初五日,去银一钱一分,担付令郎交粮。十一日,差人送身《易经说统》一副,

---

① 《畏斋日记》,第197页。
② 《畏斋日记》,第200页。
③ 《畏斋日记》,第202页。
④ 《畏斋日记》,第194页。
⑤ 《畏斋日记》,第196页。
⑥ 《畏斋日记》,第188页。

有代访《周易宗义》一副,当去钱三钱,仍赏来人三分"。① 康熙三十九年詹元相收詹殿臣川纸一百张,以充抵欠款:"二月初一,殿臣兄去银一钱五分,常,往江西路费(五月初四,收寄还银一钱六分,又收川纸一百张)。"②

除直接产品的购买之外,用于农业生产的生产资料,也大多是在婺源乡村内部、宗族之间,进行流通互换,足见清代康熙年间婺源乡村商品经济相对闭塞的特征。比如,《畏斋日记》多次记载土地、山林、杉木坦等生产资料在宗亲之间的交易、互换就是明证;又比如,詹元相在"(八月)十三。蔚林兄借去晚米半大斗"③。

《畏斋日记》还有更多商品交易的记载,兹不复赘。有趣的是,在婺源当地,可能将行李担称为"生理担"。生理担,既为货郎挑货的货担,也可以是一般的行李担。虽然为生活而奔波不一定就是做生意,但如同做生意一样,具有一种同做生意相互比拟的意义:"二十一,天阴。大人下兰坑取江子占租账,生理担被铺。"④

从以上詹元相关于直接参与商品交易的情况来看,在农村作为商品的物品主要包括:一是日常食品和药材,比如盐、油、豆、米卖、雪梨、红鱼、南枣、藕粉、猪肉、牛肉、火地黄、药丸等;二是布料和服饰,比如衣服、鞋帽、棉布、鄱阳布等;三是首饰,比如玉佩、手镯、嫁妆需用的各种金银饰品等;四是文具用品,包括纸张、川纸、连纸、墨、书籍等。概言之,这些商品主要用于日常食用、穿用、出行必需、丧葬祭吊等方面,它们都与农村生活实态密切相关,不可获缺。其中某些物品,如雪梨、红鱼等,均为婺源当地特产,应该是本地采购即可,不需远求,也能大体满足本地附近城乡民众日常之需。

这些商品的来源,除了戚友宗亲之间在借款时的抵押(在准时还款时候必须归还)外,主要有三种途径:一是自本村商家处购买;二是自外地购入;三

---

① 《畏斋日记》,第189页。
② 《畏斋日记》,第188页。
③ 《畏斋日记》,第196页。
④ 《畏斋日记》,第204页。

是外来货郎的串卖。作为一名生员,詹元相曾经多次参与科举考试,得以游历各地,尤其到南京参加乡试,既增长了见识,同时也是采办农村稀缺商品的好机会。只不过可能路途遥远,交通不甚便利,采购货物数量不可能太大。《畏斋日记》仅有一次记载其在回乡经过苏州时,曾经到城里"至城买货,游虎丘"。货郎之贩卖,在日记中虽无言明,但像油、盐等物品,应该是外来货郎或本地商人从他处采办至村,然后为詹元相所购得。这也说明,除了少数平日在乡间难以得到的奢侈品或者詹元相难以得到的其他用品之外,一般商品在乡间均可得到满足。这固然是因为婺源乡间历来有简朴节俭的生活传统,与当时农村商品交易体系相对完整不无关系。以《畏斋日记》所反映的情况看,清代康熙年间,婺源农村百姓的日常必需品,在乡间基本能够到满足。

三、城乡商品流通与徽商互动:以《詹标亭书柬》为例

清代、民国时期,在外地经商的婺源人,为弥补家乡农村商品之匮乏,偶尔从异地将某些婺源不出产的物品寄回家乡,供亲友使用。这一方面是对婺源城乡不发达商品经济的弥补,另一方面也是对留守家乡亲友的接济,具有礼物交换的成分。胡适在其口述自传中说:"正因为我乡山区粮食产量不足,我们徽州人一般都靠在城市里经商的家人,按时接济。接济的项目并不限于金钱;有时也兼及食物。例如咸猪油(腊油),有时也从老远的地方被送回家乡。其他如布匹棉纱等等,在城市里购买都远比乡间便宜,所以也常被送返家中所以离乡撇井,四出经商,对我们徽州人来说,实是经济上的必需。家人父子夫妇数年不见也是常事。同时家人的日用衣食以至于造房屋、置田产,也都靠远在外乡的父兄子弟汇款接济。"①徽学研究专家王振忠教授收藏有一份题名《詹标亭书柬》的婺源民间文书资料,来自岭脚墨商家族詹氏,详尽地记载了在湘潭经营徽墨的詹彦文墨号经理詹标亭,在其与长沙詹彦文总店经理詹文善的信底中曾多次记载从异地寄托商品回乡或者应他人请求代购

---

① 唐德刚:《胡适口述自传》,第3~4页。

商品的情况。

詹文善在光绪二十年(1894)六月廿一日给其弟詹标亭的信中,请其帮詹朗斋代买伏莲:"标亭兄长大人阁下……朗斋兄约七月半间回宅,为其母于拾月初做八十寿诞,托买新伏莲二十斤正(整),配装一篓可也,又望另买伏莲二十斤,祈装两篓,此系裕和成送鲍家之用,买就即祈一并寄舟带省,祷切盼切,嘱寄俊寸二十斤,兹如数交舟友运上,计元六两四钱,至日望　照收省之账乃感。"至七月初二,詹文善在给标亭的信中,对如何分装这批拟寄回婺源老家的伏莲,又有新的要求:"再启者:前托买新伏莲四十斤,计装廿斤一篓、十斤两篓,兹烦加买卅斤,配装三篓,以上共计七十斤,祈为配装六篓,买就即祈寄下,以好寄便带里,不胜盼望之至。标兄再照。"在七月初二同一封信中,文善还嘱咐标亭帮忙朗斋代购红青布裙:"朗斋托买红青布裙四五条,顶旧者均不要,即祈办下。"

在婺源徽商之间,互相代购商品的事例可能非常普遍。比如,同年七月十七日,詹文善在信中又嘱咐标亭代詹成圭店号的商友代购商品:"标亭兄长大人阁下:日前灶喜弟抵长沙,接到英洋卅元、酱油一小瓶、洋青布裙四条,悉照收到。"或许新莲子极为走俏,一周之后的七月廿四日,文善在信中又请求标亭多买些莲子:"前托办之莲子,望照前信办之。今又色和、修和二舍侄托办莲子各二十斤,望各装一篓,如莲子定要新货,买就即寄来省,出月初以好寄归。今又附　裕和成一单,亦托办莲子、藕粉二件,到日照单办寄为祷。"可见,托买莲子的戚友甚多,而湘潭所售之莲子品质甚佳,以至于詹文善多次请求标亭采办此商品①。七月廿七日,文善在给标亭的信中说:"标亭兄台大人阁下:刻接到第四十四号手书,并莲子大小七篓、藕粉二篓,又一包,均照收到无讹,不料莲子市中缺货,而价却不宜便,如色和、修和二舍侄之莲子,恐上市

---

① 必须说明的是,莲子并非全部寄回家乡,因为在七月廿四日的信件中,詹文善的店伙在信尾注明"托办(卅七号信附来)莲子五斤、藕粉五斤,买就或共装一篓,或分装均可,计价若干,求付长沙裕和成之账可也。其物仍要寄至四川,望将篓装妥,妥免致中途散泄"。

求速买下皆因朗斋兄等,准出月初二三日登程,以致妥其带里之故……来札云湘地红青棉布君难买,未知免[勉]强买就否。今又金龙托买红青布裙一条,弗要镶者,又头股皮梁拾付,买就求同莲子一齐寄省托托。"可知莲子、红青棉布裙等物品,在当时确为紧俏商品,因此詹文善催促甚急,在七月廿八日的信中,尤谆谆嘱咐标亭"托买莲子、皮梁、布裙等件,买就求早寄下为盼。"仅过了一二日,文善收到了标亭给他购买的物品并回信:"标亭兄台大人阁下:今晨得接第四十五号手书,并莲子二篓、皮梁十副,均照收到无错。其款已入账首矣。不料湘地衣庄红青布裙缺市,细思家间布采较之外地大有便宜,譬如布裙之论,加二三百文,则做新裙一条,其式可合,自意请教是否。"但布裙等物品在湘潭依然没有购到,因此文善才想出"家间布采较之外地大有便宜",这句话表明,关于布裙等物品,并非是婺源所缺乏的,而更多的是出自徽商归里时可以带回的物品。八月初六日,文善致信标亭:"标亭兄台大人如晤:……朗斋兄于初四日登舟,系小火轮拖至汉口,大约今明日可拢汉口。前裕和成托买莲子、藕粉各货,如便易求代办之,候押烟人到长肩上。手此奉达。"既然朗斋已经离开长沙,其必带着在湘潭采购的莲子等物品回到婺源无疑。代购商品,即需自行预先垫付资金,因此文善在八月初九日又有了新的主意:"标亭兄台大人如晤:……查郴州船户姓名一切,均已陈详,而代裕和成莲粉两色,或店中钱不敷,候节后买之亦可。"不过,在长沙的詹彦文墨号店伙就此问题并未达成一致,因为在八月初九一信中,詹商贤又另条说明"裕和成托买莲子、藕粉各件,刻接常武来信,押烟人将已拢长,故求节前买下为托。商贤再字"。信中的"长"所指为长沙。在几日之内,詹标亭即妥购好莲子等商品,因为八月十二日回信称:"标亭兄台大人如晤启者:昨日时中先生到省,带来第四十三号台函并莲子、藕粉各五斤,均照收无讹,其款已登账首矣。"八月十六日的信函表明,代裕和成购买的莲子和藕粉等物品也已经办理完成:"标亭兄台大人阁下:于十二日具上四十四号芜函,谅邀台鉴。承代裕和成来莲子、藕粉,均照收到,业已前信详明在案。"

詹文善在给詹标亭的信中,之所以屡次要求标亭代购商品,是因为婺源与湘潭之间在某些商品上存在着价格差。在八月廿二日的信中,文善详细比较了外地与婺源家乡的商品差价:"益财再侄在湘,而伊所着之鞋缺,望 兄台代伊买之可也,想伊家中兄弟多,因鞋足一切,伊父母亦难招承,纵然买才料倩人做就,每双寄至湖南,亦要十个红壳鸡子,而家间鸡子十文一个,则去钱一百文,细算之大无和[合]算,以致在外面买者仍强。"詹益财可能是湘潭詹彦文墨号的小伙计或学徒,因是族亲,所以作为长沙詹彦文墨号总店老板的詹文善,就要求詹标亭对其特别关照,因为从婺源家中寄来鞋足,哪怕是自己购办材料、雇工制作,也不合算,因此才请标亭在湘潭代办。这反映了婺源徽商的一种非常质朴单纯的商品交易观念,即商品的利润主要是来自地区差价。九月十七日,詹文善给标亭的信中,也比较了湘潭藕粉、莲子与家乡婺源的价格差:"标亭兄台大人如晤:……刻下湘地未知藕粉价目若干,祈代一探为盼,如若便宜,或买数斤寄里,则每斤要六十左右,再加力钱每斤卅盘到里中,每要合八九十文,思之大无和[合]算,故则勿购也,是否望示知为祷。"从该信中可知,在异地经营的徽商,偶一带商品回乡,也是建立在与家乡该种商品是否合算的基础上才作出购买决定的,这可能同其精于生意有所关系。九月二十日,文善又在给标亭的信中说:"十七日曾具五十三号信,并探藕粉之价,至今未接示复,想藕粉该理早已新出,未知价目便宜否,然公号亦想买数桶,是何价目,祈惠示为盼。"九月廿四日给标亭的信中言:"前具上五十四号信,托探藕粉之事,欲家号上办数桶,未知目下粉已出市否,祈望示知为盼。"九月廿五日,詹文善在得知藕粉的价格之后,又觉得颇不合算,因此拟取消藕粉的购买:"标亭兄长大人阁下:昨日曾具五十五号信并 正元一信,料投大案,所是一切,均已陈明,恕不再渎。承交史四海带来五十七号台札并钱二十千文,于今晨已经收到无讹,讵料今年藕粉如此之昂,加水脚盘回我婺,大无合算,家号之粉,容后再商,暂作罢论。"

不过,即便价格昂贵,依然有家乡的人托付在外经商的婺源同乡亲友采购藕粉等异地商品。比如在十月初三日,长沙詹商贤寄来一封信,信中云:"据邹守川兄云,爱欣嫂私下要买藕粉十余斤,祈望买就交伊带里,计钱若干,望付来省可也。到家力钱可不必代付,切切。詹彦文本号标亭大兄台照。十月初三日詹商贤挥。"在这封信的信底上,詹标亭注明"初四日收到即办"。可见,乡亲们拜托在异地经营的徽商采购部分商品回乡以供家用或者出售、送礼,的确都是较为普遍的现象。十月初七日,詹文善在给标亭的信中,再次叮嘱标亭记得代爱欣嫂购买藕粉:"前日邹守川信客押烟至右号,因爱欣嫂要买藕粉十余斤,此时已具一条,交邹足带上,托买藕粉十余斤,交伊带里,谅必已代买交,而力赀求勿给付,谅亦未曾代付也。"而通过这一次记载,我们可以得知爱欣嫂的藕粉,是安排信客邹守川带回婺源的。除了爱欣嫂之外,还有乡亲詹佩东,也请求长沙詹彦文墨店代购莲子、藕粉等物品:"有詹佩东兄托买莲子五斤,求用篓装好,共计钱若干,祈付省账可也。莲子买就,亦求寄省为托。再,祈代一采藕粉目下何价,遇便祈意示知为盼。"(詹文善十月十九日致标亭的信)十月廿三日,詹文善即收到标亭采办的藕粉、莲子等商品:"标亭兄台大人如晤:昨日得接六十四号大札,各情敬悉。……又承代购莲子、酱油,均照收到无讹,其款已收湘店账首矣。"过了几天,在十月廿七日詹文善致标亭的信中,又交代其代另外一位乡亲购买藕粉:"标亭兄台大人阁下:今晨接读六十六号大札,敬悉一是。贤姜侄媳托办真藕粉十斤,买就祈即寄省,其钱亦望付省为祷。"十一月初一日,文善在给标亭的信中写道:"前具六十三号信,贤姜托买藕粉十斤,求买为祷。"可能是标亭没有及时代购,因此长沙詹彦文墨号在十一月初三日致标亭的信中,又一次要求标亭赶紧代购藕粉,并且指明这批藕粉是婺源乡亲自己食用的,并非购回家乡再次贩卖的,因此要求采办的商品质量好:"再,贤姜侄媳托买藕粉十斤,系伊自吃者,祈顶好者买之托。"十一月初四日的信中,詹文善即说明已经收到标亭托信客带到长沙的藕粉:"标亭兄长大人阁下:刻接李瑞田带来六十七号手札并藕粉一篓,已照收到无讹。"十一月廿一日长沙詹彦文总店致标亭的信中又写道:"昨承荫乔兄代孝先寄省莲子、藕粉等件,已照信收到无误。"

湘莲、藕粉、夏布等商品作为湖南历史上最著名的土特产,早就行销各地,颇为有名①。作为原产地,湘潭湘莲的价格与徽商家乡婺源有着一定的差别,而徽商同乡之间偶有返回故里者,可为亲友捎带部分物品,这也是詹标亭信函中屡次提及为乡亲代办湖南土特产的原因之一。从詹标亭所登记的信底中可见②,从六月份新伏莲、莲子、藕粉上市,一直到十一月份,身在湘潭的詹标亭,就根据詹彦文墨号长沙总店的指示,为乡亲们代购了若干次这些日常食用品,以及布裙等日常服饰。这些商品,主要是生活必需品和食品,这种食品的消费占据了徽州家乡日常生活的大项,也反映了城乡商品经济的不发达,同时还反映了婺源乡间故有的俭吝习气,人们普遍认为,徽州人素以节俭著称,地方志的风俗部分,都有很多类似的记载,兹不赘引。直至晚清宣统年间,一般人尚且认为"婺民素质朴最可嘉者,大腹贾在外开行栈,毛蓝土布长衫红青土布马褂,双梁阔头,粗布鞋以会客裕茶寮酒肆,笙歌罗绮之丛,至今苏松人传为笑话,亦以此重婺商焉"。③ 因此詹标亭为乡人代购朴素的布裙,也是同当时乡间尚且保存有节俭的习俗不无关系。

发生在光绪二十年詹标亭代乡亲们购买商品的情况,并非侨寓异地的徽商身上所发生的仅有个案,而是具有一定的普遍性。除了詹标亭之外,诸多徽商传记的孝友传,也描述亲子如何从远方带回珍稀食品供父母等亲人食用的事例,比如婺源北乡长滩商人"俞观橙(1743—?),字馨如,登仕郎,长滩人。事亲笃诚,友爱弟观榜(1750—?),承堂上欢,父严冬病,义言宜鲜薄荷,遍觅无从得,忽花从磁中出数叶,采泡以饮,病乃瘥。后居父丧,哀痛如不欲生。

---

① 全国出进口贸易会议湖南代表团《湖南各类出口土产概况》,莲子、夏布等,长沙植物油输出业同业公会 1950 年印,第 54、60 页。
② 笔者仅勾勒出从长沙詹彦文墨号总店致詹标亭的信文,而省略了标亭回复长沙总店的信文,如果将这一来一回的信文对照起来考察,将更加清楚地看出当时标亭在湘潭代乡亲们购买商品的精彩内容。
③ (清)刘汝骥《陶甓公牍·婺源民情之习惯·婺源风俗之习惯·服饰》。

榜贸易通州,母闻虾美,偶言及,橙邮书告,榜即裹脂驰归以进。母殁,葬祭尽礼"。① 正如胡适所言,远在异地经商的徽州人总会想方设法接济僻处穷壤的乡亲们,这种接济一方面表现为资金的回流(赡家费),而另一方面正如上述詹标亭所做的工作那样,为乡亲们购买一些家乡所稀有的日用品、或者从价格差的角度看远比在家乡购买要划算一些的商品。这样的工作,大大丰富了僻居徽州老家的乡亲们的日常生活,也通过返乡的徽商、常年两地往返奔波的信客等人物,将中国商品流通体系连接起来,一边是商品生产地的市镇(如湘潭),一边是商品欠发达的徽州农村(如詹标亭的家乡婺源北乡环川即岭脚),虽然两边之间商品流通的规模和数量不是很大,但它对于婺源乡村生活却极为重要,是一种特殊的城乡商品经济流通方式。同时,通过亲友间的礼物馈赠、礼物交换所得,也是一种重要的商品流通方式。这两种方式都是对于婺源城乡商品经济不发达的额外补充。

  清代、民国时期大量的产品或地方风物,从外地流入婺源乡村,这是一个由外到内的方向。反之,随着婺源商人、士人外出经商、就学,也会把婺源的手工艺产品和土特产带到外地,这是另一个方向,由内向外。从婺源乡村向外地城市和市镇流动的物品,主流是商品,其次是婺源人自用或馈赠亲友的婺源地方土特产。

  通过考察徽州区域社会和其他地域之间这种并非具有常规性的特殊商品流通途径,目的就是要全面考察徽州农村在商品领域中对于徽商一定程度的依赖性,也希望从中部分的看出徽州农村商品消费的实态及其局限性。

  笔者通过对婺源徽商出生地分布的统计分析,详尽考察了徽商与区域社会之间的联系,婺源市镇商业与社会面貌,以及徽商故里的城乡商品经济状况。这些都围绕着三个主题词展开:一是徽商,二是家族,三是区域社会。徽商是特定区域的社会历史产物,其所构筑的社会网络深深影响了、塑造了独特的徽州区域社会面貌;也正是由于徽商这个酵母,催生了具有独特面貌的

---

① 民国重修《婺源县志》卷三十一《人物七·孝友五·俞观橙》。

徽州市镇、村落和家族社区的变迁。而由徽商所催生的社会和社区变迁，又为基层社会走向现代化提供了一种可能的模式，并且这是一种自发的、由下而上的途径，亦即费孝通所说的"自然方式"[1]。

---

[1] 费孝通：《费孝通文集》第一卷，北京：群言出版社，1996年，第120页。

第三章 徽商的主要经营行业、经营特点与区域社会变迁

徽商在经营行业上具有垄断性特点。具体到徽州下属各县,内部则有所侧重和各自的分工,而且这种徽州各县域之间的不同经营重点已为社会所广泛熟知:"徽郡商业,盐、茶、木、质铺四者为大宗。茶叶六县皆产,木则婺源最盛。"①就婺源而言,则以茶业、木业、墨业三大行当为主。婺源商人的主要商业经营状况,经由婺源当地人高度概括,被写进晚清时期的婺源乡土地理教科书:"实业者,交通之势力也,本境以茶、木、墨三种实业为交通势力,茶叶运于上海与汉口,木排泛于扬子江上下及浙江一带,墨销售于二十三行省,所至皆开行起栈,设店铺无数,乡人食其利益矣。"②本章将围绕婺源商人所重点经营的木业、茶叶与墨业等几大行当、产业链特点与徽州乃至江南区域社会变迁之间的融合互动,展开详细论述。

第一节 木商与木业

明清时期,徽商是江南地区木材市场的最主要经营者。木材贸易既是徽

---

① 陈去病:《五石脂》,"江苏地方文献丛书",南京:江苏古籍出版社,1999年,第326页。
② (清)董万墨等《婺源地理教科书》第八章第八十二课《交通之势力》,婺邑畅记公司光绪丙午冬月出版、光绪戊申七月再版。

州商人贸易的四大行当之一,也是婺源商人最重要的经营行当①。徽州木商的兴起,同当地适合林木种植、山深林茂的地理环境紧密相关。徽州"地势陡绝,厥土骍刚而不化"②,"每岁概田所入,不足供通邑十分之四,乃并力作于山,收麻蓝粟麦佐所不给。而以杉桐之入易鱼稻于饶,易诸货于休"。③ 徽州地区山地多为红壤,富含酸性有机质,适合松、杉等林木生长。林木资源与历史上的徽州社会生活关系密切,宋代时期的地方志就记载有林木资源对徽州人日常生活的重要性:"女子始生则为植杉,比嫁斩卖,以供百用。"④可见,种植杉木早已成为徽州民间的重要活动。徽州人还很早就掌握了林木生产规律:"正月……是月也,莳松秧、插杉苗、栽杂木,谚传立春前后五日栽木,木神不知,商人采木植于山。"⑤徽属各县都有林木种植,其中婺源的林木蕴藏量最大:"山林之利,我婺独擅。"⑥

徽州木商兴起的时间很早,至迟不晚于宋代。南宋著名诗人范成大曾写到,当时在徽州与浙江之间木材贸易已十分兴盛⑦,当时浙江严州税收的很

---

① 关于徽商木商与木业的研究,成果有张雪慧:《徽州历史上的林木经营初探》,载《中国史研究》,1987 年第 1 期;陈柯云:《明清徽州地区山林经营中的"分力"问题》,载《中国史研究》,1987 年第 1 期;张海鹏、王廷元主编:《徽商研究》,合肥:安徽人民出版社,1995 年,第 251~267 页;李琳琦:《徽商与明清时期的木材贸易》,载《清史研究》,1996 年第 2 期;范金民:《明清江南商业的发展》,南京:南京大学出版社,1998 年,第 170~172 页;王振忠:《明清时代南京的徽商及其经营文化》,载《浙江社会科学》,2002 年第 4 期。此外,在其他区域木商和木材业的研究,也有重要参考价值,比如李伯重:《明清时期江南地区的木材问题》,载《中国社会经济史研究》,1986 年第 1 期;[韩]金弘吉:《明末四川皇木采办的变化》,载《中国社会经济史研究》,2001 年第 4 期;张应强:《从卦治〈奕世永遵〉石刻看清代中后期的清水江木材贸易》,载《中国社会经济史研究》,2002 年第 3 期;张少庚:《清代长江流域竹木商业研究》,武汉大学历史学硕士论文,2004 年 5 月。何建木:《家族社区变迁与地方和国家的互动——以婺源西冲俞氏为中心的考察》,载《地方文化研究》,2018 年第 1 期。
② (清)江依濂:《歙风俗礼教考》,载许承尧撰《歙事闲谭》,合肥:黄山书社,2001 年,第 604 页。
③ 康熙《婺源县志》卷二《疆域·风俗》。
④ (宋)罗愿《新安志》卷一《风俗》。
⑤ 民国重修《婺源县志》卷三《疆域三·星野》。
⑥ 民国重修《婺源县志》卷三《疆域三·星野》。
⑦ (宋)范成大:《骖鸾录》,《范成大笔记六种》,北京:中华书局,2002 年,第 45 页。

大一部分便来源于徽州木材。木税对严州的重要程度已经达到"无歙杉不为州"的地步,这在一定程度上说明徽州本地的木材输出规模相当大、税收贡献亦大。彼时,徽州人就在冬季入山伐木,待至第二年梅雨季节河水涨泛时,利用水利之便,将木材运载出山,进而转销各地,运输路线主要是范成大所记载的新安江水道为最重要。徽州木商,尤其是婺源木商在宋代就开始活跃于江南地区,这从徽商在杭州建祠的事情可见一斑。婺源灵祠(五通庙)在南宋时代的杭州已有七个行祠:"灵顺庙,即徽州婺源灵祠,余杭立行祠者七,一在南高峰顶荣国寺;一在候潮门外瓶场湾;一在候潮门外普济桥东椤木教场侧普济寺;每岁都有人办香致敬者,纷纷咸趋焉。"①关于五通神在宋代江南的分布及其同商业的关系,日本学者斯波义信指出:"在二浙、江东,五通神,称为'五通',在江西、福建,则称为'木下三郎',或称为'木客'。盛夏时,木客将材木运至江湖贩易,大概与此有关。婺源的五通庙之年市,可能就是以山村为地盘的商人们所举行的祭市。此外,在苏州吴县,宋以来也见又徽州商人祭神的五通庙。如《神符经》云:'在吴县东南三里五十步,婺源土神。'"②这就说明,至迟到宋代时,以婺源人为主的徽州木商已外出经营木业甚至开始移民,开展相当广泛的木业经营活动,并把婺源县域的民间祭祀习俗等带到经营地,进而流播四方。

  明清时期,以江南地区为代表的全国各地商品经济繁荣,为徽州木商提供了更加广泛的活动空间。这一时期,不少江南人都认为,婺源所产杉木质量最为上乘:"杉干直叶细,易长,江浙向最盛,徽州婺源者质最坚,自栋梁以至器用小物,无不需之。"③"质最坚"三字高度概括了婺源所产杉木的独特之处。在各种常见木料中,松柏、杉木所产板材的质地,由于生产周期比较短,所以比起其他如香樟木、黄花梨木等国内生产周期长的硬木板材,显然材质

---

  ① (宋)吴自牧:《梦粱录》,哈尔滨:黑龙江人民出版社,2003年,第134页。
  ② [日]斯波义信:《宋代徽州的地域开发》,刘淼辑译:《徽州社会经济史译文集》,合肥:黄山书社,1988年,第18页。
  ③ 《增补陶朱公致富奇书》卷一,转引自傅衣凌:《明清时代徽州婺商资料类辑》,傅衣凌:《明清社会经济史论文集》,北京:人民出版社,1982年,第207页。

最为疏松,且松杉木在广大南方山区均有出产,因此婺源杉木获得"质最坚"的称誉,实属不易。据明代白话小说《警世通言》记载,可推断至迟从明代中晚期始,婺源县出产的"加料双鞘"寿板,已成国产名牌商品而广泛行销江南①。笔者认为,从宋代起,徽州木商以婺源人最为兴盛且历久不衰,一直持续到民国末年。本节首先考察婺源木商的主要活动范围,然后探究其经营的成功之道。

一、木商的活动范围

明清以来,江南地区商品经济发展较快,城市和市镇聚集的人口日益增多,官府、民间的建筑营造和社会民生日用对木材的需求量十分巨大,但江南地区除了山区和丘陵地带盛产木材外,其他平原地区所产木材极少,根本无法满足当地需求。江南地区的建筑、生产工具、木器制造等所需大量木材主要由外地输入,客观上促进了江南地区木材市场的长期兴盛。由此可见,江南市场对木材的大量需求是刺激徽州木商,尤其是婺源木商崛起的最主要外因;徽州人对日常生计的需求,则是木商崛起的重要内因。以上两个因素相互叠加,促成了以婺源人为主的徽州木业绳绳相继:"婺远服贾者率贩木。木商以其赀寄一线于洪涛巨浪中,称贷措置,极艰难之力而后达于江。至于鬻所终岁,拮据不足以饱债,家甚有变,产犹不足以偿者,盖在昔已有之矣,今则榷关之外,造舟取给焉,漕船、兵船用巨木如用薪也,木商能不欲辍斧斤乎?"②在江南木材大量需求且销售利润回报丰厚的直接刺激下,徽州木商不远千里,远赴全国各大木材产区,构建起漫长而危险的木材采伐、运输和销售产业链。

---

① (明)冯梦龙:《警世通言》第二十二卷《宋小官团圆破毡笠》,西安:三秦出版社,1993年,第260页。
② 康熙《婺源县志》卷二《疆域·风俗》。

表 3-1 婺源木商经营者及其经营活动范围

编号	经营者	经营地点	编号	经营者	经营地点
1	程应鸿	京口	31	俞式金	江北
2	程日炘		32	潘基荣	浙
3	程青炜及其父		33	曹文学	
4	程鸣谦	苏	34	程兆枢	河套、都门
5	董邦超	南康	35	江宽位及其父	
6	董鸿旗		36	江恭壎	开化
7	董昌瑷	南赣	37	汪光璠	姑苏
8	董桂照	姑苏	38	汪光球	苏州、赣州
9	汪如炜	吴下	39	汪任祖	吴楚间
10	胡谦父子	姑苏	40	汪凤征	凤阳
11	胡谦	苏州	41	程盈科	
12	詹深		42	吴文纯	
13	毕兴	楚尾吴头	43	汪发	
14	毕周万		44	汪奕溥	
15	王家校及其兄		45	王荣科母外家	
16	王建贤之父亲	金陵	46	詹德鸿	浙
17	李裕鏊	吴门	47	詹佳	崇明
18	李昭燠	通州	48	江巨荣	宣宁
19	李方钰	金陵	49	江廷仲	广东
20	李广璧	泰州海门厅	50	何林赫	吴中
21	李广寿	楚	51	王光昺、王光仑	金陵
22	李世铉昆季	金陵	52	王国锠	维扬
23	洪修明	鹭洲、金陵、润州	53	王国栋	金陵
24	王兆曙		54	詹蕃桢	
25	滕璞		55	詹喜福及其父、弟	江北
26	江光良	饶信间	56	俞培炳	江北
27	江士梅诸兄	苏州	57	郎玉琏	苏州
28	祝公望偕其侄		58	郎玉琳	
29	江懋奇昆季		59	汪家正	
30	汪汝和及休故人某		60	程荣华	

续表

编号	经营者	经营地点	编号	经营者	经营地点
61	程彬	浙江	90	洪致晖及兄	吴楚
62	程炳璋	浙江	91	俞日昇	
63	程申及其父、叔		92	俞杰	
64	余桂	杭	93	俞汉	
65	黄文涛之先世		94	俞锐兄弟四人	
66	黄之琼及其父	毘陵	95	符文炽	
67	黄振甲(之琼子)	毘陵	96	胡家尧	
68	黄世权	闽	97	胡文光	金陵
69	黄友贞	金陵	98	胡清溪	金陵
70	黄光钱	南省	99	胡大汎	吴楚
71	黄光钺		100	胡之震	芜
72	黄元来及其父		101	胡士星及姑丈黄某	江南
73	黄士珪		102	戴莹及其堂弟	丹阳
74	黄汝高	金陵	103	汪承忠	
75	王学炜	泰州	104	李振魁	江浙
76	施应谦	江南	105	李承武李承宰兄弟	苗疆
77	施道宵之弟		106	李承簹	金陵
78	施德櫓		107	戴振伸	姑苏
79	施应湟	吴楚间	108	俞文英与季父及友人	在苏开木号
80	施德有之父	江北	109	俞云灿	黔楚
81	施德烜	江南云阳	110	俞廉宰及子俞往谐	金陵
82A	施廷璧(字玉堂)及父	江宁上新河	111	江城	
82B	施玉堂(又名廷璧)及父	江宁上新河	112	查尚庆	
83	施廷彦	江宁上新河	113	程悦程怀兄弟俩	金陵
84	施廷昭	苗疆。德山	114	程绂	江苏镇江
85	施应勋父子	江北	115	程开绂	金陵、镇江
86	施圭锡父子		116	王家营	江北
87	施一林	金陵	117	王家简	苏浙
88	施天益	滨山之孙家窑	118	单鹏翔同里人王某	
89	洪恩绶	皋南	119	程森	

续表

编号	经营者	经营地点	编号	经营者	经营地点
120	汪功棣	运木售浙	151	程兴钺	金陵
121	程永棱	金陵	152	孙洪玳	金坛
122	单启泮	豫章	153	孙徽五	湖南
123	齐希宪友人汪见大	荆楚	154	胡瑛及其父	楚
124	齐学模	苏	155	胡至诠	苗疆
125	赵之彦		156	俞本逸	金陵
126	赵之俊		157	俞盛	金陵
127	程增辉及其父	江北	158	俞辅唐	孟河
128	程林炽	豫章	159	俞星焕	金陵
129	程企和	沿江	160	俞星灿及其兄	常德—金陵
130	程廷璋与仲兄		161	俞培棣	广陵
131	吴嘉鍐	江苏	162	俞承惠	洞庭
132	吴嘉钰与子吴国璋	如皋	163	俞崇阁	江苏
133	金照	金陵	164	何尚喜	
134	金敬德与弟、叔	过洞庭	165	何良佑之兄	
135	金庭槐与其父	苗疆	166	程肇基	金陵
136	金大坤	金陵	167	程龙光	如皋
137	金玉章	金陵	168	潘起榜	江南
138	金烈光	苏常	169	俞悠瑃	维扬
139	俞浩镇		170	俞粹晃	
140	王兆纶及其叔	豫章	171	潘启权的塾师天德之子	
141	胡鸿基		172	潘敬业	
142	胡伯仁	江北	173	潘谟	河垛
143	俞德成		174	潘津	浙江
144	俞树炽之父及金某	金陵	175	潘大铦	浙江
145	俞熙椿	阜陵	176	潘光余	盐城
146	俞功懋	淮扬	177	潘钦浤	盐城
147	江霖	龙江关	178	潘逢炜	江北
148	江乾璇	江北	179	单荣	杭州
149	江嘉烃	维扬	180	单国彬	
150	江澄		181	单鸿畴及其季弟	淮西

续表

编号	经营者	经营地点	编号	经营者	经营地点
182	夏声槐	金陵	208	吕鸣銮	吴
183	胡国兴及其季弟	安镇	209	吕世谊	姑苏
184	程鸣岐		210	程嘉义	苏
185	方邦烈及兄	吴镇	211	程震蕃	苏垣
186	欧阳晙	苏	212	程观泰	浙
187	欧阳晔	苏常间	213	程穑	江西
188	吴克祖	湖广	214	程德椿	
189	胡俊茂之父	和源金陵木行	215	黄鸿诏	苏
190	朱廷善	江右	216	毕士期	饶河
191	朱钦煌		217	李全义及其父	自肩父任五木行并湖广木业
192	朱国桢	苏之常熟	218	李振稚	金陵
193	朱球	姑苏之常熟	219	胡瑞	楚南常郡
194	吴其中		220	张都椿	南京
195	王世贵	毗陵	221	张拱洸	通州
196	王大聪		222	张河杰之父	
197	齐彦钱	无锡木行	223	胡肇稷	苏
198	齐应时	维扬	224	方同仁	
199	王淇蔚		225	齐廷献	金陵
200	王枚吉及其父		226	吴培元	金陵
201	王钦乾及其父		227	戴旺	
202	蔡进禄长兄	乐邑	228	戴炎	荆襄间
203	王杰	货木三楚。比抵仙镇	229	戴凤岗及其祖	
204	张大雾	售于西江	230	戴文炘	上新河
205	方钟美	辛塔。苏汇	231	戴廷槐	金陵
206A	方郊祥		232	戴嘉绩	金陵
206B	方郊祥	饶郡	233	吴泰康	扬州宝应
207	吕维鏊		234	金鲤	

续表

编号	经营者	经营地点	编号	经营者	经营地点
235	董自勉	赣州	239	方肇基	苏汇
236	程文昂		240	汪皋族侄	
237	程英杰	姑苏	241	汪本样	常州
238	朱昌孝	湖南德山	242	婺之商木业者①	德山

资料来源:民国《婺源县志》各相关卷帙。

备注:①本表的地名,均为从《婺源县志》里面直接摘要提取出来,不提供古今地名对照,仅在行文中加以叙述。②本表共收入婺源木商244人(次),其中编号82A施玉堂与82B施廷壁、206A方郊祥与206B方郊祥实为同一人,第30号为休宁人,故实际人数仅242人(次)。③本表木商数量并非历史时期所有婺源木商的总数,因为收入县志的商人数量毕竟有限;而且诸多商人传记中并无指明其经营行业,但云经营"吴头楚尾",因此也可断定大部分是木商;此外,未曾收入县志的木商更不知凡几。

在表 3-1 是对民国《婺源县志》所收录木商的汇总统计。这个表格所涉及的人员名单,也就是散布在《婺源县志》各卷中的全部木商名单。利用这个表格,结合婺源地方族谱资料中的个人详细经营事迹加以分析,可以更加清晰地掌握、了解婺源木商经营的主要木材来源地和经商地的分布状况,以及其同乡、家族或者家庭合作的经营方式等信息。鉴于人数众多,且其主要经商事迹大同小异,又限于篇幅,因此笔者在表格中仅登记这些木商的经营地点,无法一一列举其经商事迹和善行义举,只能结合行文叙述的需要,加以适当阐述。

表 3-1 所列的 244 人婺源木商中,指明经营地点的有 181 例②。该表格也详细罗列出婺源木商的具体经营地点,可以把这些经营地点作进一步归纳,最终分成五类:江苏、贵州湖南湖北(黔楚)、江西、浙江、安徽和其他,详见表 3-2 所示。这五类地点,根据木材本身的供应和市场需求可以分成几类:

---

① "孙洪琉,字珠庭,国学生,读屋泉人。少有逸志,事亲下气怡色。长受室,举二子,以为大事已毕,游历湖广洞庭,习堪舆星命,后雉发德山半仙庵,婺之商木业者多遇而道其人"。详见民国重修《婺源县志》卷四十九《人物十二·隐逸·孙洪琉》。

② 其中有些木商的经营地点不止一处,其主要原因一是木材采购和销售不在同一个地方,二是此人改变经商地点,在统计中凡是有两个以上经商地点的,都单独计算,所以其总数实际上大于181 例。

一是采木区；二是运木经过区；三是木材终端市场区。从"吴头楚尾""荆襄间"等常用词语，以及婺源木商传记里面所记载的常年去各地奔波劳累的事迹，可以明显地看出，这几个经营地点之间的分布有交错。其中，江苏是最为集中的销售市场；浙江的杭州也是市场区，浙东衢、严、处等地是采木区；赣南是产木区；沿江是运木经过区；安徽的芜湖也是运木经过区；闽广也是主要的产木区。在这些江南城市和乡镇地区，木业大部分被徽商垄断。徽商经营木业，主要集中在南京、镇江和苏州一线，而尤以南京为最。之所以江苏各地对木材需求最大，这同江苏是江南各地商品经济最为发达有关："徽多木商，贩自川广，集于江宁之上河，资本非巨万不可，因有移家上河者，服食华侈，仿佛淮扬，居然巨室，然皆婺人。近惟歙北乡村，偶有托业者，不若婺之盛也。"①

表3-2　婺源木商经营地点的具体分布数量

经营地点	具体数目(单位：人次)	人数
江苏 (含今上海市)	南京37(《婺源县志》木商传记里面写到的南京地名包括金陵、南京、上新河、鹭洲、龙江关)，苏州26(姑苏、苏、苏汇、苏垣、吴门)，镇江5(润州、京口、瓜、丹阳)，江北10，常州9(昆陵、常、孟河)，常熟2，通州3，如皋4(如皋、皋南)，泰州3(泰州、宝应)，盐城2，江南4，阜陵1，广陵1，淮扬4(淮扬、仙镇)，辛塔1，金坛1，崇明1，无锡1。 未指明具体地点而泛指清代江苏地名的，有8人次(吴中、吴下、南省、江苏、江南、江南云阳、河垛)。	123
贵州湖南湖北	《婺源县志》木商传记写到的贵湘鄂地名，有些是准确地名，有些则是泛称，具体包括：楚尾吴头1，楚1，苗疆5，吴楚5，洞庭2，湖南1，常德1，荆襄间1，德山2，湖广2，黔楚1，荆楚1。	23
江西	《婺源县志》木商传记写到的江西地名，有些是准确地名，有些也是泛称，具体包括：南康1，南赣1，赣州2，饶信间1，饶河1，乐邑1，浔阳1人，浔江1，豫章1，江西1，沿江1，西江1，吴镇1，江右1。	15
浙江	浙3，开化1，浙江4，江浙1，杭1，杭州1，苏浙1。	12
安徽	凤阳1，宣宁1，芜湖1，淮西1。	4
其他	闽1，广东1，河套、都门1，滨山之孙家窑1。	4

资料来源：据民国《婺源县志》各相关卷帙统计所得。

---

① (清)江依濂：《歙风俗礼教考》，载许承尧撰《歙事闲谭》，合肥：黄山书社，2001年，第604页。

婺源木商经营具有家族性的特点,笔者利用《婺源西冲俞氏宗谱》所收录的近百位人物传记资料,结合《婺源县志》等地方文献资料,深入研究婺源北乡西冲俞氏木商在南京和长江中上游地区的木业经营活动①。上述表 3-1 收录的婺源木商,第 141—148 号均为婺源西冲俞氏族人;《婺源西冲俞氏宗谱》所收录的俞氏木商数量,则远远超出《婺源县志》所收录的数量。

西冲俞氏商业活动,也极具特色。《西冲俞氏宗谱》所记载的俞光治事迹十分典型②,可以代表西冲俞氏木商经营活动的基本状况。因该宗谱仅见民间私藏,较为珍贵,故转载如下:

光治公暨德配胡恭人合传

世侄廪生　李明伟

且夫实至者名归仁人之德泽,光前者裕后,令子之克家,事无不可以对人心,无不可以对天,如西谷俞公讳光治,字绍平,号天培,清授朝议大夫,兄弟六,公居次,一英俊人也。生长金陵,少读书于私塾,有相士入,遍观弟子,即指公曰:"此子燕颔虎头,后必贵而大富。"德配胡恭人,婺源仁村胡尔公第三女,公子亦金陵生意少,未冠成婚,夫妻好合。公父诰封朝议大夫本仁公,承祖木业,年老退休,去金陵而回婺,长子光潭习举子业,时适游庠,诸子幼,父知公有奇相,决以木业全权委诸次子,即光治公也,行中存银只有三千余两,公接手,以资本狭小,不能展其才,向宗台老四(龙腾人,在金陵放款)借本银,小则三万,大则多多益善,老四奇其言,唤至天井中,使立脱帽观之,审视良久,曰:"可矣。需银不汝限也。"头批立借三万,公倩铁工治斧斤,入山,铁工洪炉鼓铸,火正炽,时惊曰:"此家有吉兆,可讨喜钱。"公许以百两,故号曰:"斧记"。部署定,入四川箐苗

---

① 何建木:《家族社区变迁与地方和国家的互动——以婺源西冲俞氏为中心的考察》,载《地方文化研究》,2018 年第 1 期。何建木:《徽州木商世家——婺源西冲俞氏》,载《寻根》,2005 年第 6 期。

② 《西冲俞氏宗谱》卷十四《传文·光治公暨德配胡恭人合传》。

拚山刊木,捆排到架,不一年而倍其利,本利璧还,仍沾余润三万余两,公号天培,殆以是欤。公父在婺鸠工造屋,即抱秀亭畔孝友堂也,墙石列柱已费三千余两,骇然曰:"行底尽矣。何以完厥成?"即日罢工,草鞋木履,跋涉到南京,不洗脚、不吃饭,唤光治将账暂理呈阅,公遵命,又骇然曰:"事才一年,三万余银,是谁存来?"公以严训曾嘱小本小做,不敢先期报红,恐受责也,至是始和盘托出曰:"托大人之庇,银是赚的。"公父净足用膳,是夜喜而不寐矣,早起,嘱解银三千两,仍徒步回家,虽欲挽留数日,稍微鸟私而不允。自是生意隆隆起,走上江放客,身德山放钱粮,进苗伐捆,无一不利市三倍,时有"摇钱树"之称。然而富而好礼,上封两重诰授朝议大夫,罔极之深恩,或少报于万一。德配胡恭人,生二子,长明选,次明逮,年仅三十八与世长辞矣。俯允二子之请,始继娶劳孺人,绍兴籍,生一子明进。是时,结束现银,账目不下三四十万,远及苗疆,近届徽郡,无不闻风景仰。至修文庙、城垣、道路、济义冢,荒歉孤嫠,无善不为。祖与父享其名,公任其实者,笔不胜书。然日中则昃,兄弟块肉、妇女刀锥,现银分家,照十二股派胞堂兄弟十二人,祖与叔三股,坐堂各领银一万二千两,惟公以生意在手,愿分账耳。惜天不佑贤,公享年五十五卒于金陵,讣音至家,封翁洒痛泪曰:"钱树儿倒矣。"全家举哀。后六年,翁亦仙逝,孙曾麻衣如雪。金陵木业,房弟承接不数年,排过洞庭湖,风浪大作,讶云:"缆变蛇。"然耶?否耶?而排散矣,本家死于是役三十余人,亦一大数也,众家生意歇,兄弟各自持家计,有兴土木者,有入捐纳者,或盐、或茶、或木,分道扬镳,祖宗之遗泽孔长,子孙之绵延勿替,可操券以偿矣。设不遇发匪,焉有限量耶?君子疾没世,而名不称焉如公者,忍令湮没无闻哉?

由此则材料可知,经营木业的所需投入资金之巨、经营之艰辛,同时需要木商具备相应的魄力。当然,在经营木业的过程中所遇到的风险,也是不可避免的,总会有些木商为此付出惨重的代价,对此下面将进一步论述。可以肯定的是,西冲俞氏乃至整个婺源木商,主要在南京经营木业,因此西冲俞氏也有多人从此侨居南京,进而融入当地社会。《西冲俞氏宗谱》卷十四《传记》,收录了23篇完整的西冲俞氏木商传记,记载了23位俞氏木商的主要事迹①。仔细研究上述《西冲俞氏宗谱》传记部分,可知:一是婺源西冲俞氏木商的经营地点主要在南京,遍及江南地区和长江中上游地区;二是举族经营木业,且父子、子孙绳绳相续,时间有200余年。从《西冲俞氏宗谱》传记部分可知,所列举仅北乡西冲俞氏一族木商就有数十位在南京经营木业,由此可以推测《婺源县志》所收录全县在南京的婺源木商仅有37人,这个数字显得实在太少。事实上,随着这种以木业起家,遂举家移居异地的婺源徽商,当不在少数。南京城西郊的上新河,无疑是明清时期江南最大的木材市场,来自长江上游的赣川湘楚黔的木材汇集至此,然后转输到江南苏松常和苏北淮扬一带:"金陵西洲门外约十五里许,有镇名上新河,为木簰拆卸之所。"②

早在明代,上新河就已经是有名的大码头,在大胜关和龙江关"数里之间,木商辐辏",清代的上新河更"为木商所萃"。徽州木商建有会馆,木商的徽州灯会称为"徽州灯"。"徽州灯,皆上新河木客所为。岁四月初旬,出都天会三日,必出此灯,旗帜伞盖、人物花卉鳞毛之属,剪灯为之,五色十光,备极奇丽,合城士庶往观,车马填阗,灯火达旦,升平景象,不数笪桥"。③ 这种繁华景象主要是由婺源木商造就的:"清代南京的徽商主要以歙县和婺源两县人为众。"④作为一种仪式,徽州灯会在整合木商(以及其他旅居南京的徽州人)心理上的一体化起到了不可低估的作用,其实,"仪式通常被界定为象征性的、表演性的、由文化传统所规定的一整套行为方式。它可以是神圣的事业,也可以是凡俗的活动,这类活动经常被功能性地解释为在特定群体或文化中沟通(人与神之间,人与人之间)、过渡(社会类别的、地域的、生命周期的)、强

---

① 《西冲俞氏宗谱》卷十四《传文》;何建木《家族社区变迁与地方和国家的互动——以婺源西冲俞氏为中心的考察》,载《地方文化研究》,2018年第1期。
② 《西冲俞氏宗谱》卷十四《雨庵公传》。
③ 张海鹏,王廷元主编:《明清徽商资料选编》,合肥:黄山书社,1985年,第222页。
④ 范金民:《明清江南商业的发展》,南京:南京大学出版社,1998年,第188页。

化秩序及整合社会的方式"。① 旅居南京的婺源木商及其他徽州人群通过灯会这种形式,无疑宣示了婺源木商这一群体的存在。表 3-2 列举了在南京的婺源木商的人数,位列所有经营地点之首,当无异议。必须指出的是,收入县志的木商毕竟是少数,未入方志的木商尚不知凡几。

这些活动在南京的婺源木商,大多聚居在上新河:"江宁有上中下三新河……上新河为古白鹭州,宋初曹彬曾破南唐兵于此,今成聚落,余家在焉。"②徽州商人聚集在上新河安家立业,多经营木业,其数量不下千家:"嘉庆甲戌之岁,金陵大荒,徽郡寄居于此者不下数千家。"③婺源木商聚居上新河者为数甚多,其中民国《婺源县志》卷十五《选举一·科第·附寄籍》和卷十六《选举四·贡职·附寄籍》所收录的人物中以江宁籍参试或入贡者极多。

苏州的木材市场虽然比南京逊色,但也引人注目。苏州木材市场主要分布在齐门东西汇和枫桥,主要的经营者也基本来自婺源。如前所述,明清之际,"东西汇之木簰,云委山积"。苏州的徽州木商尤其是婺源木商很多,于是有些婺源木商转而成为当地的牙商。康熙九年(1670),苏州有木商 9 人,木牙 9 人;十九年(1680)有木商 42 家,木牙 6 人;二十二年(1683)有木商 38 人,木牙 11 人;二十七年(1688)木商增到 132 家,木牙 9 人,木业市场臻于极盛。乾隆三年(1738),有木商 94 家,木牙 5 人,后木商减为 80 余家。经太平天国战争,同治四年(1865)木商尚有 51 家,九年(1870)有木商 40 家④。至迟在道光年间,木商已经在齐门西汇建立了大兴会馆,同治四年(1865)又加重建。由于簰筏拥塞,每到漕粮征兑时节,往往与嘈船发生矛盾,致成讼端。这

---

① 郭于华:《仪式与社会变迁》,北京:社会科学文献出版社,2000 年,第 1 页。
② (清)王凤生:《汉江纪程》,上海图书馆藏。
③ (清)丁应鏊:《理斋公额序》,《西冲俞氏宗谱》卷十四。
④ 范金民:《明清江南商业的发展》,南京:南京大学出版社,1998 年,第 170 页。在苏州的木商数量当更多,比如《畏斋日记》中亦记载詹元相到苏州时寓居在其叔公、木商詹兆佐的木行内:"(康熙四十一年七月)十二,在苏州扰兆佐叔公木行内钱行酒。"详见《畏斋日记》,第 236 页。又比如,《韩溪程氏梅山支谱》各房支世系图均收录了不少"殁于苏郡木号"的商人事例。

说明苏州有限的港湾和码头已无法满足当地日益增长的木材运输需求,限制了木材市场的发展,"苏南各地在同治五年(1866)以后,百废待举,建筑材料尚无水泥发明,民房取材以木材为宗,在缓不济急的情势下,苏州乘时继起,但因内河停泊许多木筏,影响到水上交通,故为时很短,即无形停顿"。① 虽然清末在苏州经营木业已大不如前,但很多人经过长年的经营,已经就地入籍,这个现象同南京的上新河一样明显,比如光绪辛卯科进士、苏州人单镇,其先祖就是于嘉道年间由婺源迁居苏州东汇经营木业:"吾家自清嘉道年间由安徽婺源迁苏,卜居燕塘汇之东,治木业,余少孤随侍吾母栖息其间者十余年。"② 又比如婺源西乡盘山程世杰及其裔孙,也已经入籍苏州,这从族谱中所记载的人物婚娶范围(多在苏州附近)、入葬地(也多在苏州一带)均可得到证明③。

从表 3-2 中得知在常州的婺源木商数量,位列江苏境内木商的第四,这既与常州的地理位置有关,也同苏州木材市场的衰弱有关。"苏州停顿后,常州继起,江西木材商先投向常州,从西门外一直到奔牛镇,木筏停泊河边,延长 20 华里的内河河面,承接买卖行家有 27 家"。④ 在常州的婺源木商也不少入籍当地的,比如胡子丹自述:"我生于 1898 年,原籍江西婺源,父亲出身木商,因此我和木材业发生关系。"⑤ 镇江由于特殊的地理位置,也在"太平天国革命失败后,战争初停,各地恢复建设,镇江继南京而起,在金山河上成立木材市场,供应苏北各地,大部分是湖南圆木一类,附带一部分江西木"。⑥ 因此也吸引了大批徽州木商。

---

① 胡子丹:《江苏境内的木材市场》,转自江苏文史资料编辑部《江苏文史资料集粹·经济卷》,1995 年编印,第 241 页。
② (清)单镇:《齐溪小志·序》。
③ (清)程蓉照等纂修:《韩溪程氏梅山支谱》卷九《谱图·盘谷房思聪支》,宣统元年刻本。
④ 胡子丹:《江苏境内的木材市场》,转自江苏文史资料编辑部《江苏文史资料集粹·经济卷》,1995 年编印,第 241 页。
⑤ 胡子丹:《江苏境内的木材市场》,转自江苏文史资料编辑部《江苏文史资料集粹·经济卷》,1995 年编印,第 241 页。
⑥ 胡子丹:《江苏境内的木材市场》,转自江苏文史资料编辑部《江苏文史资料集粹·经济卷》,1995 年编印,第 241 页。

江北是徽州木商的重点经营地区。这是因为在明清时期,江北尤其是淮扬地区,集中了大量财大势雄的徽州盐商,他们为了更好地开展经营活动,同时为了满足他们的奢靡消费需求,大肆建造园林、戏台等设施,从而对木材有很大的需求。而由于同乡关系,在徽州盐商先反客为主之后,来自徽州的木商也紧随其后,脉脉乡情最讲究互相照顾生意,使得徽州木商在江北也大有市场。江北除扬州外,在泰兴、盐城、如皋等地也麇集了大量徽州木商。从表3-2可以看出,这些地区的婺源木商数量也相当可观。这与当地的地理条件和对木材需求紧密相关:"口岸是一个沿江码头,船舶云集,宜设立木材市场,大宗销量是湖南所产圆体杉木,专供苏北盐城专区各地取用,营业额比镇江驾乎其上。到了1934年,为了扩充业务,向锡、澄、虞、苏州一带推销;又为了便利买方,招揽顾客,遂看中无锡吴桥双河尖的河道宽阔。"[①]在这些经营地点相近的徽州木商之间,由于同乡关系、宗族关系,他们互相提携,互相照顾生意,从而形成了地域优势,比如婺源木商潘光余,"佣趁盐城,嗣贩木业,稍获赢余,侨居盐,会咸丰癸丑金陵城陷,河宪劝捐踊跃急公,先后输数百金,亲朋避难盐会者,居恤空乏,行助盘缠,甚有相依十余载,推解始终惟一"[②]。

除了江苏之外,徽州木商主要的销售地点是浙江。上文已经指出,早在宋代杭州就是皖南山区和浙东木材输入江南的集散地。乾隆年间,婺源木商江就准备建徽商木业公所,在候潮门外堆贮木竹之地广达三四千亩,因此同当地民众发生了尖锐的利益冲突,从而构讼,最终结果还是徽州木商得胜,从此可以看出徽州木商在杭州的势力雄厚[③]。

婺源木商的成功,离不开价格低廉、质量上乘的原木。从表3-2中看出,有很多婺源木商亲身到木材产区伐木。徽州木商的主要木材来源地主要包

---

① 胡子丹:《江苏境内的木材市场》,转自江苏文史资料编辑部《江苏文史资料集粹·经济卷》,1995年编印,第241页。
② 民国重修《婺源县志》卷四十《人物十一·义行六·潘光余》。
③ 唐力行:《明清以来徽州区域社会经济研究》第二编第六章《徽州木商的经营方式与木业公所》,合肥:安徽大学出版社,1999年,第174~183页。因唐文对杭州木商情况已有精彩论述,兹不赘述。

括西南地区、浙江、福建和徽州本地等几个地区。

第一,西南地区。在江南地区流通的木材,最大的来源地是西南地区,从表 3-2 可以看出在黔楚两省经营木材生意的木商就有 23 人。之所以西南地区会成为木材最为重要的原料产地,同当地的资源条件有关。除此之外,还同明清以来中央政府对西南边疆地区的开发有关。雍正八年(1730),贵州清水江通航工程完工,清水江在贵州南部,与湖南相通,上游经马尾河,入湖南后称为清水江,向东注入洞庭湖。清水江是连接黔、湘的重要水路,在鄂尔泰主政云贵之前,险滩多、水流急,航行不便,经过鄂尔泰的整治,疏通河道,从而"清水江自黔之都匀府,至湖南黔阳县一千零十余里,又自旧施秉县以上三百八十里,而黔粤一水相通,帆樯接踵"。① 从此,清水江流域迎来了木材业的兴盛。于是,越来越多的徽州木商千里赴黔楚,采办木材,入洞庭,转长江,千里迢迢贩运江南,虽然路途危险,但利润丰厚。

贵州省。黔东南素有"林海"的美称,《黔南识略》称其"周数百公里,皆森林大箐,林木葱笼,其木多松杉","自清江以下至茅坪二百公里,两岸翼云,承日无隙,土无漏阴"。当地盛产杉木、楠木、梓木、檀香木等木材。其杉木"大者可三十围",楠木"必两人引手方可合抱"。尤其在清水江地区,"迂回百余里,直上下千级,松气表兹,烟凝雾结"。"黎平之民富于木",其"山多栽树,宜杉",自明以来大量开采,至乾隆年间"坎坎之声;铿訇空谷,商贾络绎于道,编巨筏放之大江,转运于江淮间者产于此地"。随着自然林的砍伐殆尽,当地百姓还掌握了人工林的培育技术,《黔南识略》接着说:"土人云,种杉之地,必预种麦及包谷一二年,以松土性,欲其易植也,杉约十五六年始有子……秧初出,谓之杉秧,既出而复移之,分行列界,相距以尺,沃之以土膏,欲其茂也。稍壮,见有拳曲者则去之,补以他栽,欲其亭亭而上达也,树三五年即成林,二十年便可供斧柯矣。"在这些伐木贩运的商帮中,以徽州、临江、西安三帮势力最大,这可以从当地所立的碑刻看出:"徽临西三帮协同主家公议,此处界牌

---

① (清)鄂容安:《襄勤伯鄂文端公年谱》,《清史资料》第 5 辑,北京:中华书局,1984 年,第 112 页。

以上,永为山贩湾泊木植,下河买客不得停簰。谨为永遵,毋得紊占。嘉庆二年季春月谷旦立。"① 在贵州黎平、锦屏等清水江流域,徽商势力最大。在这一带,由于利益争夺,从清代中叶起至民国,"争江案"长期不休②。

湖南省不少州县盛产杉桐。嘉庆《湘潭县志·物产志》载:"松,分苗栽插,三年可剃枝作薪,十年成林,造舟架屋,为利甚溥……杉,端正者为大用,每年仍可修枝作柴……其用甚广。"道光《永州府志·食货志》:"山林之利,富于农亩。"嘉庆《祁阳县志·生计志》云:"惟杉竹之产饶于他郡,每年架簰载舟,涉洞庭而抵鄂汉者,络绎不绝。"光绪《零陵县志·生计志》云:"邑山木利最大。杂木不中屋材者,则蓺而为炭,贫者贩以获利。"同治增补《沅州府志·乡都志》载黔阳县市镇云:"托口市在县南四十里原神里,为渠水如沅之地,上通贵竹苗峒,巨木异材凑集于此,官之采办与商之贸贩者,皆就此估直以售,编筏东下。"辰州、沅州一带是主要的木材产地,顺流而下的木材,最后经由洞庭湖入长江。直至民国年间,辰州、沅州地区依然极为重要,这从作家沈从文笔下可看出,比如沈从文《鸭窠围的夜》等散文,就曾多次描写到木材漂流的场面。

四川省也有不少地方生产木材,据光绪《灌县乡土志·商务志》云:"本境特产,木则冉杉柏银杏,皆栋梁之材。……木商征材于西北诸山,每岁大约成筏,不及一千之数。抵成都北关,价可二十万金。杉多而柏少,楠更多于柏,而所行更远,价值尤贵。"江北厅"山深林密,产木颇多。"徽州木商曾经深入极其偏远的凉山彝族聚居地采木贩运:"程之藩,歙县人。年少时,随其父行贾于四川,主雅州宣慰司董仆家。土司所属,深谷峻岭多巨木,伐之以为利,役夫尝数百人,必刚猛有臂力者始胜,是役,之藩遂为之长,结以恩信,役夫无不悦服,悉听其部署。"③

正是西南地区茂盛的天然林和人工林,吸引了数量庞大的徽州木商不远

---

① 张应强:《从卦治〈奕世永遵〉石刻看清代中后期的清水江木材贸易》,载《中国社会经济史研究》,2002 年第 3 期。
② 民国重修《婺源县志》卷三十二《人物七·孝友六·李承武》。
③ (清)戴名世:《戴褐夫集·补遗·程之藩传》。

千里,亲赴少数民族地区,甚至甘愿冒着生命危险进行伐木贩运活动。除了西南地区之外,徽州木商的货源地尚有江西、浙江、徽州本地和福建等。

第二,江西、浙江及徽州本地。江西主要木材产区是赣南。据光绪《龙南县志·物产志·木之属》云:"又一种曰杉松,疏理而少节。小者供炊爨,大者锯成板,以为船料。贾人常来邑采运。""杉质坚好而光泽。初植者,其长较速,至伐去,留根复生,曰次发、三发,加以修铲,亦可成材。邑山多种植繁盛,乡人出厚赀贩运江南,岁获倍息。春月沿江遍岸,排比联属。邑之利赖,以此为最"。同书《风俗志》也说巨商贩运的主要就是杉木。乾隆吉安府《龙泉县志·风物志》载周坝《泉邑物产》说:"泉山故多荒棘。康熙间,粤闽穷民知吾泉有山可种,只身入境,求主佃山,约以栽种杉苗,俟成林时,得价而均之。山主宁不乐从,佃者倚山搭寮……娶妻作室,隐厚其基。迨二十年后,售木受价,或百或千。山主得之于意外,尝以耗靡竭之。佃家得之于辛勤,更以节俭饶之。于是……佃家始而佃,继而并业之主,以自成业主。"《龙泉县志·风俗志》载杜一鸿《龙泉竹枝词》云:"秀洲洲前多老树,北乡寨上好杉山。绞簰出水下流去,买得京滩细崽还。""批山种竹满三年,冬笋春苗好趁钱"。

浙江主要木材产区是浙东的衢州、处州和浙南温州各地。雍正衢州府《开化县志·物产志》云:"开田少土瘠,不足以一邑之食,惟栽杉为生。……合姜、漆、炭,当杉林五分之一,而惟正之供与养生送死之需,尽在其中。"这是雍正时候的情况。而早在明末,开化的木材经营就已经由徽州木商占主导地位了:"开地田少,民间惟栽杉为生,三四十年一伐,谓之捋山。邑之土产,杉为上,姜漆次之,炭又次之,合姜、漆、炭,只当杉林五分之一。闻之故老,当杉利盛时,岁不下十万,以故户鲜逋赋,然必仰给于徽人之捋本盈,而吴下之行货勿滞也。"①《婺源县志》中就有木商到开化县采木的记载:"江恭堚……慷慨仗义。尝购木开化。"②浙江西南地区的严州、衢州、处州等毗邻徽州的地

---

① 《浙江通志》卷一〇六《物产》引崇祯《开化县志》,台北:成文出版社,1983年,第232页。
② 民国重修《婺源县志》卷三十九《人物十一·义行四·江恭堚》。

方,均为木材出产地,早在明中叶即有木商的身影:"嘉靖十年,主事程烈呈本厂客商多带资本于徽严衢处等府地方,拚买木植,始者率于通都大邑,则其出水为便,今则转之深山穷谷,则其出水为难,高冈峻岭,雇人搬驮,小溪曲涧,经年堆垛,一遇洪水骤发,复遭漂流,加以地方豪恶又多为壩堰之类,乘机阻挡诓骗,所在有司,往往分商民为二,曲为庇护。近年有等府县明白出给告示禁革木商不许入境,居民如有容留宿歇,俱以窝藏逃军问罪,木商有先年已曾拚买木植,亦令退还原主,于是客商望风逃散。"①

徽州本地也盛产林木。在明万历、天启时,歙县富商吴养春在黄山拥有二千四百余亩山场,专门"蓄养木植","砍伐树木货卖,年久获利何止数十余万两"。在他罹祸下狱的那一年,其山场木材价值三十余万两②。徽州本地木材主要通过两条道路输入江南:"徽处万山中,每年木商于冬时砍倒[树],候至五六月,梅水泛涨,出浙江者,由严州;出江南者,由绩溪顺流而下,为力甚易。"③而其中,徽州所产木材主要从顺新安江漂流而下,然后贩运杭州居多:"余桂……尤多善行。居乡排解纠纷,阴出赀调释。祠规远祖墓荫准支裔伐大养小,以裕经费,不令奎尔摒,族有欲违禁干没者,桂知之,贷千金贩其木,事遂寝,后木至杭,尽为潮水漂去,桂卖田偿债,卒无怨。"④在浙江的徽州木商足迹遍及衢、淳、遂、处等地,其中以历史上的新安江流域最盛,这是因为从宋代以来徽州木材输入浙江的最主要通道:"河间成侯……由乡贡进士来是邑,亟图所以兴造之,适徽商贩木过县境,闻其德政,欣然来见,乐助善材百株,于是捐俸鸠工,建筑大成殿。"⑤徽州本地木材除了通过以上两条水路输入江南外,尚有一定数量是通过婺源的星江水路输入江西,比如民国二十九年十一月,在婺源南乡太白,"有乐平木商袁金林,在本县南乡购运杉木一千

---

① (明)杨时乔:《两浙南关榷事书》(隆庆元年自刻本),"续修四库全书·史部·政书类"第 834 册,上海:上海古籍出版社,1999 年影印本,第 324 页下。
② (明)陈继儒:《冬官纪事》。
③ (清)赵吉士:《寄园寄所寄》卷十二《泛叶记》。
④ 民国重修《婺源县志》卷四十一《人物十一·义行七·余桂》。
⑤ 光绪《严州府志》卷三十二《艺文·重修大成殿记》。

四百根,又朱庆成购运杉木一千一百根,就地太白乡成排"。① 民国时期,徽州本地的木材生产,"为农村经济之一大来源,每年收益仅次于茶叶"②,时称"徽木",供应江浙沪市场。比如当时一条新闻报道:"此次新安江山洪爆发,徽木运杭途中被冲走之木排,据确实统计,为一万五千四百六十余两,徽木运排时间,多在霉汛时期,以后溪水干涸,无法运输。最近江水又涨,徽州方面,第二批放出木排数量,约计一万余两,近以徽木尚未放到,而沪地徽木走销已动,故价格颇呈硬扎。按,徽木长度颇合沪地胃口,因木头上下大小相等,适合卖方之衡量单位。"③徽州本地盛产木材,也是徽州木商崛起的一个重要原因。

第三,福建。福建多山,气候温暖,雨量充沛,杉林生长茂盛,特别是杉松等经济林木。有以种杉为业者,如嘉庆《南平县志·生业志》:"沿涧向阳之山多杉木,棚民与主伙为业。十年之计,惟富者优为之。"乾隆《建宁县志·物产志》:"杉木,建邑所植,唯东乡为盛。大者用锯解,名板,货之四方,以为棺木。长尾则不用锯解,货之四方,以为宫室。或土人自运,或外商行贩,道途搬木,相续不绝。"光绪增补道光《光泽县志·物产志》:"杉板、樟板,裁而为货,通贩"。康熙《宁洋县志·物产志》:"宁邑所产之木,无甚奇材,独杉为营造常需,迩来近便之地,采买已尽。商人复从永安辖界贩运,路由宁属翠峰、新村……一带地方,陡辟新径而出,至河放运。"乾隆《永福县志》载:出产货物有杉木、杂木。此外,漳平、政和等地也产杉木。福建的木货供给江南,主要是从南台出发运抵乍浦,然后转运江南各地的:"进口各货,一应额征,具有则例,大约逐年进口税数木当其五分之二……木货自吾浙嘉湖二郡并江苏苏松常等郡所在棺料屋料,多取给焉,来自福建者什九,来自本省温州者什一,来自福建者多佳大,率俱杉木,其大料间有松木长至八九丈者,一皆建货,惟松板则来自温州云。福省之南台镇为木植凑集总所,乍浦木商逐号倩人坐庄彼

---

① 档案资料《婺源县税务局"猪商、木材乐捐卷"》,中华民国二十九年,婺源县档案馆藏。
② 档案资料《婺源县政府秘书室档案"木材业务等卷"》,中华民国三十七年,婺源县档案馆藏。
③ 《文汇报》1946年7月6日第5版,《到货少,走销勤,徽木价趋硬扎》。

处,陆续置办……俟夏秋两帮雇船装载,先于彼处输税出口,抵乍上塘,复经过塘木行赴本处税口报船输税,若其杂货船头之零星带至者,是为小伙货,则另于过塘时计数输税。"①在这些到福建采买木材的商人中,徽州木商势力最大,康熙《宁化县志·土产志》云:"吾土杉植最盛。此材为栋梁棺椁舟船百器之需,利用最溥。先时徽贾买山,连筏数千为梱,运入瓜步,其价不赀,近者皆本邑自运,价大减于前。然宁土之食此利者多矣。"婺源木商黄世权就曾经亲自到福建购木:"黄世权……在襁而孤,长佐叔兄三凤挟赀游四方,性慷慨有大度。顺治戊子以厚赀畀故交,贩木于闽,其人不戒,尽洗其橐,仍以余赀往接济之。适入闽,兵荒道殣相望,竟敢散金市义而还。"②

总之,由于徽州商人的足迹无远弗届,"郡邑田少民稠,商贾四出,滇、黔、闽、粤、豫、晋、燕、秦,懋迁无弗至焉,淮、浙、楚、汉,其迩焉者矣"。③ 所以,徽州木商也是无处不到,其采木的足迹遍及上述各大主要木材产区。

二、木商的采伐、运输与销售产业链研究

木材贸易最为重要的有三个环节:采伐、运输、销售,其中尤以前两个环节最为艰辛。有些婺源木商深入边远的西南地区采伐木材,期间的艰苦显而易见,不要说在西南地方刚刚开发的初期情况如此,就是到了民国时期情况依然如此。有个亲身入山采木的婺源木商在回忆入山采木的过程时,动情地写道:"作者不仅茹苦含辛,且两次遇虎,曾咏有山中伐木集吟,附录于下:'农村伐木逾秋分,结对登山动斧斤;拓径通途先剃草,摇枝落叶满山闻。锯齿声中震谷闻,良禽择木速惊迁;木材伐倒崩雷响,激起尘砂似雾烟。聚工竞力奔天晴,坐听晨鸡即起行;露湿衣鞋非顾惜,糇粮入袋急登程。袒胸芒鞋紧束腰,行装袱被压肩挑;诛茅结舍依崖下,疲来竹榻度酣宵。煮栗煨芋可代餐,

---

① 道光《乍浦备志》卷六《关梁》。
② 民国重修《婺源县志》卷三十七《人物十一·义行一·黄世权》。
③ (清)江依濂:《歙风俗礼教考》,许承尧撰:《歙事闲谭》,合肥:黄山书社,2001年,第603页。

毋须厚味进杯盘;饮泉解渴谈农事,富贵浮云冷眼看。'这是我在山中采木的实际情况。"①徽州木商的成功,在很大程度上是通过合理的采、运、销环节的良好搭配而取得的。关于销售地的情况,主要是依靠当地良好的商业关系网络的编织。

木材从原产地运输到江南,需要一番周折,其中需要大量的人力、资金投入,而运作过程的成功与否将是获利的最大前提。有些木商在运输的过程中木簰流失了,有的被当地居民所抢,有的还没有到达目的地,也已被官方克扣了,这些木簰运输过程中难以预料的险情,都需要足够的细致和耐心去面对。木材非同一般商品,因其体积大、重量多,故往往利用水力来之便,即捆扎成木簰,顺流而下至于江边滩涂木场。清代以来,婺源木商在运输木材方面基本没有任何技术革新,一直都是因循守旧,直至 20 世纪 60 年代,这种放排运输的方法才得到改进:"在水上放运竹排木筏,从来都是人扶着篙,撑一下前进一步。这种人工操作既费力,效率又不高。在大搞技术革新和技术革命运动中,放筏的方法也在革新。安徽休宁县吴城伐区的职工,创制成功了脚踏放筏机。木材集运到大河里以后,编成木筏就可利用脚踏放筏机放运出去,大大减轻了工人的劳动强度。"②此间,木簰被洪水和浪涛冲走是极为常见的情况,比如齐希宪的友人汪见大,"贷千金贩木荆楚,遇蛟水,飘荡流落不归,宪闻,先焚券,贻书招之,复资其生计"。③ 董昌瑗"买木南赣,遇水涨,漂失过半"。④ 余桂,"族有欲违禁干没者,桂知之,贷千金贩其木,事遂寝,后木至杭,尽为潮水漂去,桂卖田偿债,卒无怨"。⑤ 直至民国时期,徽州木材贬运依然是木商所面临的一个重要问题。比如,"屯溪一带,上周大雨倾盆,徽港山洪暴发,致停歇新安江两旁之木簰,均遭冲走,损失惨重,闻由屯至杭,被冲走之木

---

① 胡子丹:《江苏境内的木材市场》,转自江苏文史资料编辑部《江苏文史资料集粹·经济卷》,1995 年编印,第 241 页。
② 《木材流放新事·脚踏放筏机省人又省力》,《人民日报》,1960 年 5 月 9 日,第 2 版。
③ 民国重修《婺源县志》卷三十七《人物十一·义行一·齐希宪》。
④ 民国重修《婺源县志》卷四十五《人物十二·质行五·董昌瑗》。
⑤ 民国重修《婺源县志》卷四十一《人物十一·义行七·余桂》。

材数量之达二万余两之巨,据老于木业者称:徽木经此重大损失后,又以时值农忙,数月内,恐难有现货到达杭州,加之秋后河水旱涸,运输必感困难云"。①

对于木材贬运的问题,婺源木商如何加以解决呢?篾缆是木材贸易的重要生产资料,"购木、发水全借缆索淘系,方能保持商木"②。因此有些木商在漂流木簰的过程中,对捆载技术加以革新、加固,从而保证了木材沿江漂流的安全性,防止其散失:"程文昂,号双石,香山人。业木造簰,以竹制缆,创自巧思,牢固异常,人利赖之。"③

除了被洪水冲失之外,木材还是易燃品,诸多婺源木商在运输过程中曾经遭受火灾:"俞日升,尝贩木筏,工人不戒于火,巨赀灰烬,佣工百数十人行李尽毁,升每人给银二两为衣服赀。"④又比如孙徽五,"尝贩木湖南,抵浔江,木尽火,计耗数千金,时同侣贷五金市木者二十余人,既火,皆谢负五,五慰曰'是予咎,累公等也',尽焚其券并各给归囊。"⑤当火灾出现之后,呼天无力,徽州木商必须具有极强的心理素质,方能承受,这也是其成功必不可少的条件。除了必须拥有良好的心理素质之外,还必须有足够的资金保障和承担风险的能力。俞日升所遭遇的情况不是个别现象。根据县志记载:"俞日升,字扶曦,长滩人,贡生。性慷慨。村基濒河,多水患,议筑石堤以护之,需费数千,升领袖首捐五百金以为倡,众遂踊跃,殚心经理,堤成,村赖以安。每遇岁祲,买米平粜。于至亲极贫者,按口给之,不取值。"⑥核对族谱资料,可知俞日升(1715—1767)出身于大贾之家,其祖父叔辈就已经积累了巨额资金,这可从一件事情上得以反映。乾隆二十八年(1763),长滩俞氏创修婺源俞氏宣城远祖纵公统祠时,"大樟、大材、从耿、从烈、从焕。以上五人输银甚巨"。这五位捐输最为慷慨者,大樟、大材为同胞兄弟,大樟(1671—1738)生三子,即

---

① 《徽港山洪暴发,冲走徽木》,《文汇报》,1946年6月28日,第5版。
② 张雪慧:《论明清徽商与西南民族地区社会经济关系》,载《徽州社会科学》,1991年第3期。
③ 民国重修《婺源县志》卷四十《人物十一·义行六·程文昂》。
④ 民国重修《婺源县志》卷三十八《人物十一·义行三·俞日升》。
⑤ 民国重修《婺源县志》卷三十九《人物十一·义行五·孙徽五》。
⑥ 民国重修《婺源县志》卷三十八《人物十一·义行三·俞日升》。

从耿(1690—1755)、从烈(1693—1755)、从焕(1703—1778),而此次统祠的倡修者,即为俞从焕,其本人输地、输银、输工不计其数;大樟除输银之外,尚输地八尺;从耿亦颇多捐输,共计输地一丈八尺(此时大樟、从耿、从烈均已逝世,乃其子各以父名捐输)①。俞从耿即为俞日升之父,其事迹如下:"俞起元(1690—1755),字尔介,长滩人,贡生。生平乐善好施。所居村临溪径仄,议筑长堤,拓而护之,预储千五百金为之权舆,未竟其志殁,嘱子继志落成,费以倍计。龙腾族遭毁,百二十家,元计口周恤。尝侨居金陵上新河,邻不戒于火者又四百余家,周之如龙腾,前后不下七百金,此其义行之尤著者。"②从耿、从焕、从烈三兄弟携手在南京经营木业,积累了大量资产。可以推测,龙溪俞氏其他家族成员的支持,为其家族的木业经营提供了重要的资金保证,足以承担较大的经营风险。俞日升家族如果没有这样雄厚的家底,运输木材遭灾之后能否安抚佣工、重振木业,则难以预测。

木簰被洪水冲失、遭遇火灾等情况,尚属自然行为,以一定的技术革新和安全防范措施尚可解决,最麻烦的是木材在运输过程中遭遇胥吏贪官的敲诈勒索或重税。在此情况下,只能依靠某些人出头为众商呼号,从而获得解决:"胡之震,薄游江湖,为木商条陈芜榷利弊,及创立澛港停泊规制,公私交赖焉。"③"程应鸿,运木京口,沿途每多勒索,鸿发愤请宪立石除弊,商旅赖之"。④"程式,字商珍,城西人。兼有才干,尝应省闱回籍,道过丹阳,见各省木筏经运,地猾党诈肆行,式毅然陈于大府。牒下,州县按法严惩,勒石永禁,商赖以安"。⑤"俞云灿,业木黔楚,时江南例木历年淹滞,委员令灿措置,两运皆畅销,酬以数百金不受"。⑥"先是,江南旧例,木商办官解,每为胥吏所

---

① (清)王佩兰:《纵公祠记》,《龙溪俞氏家谱》卷末。
② 民国重修《婺源县志》卷三十八《人物十一·义行三·俞起元》。
③ 民国重修《婺源县志》卷三十七《人物十一·义行一·胡之震》。
④ 民国重修《婺源县志》卷二十九《人物七·孝友二·程应鸿》。
⑤ 民国重修《婺源县志》卷三十四《人物八·文苑一·程式》。
⑥ 民国重修《婺源县志》卷四十六《人物十二·质行七·俞云灿》。

胁,赔累不赀,谦率同事禀江宁府详,准官办官解,著为例,公私兼济"。① 除了上述情况之外,徽州木商还要应付木材产区土著的蛮缠,比如在西南地区,婺源商人在贩木过程中曾卷入同当地民众的利益纠纷:"婺商贩木苗疆,地痞拦河构衅,武奋身控宪惩治,犷悍不悛,复谒其乡老,以厉害晓之,乃不敢逞志。"②更为普遍的情形是,徽州木商在采木、贩运的过程中,经常受到来自沿途地痞的勒索:"且商经理木业历有年所,凡树成簰出河,所有经过之桥梁石碣,均认有相当之酒席费,业经成为陋规,固属无法可想,讵横坑口保长吴啸峰、该地癞江家水等,敢于(在)该地各项费用外,勒令缴税,簰不准行,拦河截阻,据理向论,蛮阻如故,并无条硬要苛政洋八角,私收坐地厘金,实不知奉何命令",面对这样不开发票、无理乱收坐地厘金的地痞行为,木商的对策是:"当时放簰人多,惟恐相持不下,酿成意外事端,只得忍痛认偿。"③认偿之后,这位名叫郑远彬的木商,凛然向婺源县商会具呈,控诉了放了簰沿途所受的非法苛征事实,从而寻求官方的保护。从这件事可以看出,婺源木商即便在家乡婺源县内采运木材,也难免遭到沿途地霸的各种盘剥,远在异地经营的徽州木商,所受的盘剥勒索便可想而知。对此情形,徽州木商只有同天斗、同人斗,团结一心,才能有利保证了木材安全可靠的运抵江南等终端市场。

当然,木材贩运充满了凶险,人命安全也受到严重威胁,木商不一定都能够顺利生存。尤其是经过洞庭湖等危险水域时,更是如此。《县志》中屡屡记载到婺源木商溺死洞庭湖的事,推测洞庭湖应是木商所遭遇的最大自然危险:"洞庭水浅,止是面阔。括风,惊涛骇浪,帆樯易覆,故人多畏之。湖中有数蛟,有喜食糟粕者,遇舟中携糟物过,出而夺之;有喜食朱砂者,遇舟中携朱砂过,出而夺之,夺则涛兴浪起,或危舟楫,赍此物者,或重裹以犬羊之□郭。余以端午过洞庭,风流大作,时儿女或以朱砂涂耳鼻者,舟人亦请弃之,余笑

---

① 民国重修《婺源县志》卷三十一《人物七·孝友五·施应谦》。
② 单洪根:《清代清水江木业"争江案"述评》,载《贵州文史丛刊》,2002年第4期。
③ 档案资料《婺源县政府秘书室档案"商业纠纷卷"》,中华民国二十八年,婺源县档案馆藏。

谓,老蛟乃窃此分文之余乎?已而风息,类借口如是。洞庭水涨,延袤八百里,盗贼窃发,乃于岳州立上江防兵备,辖三哨官兵侦治之。"①《西冲俞氏宗谱》记载了该家族木商至少两次遭遇的较大死亡情况,第一次发生在乾隆戊戌年(1778)七月二十六日。根据宗谱世系图,整理出在此日期同在洞庭湖溺死者的名单包括:俊财、俊戈、俊袯、本肇、本其、本树。其中,余氏33世希瀹公房俊袯(1750—1778)"乾隆庚午年九月二十三生,乾隆戊戌年七月二十六殁于洞庭湖。"②33世希瀹公房俊财(1750—1778)"乾隆庚午年三月初一辰生,乾隆戊戌年七月二十六殁于洞庭湖"③,时年仅29岁。33世希瀹公房俊福(1742—1813),"胞弟止一人,溺死洞庭,闻信悲恸,如不欲生,因其乏传,以次子绍其后"。俊福的胞弟即俊戈(1745—1778),"乾隆乙丑年十月初二辰生,乾隆戊戌年七月二十六殁"。④34世希学公房本肇(1732—1778)"雍正壬子年八月二十亥生,乾隆戊戌年七月二十六殁"。⑤34世希学公房本其(1741—1778),"乾隆辛酉年十一月初五戌生,乾隆戊戌年七月二十六殁"。⑥34世希瀹公房本树(1757—1778),"乾隆丁丑年七月十一戌生,乾隆戊戌七月二十六殁,葬程郎充口丙向。摘胞弟本梓次子光洪入绍"。⑦难以预料的灾难,来得如此突然,以至于家族其他人都为其族人的命运而嗟叹:"公讳俊袯,字朝

---

① (明)王士性撰,吕景琳点校:《广志绎》,北京:中华书局,1981年,第88页。
② 《西冲俞氏宗谱》卷四《希瀹公房世系·(三十三世)俊袯》。
③ 《西冲俞氏宗谱》卷四《希瀹公房世系·(三十三世)俊财》。
④ 《西冲俞氏宗谱》卷十四《传文·自求公传》;卷四《希瀹公房世系·(三十三世)俊戈》。
⑤ 《西冲俞氏宗谱》卷五《希学公房文谏公支世系·(三十四世)本肇》。
⑥ 《西冲俞氏宗谱》卷五《希学公房文谏公支世系·(三十四世)本其》。
⑦ 《西冲俞氏宗谱》卷七《希瀹公房文诚公支世系·(三十四世)本树》。本树殁于洞庭湖之时,年仅21岁,只能摘胞弟本梓次子光洪入绍,而光洪本人继娶常德府叶氏,生子明亮、明目。明亮住丹徒县,殁葬失考。明目迁丹徒大港,娶大港张氏,殁葬大港车碾口,生女一人,适大港高姓。生子崇杖、崇林、崇植。崇杖娶丹徒王氏,殁葬丹徒谏璧镇东乡梁山。崇林"光绪丁丑年九月二十九子生,在外,行踪失考"。从本树之子孙的婚娶和殁葬情况看,他们并没有因为本树殁于洞庭湖而退缩,而是继续选择在长江漂泊的贩木生涯,于此亦可见到难以预料的灾难并不能阻绕木商孜孜营利的人生追求。

章,乃士巍公次子,事亲最孝,极得欢心,天性聪明而又浑厚,凡亲邻事务有所付托,固无二三,即未付托,亦必周密。年虽少,往来出入,从无间言。不幸父殁,恨抱终天,既而饮泣吞声,前跪而谓母曰:'事已无可如何,母在,儿犹得所依归,慎勿过自毁灭以重为膝下累。'母亦含泪俯慰曰:'吾与汝相依为命,汝能强自树立,吾岂有他志?'因是益加承顺,率妻竭力奉侍,亦始终不衰,庭帏辑睦,内顾无忧,乃图外游。方期江湖得意归慰母,孰料洞庭湖中波涛怒起,忍遭覆舟之危,遂蹈抱石之厄,令人叹惜,恨于天道之无知耶。"①类似木商俊柀这样的大孝子,面对滔滔洞庭水,又岂知天道之不公、命运之多舛?这些年轻的木商,大多二三十岁,有些尚未结婚,有些因已娶妻生子,因此其死亡又为家庭带来了痛苦。比如俊柀死后,留下了年仅23岁的孀妻程氏,其后守节竟然长达51年:"(俊柀)自失怙后,随兄服贾四方,吴头楚尾,备历风涛,年才弱冠,竟遂客殁于外,时寿母仅二十三龄,耳闻讣之余,吁天怆地,几不欲生,既念老姑在堂,二子在抱,尔竟以身殉,夫是上莫能侍奉高堂,下莫能扶持幼稚,虽可以从夫于九泉,究无以报身后,于是忍泣含悲,勤尽妇职,其事太岳母也,汤药必亲尝而后进,寒暖必体察以适宜,事无巨细,务先意承志,协于太岳母隐情,而后即安。如是者五十余年。"②程氏"事事姑能孝,教子有方,守志于青年,亦全节于白首,族邻钦其德,闻诸当路,请旌为之表"。③ 俊柀与其兄俊褆本来共同拥有一个温暖的家庭:"(俊褆)与弟俊柀公友爱至笃,相倚如左右手,常与之市货于湘汉之间,戊戌岁,岳父以家事先归,而俊柀公舟过洞庭,猝殁于水,凶闻至,岳父痛不欲生,几以身殉,旋因族人劝谕,始强颜破涕,复理生计,抚育二侄婚教成立,训之加严,而爱之弥笃。其于天伦之际,盖能率其天性而不为利欲所夺焉。"④类似俞俊柀溺死洞庭给家庭带来的灾难,不是个别现象,同日死亡的俞本其"娶罗溪罗氏,乾隆己巳年四月二十六卯生,嘉庆己

---

① 《西冲俞氏宗谱》卷十四《传文·朝章公传》。
② 《西冲俞氏宗谱》卷十四《朝章公德配程太孺人七十寿序》。
③ 《西冲俞氏宗谱》卷十四《传文·朝章公传》。
④ 《西冲俞氏宗谱》卷十四《岳父雨滋公及岳母程孺人合传》。

巳年十月初八巳殁"(注释同上本其)。本其之妻罗氏,年仅三十即寡,守节长达三十一年:"名兴闱,罗溪罗廷清公之女,年三十,夫溺洞庭,继甥为嗣,恩勤抚养,孝德幽贞,通族交重,事载邑志。终年六十有一,历节三十一年。"①

西冲俞氏家族木商的第二次灾难发生在三十五世大木商俞光治(1784—1838)去世之后不久,"金陵木业,房弟承接不数年,排过洞庭湖,风浪大作,讶云:'缆变蛇。'然耶? 否耶? 而排散矣,本家死于是役三十余人,亦一大数也,众家生意歇,兄弟各自持家计,有兴土木者,有入捐纳者,或盐、或茶、或木,分道扬镳"。②这种木材贩运环节中的安全事故如此频繁,以至于西冲俞氏人物传记资料中,作者多发有感慨。西冲俞氏人物生卒年看起来,很多木商的寿命都比正常年龄要短,有好几位甚至只有30岁左右,而多数只有40多岁,长寿者并不多见。婺源木商年龄之短,除了直接遭遇事故之外,可能还同长期餐风宿雨、容易感染病痛有关,有多例木商是因为染病(比如风湿等)而殁的。

在木材的运输过程中,需要大量的人手和充足的资金,徽商经营资本的融资方式有两种:一是借贷,二是参加各种钱会。

借贷又有两种方式,一是涉及数额比较大的,一般向钱行或高利贷商人借款。如西冲俞光治贩木所借款项数额较大,因此从同乡龙腾人、宗台俞老四处借得,光治公接手金陵木行之后,"行中存银只有三千余两,公接手,以资本狭小,不能展其才,向宗台老四(龙腾人,在金陵放款)借本银,小则三万,大则多多益善,老四奇其言,唤至天井中,使立脱帽观之,审视良久,曰:'可矣。需银不汝限也。'头批立借三万"。③ 三万并非小数目,因此放款的俞老四表示惊愕,进而详细观察俞光治的面相(在徽州,星命之说极为盛行),估计是看看此人是否具备作生意的头脑,因为俞光治"少读书于私塾,有相士入,遍观弟子,即指公曰:'此子燕颔虎头,后必贵而大富。'"俞老四以面相取人,自有其原因。

---

① 《西冲俞氏宗谱》卷三《节孝图·本其公德配》。
② 《西冲俞氏宗谱》卷十四《传文·光治公暨德配胡恭人合传》。
③ (清)李明伟:《光治公暨德配胡恭人合传》,《西冲俞氏宗谱》卷十四《传文》。

二是涉及金额较小的,一般多向亲友筹借。如笔者从民间收集到的一张木商的借款字据,原文如下:

　　立借约人林汝高今借到

　　俞名下九五五色本银二百两正,其银每月每两加息一分七厘行

　息,今因往湖南买木生理,候簰抵滩,生意发卖,一并本利送还不误。

　立此存照。

　　乾隆五十七年正月初三日立借约人林汝高

　　　　　　　　中林六生

可见,这种借款方式所涉及的金额不是太大,承借人通常向出借人立下字据,说明借款原因、还款条件及时间,还需要有人见证。以上木商的借款字据,从西冲村收集得来,字据中的"俞"当即是西冲俞氏无误;婺源林氏人数甚少,只居住在与西冲紧邻的北乡仁村、新源,由此推断林汝高应是仁村或新源人[①],也是俞氏木业商场上的朋友。这份契据最有价值之处,在于指明还款条件乃是"候簰抵滩,生意发卖,一并本利送还"。可见出借人必须承担一定风险,一旦承借人生意失败,可能无力偿还本利。

明中叶以来徽州人外出经商,资本来源"皆称贷于四家之大家,而偿其什二、三之息"[②]。这其中的利率在徽州地区可能属于普遍水平,二分上下的利率,自明代中后期以来,徽州地区的利率基本都维持在此水平[③]。由于经营木业等是利润较大的行当,因此只要贩木成功,还款就有望。与这份借款字据同时在西冲村收集到的尚有许多小数额款项的借款字据,说明了在民间这种短期的借款方式极其普遍,在宗亲、姻戚之间尤其盛行,有一份借款字据的就表明了宗亲间的借贷关系:

---

　① 《西冲俞氏宗谱》卷四《世系图》有"士焕娶仁村林氏";卷七《希瀹公房文训公支世系》"仁淦继娶新源林氏",故笔者推断林汝高是仁村或新源人,此二村均与西冲接壤。
　② (明)金声:《金忠节公文集》卷四《与徐按台》。
　③ 刘秋根:《明清高利贷资本》,北京:社会科学文献出版社,2000年,第190页。

立借约人俞俊茂今借到

房兄 名下九五五色本银二十两整，其银言定每月每两一分八厘息，其银候至来春，一并本利送还不误。恐若无凭，立借字存照。

乾隆六十年九月廿日　　　　　　　立借约人俞俊茂

亲笔无中

另外一种在徽州民间广泛流行的融资方式就是参加各种钱会。参加者依然多为宗亲、姻戚和朋友，一般有血缘和地缘的关系。值得注意的是一个人可以参加多个钱会，这些钱会的成员可以不同。康熙年间的婺源生员詹元相就曾参加了地藏会、永萃会、十五两会、九子会、槐堂会、辅仁会、振甲会、百斗米会和七贤会等钱会或以钱会为主的物资互助组织①。这些钱会的参加者人数可能不会太多，入股和分红的数额也不会太大，其应付的场合都是对资金需求较小的一般事务。关于其融资和生息方式，以下一份从西冲收集来的《程贻鹤会书》提供了详细说明：

立会书程贻鹤今蒙

亲友襄资一会计数九九五五银一百两正，周载一轮，依期应付，递增递减，均有取裁，厥始厥终，共全其美。

会友台号

俞有德翁　　族士周翁

孙雄宇翁　　张旭之翁

孙愈辉翁　　家文亮叔

会规

倘有逾期应付者，照会例加息。

首会六友各付出九五五银十六两六钱六分六厘，共一百两正付首会得。

二会首付九五五银三十两正，五友各付九五五银十四两，共一

---

① （清）詹元相：《畏斋日记》，载《清史资料》第4辑，北京：中华书局，1983年。

百两付二会得。

三会首二各付九五五银三十两正,四友各付九五五银十两正,共一百两付三会得。

四会二三各付九五五银三十两,三友各付九五五银三两二钱三分,共一百两付四会得。

五会首二三四各付九五五银三十两,共成一百二十两,将一百十两付五会得,仍银十两补三会余利。

六会首不付,二三四五各付九五五银三十两,共成一百二十两,将一百十两付六会得,仍银十两补四会余利。

七会首二不付,三四五六各付九五五银三十两,共成一百二十两,将一百十两付七会得,仍银十两补三四会,余利均分。

嘉庆元年□月□日立会书人程贻鹤

以上文书指明融资和生息的计算方式,其过程相当复杂。钱会的参加者,一般都是邻近村落亲友,上述《程贻鹤会书》中的会友,从姓氏看来应包含西冲(俞)、读屋泉(孙)和黄良坑(程)等几个村落。而且钱会可以在会员之间进行金融交易,比如"程应钧,字国珍,延川人,家世务农。常为村人金某带会众银数十两,赔息受谤,卒典衣鬻簪代偿。事过,绝口不言。文学金英为文纪其事"。[①] 钱会组织对民间的经济生活起到了相当重要作用[②]。

除了要有充足的资金之外,相应的通信设施和营业场所也是非常重要

---

① 民国重修《婺源县志》卷四十八《人物十二·质行九·程应钧》。
② 中国历史上钱会的重要性,早已经为学界所注意,早在 1899 年,西方学者 A. H. Smith 在其著作 Village Life in China 一书,详述了 19 世纪末中国的"合会"及其在近代中国社会的重要性,详见[美]明恩溥著,午晴、唐军译:《中国乡村生活》第十四章《协作的贷款团体》,北京:时事出版社,第 151~159 页。而费孝通的 Peasant Life 一书中则对钱会的发起原因及其运作做了详细的说明,详见费孝通:《江村经济》第十五章《资金》,兰州:敦煌文艺出版社,1997 年,第 198~202 页。关于本文所引的《程贻鹤会书》中生息的计算办法,可以参考林耀华:《义序的宗族研究》第二章《宗族组织的形式·加会》,北京:生活·读书·新知三联书店,2000 年,第 36~38 页;或者参考费孝通:《江村农民生活及其变迁》第十五章《资金·互助会》,兰州:敦煌文艺出版社,1997 年,第 198~202 页。

的。西冲俞氏木商不仅仅设有木行,还利用当时可资利用的通信方式进行信息的收集,从西冲村获得的几份俞氏39世日字辈木商的信底就是明证,这些信都是从常州华埠发出。而到了民国时期,西冲俞氏木商还使用了当时可以利用的先进通信方式,俞氏38世俞仁耀在上海梵航渡路开设的木行中,就安装有电话,号码为22367①。此外,商人配备仓库、接待客商的行屋也相当重要,比如婺源理田人李昭燠,"才识超迈,营木业于通州,购建行屋,临河通海,客商称便"。② 行屋的构建,显然大大便利了其经商活动。

另外,一些徽州木商不仅仅从事个体贸易,还拥有足够强大的固定资产与稳定的信用,对经营地点的市场行情也极其洞悉,与供货商、零售商之间建立了良好的销售网络,从而可以充当牙商。前文已有所述,仅仅在苏州一地就有诸多木商与木牙,他们绝大部分都来自徽州③。可见,徽州木商至迟到清代中叶就具备足以抵押担保的固定资金并且在经营地点已经拥有了庞大的商业关系网络。

从表3-1所列经营者名单可看出,徽州木商主要的经营者多为"父子""昆季""族众""同乡"等,之所以形成这样的经营特色,乃是徽州宗族社会所决定的。"徽商往往借助宗族势力,建立商业垄断,展开商业竞争,控制从上伙计,投靠封建政权、建立徽商会馆"。④ 这个论断对于徽商的绝大部分行当都是适用的。就木商而言,木材从砍伐、运输到销售,其周期较长,风险比起其他行当要大得多,所需的资金投入、人力投入更多。在徽州宗族内部,因为人们比较熟悉,所以大家比较容易在人员任用、资金等方面建立信任,这大大促使了徽州木商走向成功。举族经商的优点在于可以利用宗法和亲属关系,进一步强化经营者的责任心及利益分配的兼顾,从而造成一定程度的民主和集中,这也是徽商发展壮大的重要手段之一。

---

① 《西冲俞氏正和堂家谱》。
② 民国重修《婺源县志》卷四十二《人物十一·义行八·李昭燠》。
③ 范金民:《明清时期活跃于苏州的外地商人》,载《中国社会经济史研究》,1989年第4期。
④ 唐力行:《论徽商与封建宗族势力》,载《历史研究》,1986年第2期。

清代民国时期的徽州木商之所以造成以姻亲、同乡为主要经营合作的局面,即在于血缘和地域是维系徽商的最为重要的社会纽带,易于造成认同、妥协与合作。这种带有现代家族企业性质的徽商经营组织,对徽商的发展具有重要的意义,"作为集体行为的组织原则,亲属关系和族源认同在很多方面有共性。二者都包含有在个人起源基础上形成的社会关系。生理血统是亲属关系的本质所在,而地域背景构成族源认同的核心。在多数情况下,一个人的父系或母系的亲属同时也是他的同乡。但至少他的部分亲戚与他分别属于不同的区域。亲属关系除家系血统外,还包括由婚姻构成的社会关系。这样形成的姻亲关系更具有自愿性色彩。……亲属关系赋予一个人最强有力的社会纽带。但是它在经济方面的重要性在不同的社会形态中有所不同,取决于在不同社会结构中家庭和亲属系统占统治地位的程度"。①

从徽州木商的经营特色看,"大部分木商是中小商人阶层,采取集资的方法,合股经营,能够增加竞争力,有利于贸易的发展。根据张雪慧的研究,徽商的木材经营从合股经营者之间的关系及资金规模分析包括三种情形:第一,徽籍商帮同外地商帮之间的协作经营;第二,徽州人内部基于地缘关系的合作经营;第三,基于血缘和姻戚关系的合作经营。按照经营者的经济地位和在木材贸易中的生产关系,大致可以分为三个阶层:业主、管理辅助人员和工人"。② 这样的经营特色和分工合作对于徽州木商的成功至关重要。至于徽州木商的股份经营的风险分担和利润分成等具体情况,详见张海鹏、王廷元主编:《徽商研究》第十章《徽州文书所见明清徽商的经营方式》对万历四十一年奇峰郑氏木商家族合股经营分书的研究③。

徽州木商的成功,与其家庭的支持是分不开的。家庭中,妻子在家乡辛勤操持,既有利于家庭的稳定,也使徽州木商能够长年在外无内顾忧。在木

---

① 黄绍伦著,张秀莉译:《移民企业家——香港的上海工业家》,上海:上海古籍出版社,2003年,第121页。
② 张雪慧:《论明清徽商与西南民族地区社会经济关系》,《徽州社会科学》,1991年第3期。
③ 张海鹏、王廷元主编《徽商研究》第十章《徽州文书所见明清徽商的经营方式》,合肥:安徽人民出版社,1995年,第548~549页。

商的背后,是众多默默的"商人妇",她们在维护家庭的稳定、培育子女、服侍公婆等方面都作出了重大贡献,有些甚至为丈夫的经营提供原始资金,"施德橹妻余氏,沱川女,归诗春贡生德橹,端重谨朴,家贫,劝夫服贾,脱簪珥佐夫营木业。事舅姑和妯娌,人无闲言。性慈善,凡橹修桥造路、建亭施茶,十余年工匠盈门,氏不惮中馈之劳而赞成子。子三,次应迎,邑庠生;三应道,按察司经历"。① 以西冲俞氏为例,就不乏此类商人妇女,她们所承受的辛劳难以言状,当时人也多有同感,木商俞俊裕(1767—1817)之妻胡氏(1765—1830)的一生:"一劳字可蔽,爰为之序曰:劳之有关于妇德大矣哉。日往月来,寒往暑来,天之劳也,使地而不劳,何以尽地职。明动晦休,出作日息,男之劳也。使女而不劳,何以尽女红。而能言劳者,往往难之。《诗》曰:'何有何无,黾勉求之。'在贫家之女、细民之妇,非劳则无以为生。求其贵而能劳,富而能劳者,则于鲁敬姜论劳逸之外不概见。安人者,候选州司马饶山公之德配也,躬为安人,即使鸡豚适象服章身以安以逸,亦固其所而顾糟糠不厌,裙布自甘,其俭也其约也。盖其劳也,其事上人也,奉盘奉水,琐屑不倦躬亲,上人称其劳矣。其处妯娌也,无非无仪,井臼不辞多任,妯娌称其劳矣。其相夫君也,鸡鸣戒旦,同梦难甘,夫君称其劳矣。服劳者,子媳之分也,安人不诿诸子媳,虽子媳不能代其劳。效劳者,婢仆之职也,安人不假诸婢仆,虽婢仆不能节其劳。而且劳于同居者,更劳于分爨、劳于举案者,更劳于离鸾。男未婚教者,劳于访名师,老于选嘉耦,女未嫁字者,劳于觅佳婿,劳于则名门,广厦则劳于创造,良田则劳于遍访,眠迟起早,劳其力,忧深计远,劳其心,以此言劳,真所谓以母道而荷父道之劳以女职而任男职之劳,以内事而兼外事之劳,以上人而尽下人之劳矣。夫民劳则思,思则善心生,鲁敬姜之论劳逸则然敬姜劳于前,安人劳于后,安人于敬姜,其后先相辉映者欤!"② 可见主内主外,均有"商人妇"的身影,教育子女、侍奉长辈、处理邻里关系等,均需要"商人妇"的辛劳和智慧。类似的木商家庭在徽州比比皆是,仅表 3-1 婺源木商就有十人次的

---

① 民国重修《婺源县志》卷六十三《人物十七·贤淑·施德橹妻余氏》。
② 《西冲俞氏宗谱》卷十三《寿文·清授儒林郎饶山公德配胡安人六秩寿序》。

事迹收入在《婺源县志·列女传》,换言之,这些婺源木商之留名青史,与其说是因其先进事迹足以衿式乡里,毋宁说是"商人妇"为其争名。

除了"商人妇"的贡献之外,在徽州宗法社会中,还特别注重兄弟之间的友爱亲敬,他们共同管理、营业,加上有共同的利益相维系,所以他们都很有责任心,比如符文炽,"兄弟二人,炽居长,木业生理,获赀数千金,与弟分析,无稍轩轾"。① 有一对王氏兄弟共同贩木簰,弟弟的木簰遭漂失,哥哥的木簰尚在,兄弟俩所得尚可保本、不致家本无归:"王杰,字子文,余源人。嗣偕弟货木三楚,各一筏,弟筏遭风十不留一,杰慰之曰:'吾木尚在,汝毋忧'。比抵仙镇,获利数倍,悉与弟分。"② 胡国兴,"季弟亦业木,捆簰遭风病颠殁,负债千金,兴代偿之,不为孀孤累"。③ 俞锐,"昆季四,同营木业,所获一介不私,门内怡怡,共博亲欢"。④ 程兴钺,"与兄析居,各营木业于金陵,兄亏本负欠殁,钺盘柩归葬,悯侄孤幼,抚养婚教并将兄欠款还清,以己所置田产与侄分析"。⑤ 类似例子不胜枚举。

同乡同业,也是徽州木商中极其普遍的现象:"俞辅唐,营木业于孟河,亲朋多赖荐引,失业无依者,赠资助归。"⑥在这些徽州木商之间,互相援助是非常经常的事情。比如,俞星焕"营木业于金陵,善会计,饶于财,族戚后进登其门者,无不代为荐引"。⑦ 俞星焕的房弟俞星灿"少业儒,父早故,随兄业木,曾助常德书院膏火,又助金陵赈饥及修大王庙三元宫、新安会馆并乐输助"。⑧ 朱国桢"设木行于苏之常熟,凡族党客吴者,告贷辄应。尤重读书,同族赴试,馈赠甚厚,时议修宗谱,捐金为倡"。⑨ "施天益,祖由木业起家,父笃

---

① 民国重修《婺源县志》卷四十一《人物十一·义行七·符文炽》。
② 民国重修《婺源县志》卷三十二《人物七·孝友六·王杰》。
③ 民国重修《婺源县志》卷三十二《人物七·孝友六·胡国兴》。
④ 民国重修《婺源县志》卷四十八《人物十二·质行九·俞锐》。
⑤ 民国重修《婺源县志》卷四十八《人物十二·质行九·程兴钺》。
⑥ 民国重修《婺源县志》卷四十八《》人物十二·质行九·俞辅唐》。
⑦ 民国重修《婺源县志》卷四十二《人物十一·义行八·俞星焕》。
⑧ 民国重修《婺源县志》卷四十七《》人物十二·质行八·俞星灿》。
⑨ 民国重修《婺源县志》卷四十八《人物十二·质行九·朱国桢》。

志科名,不谙会计,益独绳祖武,岁得余金,必寄奉堂上。木行设滨山之孙家窑,徽人佣是者众,凡客死无归,悉为收埋"。① 可见,同乡同业,结成地域商帮非常普遍。

作为地域商帮的徽商,是通过血缘、地缘和业缘组织起来的松散联合体。徽州木商之间或同乡同业,或同地同业或同族同业,或同乡同业同族,之所以选择这样的经营模式,乃是由于结成团体可以互通信息、互相援助,从而壮大势力,有利于经营。比如胡谦父子:"父业木姑苏,负债几三千金,家遂落,谦慨然理旧业,遵父遗命,如数悉偿。尝有同业某合伙贸易亏折赀本,几成讼,禄输千金以解,人多称之。"②木商之间的互助不仅是私下的,而且往往通过会馆等组织形式来实现。会馆是同乡商人的社会保障及自我管理的团体,徽州木商的最主要经营地区是苏浙、江西和西南地区,于是在这几个区域,徽商会馆互通信息、互相援助,以服务于本帮,加强自身的竞争能力③。徽州木商在苏州全盛时多达132家,木商在齐门西汇建立了大兴会馆,并且屡次重修④。以湘江、沅江流域的徽商会馆为例,这些以木商为主的徽州商人会馆,主要分布在常德、洪江、湘潭、武陵、浦市、长沙等地。由于这些地方,比较偏僻,政府管理能力较为薄弱,于是木商内部更加需要团结和自我管理,比如洪江"其市廛去县治远,关梁津馆大率不领于官",于是徽州木商非常注重内部的结合,在洪江建立新安会馆后,"联浦市、常郡各会馆为一气,规模远矣"⑤。杭州的徽商木业公所,作为一个徽商同业团体,曾经向新安惟善堂捐款,这种捐款除了自身主动之外,也是由于经营的需要。在经商地为同乡提供互助服务非常有利于同乡团结,所以在其规条中,有以下规定:"山客捐助旅榇厝所,

---

① 民国重修《婺源县志》卷四十二《人物十一·义行八·施天益》。
② 民国重修《婺源县志》卷四十一《人物十一·义行七·胡谦》。
③ 陈联:《徽商会馆概说》,原文见黄山市徽州文化研究院编:《徽州文化研究》(第二辑),合肥:安徽人民出版社,2004年,第146页。
④ 苏州历史博物馆等编:《明清苏州工商业碑刻集》,南京:江苏人民出版社,1981年,第123页。
⑤ 《洪江育婴小识·序》,转引自陈联:《徽商会馆概说》。

向章树价每百元一钱五分,由各木行抽除,交进惟善堂收用,毋得短少。事关善举,各宜自爱。"①

徽州木商的成功还同他们注重处理好人际关系有关,具体表现在三个方面。

第一,徽州木商非常注重经营者之间的伙伴关系,不惜一切手段化解经营者之间的冲突,坚持以和为贵的原则,从而获得经营合作伙伴的信赖。比如李承武到苗疆贩木,同当地人的冲突及其解决过程就很好体现了这一点:"李承武……性果毅,见义必为。婺商贩木苗疆,地痞拦河构衅,武奋身控宪惩治,犷悍不悛,复谒其乡老,以厉害晓之,乃不敢逞志。木筏至九江,税饷外浮费太重,武禀请大吏照部定章完纳,商情以安。"②又比如,"江恭塎……慷慨仗义。尝购木开化,有王姓兄弟各分一山,兄木价赢于弟,连年遘讼,塎戚然晓以大义,亦购其木六百金,价与兄等,弟兄感之,式好如初。德清有陈万年者,与塎合贾,年死仁和,子才四岁,塎检市籍并年应得子母千八百余金,亲致其家,谢以金,弗受"。③

第二,为经商地的居民提供服务,是徽州木商实现自身价值,融入当地社会的重要手段。在地方志及其他文集等资料中,关于徽州木商的善行义举的记载很多。之所以要广泛行善,除了儒家思想对徽商头脑的渗透之外,应该还有现实的目的,这就是为自己获得良好的人缘,从而建立良好的人际关系网络,便利自己的经商。这种思想可能是徽商的普遍观念。有一位婺源木商的话最具有代表性:"胡谦……以木业起家,常语人曰:'商人以求财为急务,尤当以散财为知机。'故自奉菲薄,待人丰厚。在苏州经营商务,每获大利,辄输助善举,彼邦人士至今称之。"④胡谦所言"急务"与"知机"有着辩正关系,就是在忙着挣钱的同时也要识时务,考虑钱财能聚能散的关系,这样才能缓

---

① 《徽商公所征信录·凡例》,第30页,安徽图书馆藏。
② 民国重修《婺源县志》卷三十二《人物七·孝友六》。
③ 民国重修《婺源县志》卷三十九《人物十一·义行四·江恭塎》。
④ 民国重修《婺源县志》卷四十八《人物十二·质行九·胡谦》。

解同其他人的关系,才是"知机",本着这种财物能聚也能散的观念,徽州木商在客居地多行义举,大大改善并促进了同经商地居民的关系,从而营造了良好的经商环境。王凤生是祖籍婺源的徽商后裔,几代人都住南京上新河已逾百年,在道光十一年(1831),长江沿线发生水灾,住在地势低洼的上新河的人常遇水患,于是王凤生"乘菱盆遍历南北街,诣吾乡之业木材者,广劝出货,俾助民食"。① 又如方郊祥"弃儒就商。壮年贩木饶郡,客有死无棺椁及鬻妻偿债者,挥金欷助,有江某家立祥长生禄位以报其德。祥之乐善好施,斯为有据"。② 胡国兴,"初,兴承父木业,客安镇,值竞渡赛会,睹者争渡,载重而船覆,兴急呼曰:'能救一命者,给三十金',溺者多获免,兴如约以酬之。晚年好义弥笃,历松常金陵诸地方,所在多善举,旋因发逆南扰归,抵家十日,无疾而终,得吉壤"。③ 俞培炳,"家贫,服贾江北,创业渐裕。慷慨好施,凡乡邻亲友,极力提携,失业者欷助归里,公推为木商董事,兴利除弊,至今赖之。建安徽会馆,购义冢地,施棺掩埋皆捐巨赀,族修宗谱,捐银二百两为倡。亲邻贫困周给,不令人知,人以为有隐德云"。④ "俞承惠,业木赀饶,尝念洞庭空阔,舟行多遇风涛覆溺,曩时士商公吁上游,捐赀建庙于湖心冷饭洲,俾舟子停泊以避狂澜,岁久倾圮,道光年间,惠慨然挥千余金修葺,栋宇鼎新,行旅均称利济焉"。⑤ 俞文英"幼随季父入苗疆习木业,后在苏与友合开木号,积赀修长滩沽方水口石栏,赎(输)排岭澄心亭租以惠行旅。偿还夙负、周急戚族,侄辈婚教,尤尽力。归里后,为人排解纷难,咸服其公"。⑥ 婺源枧田王村詹淡,业木荆楚及闽中,获得成功之后,眼见"南省之上河,行旅辐辏之区也,棺柩累累,恶犬成群队,将柩冲裂,入棺拖死者之骨而啮之,践骨遗道路,公恻然矜之,输赀鸠工,悉为瘗埋,其有主者,择高阜以厝柩,周围浚深阔之天堑,运水入其中以杜

---

① (清)王凤生《汉江纪程》。
② 民国重修《婺源县志》卷四十七《人物十二·质行八·方郊祥》。
③ 民国重修《婺源县志》卷三十二《人物七·孝友六·胡国兴》。
④ 民国重修《婺源县志》卷四十二《人物十一·义行八·俞培炳》。
⑤ 民国重修《婺源县志》卷四十一《人物十一·义行七·俞承惠》。
⑥ 民国重修《婺源县志》卷四十二《人物十一·义行八·俞文英》。

恶犬之涉,遐迩称快,咸以泽及枯骨颂公"。①

第三,如何处理与官方的关系,历来是传统时代的商人所必须面对的一大难题。就明初至明中叶是徽州木商最为繁盛的时期,其发迹的主要原因就是同官方作生意。与官方交易获利虽大,但很容易得罪官方,甚至因此坐罪。在明代,"诸省运木,先于张家湾出水拽运,以次入神木厂。既完,始取批回。动经岁月,间有水溢飘失,坐累死亡者"。②不仅如此,官方对于木商还有优先采购权,"凡楠木最巨者,商人采之,凿字号,结筏而下。既至芜湖,每年清江主事必来选择,买供运舟之用。南部又来争。商人甚以为苦,剔巨者沉江干,俟其去,没水取之,常失去一二"。③如何保证既有利可图,又能确保人身安全,便是徽州木商的一个两难困境。不少为官方采办木材的皇木商往往身家性命难保:"查尚庆,又名永辉,字月轩,凤山人。弱冠侍父公道运粮之京,适经南兵起,途遭劫掠,庆负父逃入山中乃免。后公道为官商贩木,缘事拟成,庆挺身代父庭辩,拷掠濒死,父乃得白。"④对于此事,在族谱中有更详细的记载:"永辉公尚庆……丙戌,父因漂流官木,问拟充成,公挺身哀辩,收刑几毙,幸婺北绣溪庠生张理公保至家调养,七旬始得脱罪而归。"⑤众多徽州族谱和方志对此类因飘失官木而坐罪的记载比比皆是,可能是明初至明中叶徽州皇木商的一个普遍遭遇。

明中叶之后,木材市场开始向民间开放,于是徽州木商更多的是与民间打交道,但是他们仍不忘同官方处理好关系,以便更好地经营,其中最主要的表现除了广结缙绅、不时的给予官员滋润这些暗地里作的事情之外,在公开场合,他们还积极响应官方的号召,为官府提供服务,捐输报效,尽其所能地贡献自己的财力和能力,从而获得官方的褒奖。比如,"程绂……世营业木业

---

① (清)詹良和等纂修:《鸿溪詹氏宗谱》卷首《枧田汪村默庵公传》,光绪五年(1879),惇彝堂刻本。
② (明)朱国桢:《涌幢小品》卷四《运木》。
③ (明)朱国桢:《涌幢小品》卷四《神木》。
④ 民国重修:《婺源县志》卷三十七《人物十一·义行一·查尚庆》。
⑤ (清)查荫元等纂修《婺源查氏族谱》卷尾之三《行实·永辉公》。

于江苏镇江。咸丰三年洪杨起事,金陵戒严,方伯沂公谋以木排截江藉保省会,公欣然悉付所有横截龙江。又以木制云梯造浮桥助官军克复镇江。咸丰六年苏抚郭公、吴公学政夏公以其有功于国计,所失在万金以上,各赠额一方,文曰'储材报国',曰:'卓行中人。'曰:'见义必为'"。① 又比如,"李广璧……弃儒服贾,往泰州海门厅业木,艰难起家,会海门新建城垣,所需木料及工费均系璧助"。② 有些木商以其独特才能,为官方出谋划策,从而获得了良好的声誉乃至功名,同时也便利了自己的木材经营:"戴振伸,字达成,梅泽人,从九衔。素业木姑苏,资禀奇异,洞悉江河水势原委,丹徒江口向有横越二闸倾坏,后水势横流,船簰往来叠遭险厄,道光年间大兴会馆,董事请伸筹划,筑二闸并挑唐孟二河,比工竣,水波不兴,如涉平地,董事为禀镇江府宪申详,大宪题奏奉诏旨赏给从九议叙。又杨泾桥为南北通衢要道,倾圮有年,伸邀同志捐修,行旅至今利赖之。"③另有徽州木商兼有一技之长,不仅仅为官方服务,还把这些特殊技能广泛运用到自身善举实践中。徽州是新安医学的故乡,因此很多木商往往精通歧黄,为人免费医疗,从而获得了良好的人际关:"孙徽五……兼谙歧黄,施药;岁寒,多施袍茧,夏煮茗济渴。"④总之,多行义举善行,为徽州木商在经商地获得了良好的口碑,拥有了方方面面的人际关系,从而促进了其木材生意,这是徽州木商获得成功的重要原因之一。

以上的分析,仅就一人一事而论,从总的方面而言,徽州木商往往是将上述各种经营技巧同时运用,从而获得了很大的成功,在他们身上深深地打上了徽州儒商的烙印。从婺源长滩大木商俞从焕(1703—1778)身上,就可以看出木商的家庭背景,其同宗族的互动,以及其经营活动的多面性:"公讳焕,字文光,号晓园,含五公季子也。兄讳起元、讳烈,并有令誉,而公尤为父母所钟爱。父卒,苫次三年,哀毁骨立。居母丧,亦如之。先是,母病乳痈,朝夕左

---

① 民国重修《婺源县志》卷四十二《人物十一·义行八·程绂》。
② 民国重修《婺源县志》卷四十一《人物十一·义行七·李广璧》。
③ 民国重修《婺源县志》卷四十《人物十一·义行六·戴振伸》。
④ 民国重修《婺源县志》卷三十九《人物十一·义行五·孙徽五》。

右,衣不解带,医药罔效,则视亲吮哑血污,而后获痊,厥后或自疮痏,诸子为抚摩,辄挥去曰'昔吾母病苦迟之又久,今乃分痛,何害耶?'言已,泪涔涔雨下。公少读书,不屑章句,学格言懿行,勤加辑录,择其与庭训胶合者,计欲见之设施谨识之,不敢忘。比长惧竭甘旨养,偕其兄游江湖间,家渐裕,因遂以其余润竟含五公之志。龙溪族肇自彦勋公,故有祠曰'叙伦',冬蒸之典尚阙,输田百亩供祀事,且备馂膰,推之备荒兴学,具有条理。又于丙戌年输复所承买祠租三百余秤,溯龙溪而上,始迁婺源者为长田祖讳昌,累世墓在焉,委于榛棘者久,爰白当事,正其经界,表其墓道,又捐建祠宇,俾同邑俞氏子孙皆得以时集诣瞻拜备祀事焉。俞氏旧望河间,其著于江南者何在?晋时有讳从者,方苏峻叛,内史桓彝遣分守兰石,兰石者今之旌德也,力战死于旌,旌民祀之,子孙家焉。其转徙于婺源也,盖有自公过旌,窃尝感念,及归见梦,益奇之,乃谋诸众,择址建从公祠,祠之费,公不惜巨资。呜呼!公性至孝,又能推祖父之孝及于其先,可不谓知本务欤。顾公居家日浅,遇义举辄踊跃解囊橐,惟恐不及。修学宫、助建凤山仙姑桥。其最著者,于太平则造芜湖蠙矶祠、澛港埠岸江神庙,于苏州、饶州并输建会馆,于江宁作江上草堂,辟江干水路、赈济施棺,并置义冢地百余亩,于黔立御火祠、百神庙,于楚修洞庭汉阳台榭,凡夫足迹所至义行,难更仆数。交游多名士,酬赠篇章甚夥,并登太平、江宁邑志。其侨居江宁也,以捐赈故议叙主簿,后捐修城工,加二级循例授中议大夫,乾隆壬辰年,公七十归里,祭告焚黄,父老姻朋交称觞贺,公固辞曰:'吾成祖父志,岂欲希荣耶?顾吾老矣,恐一旦不测。'悉召诸逋负者,折券弃其债,死则焚之。逾六年而公卒,既卒,无虑远近,争嗟叹。"[1]

第二节 茶商与茶业

本节所论述"茶商",既包括在全国各大中城市和市镇开展商业经营的婺

---

[1] 《龙溪俞氏家谱》卷末《晓园公传》。

源籍茶商,也包括在婺源县本地城乡开展经营的茶商。本节所论"茶业",则既包括在全国各地开展的茶叶经销运输,也包括在婺源县本地城乡所开展的茶叶生产制作、运输销售等活动。①

---

① 关于徽州茶商和茶业经济的研究,目前学界已经取得一定的成果,比如:邹怡:《明清以来的徽州茶业与地方社会(1368—1949)》,上海:复旦大学出版社,2012年。而目前关于徽州茶商与茶业经济的论文,概括起来,包括以下几类。一方面是新近发现史料的介绍及其研究,如王振忠:《清代徽州与广东的商路及商业——歙县茶商抄本〈万里云程〉研究》(《历史地理》第17辑,上海:上海人民出版社,2001年);王振忠:《徽商日记所见汉口茶商的社会生活——徽州文书抄本〈日知其所无〉笺证》(收入复旦大学文物与博物馆学系编:《文化遗产研究集刊》第二辑,上海:上海古籍出版社,2001年);李琳绮:《新发现的〈做茶书略〉》,载《历史档案》,1999年第3期。另一方面集中于道光前后徽州茶叶贸易商路的变迁与徽商的兴衰,如周晓光等:《论道光中叶以后上海在徽茶贸易中的地位》,载《历史档案》,1997年第1期;周晓光:《近代外国资本主义势力的入侵与徽州茶商的兴衰》,载《江海学刊》,1998年第6期、《论五口通商后徽州茶商贸易重心转移》,载《安徽史学》,1998年第3期。另外,唐力行在《明清以来徽州社会经济研究》中专辟一节讨论徽州茶商的经营活动及其兴衰。吴仁安:《明清徽州茶商述论》,载《安徽史学》,1985年第3期;王珍的《徽商与茶叶经营》,载《徽州社会科学》,1990年第4期;周晓光:《清代徽商与茶业贸易》,载《安徽师范大学学报》,2000年第3期、以及施立业《安徽名茶与近代茶叶贸易》(收入欧阳发、周明洁、施立业主编《经济史踪》,"安徽重要历史事件丛书",合肥:安徽人民出版社,1999年)。这些论文都做了通论性质的研究。台湾学者谢国兴在《中国现代化的区域研究——安徽省1860—1937》(台北中央研究院近代史研究所专刊,1991年)一书中也有相当部分对安徽茶业经济作了探讨。其他小专题性质的研究主要有日本学者重田德《清代徽州商人之一面》(《徽州社会经济史译文集》,合肥:黄山书社,1988年)一文,是目前所见研究婺源茶商最为深入的专题论文,以民国重修《婺源县志》中所记载茶商传记为主要分析素材,对婺源商人"弃儒就商"的特点、婺源商人在近代以来由木业转向茶业的经营特点等方面进行了深入分析,同时修正了以往对于徽州商人在清末衰落的旧看法,认为晚清以来徽商不是衰落、而是转入新阶段,该文虽发表于1960年代,不过迄今看来依然是研究徽商的精彩篇章。此外,张朝胜的《民国时期的旅沪徽州茶商:兼谈徽商衰落问题》,载《安徽史学》,1996年第2期;《农业考古》每年都刊发《中国茶文化专号》,亦有较多对徽州茶叶生产的介绍文章。刘淼的《民国时期祁门红茶的产销统制》,载《中国社会经济史研究》,1999年第4期,是徽州茶业经济研究的一篇力作,认为皖赣红茶运销委员会的成立对祁门红茶运销体制所产生的影响,是自道光以后徽州茶叶运销体系的又一次重大变迁;刘淼的《民国时期祁门红茶贷款案与银企关系的建立——关于上海金融资本对周边产业经济之控制》,载《安徽史学》,2005年第2期,是另一篇关于徽州茶业经济研究的力作,重点考察作为中国出口大宗产品的祁门红茶与银行银企关系建立的过程、原因、及其金融支配与控制关系对出口产品与销售的影响,以期说明农业产业组织的变迁与沿海及内陆区域经济关系形成问题。

婺源产茶历史悠久,素有"茶乡"之称。早在唐代,婺源就已成为著名的茶产区。唐代时,"茶圣"陆羽所著《茶经》就有"歙州茶生婺源山谷"的记载。《宋史·食货》中也有相关记载,婺源之谢源茶为全国六大绝品之一。明清时,号称婺源"四大名家"的溪头梨园茶、砚山桂花树底茶、大畈灵山茶和济溪上坦源茶被列为贡品。清代乾隆年间,婺源绿茶开始大量出口外销,成为英国贵族中不可缺少的饮料。婺源绿茶以具有"条索紧结浑圆、泡水汤清叶绿、香气馥郁浓冽、滋味鲜爽醇厚"等特色而驰名中外。清中叶以来,中国的茶叶按照供应市场分类,可以分为内销茶和外销茶,内销即指专供国内市场,外销则指出口外国。从晚清开始,我国外销茶叶生产和出口贸易快速发展,其中徽州婺源的茶商最为活跃。外销茶对晚清民国时期中国经济带来重大影响:"外销商所采购之茶叶,有温州平水、婺源珍眉,祁门红茶,屯溪熙春等名称。以上海为集中区。在光绪末年及民初之际,为外销商之黄金时代。此后做洋庄者已奄奄一息,歇业改行。谈到外销生意之良否与内销商盖有息息相关之连击。出口生意兴隆,销路通畅,则内销商联带沾利,金融活泼,茶质优良。连带山户亦能沾得善价。"①由此可见外销茶在近代中国经济所起到的作用。据民国时期中国最著名的茶学专家、中国近代茶业改良的重要贡献人吴觉农在民国二十三年(1934)的介绍,"目下华茶在外销上占最重要的有三个生产区域。产红茶著名的为阊江流域的祁门,至德(属安徽)及浮梁(属江西)三县,绿茶又分两处,其一为平水区域,在浙江娥江流域的新昌、嵊县、上虞、绍兴、诸暨一带,其二为珍眉绿茶区域的新安江流域,凡皖南的婺源,(其大部分,自应属饶江流域)休宁,绩溪,歙县,以及浙江的淳安遂安各县皆属之。这新安江流域一带的珍眉绿茶区,产量固较阊江及娥江两流域为多,品质也比较那两区更胜一筹。日本印度等产茶各国,曾想尽种种办法,来和中国的茶业竞争,平水茶已被日本绿茶战胜于美国市场,祁门红茶也被印度锡兰茶所压倒;但新安江流域的珍眉绿茶,还在最后挣扎着,这未始不是得天独厚的缘

---

① 习斋:《茶业内幕谈》,《新民晚报》,1946年11月6日,第4版。

故罢"。① 民国时期,茶业成为包括婺源在内的徽属各县的最主要经济支柱,婺源茶叶产销对区域社会的近代转型发挥了重要作用。

一、茶商及其经营地点

民国《婺源县志》总共收录了多达285例茶商或较大可能是茶商的人物传记,详见表3-3所示。其中,人物传记中确实指明"业茶""运茶于粤""贩茶至粤"等字样者,总共有186例。其余笔者辑录、登记在表格中的人物,有些仅指出"贸易粤东""贾于粤""创业粤东"等字样,由于明确指明经营地点在广东且时间均为晚清,因此笔者推断这些人物也基本应是茶商,所以一并统计整理到表格中,并视同为茶商。

从婺源茶商来源地在婺源四乡的分布情况来看(表3-3):来自婺源县城的有3例,东乡149例,北乡95例(另有两位妇女也参与了茶叶的生产加工),南乡22例,西乡16例,未知来自何乡者3例。从这个数字看来,婺源东北乡出产茶商最多。同时,婺源茶商的经营也多为父子相继、同族相继,此种情况同木商的经营特色一样,具有明显的家族性特点。

在婺源茶商的经营地点分布上,表3-3可以看出鲜明的倾向性和集中性,即婺源茶商的主要经营地点集中在广东和上海两地。婺源茶商在经营地的分布之所以出现这样的格局,是因为鸦片战争之后中国被迫卷入国际贸易,外销茶叶需求剧增,直接导致大量婺源茶商的出现,也由此带动了婺源茶叶产区茶叶生产的兴盛。

鸦片战争之前,清代对外贸易主要通过广州港进行,因而很多商人云集于此。婺源商人经过曹港入阊江抵鄱阳湖,再溯赣江,越大庾岭入广东,在广州同十三行进行贸易,转卖给外商。上海的情形相类似。晚清以来,外销茶成为上海最重要的一项大宗出口商品,这就直接带动了婺源、祁门等地主要茶叶产区的茶叶生产和销售,也成就了晚清民国时期婺源茶商。大量婺源茶

---

① 吴觉农:《皖浙新安江流域之茶业·序》,上海大文印刷所民国23年印行。

商经将茶叶由鄱阳湖转运到九江,然后经由长江航运至上海,从上海再出口外国。晚清五口通商以后,大量的婺源茶叶就近从广州、上海出口,婺源茶商在家乡或者其他省县产茶区设立茶号,收购毛茶,按照洋庄茶的规格加工并外运。在众多经营茶叶的茶帮中,婺源茶商异常活跃。根据日本学者重田德的研究,在道光《婺源县志》之前的历修县志中,几乎没有婺源茶商的人物传记,随着道光《婺源县志》中出现茶商的记载开始,到光绪续修《婺源县志》中,茶商的相关记载开始增多起来。而之所以出现这个转变,其主要的原因在于道光之前,婺源商人的主要经营项目是以木业为特色的,而随着鸦片战争之后五口通商,茶叶的出口量剧增,因此许多婺源商人纷纷从木业转向茶业的经营;同时,由于太平天国战争的爆发,国内商路阻断,上海作为新的贸易港显露头角,因此有众多的婺源茶商从广东转向上海经营茶叶。①

  实际上,婺源茶商的主要经营地点有规律可循,同徽茶运销路线密切相关,都经历了一番曲折的时代变化。以外销茶为例。在五口通商以前,广州是清帝国与国际交往的唯一窗口。徽茶一般便沿赣江南下,越大庾岭入广州,十三行等机构在与洋商的接触中充当了重要的角色。上海自开埠以后,经济地位迅速超越广州,徽茶改由上海出口。取道上海一般有两条路线:一为沿新安江至杭州,再从杭州由水路,沪杭铁路开通后,则由火车运至上海;婺源等地的茶叶则多运往九江、汉口,再沿长江运到上海。另一路线是:芜屯公路通车后,部分茶叶也经芜湖转运沪上,杭屯公路筑成后,相当部分茶叶改走陆路,宁波开埠后的一段时间内,也有徽茶运往宁波出口。抗战期间,上海陷于敌手,由富华公司牵头,徽茶又一度转至香港外销,抗战胜利后,恢复从上海的出口。总之,在婺源茶商的经营地点经历了曲折的历史变迁,受到多方面的影响。对于茶商而言,运输成本也是他们考虑的重点。茶叶的经营运销,除了必要的运输工具使用费外,厘金的征收在其中占了很大的比例,因此,厘金的变动常会影响到茶商对运输路线的选择。

---

  ① [日]重田德:《清代徽州商人之一面》,原文见刘森辑译,古籍整理办公室编:《徽州社会经济史研究译文集》,合肥:黄山书社,1988年,第429~431页。

表 3-3　民国《婺源县志》收录婺源茶商简表

居住地	名字	简要经商事迹
县城		
城东	董则葵（蕙芝子）	业茶广东
城东	董应崧（则葵子）	商籍，中浙江乡试
城南	金长泰四弟	四弟业茶，殁于粤
东乡		
渔潭	程士岩及同乡俞某	素在粤东业茶，有俞某贷银一千四百两，子母亏折，留滞羊城
渔潭	程士泉	中年业茶起家
渔潭	程国远	偕友合伙贩茶至粤，公耗八百金
渔潭	程锡庚及其伯兄	伯兄趁外业贾。尝在广东贷千金回婺贩茶
鹄川	俞英偕叔祖鸣棚	子英，偕族叔鸣棚贸易粤东
沙城里	郑鉴源	茶商
黄源潭	李金淦	以业茶致裕
黄莲潭	李广达	父命达贾，不忍远离左右。后因家窘，亲友知贤，争贷赀，使就里业茶以养亲。寄存货箱约五千余金于宗祠，悉灰烬
理田	李绪树及父、兄	父商于粤。绪树售茶上海
理田	李绪义	业茶亏耗
理田	李槐理	运茶于粤被空巨款，困陷十八年
理田	李登瀛	尝业茶往粤东，经赣被盗
理田	李焯然	经商创业粤东
理田	李瑞材	业茶
理田	李有诚（天懋子）	商于沪。涉历东洋。返归鸠江谋业铜。业红绿茶于九江。就里中开设茶号
理田	李报之子李起鲲	子起鲲贾粤东
理田	李文富	贾粤东
理田	鲍德西	以业茶起家。客江苏二十余年
理田	鲍元义及其兄鲍元羲	与兄元羲贩茶于湖北武惠镇
汪口	俞丙圭	弃儒就商，经营颇裕。伯兄亦外趁，屡次亏折

续表

居住地	名字	简要经商事迹
汪口	俞泰曾(丙圭子)	壮游于粤
汪口	俞凤来	去而学贾,代秉家政
汪口	俞镇连(凤来子)	尝在粤与同志创归原堂,购地瘗骸旅殁者,五年一归榇
汪口	俞镇琳	琳服贾持筹,勤俭积累
汪口	俞澄辉(镇琳长子)	承父志,业茶起家
汪口	俞朝辅之父(即澄辉)	父殁粤东
汪口	俞镇璜	因家寒,弃儒就商。尝客粤
汪口	俞镇琮偕三兄俞镇璋	偕三兄镇璋贸迁粤东,家渐裕
汪口	俞澄焕	商粤,归至始兴江口,舟小水大,溺而死
洪村	洪廷俊	同治间渡黄埔。中年以商起家,侨居屯溪。立茶业公所,创公济善局,开茶商学堂
洪村	洪文琦之父即洪钧泰	年十九,父卒于粤
洪村	洪祥鼎及其父	随父业茶,由浙籍入泮
鸿川	洪启炜	商于粤
鸿川	洪启煜	贾于粤,偕同志立归原堂,以归同乡旅榇
江湾	江灵裕	携侄经商。贾于温州,总理茶务
江湾	江如松之父(即敬松)及后裔	父客游黔粤
长径	程垣堂	食贫服贾,晚始饶裕
长径	程锦泰(垣堂子)	在乐平乡间设肆,同邑失业者依之
长径乔川	程泰仁(垣堂房再侄)与朱日轩	弃砚就商,随乔川朱日轩贩茶至粤,众举经理徽州会馆。咸丰间,业茶上海。
长径	程钦泰	幼随父贾江右,嗣以亲老归里,改营茶业
长径	程金广	父与亲友合伙业茶屡折阅有退志。请肩父任
长径	程金明	业茶,家渐裕
长径	程坤岐	少业农,勤俭持家,中年业茶,颇获赢利
长径	程起松之父与堂兄某	父殁于客。有堂兄落拓于外,觅之归,为设小肆以谋生
长径	程元焰(册名烓,起松孙)	以业茶起家

续表

居住地	名字	简要经商事迹
秋溪	詹思润	后业茶,赀裕,益力为善
秋溪	詹思滨	初贫,与兄协力经营,渐裕
秋溪	詹添麟	比壮,贾于粤,家道饶裕。尝业茶过南雄,担夫数十人窃货以逃
秋溪	詹梦莲之兄弟	因兄弟茶业失败,忧劳致疾,遽殁
秋溪	詹瑞增及其父	习于茶业,佐父起家。日本人讲求茶务,以重金聘增,增恐权利外溢,坚辞拒谢
秋溪	詹荣	服贾粤沪等处,境稍裕,为父捐五品衔
秋溪	曹用中	业儒授徒以供甘旨。嗣贷赀业茶
乔川	程荣淦	嗣业茶,家稍裕
乔川	朱日轩	携同邑东乡程泰仁贩茶至粤
官桥	朱文炜	家业茶,常往来珠江,适值朱子堂为匪占夺,讼于官
官桥	朱文煊	在粤八载,凡徽郡流寓不能归者,概给路费。众商敛费立归原堂,首输千金。同乡建安徽会馆,输银壹千
官桥	朱文灿	少治经,以父年迈服贾业茶,家益裕
官桥	朱文炽	鬻茶珠江,逾市期交易文契,炽必书"陈茶"两字。邀同志捐赀立归原堂
官桥	朱培滩	尝从父贸易粤东,归遇盗
官桥	程林和	中年业茶,家渐裕
官桥	程兆铎	中年业茶,家稍饶
古汀	石之缙	少业儒,以家贫服贾养亲,家渐裕
荷田	汪庆澜与乡人洪圣才	尝与乡人洪圣才同贾江西。货茶祁门
荷田	方秉埼及子方珏	幼业儒未遇,嗣服贾奉养
荷田	方钰(秉埼子、方珏弟)	商籍附贡
荷源	方丰学及其父方钰	拔取六邑冠军。嗣以家计,佐父经营
荷源	方士焕(方钰子)	比长,贸易粤东,饶于财
荷田	方锡荣及其父方士焕	佐父经商,轻财重义
荷田	方士焯	经商粤东卅余年
荷源	方星朗	父忧食指日繁,朗任家政,贸易粤东,家渐饶
溪头	程源桂	少业儒,后改茶业

续表

居住地	名字	简要经商事迹
溪头	程嗣基	随父贸于申江,居停重其勤谨
上坦（上浤溪）	孙华梁及其子孙富坦	家贫,事母能承欢。嗣就屯溪业茶,值粤逆蹂躏,梁从间道运申获利,创设屯溪公济局
晓起	汪允珪同子汪世缨	珪请兄持家奉母,己则出门佣工,居停重其勤谨,准附小股,亿中获利,渐致巨万。子世缨,商籍入泮
晓起	汪承修(世缨子)同弟汪承显	修贾于浙,爱西湖山水。后在汉皋督胞弟业茶
晓起	汪承显(承修弟)	名重武汉。亲友多得提携。经商亿中,不数年累赀巨万,同业推为帮董。新安书院制重造、安徽会馆倡建
晓起	汪执中	及长,业茶汉上,栽培后进极多。房属有子流落武昌,出赀赎回
晓起	汪智炎(执中从堂侄)	以业茶小康,独力营葬
晓起	汪春高及其叔	高独营生产,负米养亲,后与叔业茶,家裕,尊叔如父,寸楮不入私囊
晓起	汪晋和	幼承先人茶业,艰苦经营,累赀巨万。后见茶业凋敝,悉心改良,获南洋展览会一等奖章,及巴拿马万国出品比赛会二等奖
莘源	汪兆城及其父同伙胡凤仪	城幼随父贾屯溪,业渐隆。父使偕伙胡凤仪至吴城运货,仪被人诈去五百金
洪源	臧锡珊	年十二佣工休邑,苦积奉母甘旨,嗣贸易于屯溪,稍获蝇利
清源	王奎照	年十九,商贩粤东,积有余赀
清源	王焕肇	少孤贫,勤俭质朴,积有余赀,附人业茶,家渐裕
清源	王震亭	舌耕供孝养,旋业茶粤东
北乡		
梓槎	程诚福	中年业茶,家渐裕
梓槎	程盈科	以茶木两业起家。性好善
沧溪	张文烈	经商粤东,摒绝繁华
石佛	俞国桢及其老板孙某	桢少佣茶商,得居停信任者六十年。倡办屯溪公济局
石佛	俞国梁(国桢之弟)	随兄国桢依孙习茶业
段莘	汪圣诚	段莘圣诚贾广东钦州,娶当地范氏女,旋病故
段莘	汪垣明	懋迁休之屯浦

续表

居住地	名字	简要经商事迹
段莘	汪坤本	营店业于休邑屯浦
庆源	詹竖基之子某同房侄	同房侄卖茶东粤,未几,卒于韶州龙头影舟中
庆源	詹元檀之父詹心儒	父贷金数千,贩茶于粤。往乐邑业歧黄
庆源	詹坦贞	业茶粤东,有以数千金合业者。设杏林斋药肆
江村	汪章然	业茶东粤
江村	汪章杰、汪荣栋一家	(栋)随父行商于外。子章杰,商于屯镇
江村	汪从巨(名大顺)及叔	巨随叔卖茶广东
庐源	詹万榜(詹天佑曾祖父)	贷赀经商。广东业茶
庐源	詹世鸾(詹天佑祖父)	佐父理旧业。贾于粤东关外
蕉源	吴炳阳	父客维扬,年十五往习典业。与兄改习业茶,渐获巨赀。
沱口	齐宏仁与郎某	仁以积累资与郎某在汉口合开茶行。辛亥革命军起于汉上,郎某以年迈归里,仁独力将货物保全,一无所私。仍与郎某重理旧业
屏山	郎玉琳	经营茶木
龙湾	詹仁杰	幼读书不售,后业茶稍裕
槎口	汪祥暖	祥暖商粤廿余年
槎口	汪大日	长承父志,售茶粤东,不沾市习
槎口	汪廷锐及其父	锐弱冠随父商粤,经南雄岭,被贼劫去巨赀
花桥	吴熙麟	侨居申江
凰腾	程大美	夫贸上海,瘿疾,回家
凰腾	程国河及其父	河随父售茶于粤
凰腾	程国泰	贩茶粤东
凰腾	程国枢	货茶东粤
凰腾	程朝馨(国枢孙)	从祖国枢命,商于沪。商沪四十余载。娶妾上海女殁于沪
凰腾	程高茂及其父兄	茂佐父兄商于粤
凰腾	程荣华	设肆市廛,并业茶木
凰腾	程申及其父、叔	申父殁粤东。叔殁浔阳。申营茶木业
梓里	宋振衍	贾于粤

续表

居住地	名字	简要经商事迹
梓里	宋振瀵之父	父商业失利
梓里	宋兆铃	就贾于粤
梓里	宋兆铁之兄(兆铃)	兄贾粤
梓里	王元社及堂侄	壮贾汉阳,家渐裕。嗣偕堂侄业茶于汉,适主家陈某私将售茶银还逋,社怜其贫,不责偿,陈德之。
环川	詹益棠之父	父殁东粤
察关	詹敏鉴	长业茶,家渐裕
虹关	詹时枞	设肆豫章石门街,贸易公平
虹关	詹焕光(焕光乃时枞之孙)之侄	业茶亏折,赔银圆二千
沱川	余焕之兄弟	两粤遭乱,兄弟商于粤者,音信俱梗,一家数十口赖焕支持
沱川	余杰之父	父往粤
沱川	余刚	弟二,均承先业,贸易浔阳,亏蚀殆尽
沱川	余锡升	家贫,罢读,业茶起家
沱川	余士庆	佣于德邑张姓。有隐行,张廉而重之,遂贷赀与贸易
沱川	余光祖(士庆曾孙)	父客粤无耗
沱川	余文芝	尝至休西货茶,于布袋中得遗金
沱川	余文英	专习歧黄。后游沪上,多起沉疴,旋以母老归兼业茶
沱川	余初绣(举人士俊伯父)及其兄	绣习贾佣于浙之衢州。兄商于沪。士俊入庠后赞助叔父母兴创家业
沱川	余鹭振(举人士俊子)	初业儒,父殁,就商崇明
沱川	余初銮(初绣之兄)及父	父客粤。銮复就贾
沱川	余泰瑶	尝之粤
沱川	余循栖(泰瑶父)	家中落,馆于休
沱川	余泰彬	家极贫,后业茶,境稍裕
沱川	余培森	随父业茶
沱川	余增孝	壮游岭南
沱川	余启榜	服贾粤沪
沱川	俞垌智	长习茶业

续表

居住地	名字	简要经商事迹
汜川	洪顺旺	业茶积有微赀
石岭	程焕铨及其兄弟	焕尝与兄弟业茶亏折。番禺友人张鉴使宗人运盐二万有奇往海南,嘱铨管领
诗春	施道潭之兄浩(施道浩)、侄应松	长兄浩客外。松远客闽
诗春	施德桓之堂兄松(施应松)	兄松客闽
诗春	施嘉言父子(道潭子及孙)	父商东粤,往任其劳三十余年
诗春	施汝哲	经商于粤
张溪	洪立慈	尝为宁州茶业会长,官绅为公益事,多就商之
云邱	滕焕燃	商于粤
云邱	徐万众之父	父本广东南海籍。后流落江湖。父佣于茶市
漳溪	王有恒	初佣市肆。后业茶起家
漳溪	王世仕	精计然术,商粤东
漳溪	王延芳	幼业茶
清华	胡南圭	年十三赴浔习商,归设肆里中兼业茶
清华	胡家报同其兄	兄贾粤东,父命之随
清华	胡承合及其兄	兄侧室暨幼孤滞粤。饶有婺会馆,产多质他郡,承合垫千余金赎回
清华	胡国麟	以业茶起家
清华	胡其慎(国麟第二子)	有志实业,由江苏省教育会保送江南商业学校。任新安商业学校主任教员
清华	戴锦翔及其外舅	业茶于粤、于浔、于浙沪。外舅远商,客殁湖北
清华	戴朝寰	壮商东粤
象形	吴日升	以茶业起家
象形	吴辇辉之子	以业茶起家
长滩	俞杰	营业茶木
长滩	俞汉	以茶木起家
龙腾	俞大凤	以负贩供菽水,每日营趁得米数升
龙腾	俞国桢(大凤次子)	少负贩孝养双亲。协力经营,家道日起

续表

居住地	名字	简要经商事迹
龙腾	俞锦堂（国桢子）及仲弟俞锽	偕仲弟经商（广东）
龙腾	俞鹏万（大凤四子）	经商有得辄施。万舟之粤
龙腾	俞镰（鹏万子）	年十四闻父在粤东病。后随父服劳奔走
龙腾	俞昌钟	钟佣粤客死
龙腾	俞文诰及其父	佐父业茶于粤东
龙腾	俞文熛	少读书，长业茶粤东
龙腾	俞起鸾	承父茶业，客粤东
龙腾	俞杰然	种珠兰、茉莉数千盆，制茶之用
龙腾	俞仰高	茶商
龙腾	俞亦萱	生于粤，字新会，陈小碧
龙腾	俞植芝友人张某	友张某子幼孤，客沪习业。商界义之
龙溪	俞兆清之父	闻父自粤东得疯痹
城源	汪增均及叔某	少失怙，事母孝，弟三人，皆赖均负贩供养。后以业茶起家。叔经商折阅，追欲投江
凤山	查奎及族某	族有业茶于粤东者。镇江高某邮致千金代购牛鞭。广德
凤山	查炳智	父客粤东。扶榇急行至赣，以劳瘁殁于旅次
凤山	查世昌（查彬祖父）	馆于歙数十年
凤山	查彬	与弟潢经营茶业
凤山	查潢（查彬弟）	弱冠后佐兄经营茶业
凤山	查上鹏	贾粤东
凤山	查沅莲及同里人某	游湖广。贸易昌江。里有贩茶者
凤山	查树金	以本股业典。服贾粤东
凤山	查仁慈	服贾申江
凤山	查钟懋	中年业茶失败
银头	吕启书	业茶上海
思口	赵廷球	比长营业
思口	赵之俊（廷球子）	以茶木起家
思口	赵廷珪（廷球弟）	以商业起家

续表

居住地	名字	简要经商事迹
金竹	程锡爵	设肆清华。后贾粤东,妻寄粤,回婺省亲
金竹	程兆鋆(锡爵次子)	十余岁即佣店谋生
金竹	程廷璋及其仲兄	璋后营木业。仲兄茶业复失败
延川	金维城	初业茶义宁。晚经商屯溪,任茶栈职三十余年
延川	金銮	佐父经商沪汉间,以茶叶起家,习英语,为洋商所信服,遂为茶叶领袖
延川	金国振(金銮弟)	从父兄行商海上,遂家焉。佐兄经营茶栈,习英语,为茶商通事
延川	金大震	由儒改商,往来浔沪间。子旅申习英语为通事
延川	金廷芳(大震子)	经商沪汉间,习英语为通事
延村	金大乾	弱冠经商湖广。后握筹沪上
延村	金乾(即金大乾)	长子乾商沪
延川	金煌(大乾子)父兄	父兄经商
延川	金大坤(大乾从兄)	业木金陵,为众推重,后改业茶
延川	金树焜(宦绩世祥子)	随兄经商浔沪间,习英语,为茶业通事
延川	金瀚(世祥子)	就商供菽水,信义服人,领袖茶商
延川	金玉章	佐父业木金陵内行。后改业茶
延川	金烈光	始业木苏常,继运茶沪汉
延川	金禧及其父亲	佐父行商。晚因茶业破产
梅田	茶商某	往德邑买茶者释宝纹洋银若干
考水	胡廷璧及其父	父商于粤。璧弃儒就商
考水	胡期聪	疾终粤。兄聪客死东粤
考川	胡邦宇	夫往东粤业茶,氏持家勤俭
考川	胡鸿基	营业茶木
考川	胡文焕	服贾粤东
瑶村段	程齐庄	壮业茶,家计渐裕
思溪	俞鹏翼	夫习举业,氏操持家政,俾无内顾忧。嗣因人口众多,夫弃儒服贾,以业茶起家
思溪	俞德添之妻	氏佣茶工得值
思溪	俞瑞璠	客粤

续表

居住地	名字	简要经商事迹
思溪	俞瑞元	营趁粤东
思溪	俞士俊	业茶起家
思溪	俞汝霖	经商东粤
思溪	俞之瀚	为友任祁浮红茶管事,亲临各庄调查货价
思溪	俞荣	以茶业致饶裕
思溪	江鸿翊与父运荣	翊代父售茶于申江
思溪	江乾璇(运荣祖父)	嗣业木江北,家稍裕
屋泉	孙本逊	业茶粤东
西谷	俞友仁	俞延资助季叔友仁业茶,数年亏折巨万,负延本
西谷	俞蕴钰	初家贫,业茶浮梁廿余载,渐饶裕
饶溪	夏之政	以茶业起家,好施与
饶溪	夏松(之政子)	佐父茶业起家
饶溪	夏以松	习茶业,暇犹致学
龙山	程树梅	一诺千金,业茶三十余载,人争附股
豸下	潘廷珪	商于粤
豸下	潘鸿宾之父即潘宝元	父羁粤东
豸下	潘鸿麒(鸿宾二弟)及其父潘宝元	麒侍父,商岭南
豸下	潘鸣铎(鸿宾子)	申江囤其茶
豸下	潘联元及其孙潘振光	联元,尝客浮梁。光经商外埠,值兵乱,赖其妻扶持老幼,后殁上海
豸下	潘文焰	商于粤
豸峰	潘文炎(潘芹子)	商粤
豸下	潘燮	营茶业
豸峰	潘栋	经营茶业
孔村	潘锡圭	中年业茶于羊城。远祖墓在黎平
孔村	潘凤仪及其三兄	三兄贾粤东十五年。(凤仪)贷赀经商
孔村	潘学全	经商粤东
和睦村	潘开祥及兄	业茶起家。兄殁岭南

续表

居住地	名字	简要经商事迹
坑头	潘昌烜之妻	焙茶纺绩为活
坑头	潘作砺	同兄业茶起家
坑头	潘世诰妻及其长子	赖氏焙茶帮助。长子病殁兰溪
坑头	潘兆元	尝买茶至水岚山
桃溪	潘廷珍	商粤东
南乡		
店埠阪	刘廷珍	业茶,有从弟假造戳记冒领栈银千余两。在申自贷川资归里
玉川	胡瑞琛	家贫,后业茶稍裕
石井	汪应祥	悯兄窘,召侄为理茶事,厚给工贷
王家墩	王大丰之祖及父	祖父以业茶起家,父被洋行倒空
嵩峡	齐彦钱	在无锡木行代司理。售茶上洋
中云	王本庚之兄	客金陵
中云	王锡熊(本庚第三子)	少业儒,以家贫贾于粤,赀稍裕
中云	王锡麒	业茶驰名沪粤间
中云	王锡燮的族人王某	有族某借银五百两,业茶进粤,亏折不能偿,留粤数年
中云	王枚吉及其父	父子木商,巨富
中云	王楷民(王枚吉之子)	中年司茶栈
中云	王恩惠	弃儒就商。以士商分课诸弟。弟经商。孙曾二十余人,皆知名商学界。乱平后,业茶
中云	王熙恩	业茶。后夫经商渐裕,力赞夫归家购屋置产为自立计
中云	王世隆	商于粤
中云	王文霱之兄	业茶广东
中云	王接宝	业茶
中云	王昌灏	借贷业茶
中云	王仁辅之父	父殁于粤
芳溪	潘锳及其父	父以经商亏折徙居回族。族有业茶者,延锳为会计,家渐裕
太白薛家	薛鸣鸾及其父	父业茶亏蚀,殁负债数千元,母老弟幼,婉言与债主缓,兴复父业,凤债完清

第三章 徽商的主要经营行业、经营特点与区域社会变迁

续表

居住地	名字	简要经商事迹
阳村	王世勋、同乡胡某	业茶粤东。邑有胡某自粤东同归
阳村	叶敏东	常作小贸易。本都小港口擅起茶局
横槎	黄文	比壮,业茶致丰裕
高安	程应魁、堂兄应亨	堂兄亨殁于粤,魁亦在粤服贾
高安	程廷辉	与兄业茶于粤,易岁往还。辉商粤东。服贾供养。母殁既殡,仍外贾
高安	胡德礼	往景镇学瓷工三年。父召归,襄理茶务
高安	胡炜	业茶。挈眷侨居中云,开设药室
西乡		
游汀	张廷宸	以业茶起家
桂潭	董梯云	业茶稍裕。素习歧黄,晚尤以济人为心,遇危症,星夜携杖诊视,不惮烦劳,病瘳,不受直,间有馈遗投桃,必报以李焉。
朗湖	叶上林	贸易岭南
严田	李汝霖	营韩康业(卖草药)。业茶至上海
严田	朱廷诰	商广东
严田	朱廷杰	中年务茶业,偕弟占春远赴东粤
甲道	张金城	久客沪上,官商往来,推诚相与
梅源	王圣宝	长贾粤
港头	王启铭	经商沪上,获巨赀
港头	方同仁	经商茶木
冲田	齐用仪	经商广东、上海
长溪	戴维城	售茶申江
长溪	戴承烈兄弟、父	随父赴粤售茶。父殁,随兄赴粤
长溪	戴光荣三弟	三弟趁于粤,折本归
富春	吴起福	族弟某占收茶园利
赋春	吴笙与子珙、球	佐父商业,浸裕。弟球商粤,赀大蚀
赋春	吴国华、国瑜兄弟及其父	父经商本邑肆中。华甘受市籍。弟瑜业茶粤东
赋春	吴鹏之兄	兄商于粤东

续表

居住地	名字	简要经商事迹
赋春	吴继开及父、长兄	长兄业茶。继开佐父经营生计。恢复旧业
赋春	吴元机及同乡方某	经商外省。与同乡方某自粤归
赋春	吴宪仁	经商在粤
黄砂	汪庚灿	庚灿往粤经商,家中落,无立锥地,不能为子完婚
游山	董培成	旋业茶得商界信仰
凤游	董登云	业茶积有微赀
泉田	许国桢	家贫,不克习儒业,以茶商起家
泉田	许振邦	随从兄习茶业,通书算,徒手致数千金
泉田	许贞之父	咸同前,贩茶于粤;咸同后,经商上海。
香山	俞廷巍	比长,游于粤,稍有居积
镇头东溪	方辉	胞弟辉贾粤东病故
未知		
镜川	程振检	后业茶获利,畅所欲为,恤贫急难,近在一乡,远在外省,慈善事多赖赞成
汉口	汪大荣	家贫,佣工茶业,得居停信任,中年家渐裕
	余圣材	与族人合贷重资,业茶粤东

资料来源:民国《婺源县志》各卷人物传记。

除上海外,温州、苏州等地也是茶叶的出口地,婺源茶商在其中也占有一席之地。明清时期苏州一带富庶,商品经济发展的程度较高,达官贵人与豪门富户多居住此地,因此也是茶叶产销户的理想经营地。

汉口是九省通衢,也是徽商的麇集之地,从明代起就有徽商的经管活动,尤其是鸦片战争以后,更是婺商的风云际会之所,他们在此经营茶叶贸易。

江西也是婺源茶商的重要经营地点。婺源与乐安江、阊江、鄱阳湖等地的经济往来极其频繁,九江和景德镇转运婺源断缺的粮食要仰给于饶州、乐平、德兴等县,而且婺绿在江西省内有相当的市场。河口镇是江西四大名镇,水陆交通畅便,光绪初年,茶庄、牙行有二三十家,每年由此输出的茶叶在十万箱上下,其中相当大数量是婺商所经营。江西修水是江西宁茶的主要产地,茶叶产销向来兴盛,而婺商的势力也已经涉足其间,在民国二十四年

(1935),修水有经营制红茶者二十八家,其中为婺源商帮经营的有益源、聚顺隆二家牌号,年销售量达 299 箱,制篓红茶三十五家,其中又包括益源,年销售额 47 箱①。九江收买茶叶的茶行,在光绪七年(1881)有 252 家,光绪八年(1882)增至 344 家,《光绪十七年九江华洋贸易情形论略》记载"业此项绿茶生意者,系徽州婺源人居多"。江西波阳,亦有"协和昌茶庄"等各号,下文即以协和昌茶庄为例,说明了婺源茶商的近代命运。

研究茶商,离不开婺源茶商的家乡——徽州。自我国五口通商之后,随着茶叶贸易成为中国对外贸易的大宗,婺源一县所产茶叶,已经远远不能满足婺源茶商的销售需求,因此在婺源茶商行商坐贾之中,又产生了兼营祁门红茶者,他们到同属徽州府的休宁、祁门等地收购绿茶,在屯溪设立茶庄,进行初步加工之后,再转销上海等地。晚清民国以来,在婺源乡间也纷纷诞生无数茶号,进行茶叶的采购、加工,茶业经济成为晚清民国时期婺源乡间主要的商品。

二、茶业经济与清代以来的县域社会变迁

以往对徽州茶商研究,主要关注在经营地点的经营状态,而对于产地的茶叶产销环节的研究较为薄弱。笔者家乡在乌龙茶铁观音的原产地——福建安溪,对采茶、制茶、加工、包装以及销售等茶业各环节有较多的感性认识,对此问题也较感兴趣。虽然乌龙茶与婺源绿茶的产制在技术细节上有所不同,但其主要步骤则大致相同。笔者深入婺源诸多乡村,采访了当代茶农,对于婺源绿茶的采制时间、具体要求等方面有了更多了解。现存族谱、档案、地方文史文书等方面的资料,也保存有关于婺源茶叶产销环节的证据。通过"茶业经济"这个独特视角,可以反观晚清到民国时期婺源区域社会变迁。

(一)茶叶产地、栽培与采摘

茶树种植于婺源各乡村的山坡处,其地稍平坦者,概称为"茶坦"。茶坦

---

① 《工商通讯》,1937 年第 21、22 期。

同山林、竹林等山林经济种植场所一样,为婺源乡民的重要收入来源。在《嵩峡齐氏宗谱》收录了几份关于茶坦纠纷的契据资料,其中之一为:①

> 同治辛未年,是岁族淑祖清如,在松下塝设账。四月初间,突有上槎口地癞程济美字礼和,伪伊祖汉文亲笔账簿一本,执诣如叔祖书馆,上立有契文一道,声称我族吴家坞茶坦之山系伊众程宠房买自乾隆年间潘姓之业四分之三,本图十排众买有四分之一,请如叔祖视明即行追山等语。但如叔祖为人厚重简默,行坐难安。是晚回家,申明此事,阖族惊惶,无从措置,各查税业,无据可呈殊。济美复持非字号鳞册至坑头,煸出清丈时原主属亲之潘允明,并请有秀才潘钦文等四人,乘舆诣寓犹兰庄,次日来我村投词控称清业齐姓白占,并带连天赐把持武断乡曲云。无如此山前辈皆故,无人洞悉,向后以讹传讹,只知是十排山,因此办席接图内知事者议论,始知十排山仅有南面兜金嘴头,其余俱属潘姓所管。次早,潘姓迫集齐族排山照册排明,果系二十三都潘沂洋之清业也,似此以册为凭,有何言哉。奈此时,茶行值价每百斤可售三十余元,故不得已,是夜,有茶坦之家只得聚集至犹兰庄反浼潘姓租种,共立佃约带归,言明次晚送交无异。不意事难逆料,幸我族非倾败之时,莫非祖宗显灵,吾族从兹去一臂矣。谁想是日天赐家契匣内,忽寻出有乾隆十六年买得滕姓山契一道,上载土名吴家坞非字壹千六十四号,计山税四亩零,东至周家坞当心值,上至官路,北至官路,一切与册合符,即将此契请教高砂程轶凡先生,承教仍在原处寻觅来租三张,此契方可为凭也。比即回家,寻至天晓,尚幸俱全,来租三张,均是赤契。细阅来由,潘姓已卖于[与]郑姓,由郑姓卖与韩姓,由韩姓又卖与滕姓,再卖与我族大祠众名下为业也。四月念八日,遗价至坑头,择词以赤契买确投诉。想潘、程两姓,奸谋设计,共起狼心,可算是一场大梦,

---

① (清)齐学荣纂修:《嵩峡齐氏宗谱》卷一《新续·茶坦合墨》。

从此不敢饶舌矣。买契及老契共四道，仍俱存天赐处，此事彩贞经理，故此，嘱璋叙立原由，以备后世阅知有此事矣。

光绪二十七年岁次辛丑季冬月谷旦

二十二世裔孙学璋暨谱局同人公谨

《嵩峡齐氏宗谱》收入的第二份涉及茶坦种植的契据，情况基本雷同①。自清代乾嘉时期起，关于茶坦的产权纠纷亦甚多，在众多族谱中均有记载，以上《嵩峡齐氏宗谱》仅是其中一份而已。嵩峡属婺源西乡，今冲田村一带，是重要的茶叶产区，茶坦自嘉庆十二年（1807）即种植茶树，到光绪六年（1880）仍言"李姓加栽茶丛"，则其种植历史之悠久可见一斑。而茶坦归属于齐、李共有，则其产权归属之复杂亦可想见。婺源乡村在山林、茶坦方面的产权割让频繁，纠纷亦层出不穷。上述两份契据，真实地保存了茶坦纠纷的情形。

笔者到清华镇考察时，远望山坡遍地茶园，光绪年间的清华镇各村落山坡，情形亦大体相仿。当时的民间也有买卖茶园的现象，买卖茶园的契据迄今依然可见原件。比如，有一份签订于乾隆五十二年（1787）正月的《卖茶园契》，称"立卖茶园契人吴门唐氏今因乏用，自愿将承祖分受土名大坞地一片，今凭中立契出卖与 堂侄吴茂柏名下，三面议定时值得受价纹银三两二钱正[整]，其银当即收足，其地即交买人管业作种输粮，无得异说"。与其他类型的土地买卖契据格式无异②。同时，婺源茶坦的种植，与山场类似，是一种"分力"经营的方式。比如一件《护卫山林和约》③契据，就表明了这一点。

茶坦作为茶树的专用种植场所，在婺源乡间分布十分广泛。不过，也存在着县内的不平衡性，主要表现为婺源四乡的茶树种植具有地理上的不均衡性。据民国时期的调查，婺源产茶的地理分布大体呈现出"以县城附近为中

---

① 《嵩峡齐氏宗谱》卷一《茶坦合墨》。

② 《卖茶园契》，原文见"故纸堆"编委会编：《故纸堆》（乙集），北京：北京图书馆出版社，2003年，第17页。

③ 《护卫山林和约》，原文见"故纸堆"编委会编《故纸堆》（乙集），北京：北京图书馆出版社，2003年，第30～31页。

心,东北乡产类为最多,西南较次的格局"。① 这种地理分布,恰好同表 3-3《民国婺源县志收录婺源茶商简表》所反映出婺源东北两乡茶商多、而西南两乡茶商少的特点相印证。具体到每个村落,其情况又有所不同,民国时期婺源茶叶产地分布在四乡各个村落中,主要的茶叶种植村落包括②:①东乡:江湾 o 石耳 汪口 * 桃源 古坑铺 大畈 o 小秋口 o 洪村 上溪头 o 下溪头 o 庆源 o 鱼潭 济溪 鹤溪 o 上坦 o 下坦 o 晓起 o 龙尾 o 成口 毛坦 李坑 湖村 旃坑 浯村 茗坦 梅坑 桃源 港头 o 秋溪 港口 沙城 o 砚山 o②西乡:冲田 岩前 彰睦 豸下 游汀 曹村 o 凤田 许村 *③北乡:清华街 * 大杞 沱口 o 理源 思口 o 花桥 o 虹关 小源 o 裔村 o 槎口 延村 o 金竺 o 段莘 o 中云 长径 o 山坑 梨坑 庄前 鸿许湾 梓坞 里外窑 o 沽圻坊 o 坦头 燕山 高湖山 o 大鄣山 o④南乡:项村 玉坦 o 小港口 中平 o 太白 *(附注:旁有 o 符号表示品质优,产量且多; * 符号表示茶叶聚集之场所)。清代以来婺源茶叶品质最优者,如婺源东北乡号称有"四大名家",其原料产地分别是:上下溪头、济溪、大畈、砚山,这四个村落同时也是种植茶树最多的村落。关于民国时期婺源四乡茶叶产量的具体数字,婺源县档案馆所藏档案资料有各乡村的详细记载,其中涉及数字、表格极为庞大,故不在此展开分析。③

婺源茶树种植的分布特点,同婺源县内自然地理密切相关,也进一步影响了四乡所产茶叶的不同品质。"婺邑东乡之大畈、济溪、溪头、砚山为婺源产茶四大名家(茶),毛茶山价,每担较他处须增高十元以上,武溪、沱水两河沿岸,产量特多,几占全额三分之二,茶叶发芽,向比西南乡早,对于制法,亦将球精细,故出品优美,历为号家所争购。西北部之大鄣山,高湖山所产熙春(茶),在洋庄中,最负盛名,久为外人所赞美,该山居婺、休之间,为鄱江、浙江之起源,蟠居徽、饶,气脉雄浑,即休宁亦以西南两乡之率山(即大障山)山脉

---

① 傅宏镇《皖浙新安江流域之茶业》,上海大文印刷所民国二十三年(1934)印行,第 3 页。
② 傅宏镇:《皖浙新安江流域之茶业》,上海大文印刷所,民国二十三年印行,第 7 页。
③ 档案资料《婺源县政府建设科"改进茶技术及产量调查表卷"》,1939 年 1 月-1942 年 10 月。

一带,接壤婺祁,所产为高庄(茶),即浙源(茶)、南源(茶),号称休宁四大名家(茶),由此可证明茶皆出自高山,因得云雾之笼罩,淑气之滋润,品质特别优异,与所谓'天下名山,必产芝草,江南地暖,故独宜茶'之言,为不谬矣!"①长期以来,婺源东北乡几大山脉之间的山间平地,一直是婺源茶叶最为优秀的生产基地,因而产于其他乡村的茶叶,也往往冒用"大鄣山云雾茶"等名号,当时人认为,"徽属(婺源、休宁与歙县)年产绿茶十万石,而婺源约占其半,尤以邑北鄣山所产者为最有名,国内洋庄茶箱面标号,多具鄣山某茶,盖假其名贵,得召外人重视也。鄣山周亘绵十数里,层峦耸翠,高出云表,山顶平原及依山坡之处,均植茶树,每年产额颇巨,为山农年恃收入大宗,山产之茶与他处所产者有异,叶面纯绿,背面微黄,一叶显分两色,每叶满现小孔如纱网,水泡质久不出,色青虽不见绿,味则甘郁香醇,每一叶茶汁,比他茶一撮为浓厚,视浙之龙井,闽之武彝,有过无不及。其中最珍贵者当数该山顶高峰八卦间悬岩峭壁间之'云雾茶',因山峰常年不见真面,时为云雾所笼罩,叶芽饱受雾露清洁空气,质厚色白,叶面微现银毫,味苦涩而有幽香;用水冲泡盂内,盖覆少顷,揭开时有白气一道上冲,盘绕如云,每值夏季,山农用长绳系椅,悬空采摘,岁只得茶斤许,依法揉软焙干后,以小罐分盛数十筒,备赠戚友,及茶号入山办茶之大顾客,得之无不珍同获宝,据山农言,此茶能治心气痛,及一切痞闷症,此外沱川、高湖山,亦有产生,但不易觅得,又'六月雪''兰香茶',皆属珍品,兰香茶茶树苗条,叶如竹片,质润光滑,色绿带黄,且柔软少荈叶,花盛不结实,无种可传播,当茶芽初萌,近之则清芬幽韵,气馥如兰,干茶可开水七次,先一次汁不出,再之色渐呈绿,最后带金黄色,味浓厚不苦,津津可口,一尝试者,莫不称之。夷考婺源土壤,以性质言,多属砂壤,富于磷酸铁质等养分,空气湿润,云雾笼罩,此于茶树栽培,最称适宜,其所繁贵,亦天时地利为之故也"。②

根据民国二十二年(1933)调查,整个徽州地区的歙、休、婺、黟、绩五县

---

① 傅宏镇:《皖浙新安江流域之茶业》,上海大文印刷所,民国二十三年印行,第30页。
② 李絜非:《婺源风土志》,载《学风》第3卷,1933年第9期。

(调查不含祁门县),茶叶总产量为9.36万担,茶叶种植面积达194699亩,茶叶价值按照每亩平均五十斤计算可达467.5万元。其中,婺源县茶叶种植的面积颇大,各项指标在徽州各属邑中均居于首位。当时歙县产量为1.8万担,面积为35872亩,按照每亩平均50斤计算,茶叶价值约90万元;休宁县产量为2.93万担,面积为58559亩,茶叶价值为146万元;婺源县产量为3.4万担,面积为68000亩,茶叶价值为170万元;黟县产量为6800担,面积为17094亩、价值为34万元;绩溪县产量为5500担,面积为15174亩,价值为27.5万元。①

关于茶树栽培方面,民国时期的调查显示婺源一邑是徽州各县最为突出的县份:"徽州各县,茶树栽培方法,大致相同,惟婺源东北乡,对于茶园管理,较为周密,为各地所不及,至施肥耕耘,亦甚注意,而整枝一端,均多漠视。婺源茶树硕大无比,而每亩收叶亦较各地为多……。要之,徽州茶园,抚育管理,皆以茶市畅滞、茶价涨跌为转移。畅涨尚知注意,否则,任其自然,不加培壅。"②而茶树栽培及其采摘的具体情况,据傅宏镇的调查,情形如下:①种植。"徽州各县以种子直播者较少,大概以茶苗移植者为多,种时将茶苗埋于已掘好之穴内,每穴十余株,倘有枯死者,第二年再行补植。其行间约四尺,株间三尺五寸。用种子者,先掘地深二寸,直径一尺之穴,穴中施以人粪尿,每穴置种子十余粒。"②耕耘。"各地茶农,为增加产品,多于茶丛内,夹种玉蜀、大豆、黍、蕃椒等。间作普通于中耕前除草一次,中耕两次。每年八九月,行第一次中耕,二三月,行第二次中耕,深度普通约五寸。多用女工,每工二角,以其价廉,日可除草一亩,如茶株硕大,需二工一亩。婺源、大畈一带,茶农耕作尤勤,多有行三次中耕,二次除草"。③施肥。"园户所用之肥料,多以人粪尿、豆饼、炉灰之属。休宁多以豆饼,婺源北乡,有用狗粪者,每年二次,亦有施用一次者。如施一次,多在冬季,二次多在秋末春初。其法先将茶树根旁掘一穴,纳肥料于穴内,施后,覆以细土,免被雨水冲去。在歙县茶农,多

---

① 傅宏镇:《皖浙新安江流域之茶业》,上海大文印刷所,民国二十三年印行,第8页。
② 傅宏镇:《皖浙新安江流域之茶业》,上海大文印刷所,民国二十三年印行,第10页。

有将除草时之杂草,充作肥料者"。④整枝。"整枝一事,概不施行,惟对于枯死茶树,在根际用刀砍去,使其重放枝条,或患病及枯死枝条,亦如是处置而已。婺源洲地茶丛,高约六尺,树势硕大,人在其中,常被掩被而不见,发育亦极为健全"。⑤保护。"徽属各县,于茶树保护,尚属周到,冬季必以稻草,将树身捆束,其树势特大者,则分两束,地面又用杂草敷盖,防受冰雪之患,至春回大地,即行除去杂草,在春季中耕前埋于根际,借充肥料"。⑥采摘。"时期分两种,春茶在谷雨前后,夏茶在六月间。歙、绩两县,摘工多淳安、遂安及本省旌德、太平县人。休、黟摘工,以安庆六邑人居多。婺源多浙之开化、遂安及赣之浮梁。从前德兴、乐平人最多,近以该处匪患未平,来者甚少。绿茶采摘,不居本庄洋庄,大抵摘叶及制造(属于生叶之初制部分)由一人任之,无专用摘叶者;如自家人工不够,临时则雇短工,或炒、或揉、或焙,各按所长,分别任之,大约每工六角,亦有论季者,每季工资九元,为期两周。但亦视需供情形及生活程度而异。每工摘茶,自十五斤至二十斤左右,日作干茶三斤,可为一工之标准,伙食由雇主供给之"。

"茶树栽培方法,既如上述,更进调查其每亩所需费用若干,收支两比,以观其盈亏所在。兹查徽州各县,栽培费最高者为婺源,年支三十一元三角之抚育费,盈余可得十元七角。余利最少者为黟县,年支十七元二角,仅得盈余四元二角,其相差为六元五角之多。可见投资少,得利亦小,大概各县皆薄有盈余。倘遭霜雪过重,收茶量减少,买价如再低贱,则管理诸端,必日趋放任之一途"。由上述可知,婺源茶叶产地及其分布,在四乡各不相同,这种分布格局是由于四乡不同的自然地理环境所造成的,同时也由于婺源茶农在经营管理茶园上对于茶树栽培采取精致悉心的管理,这为"婺绿"茶的制造提供了极为优质的原料——毛茶。

(二)"婺绿"的制造及其品质

关于婺绿茶叶的制造,以往学者已有较为细致的分析论述①。此处仅以

---

① 王钟音:《婺源茶史》,载《农业考古》,1992年第2期。

茶叶制造中关涉婺源区域社会的方面,作一分析。

生茶叶的采制,一般多为婺源农村妇女所包揽。而在茶叶产销环节中,妇女也参与茶叶生产的情况,一般人则所知甚少。婺源乡间妇女还直接参与茶叶加工,比如思溪俞德添妻金氏:"俞,思溪人,氏,延村国学联甲女,幼知大义,道光癸巳二十九岁夫殁,家极贫,子继灯、继洪尚幼,氏佣茶工得值,凡灌园纺绩杵臼之苦,靡不亲尝,耐饥以饱两孤,养教成立,及见孙曾,勤俭至老不衰,积微赀妥先裕祀,族戚敬之,现年七十八,已历节五十年。光绪二年总旌。"①妇女参与茶叶生产,引起了当时士大夫的恐慌,认为让妇女也参与茶叶生产实属不雅:"婺邑近时业茶者……其实起家者少,破家者多,今亦未暇深论,惟当出茶之时,开局检茶,多以女工为之,男妇聚杂,外观既不雅驯,其中复多暧昧,吾愿尔小民纺绩耕馌,尽可度日,何必以清白之家混入茶号以博不美之名?言之痛心,可为切戒。"②由此可知,除了采摘茶叶之外,检茶这一道程序,亦多为女工。所谓检茶,即茶叶炮制之后,须要手工拣选以去除粗枝大叶及混入茶叶中的杂物。

婺源所出产的绿茶,其品质之优,时人有着一致看法:"婺源产品,为中国绿茶之王,质地优异,世罕其匹,其色、香、味俱臻上乘,不独代表中国绿茶之超特,且居世界绿茶之首席,故谈世界者,无不推婺源珍眉为巨擘,与祁门红茶并闻世界,'婺绿祁红'并享盛名。沪上绿茶市盘,恒以婺珍为标准,每年产额,均在八万箱以上,民国十九年,亦有八万五千四百五十四箱。年来西南两乡四、五、六三区,毗连赣省德兴、乐平,时遭匪患,民难安居乐业,茶树日就荒芜,产额亦趋减少,近三年来均在六万箱上下。婺邑茶树栽培颇勤,制茶技术亦较精研,故能自立一帮,凡各地绿茶号者,无不有婺源茶司之地位,殆成一种专门职业,如制红茶者,必请河口、(江西铅山县属)及宁州(江西修水铜鼓两县属)茶司,各有专长,蜚声茶界,在国内制茶工程上,盖处于鼎足地位。"祁浮各地红茶号,河口帮有极厚之势力,近来河口,宁州两地,受匪滋扰,该地茶

---

① 民国重修《婺源县志》卷五十六《人物十七·列女四·节孝六·俞德添妻金氏》。
② (清)夏炘:《景紫堂文集》。

司,多不能如期招致,几为婺源帮势力所独占矣。"①由于"婺绿"在一段时间内堪称"中国绿茶之王",即使在战乱时期,婺源茶司不仅能够继续制造"婺绿",还能制造"祁红",这是婺源茶业经济发展给婺源商人群体带来的一大变化。

事实上,这种具有区域性的商人群体在职业选择上发生的变化,有着广阔的社会背景。晚清以来,中国广大的城乡卷入资本主义全球大市场,因此国际市场上的变化,极易反馈到广大城乡,僻处深山的婺源一邑,自不能免。据统计,自晚清以来中国茶叶出口量发生过阶段性的波动,其中光绪七年(1881)左右为华茶极盛时期;而至民国七年(1918)大衰,自斯以后,数要在百万担之内,岌岌之状可以了然②。就中国出口到外国的茶叶品种,按照红茶、绿茶、砖茶、毛茶和其他茶叶品种来细分,民国七年(1918)至民国十年(1921)期间有一组数据,表明第一次世界大战期间,中国绿茶约占当时外销总量三分之一强③。而婺源作为外销绿茶的几大主要产地之一,"绿茶出口较多,每倍于红茶,以红茶外销,受印度、锡兰红茶竞争,影响甚巨,绿茶则以销非洲美国为多,去年数字尚见增加,六月份绿茶出口五万九千箱,红茶仅二万一千箱,相差三倍之多"。④ 可见,晚清至民国时期,婺绿的产销虽在一定程度上受市场波动,但仍保持较好的发展势头,成为婺源乡村社会的支柱产业,这种情形一直延续到当代。概而言之,茶业经济与婺源一邑近代以来社会变迁之间的关系,当值得更进一步深入的分析。

民国二十三年(1934),《实业部拟订改进全国茶叶生产办法》(以下简称《改进茶叶生产办法》)的颁布⑤,进一步推动了婺源茶业经济改良的步履。

---

① 傅宏镇:《皖浙新安江流域之茶业》,上海大文印刷所,民国二十三年印行,第30页。
② 李絜非:《婺源风土志》载《学风》第3卷,1933年第9期。
③ 李絜非:《婺源风土志》载《学风》第3卷,1933年第9期。
④ 李絜非:《婺源风土志》载《学风》第3卷,1933年第9期。
⑤ 档案资料《实业部拟订改进全国茶叶生产办法》,《中华民国史档案资料汇编》第五辑第一编《财政经济(七)》,第376～378页。

民国二十八年(1939),婺源县政府提出振作茶业经济的具体方案①,其中有关于毛茶制造改良的具体办法,从中亦可见茶叶制造与婺源乡村社会面貌的关系。兹将《改进茶叶生产办法》转录于下:

(甲)理论和原则

婺源以茶叶为经济命脉,农家大都以植茶为副业,在昔茶业繁荣时期,每年出产毛茶约五万担以上,制成箱茶十万余箱,晚近以海外市场之不振,外销茶渐趋疲滞,农村随之衰落,毛茶产量亦遂减少。惟自抗战以来,中央重视茶政,加之地方行政长官之热心提倡救济,则又年有起色,去年毛茶又渐增至四万担,此后继续复行,当不难恢复旧观也。

婺绿品质之优良,以毛茶之得天独厚,为其重要之因素。在昔茶业依正常之发展,商农利润均沾,而且相依为命,厂家精制箱茶,颇为考究,农家初制毛茶,亦属认真,从无掺杂作伪,摊胚晒胚之举,制成之后,亦必紧密盖藏,故瓮头春色经久不变。乃今年以来,厂家箱茶,未免粗制滥造,而农家毛茶更觉潦草低劣,兹就农家初制毛茶,应行注意改进之点,述之如下:

(1)采摘 农家摘茶,大概重视数量,不肯早采嫩摘,不知数量虽少,而品质提高,仍得善价而售,故必须于谷雨前后,按当地气候之稍有不齐,而定时期之迟早,然要之概以一芽三叶时为采摘之标准。

(2)炒制 一、炒青——摘来之鲜叶,如有水湿,须摊放稍干,然后付炒,用武火将锅烧热,每次取鲜叶约半斤入锅,用敏捷之手法,上下翻掉旋转炒之,炒至叶片柔软即取出,不可使有焦点。二、揉搓——置竹帘上乘热以两手握茶,团转揉搓之,揉搓少顷,复行松

---

① 档案资料《婺源县政府建设科"改进茶技术及产量调查表卷"》,1939年1月—1942年10月,婺源县档案馆藏。

开,再行揉搓,用力不可太过,恐搓成断碎之茶,只将一部份之水分及茶汁揉出,揉至紧卷为条线时为止。三、解块及摊晾——将团团紧卷之茶,松散匀铺于筐内,使水分蒸发,温度减低,否则壅塞发酵而变黄枯,最好以蒲扇挥扇之。四、炒焙——摊晾后,必须入锅翻炒,同时以扇挥去水汽,所以欲色泽之翠绿也,火力不宜太强,时间不宜急促,炒至各叶不相钩串,已达干燥时为止,须时约二小时。有因茶叶黄老,掺入苦荬质或箬叶灰作色者,务须严禁。燃料宜用大块之松柴,盖松柴燃着后,火力较为平均而持久,不宜用新篠杂枝,以免火力或张或弛,温度不易调整。再摊凉后,必须继续入锅炒焙,所谓"靠家青"是也。农家有省人工灯油杂费者,揉后摊放于楼板或箪上,直至次日略行炒焙,或竟用竹箪晒干,此所谓"摊胚晒胚",必有馊味及日气,且多红梗黄叶,品质低劣,务宜严禁。

(3)清洁　所有茶用器具,务须清洁,农家即以普通饭锅炒茶,须于事前擦清油气。揉茶炒茶,两竹务须保持清洁。

(4)紧藏　制成毛茶后,即须紧密盖藏,不可随便放置,以防收潮走气,致色香味变劣。

(乙)实施办法

1.规定采摘日期——笼统而言,规定谷雨日开始采摘,谷雨后五日至迟十日内一律采完。

2.严禁摊胚晒胚——违者,将其毛茶禁止出售或科以罚金。

3.严禁掺杂作伪——违者科以罚金。

4.责成乡保甲长切实宣传——鸣锣通知或挨户宣告,并登记采制完毕日期。

5.由县政府先期以布告通行张贴晓谕外,并同时训令区乡镇保甲,以层级行政效能行之。

当时在婺源城乡茶叶制造过程中,引进的现代生产工艺,虽然其规模不大,但是曾一度影响了婺源茶业经济的发展方向。比如著名茶商俞仰清

(1902—1962),作为民国时期婺源茶商的杰出代表,曾经在20世纪30年代利用机器制茶,而受到战争的影响,汽油、煤油大幅涨价,因此改用水力发电。迄今婺源县档案馆依然保存有关于这些技术改进的珍贵材料[①]。就档案资料来看,当时婺源茶叶的制作工艺已经大为改进,从手工制作逐步转向机器制作,不断走向近代化。因此茶业经济与婺源城乡社会变迁的关系,尚有深入讨论的空间。

由该《改进茶叶生产办法》可见,当时地方政府已经借由茶业经济一途,进一步加强了对婺源乡村社会的控制和管理。在茶叶制造环节中,合作化运动是一个非常值得研究的内容。1928年后,国民政府推行合作化运动,安徽是重点实施的省份,而茶业也正是最先进行试点的产业。国民政府实业部在1931年4月18日颁布了《农村合作社暂行规程》,提出了复兴农村经济的口号[②],1931年6月又印发了《合作运动方案的咨》,强调"合作宣传,普及全国,进而从事各种合作社之组织"。[③] 此后,在1933年10月又由豫鄂皖三省颁布《保证责任农村利用合作社模范章程》[④];1935年8月19日,实业部又通过了《合作社施行细则》,进一步推动了声势浩大的合作化运动[⑤]。这是一场浩浩荡荡的经济改革运动,婺源茶业经济也深深卷入了这一运动,当时各乡村的绝大多数茶农加入合作社,几乎各产茶村落成立"保证责任茶叶生产运销合作社"这种组织。合作的内容涉及农民的互助合作、信用合作、运销合作等几类,从时人的评论来看,互助合作、信用合作都未大规模地推行,其中就存在

---

① 档案资料《婺源县政府建设科"改进茶技术及产量调查表卷"》。
② 国民政府实业部颁布《农村合作社暂行规程》,1931年4月18日,中国第二历史档案馆编《中华民国史档案资料汇编》第五辑第一编《财政经济(七)》,南京:江苏古籍出版社,1994年,第283~315页。
③ 国民政府实业部印发《合作运动方案的咨》,1931年6月,《中华民国史档案资料汇编》第五辑第一编《财政经济(七)》,第292~299页。
④ 国民政府豫鄂皖三省《保证责任农村利用合作社模范章程》,1933年10月,《中华民国史档案资料汇编》第五辑第一编《财政经济(七)》,第292~299页。
⑤ 国民政府农业部《合作社法施行细则》,1935年8月19日,《中华民国史档案资料汇编》第五辑第一编《财政经济(七)》,第325~329页。

一个问题,信用合作的目的是为小农提供周转资金,而从已有的研究可以知道,农户的资金融通既可以通过遍布城乡的典当行,也可以依靠农民自行结合而成的花会等组织。另外,茶农还得到了茶栈、茶号带来的贷款,也许正是这些因素成了政府推行的信用合作的阻力,使其不能得到推广。从功能主义的角度来看,政府此举只是一厢情愿,而在农村实际已经有了相应的功能机构。合作运动中的运销合作,是由政府牵头大规模推行的,皖赣红茶运销委员会成立后,其功能与茶栈极其相似,也收购箱茶和篓茶,并组织对茶农与茶号的放贷,同时,它也自行办理出口业务。这一机构的出现,明显是为了取代茶栈与洋行在茶叶运销体系中的地位。茶栈与洋行的利润丰厚异常,不可否认运销合作委员会有着谋利的动机。作为一个在财政上奉行量出为入的政府,这类营利行为理应置于国际、国内政治、经济形势的大背景下考量。政府想分茶栈、洋行之利,自然不是一件容易的事情,茶栈的反应代表了民间力量与政府力量在利益上的争夺,而与洋行的相争显然已涉及国际间的经济纠纷。时人对茶业经济中合作化运动的评价毁誉参半,讥之者认为这是官僚资本夺民间之利,誉之者认为这是简化流通、融通资金,便茶农之利。因此,从茶叶运销合作入手,对国民政府推行这次合作化运动进行一番再检讨,仍具有必要性。1935 年 2 月 22 日,江西省农村合作委员会在《关于各县区合作社联合会经营动产押款业务暂行办法致四省农民银行江西分行公函》中,提出了《江西省各县区合作社联合会经营动产抵押业务暂行办法》,1936 年 4 月又颁布《江西省农村合作委员会与中国农民银行联合制订农村合作社放款办法》,推动了合作化运动在江西各县区的进一步发展[①]。笔者在婺源县档案

---

① 《江西省农村合作委员会关于各县区合作社联合会经营动产押款业务暂行办法致四省农民银行江西分行公函》《江西省各县区合作社联合会经营动产抵押业务暂行办法》,1935 年 2 月 22 日,《中华民国史档案资料汇编》第五辑第一编《财政经济(七)》,第 321~325 页。

馆所见的档案资料,至少有数十卷与民国后期这场合作化运动直接有关①。

(三)茶叶运输与销售

茶叶运输与销售环节尤为重要。婺源茶叶运至上海等口岸城市,销向国外,其中的环节甚多。从洋行至国外的过程,属于国际贸易研究的内容,可不涉及,不过从茶叶到洋行的过程,却是一个值得认真分析的问题。事实上,从茶叶产地到洋行,徽茶需转易数手。其中最简单,而又最典型的表述是:茶农—茶号—茶栈—洋行。具体的运销环节,详见《茶叶运销环节示意图》所示②。

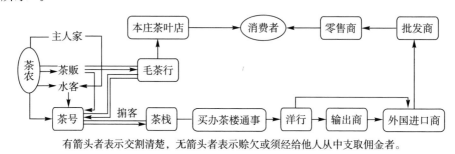

有箭头者表示交割清楚,无箭头者表示赊欠或须经给他人从中支取佣金者。

茶业产销示意图

茶农种植茶树,采摘鲜叶,并赶制成毛茶,茶号则负责炒制、分类及包装,到这里,实际上已经完成了茶叶的全部生产工序。接下来,茶栈负责向茶号收购箱茶和篓茶,并通过向茶号和茶农放贷,控制了茶叶的生产加工,茶栈也是茶号与洋行之间的中介,洋行与海外的总部直接联系,将茶叶运销世界各地。茶农、茶号、茶栈、洋行四个组织有着不同的分工,它们共同组成了徽茶的产销链条。同时,它们在地域的分布上也有规律可寻。茶农处于最基层,

---

① 兹举最为详尽的一卷档案信息:"县府合作室犀峰村茶叶产销合作社卷",1947 年,婺源县档案馆藏。该卷档案包括《保证责任婺源县犀峰村茶叶生产运销合作社章程》《呈请成立登记表》《保证责任犀峰村茶叶生产运销合作社创立会议记录》《婺源县犀峰村茶叶生产运销合作社三十六年度业务计划》《保证责任婺源县犀峰村茶叶生产运销合作社社员名册》等,对民国时期婺源农村社会研究具有极高史料价值。

② 该图据庄晚芳《中国的茶叶》所述绘制。

分布于产茶各村。茶号则差不多分布到乡一级,同时在屯溪等地区性商业中心也分布众多。茶栈大多分布于屯溪、渔梁、杭州和上海等商业中心城市。洋行一般只分布在口岸城市,主要是上海。

可见,不同产销组织的地域分布与城市的经济地位有着对应的关系,这一现象也代表了不同层次的茶叶集中地。各类产销组织需要的配套服务也不尽相同,茶号需要制箱、制罐等行业,到茶号中进行季节性打工的外来人口,是否需要通过劳务中介组织,目前尚未见到直接材料,可能会有,也许他们的相互介绍仍旧完全依靠地缘、血缘关系。茶号、茶栈还需要银行、钱庄等机构提供资金周转。茶农为保证生计,维持生产,需要小额的借贷,于是,遍布城乡的典当就必不可少了,而合作化运动开展之后,农民与银行之间也产生了关系。总之,这一过程极为复杂。

在原产地出售茶叶是茶叶销售中最为重要的一个环节,也给婺源区域社会的变迁带来一定的影响。在此环节中,存在很多学问。比如,如何保证生产者和前来婺源购茶客商的权益,共同维护信誉问题,在民间亦有很多习惯。在今婺源县郓山乡里村的余氏宗祠门前路上,现存一通《演戏申禁碑》①,就是为保护销购双方权益而立的。碑为青石,63厘米×40厘米,碑文楷书阴文,9行,因年限较久,不少文字已难以辨认,但通观全文,立碑的目的还是可以理解的。文字不长,照样全录如下:

□□□□□□固多,而惟吾□□甚□,□来茶商渔□莫□□计剥人,凡秤□□□□□,弊病多端,为此演戏勒石公禁。自此以后,凡售茶叶要经主家平衡,外客毋得擅自挟秤,主于茶样照货品价之后,仍将原样放入袋中,均行过秤。毋得私取,违者演戏一台,示□预白。

同治八年六月□日 商族公具

---

① 陈琪:《徽州茶事古碑刻》,载《农业考古》,2004年第2期。

在今婺源县清华镇洪村的光裕堂外围墙上也有一通《公议茶规》碑①,其全文如下:

> 合村公议演戏勒石,钉公秤两把,硬钉二十两。凡买松萝茶客,入村任客投主,入祠校秤,一字平秤。货价高低,公品公卖,务要前后如一。凡主家买卖,客毋得私情背卖。如有背卖者,查出罚通宵戏一台,银五两入祠,决不徇情轻贷。倘有强横不遵者,仍要倍罚无异。
>
> 一、买茶客入村,先看银色,言明开秤,无论好歹,俱要扫看,不能蒂存。
>
> 二、茶称时,明除净退,并无袋位。
>
> 三、茶买齐,先兑银,后发茶行,不得私发。
>
> 四、公秤两把,递年交值年乡约收执,卖茶之日交众,如有失落,约要赔出。
>
> 道光四年五月初一日 光裕堂衿耆约保同立

从婺源原产地购买茶叶后,茶商需将茶叶运至各大城市和市镇销售或贩卖至洋行。根据民国时期调查,"婺源箱茶,向来多由婺江运至饶州,转浔至沪。民十九年,乐河被匪侵扰,自封锁后,出入商货,不能畅达,遂改旱道至屯溪,由徽河至杭,运费一项,陡增两元有余,运费既增,手续又繁,因图货物安全,亦殊无可如何。计东路由船运至江湾,每担船力自五角至一元,由江湾肩挑至休宁龙湾,挑力每担自三元至五元,再由水道至屯溪,每担船力五角,自屯至杭州闸口,每箱船力七角,杭至沪每箱车力六角。北路用船装至清华街,每担船力六角,再由清华挑至休宁上溪口,挑力每担二元五角,至四元六角,由上溪口改用船运至屯溪,每担船力九角,由屯至杭,每箱船力七角,杭至沪每箱车力六角。西路均挑至张树亭,每担挑力二元四角,至三元五角,由张树

---

① 陈琪:《徽州茶事古碑刻》,载《农业考古》,2004年第2期。

亭装人力车至江西景德镇,每担车力一元,景镇至饶州,船力每担三角,饶至浔,船力每担一元,再由大轮至申,系以吨位计算,每吨十四元,一吨计十二箱,每需箱洋一元二角,是以婺源箱茶,每担转运费约在七元之谱,在徽属各县中箱茶运费为最高数。现幸婺白路(婺源至浙江开化县白沙关止)业已修筑完竣,不日可以通车,异日婺茶可由婺白路至浙之开化县之华埠镇,经常山公路至杭,或至江山县搭杭江铁路,或附徽杭路至沪,均可各按地理之便利,自谋发展,以后运输,当更形便捷矣"。①

婺源茶叶运出原产地,在运输途中需要缴纳诸多费用。根据民国时期的调查,"徽茶负担甚重,举凡慈善、公安、教育、航空、道路各方面,多赖茶业赀[资]助。近年因茶市衰落,而社会事业,亦不免受其影响"。② 婺源、屯溪两地茶商需要承当的各种捐税很多,但除保安队捐、教育捐、商会捐较多外,其他名目捐负相对较轻。其中,婺源茶商担负的捐别包括保安队捐、清乡善后捐、教育捐、公会捐、屯溪公会捐、公安捐、保婴捐、公济捐、鄱阳九江各地捐、公路捐、其他等11种,但金额都甚微,加起来约1元而已;但在屯溪镇,茶商担负的捐别和捐负则十分繁重,其中包括公济捐、公安捐、教育捐、保安队捐、保商捐、惟善堂、公磅、公校、会费、商会捐、公费、其他等13种,其中休宁县保安队捐高达1500元,津贴商会每年400元,教育捐300元,其他各捐加起来总额不过1元③。

"徽州茶号,资本薄弱,大都全恃茶栈放款,始有充分活动之余地,而茶栈亦即利用先垫生产资金之魔力,得以从中渔利。查茶栈所用各费,虽系代客垫付,其中不无利润,要之买卖不能直接,只得明知故昧"。④ 据傅宏镇民国二十二年(1933)调查数据表明,当时徽州茶叶在洋行及茶栈的各项用费总金额为每1000元要抽取掉近35元,综合费率达到3.5%,其中大头费用包括栈

---

① 傅宏镇:《皖浙新安江流域之茶业》,上海大文印刷所,民国二十三年印行,第32页。
② 傅宏镇:《皖浙新安江流域之茶业》,上海大文印刷所,民国二十三年印行,第33页。
③ 傅宏镇:《皖浙新安江流域之茶业》,上海大文印刷所,民国二十三年印行,第33~34页。
④ 傅宏镇:《皖浙新安江流域之茶业》,上海大文印刷所,民国二十三年印行,第35页。

用20元、九九五扣洋行佣金5元、保安费3元,其他小的费用则包括洋行部分的杭州至上海报关费、上海报费、火车费、打包费、装箱费、茶楼磅费,以及茶栈部分的栈租、力驳堆折、出店、商务律师、思恭堂贫病院、保税、贴力、公磅、飞机捐、检验费等等,名目繁多①。

婺源茶商设有茶商同业组织。傅宏镇曾指出:"徽属茶商之有组织,始于清季光绪二十二年。两江总督刘坤一,鉴于屯溪为皖南茶市中心,茶商荟萃,不可一无团体,遂令饬组织,乃由屯溪茶商洪其相、李荔轩等,发起组织茶业公所于屯溪,是为徽州有茶业团体之始。常年经费,则抽出口箱茶每引三分充之。婺源亦于宣统元年成立,歙县亦相继组织。追入民国后,屯镇吴永柏、俞燮等,以屯溪为徽茶总汇之区,而婺、歙、祁已有茶商分会之设,发启改组屯溪茶业公所,为徽州茶务总会,以符名实。直至民(国)二十年,各依照工商同业公会第十五条之规定,均一律改称为某某县茶业同业公会,内设常务、执行、监察各委员若干人,由常务委员中推一人为主席,以维持增进同业之公共利益,排除同业之纠纷,及矫正营业之弊害,发展对外贸易为宗旨。年开会员大会一次,常务委员会二次,但遇有特别事故,由执行委员会招集临时会议,经费均在茶箱上抽收之。休、婺两公会,组织稍有精神;歙县公会,以事权未能统一,殊欠团结,惜各该会,对于茶业统计、调查、征询、通报各端,均未能致力,尚希注意及之。"②作者还开列了歙、休、婺三县茶商组织的职员表,兹仅列婺源一县的情况以说明之,详见《婺源具茶叶同业公会职员一览表》(民国二十二年)。此外,在婺源城乡还分布着大小数百家茶号,偶尔也兼负茶叶的采购、加工和销售,兹不一一列举。

---

① 傅宏镇:《皖浙新安江流域之茶业》,上海大文印刷所,民国二十三年印行,第34~35页。

② 傅宏镇:《皖浙新安江流域之茶业》,上海大文印刷所,民国二十三年印行,第39页。

表 3-4　婺源县茶业同业公会职员一览表(民国二十二年)

名称	职别	姓名	经理牌号	住址	经费来源	沿革
婺源县茶业同业公会	主席	王义岚	芝瑞	中云	出口箱茶抽收会费,每箱四分,充作常年经费,至临时事业费,则由会员大会会议筹集之	
	常务委员	程霭祥	信盛	龙山		
		孙芹塘	广达	城厢		
	执行委员	李佐臣	佐记	李坑		
		金新甫	恒达利	城厢		
		金骦腾	元吉	漳村		
		俞宪章	永和	思溪		
		潘又良	畅记	豸下		
		金辅仁	鼎盛隆	延村		
		汪献章	汪怡亨	黄砂		
		董佐康	生大亨	游山		
	候补执委	汪霭如	仁丰永	大畈		
		董觐尧	慎德永	游山		
		潘幼良	利生祥	豸下		
		江三景	同丰祥	东山		
		潘彩云	庆成	坑头		
	监委	单守和	隆记	金竹		
		李镜明	震兴隆	李坑		
		李湘舫	瑞生祥	山坑		
	候补执委	俞焕庭	忱生蔚	汪口		
	秘书	董吉符		城厢		
	会计	程佩衡		同右		

资料来源:傅宏镇:《皖浙新安江流域之茶业》,第43页。

茶业生产和销售对于婺源城乡的社会生活影响极大,一方面同其他商业领域一样,茶叶销售的利润源源不断流入婺源,造成了城乡的繁华景象;另外一方面,却也有些外部的社会习俗和风气传回婺源,至少当时人是这么看的。

经营地的习俗,不管是好是坏,都会影响到业茶者:"婺邑近时业茶者,多远至广东与洋人贸易,奢华靡丽,全失先贤浑朴乡俗。""鸦片流毒,海滨为甚,婺邑居万山之中,染此者亦复不少,推原其故,皆由业茶所致,然就余所见,有商贾终年在广而不吸食者,有偶为茶客雇工,一至粤城,便染恶习者,可见鸦片虽能害人,实人自为所害"。①

总之,婺源茶业经济的面貌是综合各种社会因素而成的产物,同时,它又反过来引起了社会的变迁,在社会风貌的变化中留下了它的痕迹。这种变迁至少表现在三个方面。

第一,推动了婺源乃至徽州城镇的变迁。茶业经济带动了城市的变迁。屯溪是徽州茶叶的最大集散地,其经济地位远远超过了原来的府城——歙县徽城,屯溪处于水路交通的枢纽,新安江、横江和率水三江在此交汇,新安江是走出徽州的交通孔道,横江、率水则伸向了徽州属县的腹里。以后,公路、铁路也取道屯溪,其经济中心地位历久不变,相关服务产业亦随之云集。所以,如今屯溪成为黄山市市府所在地,有着深刻的历史基础。渔梁是走出徽州的水路码头,在以水运为主的年代里,渔梁镇成为茶叶外运前的最后集中地,但其经济地位随着水运的衰落而下降,它也没有处在主要公路与铁路的沿线。婺源则因为五龙山脉的阻隔,其茶叶多走九江,自成一茶叶集散地,祁门因为红茶的兴旺,其经济地位亦高于徽属其他诸县。所以,茶叶经济引起了徽州本土市镇经济职能和经济地位的变化。

第二,进一步加剧了区域人群的流动。茶叶生产中关于劳动力需求各季节要求不一。新茶上市时节,吸引了大量外来人口前来采摘、炒制、包装等,其中有大量的妇女和儿童,女工的大量集中雇佣使用,清末时曾在当地引起过讨论,这是妇女的经济、社会地位在当地发生变动的一个信号。这批外来打工者的流动,也给徽州的市镇造成了衣食住行各方面的压力,并对社会治

---

① (清)夏炘:《景紫堂文集》。

安等发生了一定的影响。面对这种局面,引起了人们关注。徽州茶商在上海、杭州、九江、汉口等都市以及运销路线上的大量市镇中,都有着广泛的分布。他们在这些城市中生活,是形成了自己特有的社区,完全融入了当地的社会,使这些市镇呈现出不同的发展趋势和面貌。多样的面貌必定有着各自的内在原因,人口集中程度固然是一个重要的因素,但他们的生活习惯与处事态度也不可忽视。

第三,对徽商传统的地缘、血缘与业缘在近代社会的延续,起到了巨大作用。徽州茶商在地缘组织,如徽州会馆,业缘组织,如茶商同业公会中均发挥了积极的作用,或维护本乡的合法权益,或抵制政府的不合理政策。这其中夹杂着政府与民间力量,本土与外来人口,同乡与非同乡,经济势力强大者与弱小者之间许许多多复杂关系的纠葛。在徽州人的行商地,有些机构的运行主要依赖于茶商的支持,如徽宁思恭堂,这是非常值得研究的个案。"千年之冢,不动一抔,千丁之族,未尝散处,千载谱系,丝毫不紊"的徽州,茶叶产销与宗族之间存在着怎样的关系,亦不无研究价值,尤其是大茶商,宗族力量在产销体系的维系中起着多大的作用?对认识宗族力量在社会生活中的地位颇具启发意义。绩溪胡氏家族专门从事茶叶经销,遗留的史料也相对较多,对其进行研究,可以揭示徽商成败兴衰的根本原因。

第三节　墨商与墨业

墨是中国文房四宝之一,长期以来以徽墨最著名。关于墨和徽墨的研究,古代文人多重视谈论徽墨之品质鉴定与收藏,以书法研究、古墨鉴赏等角度为主,而对于徽墨作为一种商品,其生产、营销,则研究颇少[①];当代学者对

---

① 关于历史上墨的概说、制墨以及谈论名墨的著作,包括《春渚纪闻》《墨经》《墨谱》《天工开物》等诸多著作。

徽墨研究渐多,但研究婺源墨业的著作却甚少①。婺源墨作为徽墨的重要一支,又是婺源商人经营的主要行业,拟专门探讨。

一、墨商的分布与经营特点

徽墨是中国古代文房四宝之一。徽墨产地包括歙县、休宁、绩溪、婺源四县,而以休宁、歙县和婺源形成最重要的三大流派。徽墨是徽州地区最重要的特产,"徽处万山中,绝无农桑利,莳茗之外惟墨"。②清代人作有《石墨岭竹枝词》(8首),其中第一首如此写到:"新安墨妙制尤殊,香入毫端细细濡;底事天上灵秀毓,更将妙墨产名区。"③可见徽墨之闻名。中国土产公司1951年7月编印的内部参考资料《中国土产综览》的皖南部分,详细记载了手工艺品类中徽墨的产地、产量、制法、加工、品质、用途,以及民国末年的销地、销量、价格等方面的大略情况:①制法、加工:徽墨的制法,是在旷野之处,建盖一幢一丈见方的小屋,四门密闭,另筑一条长达数十丈的烟囱,一端接密室,

---

① 研究婺源墨业生产与营销的论著,主要有周绍良《清代名墨谈丛》《清墨谈丛》《蓄墨小言》等三种,载尹润生《墨林史话》。穆孝天、李明回的《中国安徽文房四宝》(合肥:安徽科学技术出版社,1983年)一书采用考古学新成就,运用一些自然科学的手段,并努力搜集运用一些传世不多、流传不广的文献资料,力争把安徽文房四宝的发展过程、艺术特色,特别是与我国传统文化关系勾勒出一个清晰轮廓。全书分四个章节,即宣纸、徽墨、宣笔和歙砚来介绍。其中第二章《徽墨》,叙述了墨的产生过程、宋元以来徽墨的形成发展、清代徽墨的繁荣,以及徽墨与中国书画的关系等问题。王振忠:《晚清婺源墨商与墨业研究》,载樊树志主编:《古代中国:传统与变革》(复旦史学集刊第一辑),上海:复旦大学出版社,2005年。刘石吉:《一九二四年上海徽帮墨匠罢工风潮——近代中国城市手艺工人集体行动之分析》,载刑义田、林丽月主编:《社会变迁》,"台湾学者中国史研究论丛"第5辑,北京:中国大百科全书出版社,2005年。陈爱中:《清代婺源墨工简述》,载《黄山高等专科学校学报》,1999年第4期。而其他关于徽墨的研究,则主要是针对著名老字号胡开文墨店的,比如张海鹏、王廷元主编的《徽商研究》第十章《对几份徽商析箸阄书的研究》,第561~584页,对胡开文分家文书的研究。徐子超:《也谈"胡开文"的创业与创名》,载《江淮论坛》,1985年第3期;《再谈"胡开文"的创业与创业名》,《徽州学丛刊》第二辑,1987年;《胡开文墨业系年要录》,载《江淮论坛》,1992年第6期。

② (清)赵吉士:《寄园寄所寄》卷十二《泛叶记》。

③ 欧阳发、洪钢编:《安徽竹枝词》,合肥:黄山书社,1993年,第66页。

一端留一小洞，以少量猪油、生漆，混合在桐油以内作燃料，并同时用大量老松枝，在密室内燃点，其烟囱四壁上的烟灰，便是墨子的原料，其成分的好歹，系由猪油、生漆等配合的分量而定；大体上，猪油、生漆搭配较多，桐油、松枝搭配较少的成份好，相反成份便差。烟灰制成后，即由墨商收购加工，大的墨商如胡开文，店里都有作坊，自己加工，他们在烟灰中加以适当的胶水和西烟（西烟是一种矿物质，系提炼石油矿中的副产品，西烟的作用，旨在使墨质乌黑）再把墨子放在温火上，用木椎不断地椎，使其内部的胶质和西烟均匀后，再放在模型上压制各类各型的黑墨，以之出售。②品质、用途：徽墨全年均产，四季均销；好的黑墨，不仅原料烟灰好，同时胶质较少，西烟较多，松脆易碎，磨研以后，写出字来，浓黑而乌油油的有光彩。差的黑墨，不仅原料烟灰差，同时胶质较多，西烟较少，质地干硬，磨研以后，写出字来，色灰淡而无光彩。现在徽墨以"国产漆烟"较佳。徽墨的用途，只是供写字用或者是绘画用，目前尚无其他用途。③销地、销量：徽墨的销地极广，国内一般大中城市均有销售，每年本区最多销十余担，其余均运销外埠。抗战前，每年约有100担销日本。④价格：在抗战以前，每担烟灰价值约合350斤米；1950年，只约合260斤，至于墨子成品，因原料中的西烟为舶来品，故价格波动较大，抗战前每担黑墨约合800斤米，1950年后，因西烟进口少，价格昂，每担黑墨合1200余斤米。①

关于徽墨制造和生产，讲究颇多。油烟料是动植物油脂在空气中没有充分燃烧而形成的碳化物，在提取烟料时，离"烟炙"位置最远端烟料最纯净细腻，故称"上品"，也称"贡烟"，中间一般称"项烟"，底部烟料最差，称"身烟"。钱泳《履园丛话》十二《艺能·制墨》："昔人有云，笔陈如草，墨陈如宝。所谓陈者，欲其多隔几年，稍脱火性耳，未必指唐、宋之墨始为陈也。今人言古墨者，辄曰李廷珪、潘谷，否则程君房、方于鲁，甚至有每一笏直数十百金者，其实皆无所用。余尝见诒晋斋主人及刘文清公书，凡用古墨者，不论卷册大小

---

① 中国土产公司：《中国土产综览·皖南·手工艺品类》（内部参考资料），1951年编印，第132~133页。

幅,皆模糊,满纸如渗如污。盖墨古则胶脱,胶脱则不可用,任其烟之细,制之精,实无所取,不过置案头饰观而已。《说文》:'墨者,黑也。'松烟所成,只要烟细。东坡所谓要使其光清而不浮,湛湛如小儿目睛,乃为佳也。近时曹素功、詹子云、方密庵、汪节斋辈所制者,俱可用。如取烟不细,终成弃物。"①钱著始刊于清道光十八年(1838)述德堂,因此书中所叙之事,当为乾嘉以来之史实。

婺源制墨,肇于南唐。据宋代罗愿《新安志》记载:"新安墨以黄山名,数十年来造者乃在婺源黄冈山,戴彦衡、吴滋为最。"自北宋制墨中心转移到徽州后,婺源制墨便开始兴盛起来,以戴彦衡、吴滋为代表的制墨家"取松烟,择良胶,对以杵力",留下了"复古殿"等众多名墨,时人评价:"新安出墨旧矣,惟李超父子擅名。近日墨工尤多士大夫,独吴滋使精意为之,不求厚利,骎骎乎及前人矣。"

明清以降,婺源制墨之势日盛,可与歙县、休宁相提并论,形成鼎足之势。清代婺源詹姓墨店有上百家之多,多数为休宁和歙县墨店服务,提供原始烟料,根据乾隆年间刊本《歙县志·食货志》记载,"墨虽独工于歙,而点烟于婺源,捣制于绩溪人之手",这里所称"点烟"就是指提供原始烟料。不过,当时婺源詹姓墨工异军突起,所制墨品异彩纷呈。清代,婺源所产徽墨成为婺源制造业的一大特色:"婺邑制造以茶、墨二者为特色。墨销售遍国中,制造最精,亦最宏"②,"销售于二十三行省,所至皆开行起栈,设店铺无数,乡人食其利益矣"③,而且远销东南亚。日本著名古墨制作收藏家松井元泰(1689—1743)曾远涉重洋来中国婺源向詹子云请教制墨秘笈,并带回大量婺源墨。松井元泰在其所著《古梅园墨谱跋》中说:"徽州官工素公[功]、游元绍、詹子云,三子盖当代之名家。"另一位东瀛藏墨家河氏朱庵在其著作《朱庵谈墨》中多次提及婺源墨工对日本制墨业的影响,认为婺墨艺冠墨林,名重天下。迟

---

① (清)钱泳:《履园丛话》十二《艺能·制墨》。
② 《陶甓公牍·婺源民情之习惯·制造之品类》。
③ 《婺源地理教科书》第八十二课《交通之势力》。

至清代,婺源墨已誉满海内外且源远流长。民国时期,在上海等大中城市的婺源墨商尚有不少,比如刘石吉《一九二四年上海徽帮墨匠罢工风潮——近代中国城市手艺工人集体行动之分析》一文指出,当时在上海的婺源墨工有数千人。

可见,清代以来婺源经营墨业者甚众。收入民国《婺源县志》的清代婺源墨商(墨工)至少有23例。

(1)"程永根,字润生,洙源西坑人。父业农,二弟俱幼。根樵采以纾父劳。弱冠始佣于墨庄,旋贷赀自营,稍有赢余,清还凤债,扶植二弟至于成立。析居时,将已置产业析三分之,自取瘠,友爱如此"。①

(2)"吴宗瀜(1810—1868),字芗岩,花桥人。性孝友,好施与。尝业易水术,侨寓姑苏,每岁必寄重赀赒族。又尝捐千余金,集吴中同志设义厂,施浆粥、棉衣。平居雅淡,自喜精琴工诗,著有《缘绮真诠》二卷、《砚云草堂诗集》四卷"。②

(3)"詹珠,字在璇,岭脚人,国学生。性敦厚,言笑不苟。承父墨业,有赢余均之诸弟。每岁各房家需,无论赀本盈亏,必按时分给,毋使乏。道光间,在浙省倡首捐金建同善堂,凡旅殁者,置义山以埋,给槥费以归,余赀自存孳息,为善后计。其他义举多类此"。③

(4)"詹钢,字彦文,环川人,贡生。至性过人,居父母丧,哀毁骨立。与弟毅怡怡终身。毅字伟夫,亦以孝弟闻。钢晚家饶,族有贫乏者,周恤无算。子宜瑞,字玉书,克承父志,见义勇为,曾祖祀产被占,独任劳怨,赖以保全"。④

(5)"詹彦英,号朴斋,五品衔,环川人。性笃诚,经营墨业,与楚蜀间士大夫交,咸相引重。精外科,救济多人,且出巨赀制良药施送。子恒濂,有父风"。⑤

---

① 民国重修《婺源县志》卷四十七《人物十一·质行八·程永根》。
② 民国重修《婺源县志》卷四十一《人物十一·义行七·吴宗瀜》。
③ 民国重修《婺源县志》卷四十一《人物十一·义行七·詹珠》。
④ 民国重修《婺源县志》卷四十七《人物十二·质行八·詹钢》。
⑤ 民国重修《婺源县志》卷四十八《人物十二·质行九·詹彦英》。

(6)"詹恒淇,字右泉,环川人,监生。性笃实,创墨业于西蜀,经营颇裕,成就族戚甚多,无德色。后丁母忧,值严冬,奔丧五千里,忧劳交至,抵里门,见萱帏阒寂,一恸而绝,乡人哀之"。①

(7)"詹元生(1679—1765),字成圭,虹关人。孝而友,惠而廉,乡里咸式之。侨居苏,市墨生理,遇荒赈饥,施棺布药,又捐千金于积功堂,买地以瘗旅榇。借资贫不能偿者,悉焚其券。尝客余杭旅店,有休邑商人归娶,遗金首饰一函,获而俟之,询确亟还,不受其谢。居乡,恤贫周急,排患解纷,人德之。享年八十有四"。②

(8)"詹世昌(1854—?),字寿章,虹关人,国学生。营墨业于粤东。凡本家孤寡,每岁必寄洋银周恤。戊子冬,由粤归里,时值除夕,以洋银百元散给族中贫苦,族人至今称之"。③

(9)"詹文阶(1837—?),字允成,同知衔,虹关人。业儒遭兵,父命往苏恢复墨业,年获赢余,积输督造通津石桥,七省行旅称便。又以母命修祠建庙,施棺给药,济灾拯厄,均不少吝。临殁,谓诸子曰:'吾志未竟者二,沪思恭堂当输五百两;杭惟善堂当输二百两。'子悉遵遗命,思恭堂为立木主。母年九十五,亲见七代曾元饶膝"。④

(10)"詹若鲁(1704—1779),字惟一,虹关人,国学生。自幼讲易水制法业墨姑苏,名驰京省。稍有储积,便以利济为心。夏施善药以济旅病,冬制棉衣以给孤寒,行之至老不怠,遇有客死不能敛者,并为买棺以殡。性好读书,值贫者必量力时助膏火,或以考试缺资斧、商之者无不应。为人恂恂不露圭角,行多隐德,常不喜人知云,并见封赠"。⑤

(11)"余天降,字福从,沱川人。家素贫,竭力事亲。父馆于休,距家二十里,朔望必往问安,无间寒暑。胞弟四,堂弟二,一室同爨,父将以幼子外鹜,

---

① 民国重修《婺源县志》卷三十三《人物七·孝友七·詹恒淇》。
② 民国重修《婺源县志》卷三十九《人物十一·义行四·詹元生》。
③ 民国重修《婺源县志》卷四十八《人物十二·质行九·詹世昌》。
④ 民国重修《婺源县志》卷四十二《人物十一·义行八·詹文阶》。
⑤ 民国重修《婺源县志》卷三十九《人物十一·义行四·詹若鲁》。

降泣跪留。力耕度活,中年趁吴鲁,市墨营生,为诸弟侄婚教,食指至五十余人,父老析产,以长子亲老,欲厚与之,降泣请与诸弟均,自是家居养亲,先意承颜,亲皆年逾九秩,居丧,犹依依如孺子慕。享年八十有六"。①

(12)"余国炳,字明辉,贡生,沱川人。年幼采樵午归,父母与食必与兄共。成童后,往粤习墨业,居停倚重,家渐裕。宿债尽偿。闻母病,星夜遄归,躬亲秽亵,为季弟娶妇让以旧宅,给田十亩。又捐数千金修景镇通衢廿余里。子建中,贡生,筑青山岭,积赀瘗埋厝棺材,惜不永年"。②

(13)"余国镇,字康亭,沱川人。性醇厚,家贫鲜,兄弟年未成童,之吴,治墨业,主人称其能,厚遇之,得俸以养亲,后赀裕,睦族敬宗,建祠置产。尤友爱,从堂昆季婚娶丧殡悉倚镇力。岁饥,输粟平粜以活村邻。凡善举无不量力欣助。府教授俞额以积厚流光。孙曾多列庠序"。③

(14)"查贤簏,字仲芳,山坑人,十四失怙,事母竭力承颜。与兄析箸后,怡怡友爱,治生产有所入,必两分焉。族侄某贸易粤东,病卒,簏代舆榇归里,将遗货售去,得五百金,还其家,孤嫠赖以赡养。中村族某寄簏墨数十斤,病死于外,簏权子母积百余金,召其子,予之。殁年八十三,邑侯孙给额曰'义笃敦伦'"。④

(15)"查澜,字裕海,监生,凤山人。九岁失怙,哀毁备至。事继母能得欢心。年十三,粤寇猝至,随父避山中,不及裹粮,父饿且病,乘间归取米,途人阻之曰'贼未退去,必死'。澜谓'不去,父无食卒'。去得米还山。乱平后,赴赣省恢复先人墨业,一家数十口皆赖维持。仲兄定海早殁,遗孤又夭,抚恤两代孤孀,不遗余力。嫡侄美瑕,父卒无依,助其母以养其子,得成立。民国大总统褒额'孝义可风'。子国珍,优级师范毕业,奖八等嘉禾章"。⑤

---

① 民国重修《婺源县志》卷四十五《人物十二·质行五·余天降》。
② 民国重修《婺源县志》卷三十三《人物七·孝友七·余国炳》。
③ 民国重修《婺源县志》卷四十《人物十一·义行六·余国镇》。
④ 民国重修《婺源县志》卷四十五《人物十二·质行六·查贤簏》。中村即庐坑,聚居者主要为詹氏。
⑤ 民国重修《婺源县志》卷三十三《人物七·孝友七·查澜》。

(16)"查仁堃,字子宽,国学生,凤山人。喜交游,好施与,凡有义举,捐赀赞助。壬午(1882)修县志,捐助钜赀。身故,子仅二龄,赖继室俞矢志抚育。以子济杰四品衔赠朝议大夫。"① 查,凤山人,氏,龙腾景高女,名宽爱,封恭人,廿四岁夫故,抚前室子如己出,维持先人墨业,极费苦心。于慈善公益事,尤慷慨输助,殁年五十六"。②

(17)"查有烜,字友堂,号友于,凤山人,监生。少失怙恃,偕弟营墨业于镇江、申江、邵伯等处,友爱备至,遇同乡客游落魄者,后赠川资。居家,修造桥路亭庙诸善举,无不输助。邑绅李侍郎赠额'质直好义'"。③

(18)"查有达,字道三,凤山人。事父母与叔父以孝闻。营墨业于瑞金县,凡同乡客游及旅榇难归者,多侻助之"。④

(19)"查奇珍,字瑞廷,蓝翎五品衔,凤山人。孝事父母,善处昆弟。承父墨业,商于赣之瑞金、闽之汀洲。父殁,科举停(1905年),墨业中落,墨肆复毁,珍竭力维持,至今勿替。性好义,同乡落魄赣闽及旅榇不得归者,珍皆侻助之,所费颇巨。族人建宗祠,慷慨输金五百余。徐总统给额'生有至性'"。⑤

(20)"查琼珍,字玉光,凤山人。性质朴,事父母及继祖母以孝闻。长绍父业于赣州,轻财仗义,同乡多得提携。戊午邻火,殃及本店,珍念先人创业之难,一旦败坏,遂因惊致病而卒"。⑥

(21)"查济源,字星海,监生,凤山人。性孝友,父殁,偕兄弟承父墨业于瑞金,怡怡相处。凡店中规模、父执故旧,皆恪守任用,如父在时。工绘事,擅长梅菊。度量恢弘,犯而不较。子四,孙曾十余人"。⑦

(22)"查济治妻詹氏:查,凤山人,氏名新爱,龙川詹其章女,归数月,夫客

---

① 民国重修《婺源县志》卷四十八《人物十二·质行九·查仁堃》。
② 民国重修《婺源县志》卷六十一《人物十七·列女四·节孝十一·查仁堃妻俞氏》。
③ 民国重修《婺源县志》卷四十八《人物十二·质行九·查有烜》。
④ 民国重修《婺源县志》卷四十八《人物十二·质行九·查有达》。
⑤ 民国重修《婺源县志》卷四十二《人物十一·义行八·查奇珍》。
⑥ 民国重修《婺源县志》卷四十八《人物十二·质行九·查琼珍》。
⑦ 民国重修《婺源县志》卷四十八《人物十二·质行九·查济源》。

赣州。咸丰三年,夫病笃归,遂殁。氏年二十二,茹蘖抚孤成立。寿六十四,历节四十三年。子美珍早卒,媳□氏矢志抚孤。毓督学给额'两代流芳'"。①

(23)"张荣寿,字汉彬,甲道人,监生。性纯笃,髫龄失怙,父客陕,寿往外寻父。父习墨业,东家某爱其勤,俾居樊城墨肆,闻父病永州,驰往父所,医药罔效卒,扶榇归,祭藏尽诚。行佣数十年,俭激工赀,婚教诸子皆成立。修众堂、助堂侄完婚,有善必为,至年老家居,和平处众,虽妇孺均遇之以礼,饶有古风焉"。②

从上述 23 例被收入《婺源县志》的墨商可以看出,婺源墨商主要集中分布在北乡数个村落,其中包括:2 号,吴宗瀜,花桥(又名环溪)人;3—6 号,环川(又名岭脚)詹氏;7~10 号,虹关(又名鸿溪、虹瑞关、宋村、方村)詹氏;11~13 号,沱川余氏;14~22 号,凤山(又名山坑)查氏。此外,1 号为仅见的东乡墨商,来自洙源西坑程氏;23 号来自西乡甲道张氏。而南乡不见有任何墨商的踪影。虽然墨商在婺源县内的地理分布已经超过了北乡的范围,但因流波所及,在经营行业上出现少数非家族、非村落的集中,这种现象是可以理解的。鉴于 1 号、23 号所来自的东乡和西乡在经营墨业的选择上,数量稀少,基本可以忽略不计。婺源北乡虹关詹氏所修宗谱(《鸿溪詹氏宗谱》)中有这样一条记载:"(34 世)胜溱公,乳名玉麟,字景三,号斯美,登仕郎。乾隆甲戌十月二十四寅生,道光戊戌三月十一寅殁。公性廉,疏财仗义,析居后,为家计累,乃设肆于襄阳之樊城,贸易稍裕,独捐金数百,会都人倡立积功堂,以惠旅榇。"③联系到上述 23 号墨工与詹胜溱的活动时代一致,可推断张荣寿之父在"樊城墨肆""习墨业",很可能就是为同乡婺源詹氏墨商工作,如果确实如此,则婺源西乡、南乡均不出产墨商的推论当大致不误。

通观上文所述,可以总结出一些特点:第一,花桥、环川与虹关,均同属北乡十四都,在地理空间上,只要看一眼地图即可见到,花桥在最北面,往南越

---

① 民国重修《婺源县志》卷六十《人物十七·节孝十·查济治妻詹氏》。
② 民国重修《婺源县志》卷四十七《人物十二·质行八·张荣寿》。
③ 《鸿溪詹氏宗谱》卷五《鸿溪瑜房世系·三一世至三五世·(34 世)胜溱公》。

过浙岭即是环川,环川再往南不超过一千米就是虹关,因此这三个村落是互相牵连着的地理连续体。第二,沱川虽属北乡十六都,但在地理上却与虹关村紧密相连,分别位于万人尖-梅花尖-高湖山一支山脉东西两侧的山脚下。第三,凤山也与虹关相互毗连,分别位于凤凰尖的南北两侧山脚下。由此可以断定,这三个盛产墨商的村落之间,在制墨一途,是紧密的超村落联合体,使用一个当代经济学的术语来讲,这几个村落在制墨业上,连同地理毗连的休宁西南部集中的制墨村落,已经形成了一个"产业集群"①。

造成这种空间分布格局的原因,主要体现在两个方面。

第一,同地理环境引发手工业制造的家族传统不无关系。因为婺源北乡山峦叠嶂,松林茂密,为徽墨生产提供了便利的原材料,而且这种手工业制造技术代代相传的家族传统,容易导致家族经营的专一。余良弼《石墨岭竹枝词》共8首,其中两首写道:"入春花发杜鹃红,应是徐熙点缀工;松使美名终不改,文人相赏古今同。""山前山后植松篁,亦有田畴插绿秧;不是桃花流出洞,那知此处墨研香"。② 这两首诗道出徽墨生产与原料松树之间的关系。

第二,这几个村落之间在地理上相互毗连,因此通婚相对频繁,姻亲之间的技艺传承和师承催生出婺源墨业的集群式发展。《沱川余氏宗谱》《鸿溪詹氏宗谱》和《环溪吴氏家谱》的记载表明,这几个姓氏之间通婚的频率非常高。笔者虽未对其具体数量进行精确的统计,但从几个姓氏之间发生婚姻关系出

---

① 产业集群(industrial cluster)作为一个概念,是波特(M. E. Porter)于1990年在其所著《国家竞争优势》一书中提出的一个新概念,用于指称产业在某种特定区域内因地理邻近、相互关联且具有共通性和互补性联结特征而集聚在一起的经济现象。作为一种经济现象,产业集聚现象早已为经济学家所关注,甚至可以一直追溯至马歇尔(A. Marshall)1920年对"工业区"(industrial districts)的描述,以及艾萨德(W. Isard)1959年提出的"产业综合体"(industrial complex)概念。详见朱国宏:《序〈网络、社会资本与集群生命周期研究〉》,上海:上海人民出版社,2005年,第1~5页。笔者无意于套用这一适用于当代经济研究的概念,只不过认为这一概念可以说明在清代以来的婺源墨业制造上,具有集聚的现象,包括地理空间上的集聚和家族分布上的集聚。

② 欧阳发、洪钢:《安徽竹枝词》,合肥:黄山书社,1993年,第66页。余良弼,字十洲,号石舟,清增贡生,假馆萧寺授徒为生,著有《续群芳吟》《续梦轩随笔》。

现在族谱中的频繁程度，完全毋许精确统计，都可以极其容易的断定这几个姓氏是属于最为紧密的婚姻圈范围之内。因此徽墨制造技术在姻亲之间流通，是完全可能发生的，这也是清代以来婺源墨商之所以如此密集的分布在围绕着浙岭四周村落的原因。

从这23例墨商事迹中，可以看出婺源墨商的主要经营地点。1号佣于墨庄，具体地点未明；2号在姑苏，3号在浙省，4号在湖南长沙、湘潭，5号在楚蜀间，6号在西蜀，7号在苏，8号在粤东，9号在苏，10号在姑苏，11号在吴鲁，12号在粤，13号在吴，14号可能在婺源中村，15号在赣省，16号未知，17号在镇江、申江、邵伯（今江都市邵伯镇）等处，18号在瑞金县，19号在赣之瑞金、闽之汀洲，20号在赣州，21号在瑞金，22号在赣州，23号在陕、樊城、永州。又结合上述村落姓氏来源的分布，可知岭脚詹氏一族，即3～6号主要的经营地点包括浙江、湖南长沙、湘潭、四川等地；虹关詹氏一族，即7～10号，主要的经营地点为苏州和广州；沱川余氏一族，即11～13号主要的经营地点为江苏、山东等地；凤山查氏一族，即14～22号，主要的经营地点为江西赣州、瑞金、福建汀洲一带，以及镇江、上海、江都等地。

根据上述收录县志的清代墨商（墨工）人物传记资料，还可以推测其经营时间。在各姓氏族谱中可以找到人物生卒年份，笔者已经注明于姓名之后的括弧内。其人物活动时间早者在康熙年间（如7号詹元生），晚者在20世纪20年代。由此可以推测，从清代康熙年间直至清末民初，婺源墨商和墨业一直十分兴盛。

当然，婺源墨商的实际数量远远超过上述收入县志的区区二十三人。因为县志收录人物的标准并非根据其经营行当，只不过在叙述这些人物的善行义举或者特殊事迹时，不经意间顺便提到他们的商人身份而已，因此遗漏的墨商事迹更多。因此关于墨商的具体经营情况，还必须结合其他文字资料去寻找发现。但是，县志的人物传记资料，则可以作为一邑人物的随机调查，因此上述婺源墨商之所以如此密集的分布于几个家族之中，而其经营地点又如此密集的分布于几个大区域的省府县之中，而且有具有家族性的一致特征，就不是偶然的巧合,而是一种必然,这个必然性就是家族性——徽墨同木材行业一样,具有举族经商的特性。

除岭脚詹氏、虹关詹氏、凤山查氏和沱川余氏等家族经营墨业是一种举族经商行为之外,其他收入县志的几个墨商人物传记的事迹则过于零碎,可能是因为其经营墨业并非如上述几大家族那么兴盛。以上述收入县志的墨商2号、北乡花桥墨商吴宗瀜的事迹为例,辑载于县志中的人物传记资料,对于一个墨商漫长的一生及其庞大的家族而言,短短数十字的内容,显然过于简略。幸运的是,在婺源北乡的诸多族谱中都发现有这些墨商的详细事迹,通过族谱等文字资料,可以更清楚的看到墨商及其背后隐藏的婺源区域社会。

二、花桥吴氏个案研究

《环溪吴氏家谱》的《世系》《谱传》《本传》等部分内容,对荷花桥墨商吴宗瀜、宗泳兄弟有较详细的记载[①]。值得注意的是,宗瀜之妻为虹关詹氏,三位女儿中有一位嫁沱川余氏,詹氏与余氏均为制墨世家,可知墨商不仅大多同来自婺源北乡,且在距离颇近的通婚地域之内,联姻和居住地的短距离或许就是吴宗瀜外出经商首选墨业的重要原因。

《环溪吴氏家谱》中的《芎岩公传》简要地介绍了吴宗瀜的事迹[②]"公世代忠厚,孝友传家,幼偕弟济泉公侨居姑苏,谨守先人遗业法制隃麋,而名驰海内,是以都人士多与周旋,而店事亦蒸蒸然日以起色。"按此传记,宗瀜之弟宗泳亦随宗瀜营墨业于苏州,与婺源木商与经营木业一样,墨业亦多为兄弟同营。该家谱还收载了吴宗泳传记《济泉公传》[③]:"公年少倜傥不群,随乃兄芎岩公承守祖业,调易水之术,在姑苏多历年所。"结合《芎岩公传》《济泉公传》,可知宗瀜、宗泳两兄弟所营墨业,并非其首创,而是守成祖传家业。

---

① 《环溪吴氏家谱》卷一《世系·(22世)宗瀜》。
② 《环溪吴氏家谱》卷三《谱传·(22世)芎岩公传》。
③ 《环溪吴氏家谱》卷三《谱传·(22世)济泉公传》。

花桥吴氏从哪个世代开始经营墨业呢？答案是宗灏、宗泺之父吴嗣钥（1765—1840）。《环溪吴氏家谱·本传·吴砺园先生传》①称："先生环溪人也，姓吴氏，讳嗣钥，字曜西，号砺园。……先生性好学，少从伯氏游，披览书籍辄无倦意，奈家贫不能安读，遂服贾于吴松之间。然虽借经营，得暇犹开卷不释手，而鸿案如宾，机声和读，淡如也。乾隆六十年，先生居于吴，始仿易水之制，兼以《灵枢》《素问》诸书，殚精研究，凡老者贫者有疾，尤必爱而怜之，慎思以治，一时着手成春，不能枚举。"由此传记可知，宗灏之父嗣钥是花桥吴氏始制墨者。具体开始经营墨业的时间是乾隆六十年（1795），嗣钥时年三十一岁。该年份"始仿易水之制，兼以《灵枢》《素问》诸书"。"始"说明首创，"兼"表明其墨业与医药并举。吴嗣钥到苏州经营墨业的原因是"家贫不能安读，遂服贾于吴松之间"。经营墨业达到的效果是"中年来，家道渐裕"。作为徽商能够"遇事好施，无德色，而自奉之俭约，一如其初"以俭朴的"婺源朝奉"之面目立足于侨居地苏州。虽然吴嗣钥、吴宗灏父子的婚配对象均为徽州人，不过根据休宁西乡杨家山杨陈复所撰《吴砺园先生传》："自辛卯过吴门，远隔已十载。今闻先生讣音，芗岩昆季以行述寄示，求为之传。"吴宗灏昆季是将嗣钥的行述"寄"回徽州请杨氏为之作传，可知吴宗灏昆季已基本定居苏州。但其对于在侨寓地苏州的徽州同乡，则勇于为义，多行善举。据《环溪吴氏家谱·砺园公传》②："乾隆己丑，松溪公……及壮，游云间吴下，见者倾衿倒屣，名誉日彰，公尤谦恭笃实，事无巨细，必极措宜，是以起家寒俭，遇景昭苏，托业隃糜，名甲东南焉。"该段传记的内容及其意旨，与上述杨陈复所撰传记大同小异，但有更多深意：一是对吴嗣钥外出营商的缘由的阐释更为充分；二是对他在侨居地所施善行义举记载更详；三是对他精通医术的事迹说明更细。

吴宗灏虽为墨商，却也雅好儒业，除县志列举其著有《缘绮真诠》二卷、《砚云草堂诗集》四卷之外，道光二十二年（1842），花桥吴氏纂修谱牒，宗灏即襄与其考订，并为家谱作有跋言。吴宗灏在文学艺术上有此造诣，一方面得

---

① 《环溪吴氏家谱》卷三《本传·（21世）吴砺园先生传》。
② 《环溪吴氏家谱》卷三《谱传·（21世）砺园公传》。

益于本人的勤奋好学,而更重要的是婺源人在传统上极具浓厚的人文特征,即"诗礼传家"。吴宗溎先祖具有非常骄人的儒学成就,家庭是典型的仕宦之家。嗣钥之父松溪,《环溪吴氏家谱》中也有其传记①,该传文"读书乐道"四字道出花桥吴氏的家族传统。松溪之父文炘,曾任河南原武县令,因其仕宦成就而被收入《婺源县志·宦绩》②,而且吴文炘著有《日鉴斋诗文集》。文炘之父肇荣,曾任山东东昌知府,更因其政绩而被收入《婺源县志·宦绩》③。因此,墨商吴宗溎、吴宗泳兄弟墨商之能在营业之余,耽于吟咏、雅好诗书,实同长远的家族传统不无关系。花桥吴氏一族,历史上曾经在科举事业上取得过不错的成绩。根据《环溪吴氏家谱·荷花桥吴氏支谱源流》的记载,"荷花桥又名环溪,自允升公由休宁金竹,以琇公七世孙迁于环溪,是为环溪始祖"。《新安名族志》曰:"环溪在邑北百三十里,邻休宁界,其先季札之裔,世居苏州吴江县,传至四十七世曰透,唐天宝间授休宁令,因居休之金竹,其第五子曰依迁,元和间为骠骑将军,传六世曰允升,始迁婺源浙源环溪,又名荷花桥。"④

自吴文光中式嘉靖二十五年(1546)丙午应天乡试以来,吴氏族人有多人考取举人、进士⑤,但应试地点均为顺天府。原因在于,早在明代吴氏一族已经已经在京城附近一带经商,而后定居于斯,所以科举成就多在京师取得。民国《婺源县志》收录花桥吴氏人物,指明身份为商人者并不多,包括吴宗溎在内大约十一名,其中有几位是晚明清初时人。在这些商人中,最重要的一支是十六世吴廷魁的子孙辈。《环溪吴氏家谱》云:"公行一,讳廷魁,字守溪,

---

① 《环溪吴氏家谱》卷三《谱传·(20世)松溪公传》。
② 民国《婺源县志》卷二十四《人物五·宦绩·吴文炘》。
③ 民国《婺源县志》卷二十四《人物五·宦绩·吴文炘》。
④ 《新安名族志》后卷《吴·婺源·环溪》,第409页。1950年,花桥连同附近的板桥、凤腾、梓坞等几个婺源商人极为集中的村落,一起划归休宁县,至今仍属休宁县板桥乡管辖。
⑤ 关于吴氏族人的科第情况,均根据民国《婺源县志》卷十五《选举一·科第》,亦参证《环溪吴氏家谱》卷四《科第》。

生嘉靖乙巳七月二十一日,殁万历甲辰六月三日。子三:一敏、二敏、三敏。"①由此可知:第一,吴氏较早外出经商者,可能是十七世吴一敏,事迹见于其子肇东的传记中:"吴肇东,字子震,荷花桥人。从父显居业燕都,周旋孝养母。显性严峻,曲得其欢心。生平重然诺,喜交游四方名人文士,在京邸者悉折节下之。晚岁弟侄多贵显,每当之官,谆谆劝勉,闻有贤能辄喜欢乐,故吴氏多良吏。"②该段传文所提及的吴显,即一敏,一敏生子三人,即肇东、肇模、肇栋,传文中所言"弟侄多贵显",即包括堂弟知府肇荣、堂侄进士文炎等人。第二,与吴一敏同至北方经商的,还有其胞弟二敏:"吴二敏,字仲学,花桥人。父廷魁拮据,力田以事母,幼弟不禄,复拊教遗孤敏。少贫,克自奋援,客游江湖,屡蹶不少懈,至晚岁家业日隆起,乃委其政于昆季子侄,远近闻风慕义,敏独谢事家居,为乡间柱石。"③第三,吴二敏之子肇材、肇采,均子营父业,继续在北方经商:"吴肇材,字子茂,荷花桥人。幼食贫,事亲极孝。长贾都门,业稍丰,悉均诸弟。"④"吴肇采,字子亮,花桥人。幼读书……侍父抵都治生业,日隆起,当明之季,同乡旧侣为李贼所获,乞救,采出重贽脱之。"⑤正因为从十七世一敏、二敏开始,吴氏远至北方游贾,因此在康熙、乾隆间,吴氏有多人在顺天府应试中举、成进士。可以说,良好的人文环境,造就了墨商吴宗溎兄弟的儒雅气质。即便是宗溎之子若孙,也多有习儒业、有文采者。光绪二十九年(1903)续修《吴氏家谱》,主持纂修者为宗溎之孙、二十四世光昭(1840—1900),而负责考订者有四人,均为宗溎、宗泺子辈,即二十三世懋泽、懋观、懋谦和懋鼎。而此次续谱的跋言则出自宗溎第四子懋观之手。其时,吴氏一族已经由徽州、苏州等地扩而大之,分衍播迁于全国各地,其主要的分布地域则是上海、天津等地,加之上述第十七世一敏、二敏兄弟及其子孙辈所迁徙至北京的一支,吴氏族人的迁徙已经极为分散,以至于吴光昭在续修吴

---

① 《环溪吴氏家谱》卷三《谱传·十六世祖坤十六公》。
② 民国《婺源县志》卷二十八《人物七·孝友一·吴肇东》。
③ 民国《婺源县志》卷四十三《人物十二·质行一·吴二敏》。
④ 民国《婺源县志》卷四十三《人物十二·质行二·吴肇材》。
⑤ 民国《婺源县志》卷三十七《人物十一·义行一·吴肇采》。

氏家谱之时,"尝自备赀往上海、天津募建环溪吴氏宗祠,未蒇事而卒,族人哀之。"而吴光昭本人的身份,则为浙江仁和商籍庠生①。可见晚清时吴氏一族已广泛分布于全国许多大城镇。

民国《婺源县志》中对于花桥吴宗瀜的记载仅有区区数十字,笔者通过爬梳勾稽族谱等文字资料,可以清楚地看出一个以儒业闻名,而后经由墨业成就家业,最后又回归于儒业的墨商家族的百年变迁;还可以掌握清楚婺源墨商的主要经营地点与家族传统,以及其对婺源区域社会变迁的影响。

三、凤山查氏个案研究

凤山查氏也是婺北望族。查氏始祖文徵,始居婺源官至歙观察使②。又据《查氏族谱》,"婺治北距城七十里,有山曰凤凰山,山祖高湖,循浙岭以西,水源出焉,故曰浙源。以里名曰此凤凰山也,乃定厥居,时宋太祖乾德甲子年也"。③ 通观凤山查氏一族,历史上仅有晚清时期 36 世查荫元在光绪六年(1880)考取过进士。此外获得"五贡"以上功名者仅有 7 人④,可以说查氏一族鲜有科甲中人(元代迁居今浙江海宁的查氏一族在科举上倒是取得很高成就),但在人口繁衍和商业经营方面,查氏是当之无愧的徽商世家。

查氏一族,早在宋元之际即有族人外出经商,第 14 世查世荣"讳安富,字世荣,经公长子,赋性纯厚,然诺不欺。事亲极尽孝道,乡里推重。年稍壮,奉父命往浙经营,有创业功,不愧家督。待诸弟白首友爱无间。后置产万亩于江阴,子孙遂家焉"。⑤ 本书前文已有所述,元明之际,查氏族人更多外出经商,第 20 世查涵可、查元道和查公显等人,均为查氏一族的富商大贾,而且是特殊商业行当——皇木商。关于这几位查氏族人的记载也是目前文献资料

---

① 民国《婺源县志》卷四十八《人物十二·质行九·吴光昭》。《环溪吴氏家谱》卷二《世系·(24 世)光昭》亦有类似记载。
② 《新安名族志》前卷《查》。
③ 《婺源查氏族谱》卷首六《查村住宅图》。
④ 《查荫元硃卷》。
⑤ 《婺源查氏族谱》卷尾之二《行实·(14 世)世荣公》。

中所见婺源最早的商人事迹,具有极高史料价值。此后,查氏一族外出经商者代不乏人。

收入民国重修《婺源县志》的查氏商人总数大约有六十人,编修者对部分人物事迹注明了经商行当和地点,有的注明具体经商时间,也有些仅简单说明具有"服贾"行为。这数十位查氏族人的活动时代从明代直至清末民初均有之,其经商行业和经营地点,概括起来主要包括以下几种情形。

第一,在江西赣州、瑞金和福建汀洲经营墨业者,时代以清代为主,而且主要是世代相沿:比如"营墨业于瑞金县""承父墨业,商于赣之瑞金、闽之汀洲""承父墨业于瑞金""长绍父业于赣州""长侍父客瑞金,生能养志,殁克尽礼""少失怙恃,偕弟营墨业于镇江、申江、邵伯等处""氏,龙腾景高女,名宽爱,封恭人,廿四岁夫故,抚前室子如己出,维持先人墨业,极费苦心""乱平后,赴赣省恢复先人墨业,一家数十口皆赖维持""氏,沱川女,年三十夫故,抚孤成立,维持先人店业,遇善举,慷慨资助,有丈夫风"。

第二,明初在京师为皇木商,明代中后期在金陵、亳州、苏州、江北等地主要经营木材行业者"公道为官商贩木,缘事拟成,庆挺身代父庭辩,拷掠濒死,父乃得白"等。

第三,在西南地区经营木材或墨业者,虽然传文中并未说明其经营行当为木材或木业,不过就传记所透露出来的信息,结合婺源人的经商传统,应该大体符合这一判断。

第四,主要在广州和上海等地经营茶业或墨业者,其时代大都在太平天国运动之后。如"族有业茶于粤东者,为行户亏折久踬于外,奎以一千五百金贷之,始获归家。未数年,折其券"。

第五,在浙江各地经营盐业或其他行当者:"查廷镇,字公逊,凤山人。舌耕色养,既弃举业,入浙,为戴某所重,委以蓰务,镇出纳不苟,尝与史姓倾换交易,史误数多与镇,归觉,还之。史感激,戴益敬服。"①

---

① 民国《婺源县志》卷三十八《人物十一·义行二·查廷镇》。

第六，在江西经营各种行业者，在乐邑等地很可能主要是以开商铺为主：
"昆季五，以家贫辍举业，与兄弟服贾昌江，友爱备至，营运渐裕。"

第七，其他未指明经营行当和经营地点者。

由上述归类之后的凤山查氏商人个案可以看出，查氏一族并非仅仅以经营墨业为主要行当，且其人数不算太多，加上其主要都是父子、兄弟经营者，如果把父子、祖孙共同维持的同一家墨号，看成同一个商人个案的话，则其真实的商人数量更为稀少。但查氏一族作为婺源墨商最为重要的一支，依然占据有重要的地位。收入《婺源县志》的各位查氏墨商，有延续至民国续修县志时依然营业者。

据周绍良《清墨谈丛》一书的记载，查氏墨商所开墨号（墨铺、墨店、墨肆），为数亦不少，至少有传世作品者包括查轶山步云斋墨、查东山制墨、查亨吉蕴古斋墨、查同春墨、查炳辉墨、查森山玉华斋墨、查声山墨、查松山墨、查二妙堂墨、查二妙堂绍记墨、查二妙堂友记修竹斋墨等十数家①。在这些查氏墨号中，以查二妙堂最为著名，周绍良所藏二妙堂墨纪年最早者为道光丙午（1846），因此其创业至迟为清代道光年间，而经历同治年间墨肆重新改组，牌号之下另加"绍记"二字，全光绪末年，重又改组，另加"友记"，号"友于氏"，因此二妙堂至光绪末年已历三代矣。民国十三年（1924）上海婺源墨工罢工风潮兴起之际，查二妙堂依然是同詹大有鼎峙而立的上海最大的婺源墨号，这几家大墨号拥有墨工人数三百四十余人②。因此，查氏一族墨商地位不容小觑。除墨业之外，木业也是查氏一族重点经营的行业，其时代甚早，可能是婺源最早的一批木材商人。偶尔也有极其少数人从事盐业等行当，但正如该盐业从业人员查廷镇的传文中所述那样，其之所以经营盐业，也是"为戴某所重，委以鹾务"，从姓氏看来，戴某可能是婺源或徽州其他县份的盐商。

查氏一族与花桥吴氏具有若干不同的特点，查氏是以商业经营为主的世

---

① 周绍良：《清代名墨谈丛》，北京：文物出版社，1982年，第128～137页。
② 刘石吉：《一九二四年上海徽帮墨匠罢工风潮——近代中国城市手艺工人集体行动之分析》。

家大族,而花桥吴氏则在商业和科举两途并举;查氏在商业经营上具有多头并进、各地皆有、多种行业并举的特点,而从文字资料上却无法归纳出花桥吴氏在经营行当上具有何种鲜明特点。

四、虹关詹氏个案研究

詹氏为婺源望族,主要分布于婺源北乡庐坑(庐源、中村)、岭脚(环川、浙岭脚)、虹关(鸿溪、宋村、方村段)、秋溪(秋湖)等几大村落,且均有共同远祖,即隋代时的黄隐公。关于婺源詹氏的具体来源及其分布情况,可以参见《鸿溪詹氏族谱》①。浙源詹氏自八世必明公以山阴令归隐宋村,再传恺公,迁上洪水湾,又数传至同公,复迁方村段即今之鸿溪(今婺源县浙源乡虹关村),亦称虹瑞关,位于素有"吴楚分源"之称的浙岭脚下,该地山林茂密,松杉等林木资源丰富,为制墨等提供了丰富的松烟、桐油等原材料。虹关詹氏墨商的经营,带有浓厚的家族色彩,历久绵延,堪称"徽墨世家""制墨名家"。虹关詹氏墨商世家大体有三个特点。

第一,詹氏墨家多、品牌多,具有家族世代经营的特点。

根据当代敦煌学家、文物收藏鉴定家周绍良所收藏实物资料,笔者结合文字资料,考证勾勒出婺源詹氏墨家有名者即有詹振升、詹鸣岐、詹云鹏、詹致和、詹衡襄、詹彩臣、詹方寰、詹成圭、詹从先、詹侔三、詹达三、詹子云等。詹氏墨铺尚有八十多家,仅詹大有一家就有乾行氏、真瑞氏、小竹氏、少竹氏、允成氏、文星氏和悦庭氏等分支,可见其规模小而分散:"这些詹氏制墨家的实物,因其平民性特点,因此大多易得,故收藏家多有贮存,甚至多达数十家、墨品多至数百种。"②

虹瑞关詹氏30世元秀(1627—1703)就是典型的徽墨世家。据《鸿溪詹氏宗谱》记载,詹元秀的祖父辈在明代即开始经营墨业,传至其本人时"涉远

---

① (清)冯誉骥《鸿溪詹氏宗谱·序》。又,詹汤佐作于明代万历三十四年的谱序有不同说法,详见(明)詹眉寿纂修《新安星源龙川詹氏统宗世谱·序》,明嘉靖刻本,北京图书馆藏。
② 周绍良:《清代名墨谈丛》,北京:文物出版社,1982年,第278~350页。

经营,以扩乃目而广乃心,武林、吴门皆有车辙马迹,虽所规者什一,而不屑屑于鱼盐,浙水湖桐以资龙香剂用者,远师佽朗,近效幼博,则所货,盖文房上烟也,价不二如韩康之药,有法度如苏翁之荻树,三吴巨公文人靡不乐与之交,亦心折其高义,以是名益噪而赀乃益赢,视祖父若较裕焉"。① 因此,元秀对于詹氏一族,有着重要的贡献。元秀生子三人:武龙(字振升,1652—1719)、武虎(字文炳,1655—1717)、武凤(字鸣岐,1659—1727)②,均子继父业,其所制墨品中,长子、三子的墨品,迄今尚有流传者,周绍良箧中所藏一笏詹振升墨,"面楷书'钓璜'二字,下作两行:'詹振升法古',阳识填金,背镂《渔钓图》,上角篆题'姬受命,吕佐之,封在齐',阳识;顶'廷逊氏'三字,楷书阳识。张纲先生伯亦藏一小挺,通体漱金,面'尚方'二字,亦詹振升制,顶'廷逊氏',气韵与此相仿佛。"③武虎所制之墨,不见流传。而詹鸣岐之墨,亦在青史留名,且远销东瀛。日本人市河米庵所撰《墨谈》三卷,成于嘉庆十七年(1812),其中所载詹氏墨工十余家,明代有詹华山、詹文生,清代有詹鸣岐、詹文魁、詹成圭、詹方寰、詹西园、詹子云、詹子雯、詹衡襄、詹茂圭、詹成宇、詹公五诸家。可知,詹鸣岐之墨颇为著名,其墨品迄今尚有流传。周绍良曾得一铤墨,"一侧楷书'詹鸣歧制'四字,镂字处微凹涂以金地。墨闪闪发蓝光,而形制朴实,雕镂浑茂,定是佳品"。④

武龙、武虎、武凤之下的詹氏墨家,则声名更藉。除日本人著作中提及之外,从今天在收藏品市场上流通的传世墨品看来,詹成圭、詹方寰两家制墨,极为易得,可知 32 世以下的詹氏墨号经营业务之广泛。武龙生子天生、地生(号耀祖)、宇生(字方寰,号晃祖);武虎生子元生(字成圭)、黄生(字辉祖)、洪生;元生生子永锡(字若鲁,号惟一),永锡生子国泮、国治、国涵、国醇(字从先,号古愚),国醇生子广桃(字应甲,号湘亭)。从 30 世至 35 世,六代之间,

---

① 《鸿溪詹氏宗谱》卷首《恭祝大待封民翁老叔大人六秩荣寿序》,詹养沉撰。
② 《鸿溪詹氏宗谱》卷九《鸿溪坦房世系·〈30 世〉元秀》。
③ 周绍良:《清代名墨谈丛》,北京:文物出版社,1982 年,第 62 页。
④ 周绍良:《清代名墨谈丛》,北京:文物出版社,1982 年,第 65 页。

可以明确断定全部经营墨业,世代绵延不绝;且均有墨品传世,其中不乏制作精良、形色质俱佳者,从这些传世墨品的制作及其特点可以洞察到婺源制墨的家族传统、文人与墨号之关系等各端情形。以迄今传世墨品最多的詹方寰和詹成圭两支而言,足以见识婺源制墨的家族传统及其特点。

(1)詹方寰墨。詹氏第 31 世"武龙公(1652—1719),字振升……妣查氏……子天生、地生、宇生。"①上文已指出詹振升制墨之精良,而"佐父诒谋"则指在制墨行业上,父子相继的意思。武龙三子中,第三子宇生为清代徽墨名家,其所制墨品迄今流传尚广。32 世宇生(1686—1769),"字方寰,籍名晃祖,国学生,康熙丙寅三月初一子生,乾隆己丑八月廿二申殁。慷慨仗义,经商齐鲁吴会间,济急扶危,所至有声"。② 又据《婺源县志》:"詹晃祖,字方寰,虹关人,国学生。慷慨仗义,和厚敦伦。尝经商齐鲁吴会间,济急扶危,所至有义声。"③詹方寰一生长寿,生平历康熙而至乾隆,其子孙亦多经营墨业。詹宇生之子关郯:"(33 世)关郯公(1706—1766),字孔咨,号业儒……子国栋、国权。"④关郯生二子,其中"(34 世)国栋公(1726—1777),字廷珍……妣查氏……子广立,查出;广田、广功、广川,均俞出,田、川均早殁"。⑤ 国栋生子存二,其中"(35 世)广立公(1748—1803),字慎基,国学生……妣吴氏……葬苏州。子高载,吴出;高驹、高第、高銮,陆出"。⑥ 兹引周绍良《詹方寰墨》一节,可知第 35 世制墨,且有墨品流传至今⑦。但周绍良因未能看到《鸿溪詹氏族谱》,故对詹方寰世系的判断不够准确,他认为"青麟髓"制造于乾隆丁卯年(1747),实应为更晚。因乾隆丁卯年詹方寰尚健在,而广立则迟至 1748 年才出生,而此笏"青麟髓"墨应该是后来詹方寰曾孙詹广立使用方寰旧存墨模

---

① 《鸿溪詹氏宗谱》卷九《鸿溪坦房世系·(31 世)武龙》。
② 《鸿溪詹氏宗谱》卷九《鸿溪坦房世系·(32 世)宇生公》。
③ 民国《婺源县志》卷三十八《人物十一·义行三·詹晃祖》。
④ 《鸿溪詹氏宗谱》卷九《鸿溪坦房世系·(33 世)关郯》。
⑤ 《鸿溪詹氏宗谱》卷九《鸿溪坦房世系·(34 世)国栋》。
⑥ 《鸿溪詹氏宗谱》卷九《鸿溪坦房世系·(35 世)广立》。
⑦ 周绍良:《清代名墨谈丛》,北京:文物出版社,1982 年,第 82~84 页。

制成,故墨注文"曾孙广立监制",复云"方寰氏法制",而未云"詹方寰制"。不过,由此却可知詹方寰及其子孙均世代业墨。因35世广立及妣、庶妣均"殁葬苏州",可断言至此詹广立已经成为定居苏州的商业移民。总之,詹方寰所制墨品,自康熙、乾隆至晚清,经久不衰,肆名"世宝斋",而随后墨肆不断分业,且一旦另起炉灶,即须另加标识,号称"某氏",这也是婺源墨号选用牌记时遵循的一大传统。詹方寰制墨,后代尚有"广立氏""文章氏""有章氏""詹纡三""瑞记"诸款,均为其后代所制。① 由詹方寰一支制墨,可知詹氏墨商源远流长,颇具家族传统。

(2)詹成圭墨。詹氏第31世"武虎公(1655—1717),字文炳……子元生、黄生、洪生,均嫡出"。② 詹武虎事迹,亦收入县志:"詹武虎,字文炳,虹瑞关人……"③族谱、县志均未指明詹武虎本人是否经营墨业,不过结合上述父子相继的情况及其长兄武龙的事迹,则可知武虎本人亦应当为墨商无疑。武虎生子三人:元生、黄生和洪生,以元生制墨最为著名:"(32世)元生公(1679—1765),字成圭……贾于吴,徽人士建积功堂以瘗埋旅榇,首捐千金为倡。晚年家稍裕。子永镔。"④虽然詹成圭殁于乾隆间,不过乾隆五十二年(1787)续修《婺源县志》并无收录其义行,直到嘉庆续修《婺源县志》时方收入詹成圭事迹:"詹元生(1679—1765),字成圭,虹关人。侨居苏,市墨生理,遇荒赈饥,施棺布药,又捐千金于积功堂,买地以瘗旅榇。"⑤可知,詹成圭在苏州开设墨号。詹成圭之名,为日本墨家所重视,可见其亦远销东洋。詹成圭传世墨品极为易得,据周绍良所介绍其所藏詹成圭墨品,均极为精巧、文雅⑥。詹成圭既立足于苏州一地,其子孙亦有多人经营墨业,且闻名于当时。詹成圭生子

---

① 周绍良:《清代名墨谈丛》,北京:文物出版社,1982年,第84页。
② 《鸿溪詹氏宗谱》卷九《鸿溪坦房世系·(31世)武虎》。
③ 乾隆《婺源县志》卷二十《人物九·孝友二·詹武虎》。
④ 《鸿溪詹氏宗谱》卷九《鸿溪坦房世系·(32世)元生》。
⑤ 民国《婺源县志》卷三十九《人物十一·义行四·詹元生》。《义行四》嘉庆续修,后全文原封不动的录于民国《婺源县志》。
⑥ 周绍良:《清代名墨谈丛》,北京:文物出版社,1982年,第66~71页。

一人:"(33世)永锁公(1704—1779),字惟一,籍名若鲁……姚查氏……子国泮、国治、国涵、国醇,查出。"①族谱并未指明詹惟一制墨事迹,不过《婺源县志》指明其以古法制墨:"詹若鲁,字惟一,虹关国学生。自幼讲易水制法,业墨姑苏,名驰京省。"②詹若鲁生子四人,亦多业墨,至少次子、四子均为制墨家。其中次子詹国治:"(34世)国治公,字平先,号舜臣,雍正甲辰十二月初二卯生,乾隆甲申十二月廿五巳殁。公少读书,知躬行,事亲得欢心。贾于苏,继先志。"又据《婺源县志》载:"詹国治……壮游于苏,恪守先人遗志。"③詹若鲁第四子"国醇公(1737—1794),字从先,号古愚……子广桃,余出;广榮,汪出;广杼,徐出。"④詹从先父子之墨,尚有传世品可见。周绍良说,"箧中别藏有'万国咸宁'墨,下注'从先氏'三字,顶署'唯一氏',侧款'詹成圭制'"。⑤周绍良曾"在张䌷伯先生处曾见拓墨一纸,圭形小锭,面'漱金家藏'四字,下端作两行'詹成圭监制'。背两螭;一侧'四房从先造',顶'惟一氏',俱楷书阳识"。⑥由此可知,詹若鲁制墨,亦为父子相继,沿用"詹成圭惟一氏"牌记。而詹从先墨的最大特点在于"过去对詹从先墨,多识其古旧""墨质精坚,造型古朴,是婺源墨中佳作"。⑦

詹氏第35世、国醇长子广桃(号湘亭,籍名应甲,1758—1841)于乾隆戊申年中举,后官至荆门直隶州知州,于湖北水利颇著政绩:"詹应甲,字麟飞,号湘亭,虹关人,寄籍吴县。"⑧詹应甲虽为官员,却仍自制墨,迄今犹可见长方形墨⑨,应甲虽以科举入仕却自制精良徽墨,此颇证明制墨源远流长的家族传统。另,《婺源县志》既云应甲"寄籍吴县",则可知詹惟一家族尚未完全

---

① 光绪修《鸿溪詹氏宗谱》卷九《鸿溪坦房世系·(33世)永锁》。
② 民国《婺源县志》卷三十九《人物十一·义行四·詹若鲁》。
③ 民国《婺源县志》卷三十九《人物十一·义行四·詹国治》。
④ 光绪修《鸿溪詹氏宗谱》卷九《鸿溪坦房世系·(34世)国醇》。
⑤ 周绍良:《清代名墨谈丛》,北京:文物出版社,1982年,第69页。
⑥ 周绍良:《清代名墨谈丛》,北京:文物出版社,1982年,第74页。
⑦ 周绍良:《清代名墨谈丛》,北京:文物出版社,1982年,第72页。
⑧ 民国《婺源县志》卷二十四《人物五·宦绩·詹应甲》。
⑨ 周绍良:《清代名墨谈丛》,北京:文物出版社,1982年,第75~76页。

入籍苏州。对此,另有证据。据《鸿溪詹氏宗谱》,国醇次子"(35世)广荣公,字受初,籍名荣甲……乾隆戊戌五月十八丑生,嘉庆丙辰六月廿六亥殁。公生有凤慧,年十六,闻父卧疾姑苏,星驰而往,躬汤药,不遑寝处,旋闻母疾,复奔归,衣不解带者年余,以积劳成瘵、继得父凶问,一恸遂绝,人咸惜之。"①"卧疾姑苏,星驰而往",则从婺源赶往苏州无疑。广荣之孙、高蔚之子"(37世)真珏公(1817~1878),乳名花九,字二玉,号璞斋,籍名台寄,寄籍吴县。由监生议叙从九,分发广东补用……嘉庆丁丑十一月初七亥生,光绪戊寅七月廿四辰殁。事略另传。"②可见詹氏墨商一族,虽在苏州经营墨业一百多年、历世六七代,但其墨业经营,依然在婺源与苏州之间奔波不定,未完全入籍,这可能同婺源作为制墨的大本营无不关系。据《詹氏宗谱》记载,制墨与业儒从此两途并进成为詹国醇以下世代的一个新特点,这可能同詹应甲中式出仕的经历密切相关,詹氏墨商既能同御墨相联系,又能考取举人,说明在儒和商的选择上,詹氏墨商也有现实的考虑。总之,詹氏已有多人不止在墨业一途进取,而又不少人开始入仕为吏,说明詹氏虽世代营墨,在职业选择上却也会因某些机缘而追随时代大潮流出现某些变异,以墨入仕、以墨改儒,或儒墨并举。

根据婺源县档案馆所藏档案资料,詹成圭墨号在民国二十四年(1935)依然营业,距离詹元生始创詹成圭墨号,已去二百年矣。因此,虹关詹氏堪称地道的徽墨世家,其墨业经营具有浓厚的家族色彩,其墨号的牌记,绵延相续,堪称老字号;其墨品质量精良,制法古朴,占有广大的市场份额,这同詹氏一族恪守祖传制墨古法不无关系。

第二,詹氏墨品具有平民化的特点,这是其经营网络遍布全国的重要原因。

"婺源墨不如歙县所产的徽墨那样隽雅大方,也不如休宁墨的精致绚丽,

---

① 光绪修《鸿溪詹氏宗谱》卷九《鸿溪坦房世系·(35世)广荣》。
② 光绪修《鸿溪詹氏宗谱》卷九《鸿溪坦房世系·(37世)真珏》。

墨的质地远不如歙休的烟细胶清"①,总体上看其墨品较为粗糙,这一点却赋予其平民化的特点,更易为广大群众接受,而且婺源墨肆甚多、遍布南方各地,亦成为当代研究墨业发展史的重要资料。"詹氏墨品主要面向群众,因此其所制的贡墨、御墨极少,文人制墨数量亦不多见,不过因其往往选择'御赐金莲''龙门''虎溪三笑''壶中日月''八仙庆寿''八蛮进宝'以至《西厢记》作为墨名,这些具有民间艺术特点都是一般群众所喜爱的主题,因其'俗'而广泛流入民间"②。

历代所修《婺源县志》记载的虹关詹氏一族经营地点就有浙省、楚、蜀、苏州、粤东、京师等地,因为县志编纂的局限性,詹氏墨商的经营地域远不止此。编纂于光绪年间的虹关《鸿溪詹氏宗谱》,收录了一份明清以来詹氏从十二世至三十六世的详细迁派图,从中可以大略看出詹氏墨商家族的经营网络③。由此分迁图考可知,在三十世之前,虹关詹氏的迁徙主要是在婺源及其周边几个县邑,而到了三十一世之后,则这种迁徙范围大为扩展,已经远及山东、苏州、金陵、崇明、赣州、河南、河北、温州等地。三十一世裔孙生活的时代大体都在明代万历、天启年间,因为经营墨业是三十一世之后的主要行当,而且从《世系图》对这些迁徙人物的记载看来,他们绝大部分都是商人。虽然詹氏一族的迁徙原因未必由于经商、进而在侨寓地成为商业移民,但至少可以断定,在明代末叶及至《詹氏宗谱》修纂的清代光绪年间,虹关詹氏一族不断因经营墨业而向外迁徙。

第三,詹氏墨家在技艺上因循守旧,少创新,近代以来趋于衰落的命运。

婺源虹关詹氏墨商以其独特的家族经营方式,以及家族传统代代相传的技术特点,迅速占据了清代墨业的中低档市场,名声大噪,而其传世墨品亦为今天研究中国墨业发展史留下了不可或缺的重要依据。直至晚清时期,关于

---

① 周绍良:《清代名墨谈丛》,北京:文物出版社,1982年,第7页。
② 周绍良:《清代名墨谈丛》,北京:文物出版社,1982年,第8页。
③ 光绪修《鸿溪詹氏宗谱》卷首《鸿溪詹氏分迁各派图考并序》。

詹氏墨商的事迹,散见于各种报章和小说而不绝于缕①。上文还提到,到20世纪二十年代上海墨工罢工时,尚有婺源墨商2000多人。

但是,近代以来随着西方自来水笔等文具产品的传入,墨商的产业亦受到大大的打击。湖南新化的书业条规之笔墨砚字帖等附云:"本店向来兼办湖笔、徽墨,端歙砚池以及古今名人字帖等,现在学堂不讲究此道,加以铅笔、天然墨、石笔、石板等各种新样出世,旧货一切不行,本店只择其中等者少为置办,以应零售;上品之货,尽可停办。"②及至民国二十二年(1933)、二十三年(1934),建设委员会经济调查所着手调查各地经济社会情形时,发现"徽墨日蹙,歙砚不见","各地特产,年来日就衰落,例如歙砚为歙县特产,自五代时新安李廷珪以善制墨闻于世,徽墨之名,遍于国中。徽墨之所以驰名,在昔自谓以黄山松烟制之品佳而价重,自墨水盛行,而墨之销路顿小,自洋烟输入,而墨之品质一变,沿海通都大邑之墨庄,以廉价之洋烟自制,固不须批购于徽州,即徽州墨庄反自沪杭购洋烟制墨,转辗运输,所费不赀,甚至同一质料制法之墨,徽州售价竟高于沪杭,而本烟墨则成本更高,无人过问,歙县墨店,每年仅产墨约四千斤,值六七千元,休宁屯溪烟墨每年营业共只二万余元,其式微可知。歙砚一项,识者谓其品高于端砚,至今好古慕名之人,求诸歙县,不获一睹,甚至砚店且有不知其名者,负数百年盛名之特产,衰落一至于此,亦可慨矣。"③民国续修《歙县志》也认为购买价格低廉的西洋烟作为制墨原料是导致徽墨衰落的一个重要原因:"近自光宣以降,墨肆苟简图利,辄购国外所产之烟为之本烟,墨将绝于市。"④婺源墨商的文具店中往往兼营湖笔等,而湖笔的产量和价值也渐形衰落,"吴兴之湖笔,名闻全国,系产于吴兴东南之善琏镇,居民均以制笔为业,约有百余家,每年产值约一百零二万元,制笔

---

① (清)宣鼎(1835—1880)著,恒鹤点校:《夜雨秋灯录》,上海:上海古籍出版社,1987年,第171页。按,《夜雨秋灯录》首刊于光绪三年(1877),因此叙述长人当为咸同之际的事情。詹庆德《虹关长人》,载《婺源县文史资料》第四辑,1993年9月印。

② 彭泽益主编:《中国工商行会史料集》上册,北京:中华书局,1995年,第286页。

③ 《中央日报》1936年3月9日第三版《建委会调查,江浙皖各省经济,交通较便之区大都入超,徽墨歙砚特产更形衰落》。

④ 民国《歙县志》卷三《食货志·物产·墨》。

所用之毫毛多贩自山东安徽江苏，笔杆则均来自余杭，该地笔庄有二十余家，交易多在茶楼，近年以来，铅笔钢笔，销路顿畅，湖笔亦渐灭退，当尚可维持云"。①在此大背景下，婺源墨业、墨商的衰落不可避免。

今保存在婺源县档案馆的两份墨商档案资料②，具体而微地揭示了婺源墨商的近代命运。呈词之一称："窃雨生前充婺源县第九区虹关乡第二十保保长之职，勉力从公，经逾一载，嗣因环境所迫，去夏辞职，往粤谋生……雨家确非殷实，粤中商场不景，难以支撑家资时虞缺乏……但此日商务艰危，以[已]成强努[弩]之末，负欠累累。"呈词之二称："窃深如世居虹关，务农为业，昔年先人曾在广东省垣纠股设立詹同文笔墨店，兼营商业，当该时经营所入，尚足敷衍，自后外货倾销，日盛一日，天然墨、墨汁、墨水、自来水笔等相继而至，吾国原有之笔墨销路遂一落千丈，全年营业收入不及往年十分之一二，而广州生活程度既高于内地诸省，又负摊派公债、缴纳捐税之责，店中人工薪给开支耗费等等，更高于往昔数倍以下。深如日以先人缔造之业，不忍自我而绝，勉强支持，聊以维持先业，藉谋升斗之资……无如在此全国迷漫于不景气之际，商业不振，农村衰落，笔墨业已衰败至没落之途。"以上两份呈词中的诉讼主体，均为虹关詹氏墨商，经营地点均在广州，时间均为民国二十几年，可见民国时在广州经营的婺源墨商尚多。但从两份呈词行文所沥陈事实，足见近代以来婺源墨作、墨商的产销已趋式微。

当然，民国时期徽州商人虽有所衰落，不过就墨业而言，依然保持着其原有一定优势，以至于民国时人说到墨商时，依然认为都是徽商。瞿兑之《养和室随笔》中有一则《徽人经商日本》③："嘉兴徐岳《见闻录》云：徽人吴三英曾至日本国，言货至彼则岛上市官判价无欺，彼货亦不贰价，不似中国市井多欺伪，风俗淳朴，道不拾遗。此吴三英者，不知是墨商否？海外商业，古无记载，《货殖传》中人物不知埋没几许，此亦极珍贵史料，不独有关中日文化交流史实也。"

---

① 《建委会调查，江浙皖各省经济，交通较便之区大都入超，徽墨歙砚特产更形衰落》。
② 档案资料《县政府秘书室"民众申诉等卷"》，婺源县档案馆藏。
③ 瞿兑之：《杶庐所闻录·养和室随笔》，沈阳：辽宁教育出版社，1997年，第114页。

第四节　其他行业

一、盐商与盐业

婺源县内的居民平时皆食用浙盐,而其经营者大多为休宁人。据康熙《婺源县志》记载:"婺食鹾于浙,然以贫,无盐商,凡婺之窝引,皆休商行掣告销。虽休兼婺利,而盐止于休,婺民则挑负诸土物,逾岭零星贸易,价溢而劳瘁倍之,故穷僻村氓多食淡者。近奉有疏通食盐分销商引案,休邑推引二万有奇,坐婺、祁照丁分派,士民以休商既擅婺盐之利,不得复贻以害,援旧例争于郡,乃止。然盐卒不能至婺,则地与力限之矣。"①可知婺源本县之内食盐甚为困难。同时,由于婺源地处数省交界处的特殊地理位置,私盐与官盐之间的斗争、浙盐和淮盐之间的分界纠纷,亦复不断在婺源重演。比如,光绪《两淮盐法志》收入了一则官盐同私盐斗争的史料:"德兴县香屯卡宜分路梭巡,以免透漏也。查,香屯距安徽婺源小港五里为饶郡南河,浙私侵入之源,最为扼要。水涨之时,私盐出小港装载,大船连樯直下;水涸之时,有自香屯以上与小港相连之江村坂陆路挑赴浮梁、乐平二县者,有绕过香屯后山,至河西王家垣者,有由距小港半里之马石至河东杨家溪下船者,水陆路路可通向于香屯卡。"②

官府对于当时地处婺源、乐平、德兴三县交界的德兴香屯、乐平戴村和婺源小港等地发生的食盐走私活动,一直持弹压的态度。比如:"会看得德兴县香屯地方切近婺源,为浙私出入之总汇,河道宽阔,水势湍急,枭徒顺流冲越,小民贪贱食私,积弊相沿,已非一日。虽经议设巡商,然寥寥丁役,阻遏要冲,缓之则有勾私贿纵之弊,急之则有抗官滋事之虞,究属有名无实,应于香屯地方设立浮桥,以资堵御,但建设伊始,启闭盘查未有定制,兵役仍易滋奸,枭徒

---

① 康熙《婺源县志》卷二《疆域·风俗》。
② 光绪《两淮盐法志》卷六十一《转运门·缉私》,转引自《明清徽商资料》,第149页。

不无觖法,离县既远,知县势难兼顾,应请于该府就近所属内委令佐杂一员而专司弹压,一年一换,实为有裨。再查,乐平县之戴村,亦为私贩聚集之地,今香屯虽设浮桥,然滩陡水急,难免透漏,并请移拨千总一员,驻于戴村,以资巡哨,仍令各该县多拨兵役协力防严,则奸贩侵透之弊可杜,而引目无滞之患矣。再,香屯地方原设止巡丁八名,今启闭浮桥,水陆巡查,实属不敷,据该商禀请添募,似应准其增募十二名,俾敷查缉,所有造桥工费,及添设巡丁工食弁各员盘费、居住屋租等项,据该商禀请,援照现支巡费之例,在于屯船充公项下支给,但屯船公项,本司道衙门无案可稽,应移运司酌拨给商领办,理合一并详明,伏候宪台批示移饬遵行。"①

长期以来,在婺源一邑不仅有食盐走私的问题,而且涉及浙盐和淮盐的分界纠纷问题:"(德兴)县属香屯地方,与江南徽州府婺源之小港接界,小港本系荒僻边都,而奸商群聚,广开浙盐官店四十余铺,以致乐邑戴村、洛口等处,愚民图贱越贩,冲入香屯,是邻境官店,实为该县官民之累,请咨查婺邑额引确数,委员驻扎设簿,将每日挑过盐斤数目、小贩姓名、售销处所,逐日登记报县查察等语。查,婺邑小港既处边界,开张四十余店,诚为附近奸民越贩之端,但香屯地方业已设立浮桥,委员弹压,专司启闭稽查,并于戴村地方移驻营弁,防守堵截,该地方官苟能实力巡察,奸贩自难透漏,婺邑本食浙盐,小港本系婺地,开设盐店并未越界,似未便防其透漏而禁及邻省应设之官店,况江浙应销额引均属裕课,疏商自宜各守各界,应令督员役弁兵于要隘实力稽查,查察既严,纵使彼处店户盐多,岂能侵越?该县所请咨查额引委员、设簿稽查之处,毋庸议。又该府所议于香屯戴村洛口地方设立官盐子店,酌减价值,发卖便民等语,既据饶商禀称,已经设有子店,减本发售,亦可毋庸再行添设,应将该府所请之处亦毋庸议也。缘奉批令会议事理是否有当,理合会详宪台

---

① (清)凌燽《西江视臬纪事》卷二《详议·香屯戴村地方设立浮桥委拨员弁弹压堵私议详》(清乾隆八年剑山书屋刻本),《续修四库全书》史部·政书类,第882册第51页。

核夺。"①

事实上,有清一代,在婺源南乡小港发生的浙盐、淮盐争夺地盘的斗争,从来没有停止。嘉庆年间也发生过一起浙盐与淮盐争夺地盘的案件:"潘桂林,字全芳,太白芳溪人,国学生。为人倜傥不群,尤善排解。嘉庆癸酉,淮浙商争盐界,两省委员莅港口,久不决,桂指示德婺分界地形,绘图以进,议遂定,一时知名士高其才,相与契重。"②潘桂林的事迹,又见于其子潘觐光的传记:"潘觐光,字汝嘉,港口人,太学生。年十八,念父经营劳瘁,弃儒就贾,日费虽繁,敬备甘旨无少缺……又港界徽饶间,淮浙盐商争界遘大讼,官吏叠勘,供亿绎骚,皆光独任,且为指陈地势,讼且息。又婺田少,仰食乐平,米舟至,无赖族□要利,光往谕,立解。皖江陈司马与之善,谓其才足以用世,且为之传。"③潘觐光是潘桂林之子,其实他是太白芳溪人,只不过侨居港口,"潘芬,字诵清,号香畹,太白芳溪人,侨居港口,邑增生孝友潘觐光孙……堂叔祖卒于苏、堂叔卒于浙,芬悉为归葬。"④嘉庆癸酉年这场浙盐与淮盐争界的纠纷,虽得见于潘氏父子的人物传记中,不过因史料缺乏,未得其详,兹不展开论述。

婺源县域出产盐商不多。婺商的主要经营行当是木业、茶叶和墨业,盐业并非婺商的经营重点。婺源盐商,从县志及族谱等文献资料,仅检得数十例,县城、东乡、北乡、南乡和西乡,均有之。时代最早的,则可以追溯至元代,也是最早见于记载的婺源商人:"珪一公伯圭为盐商子,德骥无传,捐白石岭田一亩四十八步。"⑤游伯圭来自婺源东乡济溪游氏。

虽然婺源出产盐商不多,且其地理分布和家族分布较为散落,但少数家族具有经营盐业的传统,且历久不息,济溪的游氏家族,将盐业作为一个经营

---

① (清)凌燽《西江视臬纪事》卷二《详议·棚民编保及禁缉私盐议详》。
② 民国重修《婺源县志》卷四十《人物十一·义行六·潘桂林》。
③ 民国重修《婺源县志》卷三十二《人物七·孝友六·潘觐光》。
④ 民国重修《婺源县志》卷三十六《人物九·黉彦·潘芬》。
⑤ 《济溪游氏宗谱》卷二十六《建置·义迹》。

的重点行当。除上述生活于元代的盐商游伯圭之外,收入族谱或县志的明代游氏盐商还有:①"圻三十公文烈,字廷芳,号竹山,枢十七公永亮孙。性朴质,以盐策起浙中,诸商以其忠信而才雄为客纲,时分司愿怨,欲入众商罪,公直气不饶,执词力辩,众赖以释"。① ②"(25世)文炅,圻三五公,商盐嘉兴,配萧氏,生子三:世恩、世杰、世沾,后以盐法谪戍台州,三子从居焉。生成化甲辰四月廿六,嘉靖己酉卒于戍所"。② ③"(28世)朋用,利十公,字季武,号镇寰,武庠生。经营创植,尝偕仲兄(即朋宗)商盐于浙,大造厥家,详《材武》《才术》。生隆庆丁卯十一月八日。娶开邑鲍坑汪氏,生隆庆戊辰四月十九,葬桐树坦,与利九孺人同墓。三娶王氏。公葬低源上山石榴花树下。子三:正英、正蕙、正藻"。③《济溪游氏宗谱·人物志·材武》对游朋用的事迹记载如下:"利十公朋用,字季武,号镇寰,鸿逵公三子也。少负才气,倜傥不群,遇事敢为,而沉潜济之。伯兄登进士,仲兄文学成名,公则以武庠起家。族无大小事,悉与共商。至义举尤竭力襄赞。偕仲兄开盐邸浙省,持筹握算,大创厥基。其英风卓荦,至今犹钦仰焉。"④

事实上,除了盐商之外,游氏族人还有为盐务官者,如①"游应乾,字顺之,号一川,琦二公五世孙。治《易经》,嘉靖甲寅入郡庠,中辛酉乡试,登乙丑范应期榜进士,授户部主事,实授承德郎,以便养改南刑部主事、历员外郎中、授奉政大夫,连丁内外艰,起补郎中,升宁波知府、两浙盐运使,授中□大夫、广西参政、云南按察司、广东右布政转左布政、授通奉大夫,南京太常寺、大理寺卿,授通议大夫,特简总督仓场、户部侍郎、授通议大夫,六年考满加正议大夫、资治尹。戊申卒于任,赠户部尚书赐祭葬加祭一坛拟谥。崇祀郡邑乡贤"。⑤ ②"游有伦(1598—1670),字明上,号碧岑,振轩先生孙。治《易经》,天

---

① 《济溪游氏宗谱》卷二十二《人物志·质行·圻三十公文烈》。
② 《济溪游氏宗谱》卷五《贤七支亨衢公三房世系图·(二十五世)文炅》。
③ 《济溪游氏宗谱》卷六《五八公三子下宅世系图·(二十八世)朋用》。
④ 《济溪游氏宗谱》卷二十二《人物志·才术·利十公朋用》。
⑤ 《济溪游氏宗谱》卷二十一《选举·科甲·(明)游应乾》。

启甲子入郡庠,中崇祯癸酉乡魁十二名,登庚辰魏藻德榜进士,授行人持节册封桂藩、授文林郎,升江西道监察御史巡视西城,督理九库、授儒林郎,奉敕巡按广西兼理湖南盐鹾"。① 婺源盐商虽不具备家族性特点,但从县志等资料中检得的资料中,却不少人曾经有盐场工作的经验,比如担任"盐大使"等职衔:"汪良增,字益亭,回岭人。幼家贫,服贾致赢余,以备奉养。岁歉平粜,活族周贫。由监生捐盐运经历借署场大使,小心勤慎,器重上游,苴任十余载,沐恩加级得赐赠。年老回籍,创建文阁。"②当然,担任"盐场大使"并非一定是盐商。

清代以来,婺源县域所产生盐商,较元明时期更多。收入《婺源县志》的清代盐商还有数人:①清初:"查廷镇,字公逊,凤山人。舌耕色养,既弃举业,入浙,为戴某所重,委以鹾务,镇出纳不苟,尝与史姓倾换交易,史误数多与镇,归觉,还之。史感激,戴益敬服。"③②清初:"汪思孝,字君原,段莘人。……港头为婺东北通衢,旧设木桥,有挑盐者,值水涨桥圮溺死,孝目击心恫,倾囊三百金,甃石为梁,至今赖之。"④③道光年间。盐商胡清秀及其弟弟清溪,清秀生子木商胡邦植,清溪生子敏艺,邦植生子文光:"胡清秀,号实夫,清华监生。少孤贫,服贾休邑和村,与同业朱某、王某友善,王以谋地几成讼,秀力调停。有旅居陈某因事受累,几荡产,秀集休绅控于官,冤遂得释,乃念重帏守志,撤肆而归,祖遗产悉让与弟侄。秀子植邦,有父风。秀客朐阳遘疾,邦急驰省视,目不交睫者旬日。嫂俞氏青年矢节,遗腹一女,邦拊循择嫁,以长男澜绍为后。堂弟宗洛十岁失怙恃,挈与同居,课读完婚,乙卯众屋毁于兵,邦以己屋与堂兄弟共之。"⑤"胡植邦,字燮庭,清华人,奖五品军功。家贫,服贾金陵,父清秀受王员外聘任盐务于朐阳西坝,邦闻父病笃,星夜奔赴,躬侍汤药旬余,未遑假寐。父殁,哀毁骨立,扶榇归葬如礼。又善事祖母,

---

① 《济溪游氏宗谱》卷二十一《选举·科甲·(明)游有伦》。
② 民国重修《婺源县志》卷三十九《人物十一·义行四·汪良增》。
③ 民国重修《婺源县志》卷三十八《人物十一·义行二·查廷镇》。
④ 民国重修《婺源县志》卷三十七《人物十一·义行一·汪思孝》。
⑤ 民国重修《婺源县志》卷四十六《人物十二·质行七·胡清秀》。

能得欢心。伯兄早世,嫂年二十四,遗腹生女,抚养遣嫁,皆邦是赖。以长子绍兄,后成立,全嫂节"。①"胡文光,字含辉,清华人,国学生。年十一,避寇扉坑,母遇害,惨痛欲殉。父植邦撤木业归,奉养惟谨。父殁后,奉继母,命析居,让产两兄。大兄枢照遇乡试必厚贶。仲兄殁,抚其子如己出。堂兄乏嗣,以季子绍其后。胞姐夫妇早故,遗甥女幼,携归抚养,长为择嫁,经理五门众,及绍远堂祀众。岁获赢余,又建砖坊表扬三世节烈"。②"胡清溪,字以书,监生,清华人。幼失怙恃,上有三兄,事之如父。家贫,客白下,王竹屿廉访(王竹屿即漳溪名宦王凤生的号)延作记室,兄偕往,兄病,亲调汤药得愈。在外三十余年,馆谷必分与诸侄。至老归家,囊无私蓄,人咸谓有张仲之风"。③"胡敏艺,字叔安,清华人,国学生。事母至孝,以父清溪业木金陵,事诸父如所生。长工书法诗文及星命地理,以应里人之取求。又修祖墓,保祠众,俱不惜重赀。子朝纲,国学生,习医,著有《寄庐诗钞》《医学备要》《幼科新编》"。④由上述梓坞宋氏和清华胡氏一族在经营行当上的差异可知,虽然父子有相继的情形,不过父子也有相互分途经营不同行当的倾向,可知经营盐业在婺源并没有长期的家族传统。④道光间。"俞云灿,字达先,龙腾监生。商于淮。道光间,淮盐改章,灿为人任禺策事,同事中有欲夹私者,灿力阻不听,后果事露,成本几至全没,仍赖灿帐(账)籍明确,得保无虞。旋业木黔楚,时江南例木历年淹滞,委员令灿措置,两运皆畅销,酬以数百金不受。老年居家,宗祠倾圮,修费不给,灿为经理数年,不取薪水,祀复如初"。⑤ 由俞云灿的事例看来,盐商也可以转营木业。⑤道光间:"江缵绪,号湘云,江湾人,商籍庠生。性好施,游幕湖北,佐蕴务廿余年。子铭敬,邑庠生,幼为发逆所掳,陷贼九年逃回,发愤攻书,两就谢陈邑令记室之聘,后入藩幕,为方伯吴竹庄校阅书籍,

---

① 民国重修《婺源县志》卷四十八《人物十二·质行九·胡植邦》。
② 民国重修《婺源县志》卷四十八《人物十二·质行九·胡文光》。
③ 民国重修《婺源县志》卷四十六《人物十二·质行七·胡清溪》。
④ 民国重修《婺源县志》卷四十八《人物十二·质行九·胡敏艺》。
⑤ 民国重修《婺源县志》卷四十六《人物十二·质行七·俞云灿》。

所至以诚恳称,惜不永年,未竟其志。"①从本例事迹看来,有些婺源人虽然同盐业有关,不过也可能是在盐务官衙中担任幕友,并非严格意义上的盐商。⑥道咸间:"李荣,字信行,理田人。幼岐嶷,伟躯干,声如洪钟,父母最钟爱之。甫十二龄,二亲继逝,家基贫,无力读书以供樵汲,兄瑞森游学浙东,荣年十四,徒步省兄,戚友推其能留服贾,以勤俭起家。即待亲朋亦多提挈。咸丰庚辛壬癸间,侨寓衢州府属,难民麇至,亲给粥饭赠行费,数年不倦,兼赠里中盐粟费亦不赀……年六十有五,端坐而终。子五:昭烈、昭焕、昭熙、昭炜、昭熺,均恪遵庭训,炜官至侍郎。"②"李昭炜,号蠢蛰,理田人。性纯笃,事亲诚敬仁孝亲殁后,每岁忌辰必闭户祭奠终日不见客。祭祖先,必诚必敬,为学务笃实一遵程朱矩矱,由进士翰林院庶吉士授检讨,大考优等开坊官至户部右侍郎,在官不骛名利,惟以实心行实事,典试江西时年已七十,校阅试卷每至漏三四下而忧虑有遗珠之憾,祷神求助,出于至诚。父荣营蓰业于浙之常山,多行善事,炜兄弟子侄众多,日用繁费,家渐中落而先世善举必竭力继续,每一归里必遍谒各祖墓,年至八十犹登山跪拜如仪,剑刃谨厚,有学行者,必敬礼之奖掖后进不遗余力,同邑进士江峰青尤蒙青眼。子道同,吏部员外郎,余皆能继父志"。③"李昭熙,谱名昭烈,字振成,理田人,荣子。兄弟五,熙居长。佐父勤俭起家,粗衣粝食,淡泊自甘。浙经蹂躏,时稻田硗瘠,凡收纳不取其盈,遇有窘急以田产售者,熙体父志,从不抑其直。与弟等尤敦友爱,平日无一语龃龉。辛酉春兵警,有故友携眷至,熙承父命,引避山间,其弱息数龄,途中被掳,熙挺身往救,弱息得无恙,而自罹于难,亲戚故旧至今犹深感泣,幸得遗腹子作楫,今已入泮。仲弟昭焕,性亦浑厚,十九岁司理簿籍,缕析条分,了如指掌,易箦时,语清气爽,惟勖子代仁敬顺长上为嘱,一生啬己丰人,其穆行有如此者,均以弟昭炜贵 赐赠奉政大夫、翰林院检讨加五级"。④ 由理田李氏

---

① 民国重修《婺源县志》卷四十一《人物十一·义行七·江缵绪》。
② 民国重修《婺源县志》卷三十二《人物七·孝友六·李荣》。
③ 民国重修《婺源县志》卷二十三《人物四·学林·李昭炜》。
④ 民国重修《婺源县志》卷三十二《人物七·孝友六·李昭熙》。

盐商看来,在家庭职业分工上,他们并没有超出一般婺源徽商的选择方式。父子有相继业盐者,却也有专攻科举事业的,李昭炜作为盐商之子,不仅成进士,而且官至侍郎,是晚清时期婺源籍人士中官位最高者。⑦晚清:"黄时辛,字庆辉,黄家村人。幼失怙,家贫,行佣养母,极得欢心。嫡堂弟时杏亦早丧父,幸抚育之,婚教成立。为人会计盐务,阅数十年,出入无私。"①⑧晚清:"程焕铨,字景廷,石岭人,国学生。尝与兄弟业茶亏折,负债数千金,铨鬻己产抵偿。番禺友人张鉴使宗人运盐二万有奇往海南,嘱铨管领,比至,鉴已殁,宗人欲瓜分之,铨力争不可,完璧而归,其子感谢。"②⑨晚清:"李承箎,字方甫,甲椿人,监生。兄弟六,箎贾金陵,岁杪必归省亲。中年业盐木获利,分润兄弟。及期功亲属。工书法,尤精技击,当团练时,尝带勇习演阵法,以石门令余贵赠朝议大夫。"③⑩晚清:"滕鼎炎,字茂荣,城附郭许村人,监生。性孝友,事亲能尽诚敬,遇慈善事,竭力赞助。为人排解,人多感服。中年创设盐栈于西关外,阖邑称便。卒年八十一。江绅峰青赠额'廉洁好义'。"④⑪晚清:"吕宏信,字稔诚,汾水人。少孤,母再醮朱姓,老无所依,迎归终养。挑盐于休宁溪口,归途拾一遗裹并银票约二百金,守候半日,失者追寻,询其数符合,诘其人为代带银信者,悉还之,不受谢,订为莫逆交,相传失金人犹岁送礼物于信,以表不忘云。"⑤⑫20世纪初:"詹喜铭,字镜泉,庐源人,忠节逢培仲子。性至孝。咸丰间,洪杨陷苏州,铭奔丧,躬入贼营觅父及弟骸,不得,扶母榇归。后游北直,滦州七属大荒,铭请当道集赀数万,躬亲往赈,遍设粥厂留养局,费不足,请直奏准开捐,民赖以生,遂以赈济功,由盐运使衔晋授荣禄大夫。拳匪之乱,避地南下,见浮尸蔽水,购地掩埋,立义冢于直隶牛城及山东泊头镇,并各捐金数百,存息供祭扫,客囊尽空,家书告急,不顾也。未几,创办盐务于海参崴、哈尔滨,商业渐裕。值皖省水灾,捐洋银九百元。虹关善会

---

① 民国重修《婺源县志》卷四十七《人物十二·质行八·黄时辛》。
② 民国重修《婺源县志》卷四十《人物十一·义行六·程焕铨》。
③ 民国重修《婺源县志》卷四十七《人物十二·质行八·李承箎》。
④ 民国重修《婺源县志》卷四十八《人物十二·质行九·滕鼎炎》。
⑤ 民国重修《婺源县志》卷四十二《人物十一·义行八·吕宏信》。

施棺掩埋,捐洋千元。休邑溪口善堂及各处善举,无不竭力输助。"①此外,未知属于清代何朝者:⑬清代:"吴兆功,字德光,中云人。幼贫如洗,负盐佣生于休邑,赊行盐百担,夥误登籍兑讫功荫以告,且代掩之夥,感甚,为措赀设肆龙湾,家渐饶,遂好行其德。"②⑭清代:"俞源清,字缨可,号听泉,附贡生,汪口人。休邑引商知清忠信素孚,托理鹾务,盖当其才云。卒年五十二。"③

由上述婺源盐商行状的勾勒中,我们可以发现其四个特点。

第一,盐业不是婺源商人的重点经营行当,其人数比起木业、茶叶和墨业来说,显然少得多。徽州的盐商主要来自歙县和休宁。

第二,在经营地点的分布和经营方式上,上述婺源盐商中,既有在休宁和婺源东北乡港头一带挑盐零售的,也有在常山、休宁和婺源本地(西关外)开盐栈的,更有远至连云港(朐阳)、海南、海参崴、哈尔滨等地运盐贩卖的。而有几个事例更能说明,其经营盐业是"为人会计盐务",联系到歙县和休宁盐商较多的情形,这几位婺源盐商很可能是帮助徽州同乡经理盐务的。

第三,盐商父子相继、兄弟相偕的个案不多,仅有三例。由此可见在盐业经营上,婺源盐商的家族传统并不浓,而且类似胡清秀父子之间,在经营行业的选择上甚至出现了改变,也有本人由经营盐业而改行木业的,说明在家族传统这一点上,盐业显然不是婺源的家族经营主业。

第四,有些盐商,如理田李氏,其本人经营盐业,而其子弟却高中科第,官居高位,说明了婺源盐商同其他行业的商人并无二致,也是商业与儒学并举,两头并进。其中,婺源漳溪王氏木商后代、诗人王友亮之子王凤生(1776—1834),在道光时期官至两淮盐运使且在任内作出较大宦绩,被收入《清史稿·列传》。

---

① 民国重修《婺源县志》卷四十二《人物十一·义行八·詹喜铭》。
② 民国重修《婺源县志》卷四十《人物十一·义行六·吴兆功》。
③ 民国重修《婺源县志》卷三十一《人物七·孝友五·俞源清》。

二、典商与典当业

婺源商人也有经营典当业的。收入《婺源县志》等文献资料的个案也不算少。①清末民初,"汪毓荪,字植庭,城东庠生。幼随侍祖父儒学署襄理庶务,后游幕芜湖等处,居停杨观察甚器重。晚年为友经营典业。入民国后,公举城自治局议长、财政局襄理员"。① ②"洪立登,号岸先,洪椿人,州同衔。少孤贫,事母汪氏唯谨。壮服贾,家渐裕,往来吴楚,岁暮必归省亲"。②"洪立登妻戴氏:登,鸿椿人,州同诰封朝议大夫。氏名晋芳,长溪女,于归时,媷姑贫乏,戴任井臼者十年,登赖其孝养,懋迁致裕。戴自奉节俭,尝以百十四金赎回祀田。凡有义举相助必力。……戴年八十三卒"。"洪炳,字曜南,鸿椿人,兵马司指挥衔。乡贤洪钧冢子。钧好施与,炳先意承志,常得欢心。咸丰三年,贼陷金陵,祖母及庶祖母俱困城中,炳钜金购死士潜入城救出,迎归奉养以终。城外三山、聚宝二门,尸横遍野,捐赀掩埋,苏抚宪许嘉其'古谊可风'。素有典肆在姑孰,城陷后,即谓夥友曰:'鬻妻赍寇,孰若济人。'乃尽散给难民以归。性耽吟咏,积稿盈箧存于家"。③"洪钧,号梅轩,洪村举人,内阁中书,以子炘亳州训导保加盐提举衔罩恩加一级诰赠奉政大夫,配程氏封宜人"。④"洪汉卿妻江氏,名馥兰,龙尾军功奉直江养暄女,归鸿村,迨吉两月,夫往汉镇习质库事,逾二载病归遂殁,氏欲殉,家人守之,不得,旬日乘间赴水死,时光绪辛巳(1881),氏年二十五岁(1857-1881)"。⑤ ④"汪学贤,字守愚,大畈人。父殁于沪时,贤年尚幼,事母唯谨。及长,往沪寓兄典中,旋任兄所司典事,兄得归,未数年而殁,贤念老母在堂,缺甘旨,急父椽,途闻母病笃,星夜奔驰,侍奉半载,母殁,哀痛迫切,越十日贤亦随殁"。⑥"汪锡璧,字

---

① 民国重修《婺源县志》卷三十六《人物九·黉彦·汪毓荪》。
② 民国重修《婺源县志》卷四十《人物十一·义行六·洪立登》。
③ 民国重修《婺源县志》卷四十《人物十一·义行六·洪炳》。
④ 民国重修《婺源县志》卷十九《选举十二·封赠·洪钧》。
⑤ 民国重修《婺源县志》卷六十二《人物十七·列女七·节烈一·洪汉卿妻江氏》。
⑥ 民国重修《婺源县志》卷三十二《人物七·孝友六·汪学贤》。

谷臣,大畈人。幼就典业,父死母鳌,辞业归养,朝夕承欢"。① ⑤"江邦铨,字吏衡,港川人。郡中修河西桥,江右两典捐助千金,邑中修至圣庙、考棚、城垣,皆乐输蒇事。邑候晏为墓志,以表其行"。② ⑥"程发皓,字东山,上溪头人,州判衔。幼失怙,兄弟二,皓居长。家贫,事母孝顺。幼服贾崇明典业,勤谨诚实,居停器重之,临危托以孤子,皓尽心竭力,曲为保全,益扩其绪"。③ "程发奎,字应文,郡庠生,上溪头人。兄弟四,季弟扬州典业,被诬陷狱"。④ "程文奎,字应文,溪头人,增生。兄弟四,奎居长,四弟在扬州质库被诬,陷狱中,奎鬻已产得数百金脱之,携归完娶。家贫,教授生徒,多列胶庠。至经理众务,四十余年,村无聚讼,族人咸服其公直焉"。⑤ 疑此三者,实为同一人。"程华,字履初,溪头附贡生。事亲孝,兄弟友。在淮安兼理三典,每岁杪寄洋蚨数十元分送族内孤寡贫穷"。⑥ ⑦"汪有善,字圣祥,段莘人。幼服贾崇明,去家千余里,每岁必一归省,依依膝下,谢绝酬应。父殁,由崇明驰归,一恸几绝,母多方劝谕,始强起,由是事母,不忍远出。子泰初,附贡生"。⑦ "汪有善妻詹氏,名福英,庆源太学生成钟女,归段莘。事翁故能孝养,家贫,夫远贾崇明,翁年老犹授徒家塾,氏家政自任,劝翁辞生徒节劳瘁,又隆师课子,泰初亦蜚声庠序。家渐裕,诸侄婚教均赖扶助。祖坟被宋姓侵葬,氏倡众讼之官得押令起莘。他如济贫周急,造路修桥,必量力欣助。年八十六,以子贵封恭人"。⑧ "汪日新,字景三,段莘人。纯谨好义。随叔父世锟营业休邑,族人有自吴归者,为人代带数百金过休,被挑夫窃逃,至青阳乞新代追,新卒为追获。晚年得长子有善肩任家政,颐养颇丰。寿八十八,恩赐修职郎,妻洪氏年九十

---

① 民国重修《婺源县志》卷四十八《人物十二·质行九·汪锡璧》。
② 民国重修《婺源县志》卷四十一《人物十一·义行七·江邦铨》。
③ 民国重修《婺源县志》卷三十二《人物七·孝友六·程发皓》。
④ 《婺源县采辑·孝友·程发奎》,转引自《明清徽商资料选编》,第169页。
⑤ 民国重修《婺源县志》卷四十一《人物十一·义行七·程文奎》。
⑥ 民国重修《婺源县志》卷四十六《人物十二·质行七·程华》。
⑦ 民国重修《婺源县志》卷三十三《人物七·孝友七·汪有善》。
⑧ 民国重修《婺源县志》卷六十三《人物十七·列女八·贤淑·汪有善妻詹氏》。

一并膺粟绢"。①"汪承训,字述武,段莘泰初三子。性纯笃,善事亲,幼就崇明典业,勤于职,暇即习字观书,由上洋商业学校函授毕业,按月寄父家书,字必端楷,辛俸所入,悉寄归奉甘旨。孀嫠,侄女按时钦助。甲寅冬,闻祖母丧,不避雨雪驰归送殡。弱冠后襄理南通州垦务,见重于张殿撰(即张謇),畀以重任。甲子春归省,忽被疯犬咬伤足部,治愈月余而余毒复发,卒。族邻惜之。"②"汪拱乾,字象坤,段莘人。家贫,幼服贾,精会计,其于物也,人弃我取,往往利市数倍。广置田宅而自奉菲恶,无异穷约时。尝蓄赢赀以时出入缓急,有求请,悉应之,任其先后来偿。年近六十,诸子私相谓曰:'凡物盈亏有时,昔陶朱公屡积屡散,其中男犹不免祸,况聚而不散者乎?'乾闻诸子言,大悦,曰:'我抱此愿久矣!'悉出笥中积券共计八千两有奇,令其人来合券,遍归之。乡里绅士为上诸当道,督台于公成龙给冠带荣身,表其闾曰:'满门孝义'藩司柯公永昇褒以"惠施流布",署邑宁公鹏举亦以"旷古高义"美之。闻其事者皆曰:"晏范再世。"③⑧"詹梦甲,字兆和,邑庠生,庆源人。交笔清隽,

---

① 民国重修《婺源县志》卷四十二《人物十一·义行八·汪日新》。
② 民国重修《婺源县志》卷三十三《人物七·孝友七·汪承训》。
③ 民国重修《婺源县志》卷三十七《人物十一·义行一·汪拱乾》。汪拱乾的事迹,在史料笔记中转载颇多,笔者所见至少有两处收录此人事迹:(1)"汪拱乾,婺源人。幼服贾,精会计。其于物也,人弃我取,往往获利数倍,广置田宅,而自奉罪恶,诫诸子不得鲜衣美食,然人以缓急告,悉应不限时责赔。拱乾年近六十,诸子私相谓曰:'凡物盈亏有时,昔陶朱公屡积屡散,其中男犹不免祸,况聚而不散者乎?'拱乾闻诸子言,大悦,曰:'吾有斯愿久矣。'悉出笥中积券,计八千两,令其人来合券,归之。"详见清代吴德璇撰《初月楼闻见录》(清道光二年1822刻本)卷九,《四库未收书辑刊》第一辑第17册,北京:北京出版社,1996年,第209页。(2)"徽州人有汪拱乾者,精会计,贸易于外者三十余年。其所置之货,皆人弃我取,而无不利市三倍。自此经营,日积日富,而自奉菲薄,并诫诸子,不得鲜衣美食,诸子亦能守成。然人有告借者,无不满其意而去。惟立卷时,必载若干利,因其宽于取债,日积月累,子母并计之,则负欠者俱有难偿之患。一日,诸子私相谓曰:'昔陶朱公能积能散,故人至今称之。今吾父聚而不散,恐市恩而反招怨尤也。'拱乾闻之,语诸子曰:'吾有是念久矣,恐汝辈不克体吾志耳,是以蓄而不发。今既能会吾意,真吾子也。'于是检箧中券数千张,尽召其人来而焚之,众皆颂祝罗拜。自此以后,诸子亦能自经营,家家丰裕,传其孙曾。今大江南北开质库,或木商、布商,汪姓最多,大半皆其后人,当为本朝货殖之冠。"详见清代钱泳撰《登楼杂记》,谢国桢编《明代社会经济史料选编》中册,福州:福建人民出版社,1983年,第100页。

乡闱荐不售,乃受友人江峰青聘就嘉善县幕,多所赞助。后代经理典业,又十余年,兴利革弊,为居停所信任,晚因病辞归,又家庭多故,逾年抑郁卒"。① ⑨"吴士桢,字邦选,国学生,蕉源人。八岁丧母,随父往维扬典中,东家某择师教之,年廿余,父殁,扶榇归"。② "吴炳阳,字仲华,清贡生,蕉源人。父客维扬,年十五往习典业,五日一省视,居停奇之,迨侍父还家,与兄改习业茶,渐获巨赀"。③ ⑩"詹辉祖(1683—1739),字理中,虹瑞关人,贡生。少好学,父钟爱,以食指日繁,与兄佽生、弟喜祖,同服贾孝养,遂获厚息。性喜施予,族人贫欲弃偶,辉祖厚赠慰留。开肆遂安,其俗借祠宇器什质钱,勒限除夕偿还,某窘急,涕泣告哀,辉祖还质焚券,遂人德之"。④ ⑪"洪恩淦,见《监选》,号筱石,张溪人。幼入塾,师器之,弱冠应试屡列前茅。父就典业,遂弃读持家,两弟得专心文艺,以商籍游庠食饩。值粤寇起,父奉檄办团,淦襄其事,上台嘉许,以候补县丞保知县,因母老辞"。⑤ "洪恩淦,字筱石,张溪人,分发江苏候补县丞"。"洪恩湛,字筱云,张溪人,商籍廪贡,历署孝丰归安金华教谕补平阳县教谕,见《宦绩传》"。"洪恩绥,张溪人,浙籍廪贡生,候选训导。性好善,邑修考棚、建县堂、修志书,皆慷慨输资为乡里倡。尝主江北质库事,遇通泰两州水灾,输重资赈济,复设粥厂,饥民赖以全活。创立皋南木业公所,建敦仁祠为合郡会议地,及祠中所设棺养老善后事,绥力居多"。⑥ "洪国桥,字仰高,张溪人,内阁中书衔。少习举业,试列前茅,未售。嗣受延川聘,总理如皋质库"。⑦ ⑫"赵文治,字懋钦,号子安,邑廪生,思口人。少孤,兄弟五,行最幼,随兄就传家塾,聪慧异常,及长,博通群书,为文跌宕有奇气,人以大器期之,自负亦不凡,乡闱屡荐未售,科举停后,弃儒就商,受聘往昌江经理典

---

① 民国重修《婺源县志》卷三十六《人物九·黄彦·詹梦甲》。
② 民国重修《婺源县志》卷四十七《人物十二·质行八·吴士桢》。
③ 民国重修《婺源县志》卷四十二《人物十一·义行八·吴炳阳》。
④ 民国重修《婺源县志》卷三十八《人物十一·义行二·詹辉祖》。
⑤ 民国重修《婺源县志》卷四十八《人物十二·质行九·洪恩淦》。
⑥ 民国重修《婺源县志》卷四十八《人物十二·质行九·洪恩绥》。
⑦ 民国重修《婺源县志》卷四十一《人物十一·义行七·洪国桥》。

务,抑郁无聊,每寄托于诗酒,文稿旋作旋弃,后一酒疾殁,士林惜之。"①
⑬"金大坤,号容斋,延川人,清中议大夫。业木金陵,为众推重,后改业茶,以诚信著,发捻迭起,佐从弟世祥帮办河南唐县团练,奖蓝翎。嗣主管如皋石庄质库,襄办义仓,输助善后。邑侯刘赠额'乐善不倦'"。②"金登第,字明远,延川人。资敏好学,由郡邑试前列,游庠屡试棘闱未售,族人聘司质库于如皋石庄镇,薄有储蓄,便以济人。五旬后家居,邻里有争,直言排解。性坦直,不能容人过,人咸服之。殁年五十八,子六,均成立"。③ ⑭"王鸣盛,字德兼,中云国学生。家贫负贩,未入塾授读,问字索解,能通晓文义。伯父体索赢弱,自奉及俭,盛时进珍馐,俾能颐养,寿享遐龄。其他焚券弃逋,如还乳弟质典、让合伙亏折、免盐项负欠,皆不下百十金。又常道遇稚子冻馁无依,召归衣食之,比长仍助之钱米,始遣归,其家德焉"。④ ⑮"江世树继妻王氏,腾川奉直大夫国金女,性至孝,无兄弟,力请父母继侄为子,归江后,举三子,时庶姑在堂,孝养唯谨,抚前室子如己出,嗣树及前室子凤藻相继殁,一门孤孀,江右两典业,族戚夥友争权邀讼,氏携子赴诉,店业赖以保存。居恒,课子严,时以居安思危为训,子凤昌、凤仪、凤翔,俱登仕籍,晋封氏太夫人。江族惑于地理,祖棺浮厝者六世,氏督诸子求爽垲地,次第安葬。晚年信佛茹斋,乐善好施,六七旬寿筵不肯縻费,折资修路,其他慈善事业,详见江绅峰青所撰墓志"。⑤

由上述史料可以发现,其特点与上述盐商相差无几。

第一,婺源商人直接开典当铺的人数甚少,主要是代人"经理质库",或者"主管质库",也有"习质库"(未必就称得上是典当商)。

第二,婺源典商经营地点的分布,并没有超出传统婺源徽商其他行业的经营范围,可以推测他们很可能是连同其他行当的婺源商人一起聚居,互惠互利。在盐、典当等行业方面,婺源商人并没有像歙县和休宁商人群体那么

---

① 民国重修《婺源县志》卷三十六《人物九·黉彦·赵文治》。
② 民国重修《婺源县志》卷四十八《人物十二·质行九·金大坤》。
③ 民国重修《婺源县志》卷三十六《人物九·黉彦·金登第》。
④ 民国重修《婺源县志》卷三十九《人物十一·义行四·王鸣盛》。
⑤ 民国重修《婺源县志》卷六十三《人物十七·列女八·贤淑·江世树继妻王氏》。

兴盛，但有不少个体产生，这同徽商的地缘、业缘和血缘等传统不无关系。

此外，也有不少婺源商人选择前往江西景德镇经营瓷器。从地方志上看，其人数仅有数十人，但其中也不乏父子相继、祖孙相继者，不过其经营特色，依然是婺源徽商的传统手法。在医药行业和其他行业亦是如此。

第四章　徽商的流动迁徙与商业移民

第一节　商人的流动迁徙与组织形态

一、商人流动迁徙的主要方式

所谓的流动迁徙,主要是指空间上的转移。婺源商人的流动迁徙方式主要有徒步迁徙、骑乘坐轿和舟车旅行等。

第一,步行是古代中国人陆路出行的基本方式。在清代、民国时期,舟楫等较为先进的交通工具已经较为普及,但徒步出行仍然是徽商出门经营的最重要方式,而且大量行商的经营活动,本身就是在旅途中实现的。在以自然经济为主、商品经济不发达的传统农业社会中,部分脱离农业生产领域的小商小贩,为了生存需要,经商过程中很少考虑时间成本。因而这种成本最小化的徒步出行,成为小型商贩首选的出行方式。只有在市场经济条件下,随着时间成本的递升,这种方式在整个市场体系中的重要性才会降低。商贩追求的是利润最大化而非成本最小化。只要能增加最终的利润,商贩们就舍得支出交通费用。在近代,交通运输已经较为发达,徒步出行的小商小贩除了出现在农村的定期市场和不定期的集贸市场外,还有相当一部分人活跃在各大中小城市的大街小巷之中,进行零星叫卖,或者提供各种城镇居民所短缺而亟需的商品或服务。在广大的农村,亦有众多小商小贩的身影。比如,1948—1949年的婺源西部农村水岚村,依然有众多贩卖碗、棉花的小商贩①,这种在农村叫卖的情形,早在康熙年间,婺源北部农村庆源就有同样的一幕②。这些小商小贩,资本微薄,所卖货物,大多是自产的,所从事的行业在城镇以服务业为最多,在农村则以农村日常生活必需品为主。直到民国年间,在江浙等地的乡间,依然活跃着步行流动商贩的身影,陈从周《梓室余墨》中有一则《旧式商贩》,云:"少时曾见肩贩商,有安徽徽州属之笔墨商,浙江绍属之兰花商,青田之青田石(刻图章石)商,皆徒步千里,沿途成交者。徽之笔墨商,肩落货物,沿新安江入浙,至浙江九县。又有经绩溪、宁国入长兴、吴兴至浙者。至一地暂住,藏笔墨于蓝布袋中,此袋前后置物搭于肩上,沿途叫卖,童年乡居于学塾门首,每从此购笔墨。货售毕再进当地之货物,步行返徽。绍兴出兰花,以竹筐肩担至浙西、苏南经售,售毕亦进所需之货,徒步回乡。此皆在春耕之前。至于青田石商,一担千里,远涉重洋,可至国外销售,其艰苦持远之毅力诚可颂。盖青田山区地贫少产,人民无以为生,遂有是举。"③陈从周是浙江杭州人,而杭州在明清时期是徽商云集之地,在民国时期依然可以见到徽州小商贩的身影,可见传统的徒步商旅,仍然是徽商经营的一种方式。

第二,利用交通工具。流动性商人乘坐车辆、轿子、舟楫在各市场之间从事销售活动,是一种可以减少劳顿、提高迁徙速度和效率,以及保证尽可能安全舒适地到达旅行目的地的迁徙方式。在地处南方山区的徽州,乘车较少,而出门坐轿非常普遍,是乡间士人、地主或商人在徒步出行之外的最重要出行方式。清代康熙年间,婺源民间士人詹元相在《畏斋日记》中多次描述了坐轿出门应考的情形④。同时,"乘舟楫"与"乘舆马"是两种最重要的行旅方

---

① 王振忠:《水岚村纪事》,北京:生活·读书·新知三联书店,2005年,第234~244页。
② (清)詹元相:《畏斋日记》,第191、197、200、201、212、221页。
③ 陈从周:《梓室余墨》卷一《旧式商贩》,北京:生活·读书·新知三联书店,1999年,第59页。
④ (清)詹元相:《畏斋日记》,第185~188页。

式。古代水上行船,大多数是服务于以"商"为代表的行旅活动。清代以来,尤其是江南地区的内河漕运发达,包括京杭大运河、江南各地州的沿岸水路辐辏之处,商民络绎不绝。清代道光年间,婺源籍官员王凤生在从政日记《汉江纪程》里面,详细地记录了自己从南京到汉口,乘船沿长江逆流而上踏勘水灾的情况①。清代光绪年间,在婺源墨商的私人信底《詹标亭书柬》中,也多次提到关于从九江到武汉、从武汉到长沙、从长沙到湘潭、从长沙到广西、广东、江西等各条路线的船运情况②。

二、商人组织形态的主要模式

商人流动迁徙的方式,影响了其商业经营活动范围,也影响了商人组织的形态,因此是一个值得注意的考察对象。流动性商人的组织形态,经历了各种形式的变化。

第一,清代流动商人主要的地缘组织形态是商人会馆。清代时期,会馆是由流寓客地的同乡所建立的专供同乡集会、寄寓的场所,是一种综合性的地域商人群体组织。会馆的建立是出于维护同乡的利益,其发起人不仅仅包括商人,其活动也不仅仅限于商务,是纯属商人发起、组建的会馆,是商人为了保护本地或本行业商贸利益而建立的。随着商业活动规模的不断扩大,出外经商者日益增多,自然要求建立自己的组织和固定的活动场所。"会馆,为商贾贸易之所……商贾捐资,建设会馆,所以便往还而通贸易。或货存于斯,或客栖于斯,诚为集商经营交易时不可缺之所"。③ 最初的商人会馆是一种松散的同乡组织,它为同乡商人提供种种方便,有利于同乡联合,同其他商帮竞争。会馆一旦建立,商人们便立刻响应加入,使自己有一个议论商情、讨论物价及贮存货物、为旅行者提供生活居住方便的地方,以便联络感情、增进友谊,更好地团结协助,共同经商,共同抵御经营风险,从而使商人的经营向着

---

① (清)王凤生:《汉江纪程》。
② (清)婺源文书:《詹标亭书柬》,各信底,王振忠教授藏。
③ 《吴县永禁官占钱江会馆碑》(乾隆四十一年),《明清苏州工商业碑刻集》,第22页。

生产、囤购、运输、销售一体化的方向发展。但值得注意的是，这种以同族同乡为基础建立起来的商业行会组织，明显存在着先天不足：一是以乡族宗法关系作为商会的组织基础，是落后生产关系的反映；二是对内保护了弱者，抑制了强者，弱化内部竞争机制，必然导致其在对外竞争中的乏力；三是以乡族关系为基础建立起来的行会给组织内部的管理带来许多麻烦；四在很大程度上限制了商人的经营自由和个性的发挥，导致对市场变化反应迟钝、应变无力。

第二，清代中后期流动商人新兴起另一种业缘组织形态——商人公所。清代中叶，商品经济发展到了鼎盛时期，生产力水平提高，社会分工进一步发展，商品量增加，市场逐步扩大，商人之间业务往来也更加频繁。在这种情况下，会馆等作为同乡的地域性组织，因其活动范围和能力受到限制，已经不能适应和满足当时商人们的各种需求。商人们于是开始打破地域界限，摆脱种种束缚来谋求商贸的发展，因而出现了将相同的行业组织在一起的团体——商人公所，这是一种专注于某种行业的行业性公共组织。与会馆相比，公所的行业划分更细，专业化更强。研究商务活动、开展商务活动是商人公所最主要的职能。各公所均订立行规，以防止行业内外的竞争，限制额外利润。清代道光年间以后，商人公所日渐增多，发展至清末民初，商人公所又进而演化为同业公会，并在此基础上形成了民国时期的商会。

第三，近代时期流动商人的组织形态——商会、国际博览会、国际商会等。关于商会，目前近代史学界已经取得了深入的研究成果。对于博览会作为一种商人组织，却研究较少。博览会实际上也是一种"集市"，是进行经济交流、宣传和推销商品、开展贸易活动的商品展销场所。晚清时期，徽州地区，曾经由知府刘汝骥主持，开办过一次"物产会"，婺源亦有多种产品参展，详情见刘汝骥著作《陶甓公牍》里面关于徽州举办物产会的相关内容。

第四，同乡会。同乡会是以地缘为纽带的客籍社会团体，大多数迟于会馆（公所）的设立。同乡会比会馆更趋于现代化。关于同乡会与会馆的差别，郭绪印的研究表明，两者的不同之处在于建筑形式不同、祭祀功能强弱不同、处理殡葬事务方式不同、成员组成不同、组织制度不同等几个方面①。以两者的成员组成来讲,会馆(公所)的成员一概是工商业者,而同乡会的成员虽然以工商界人士为主体,但其成员则不限于工商界,也有些学界和其他职业者②。当然,作为近代商人组织的同乡会成立后,会馆依然大量存在,两者并行不悖也是普遍现象,婺源旅外商人概莫例外。

婺源流动性商人的迁徙,最终去向主要是江南地区、长江沿线和华南等地的大中城市与市镇。通过经商、侨寓融入当地社会的婺源商业移民群体,一般都侨寓地落地生根,但都经历一个漫长的过程。那么,这些商业移民是以何种组织方式融入当地社会呢?诸多婺源商人个案均表明,大多数婺商所遵循的路径是到各市镇城市之后,先是投亲靠友,然后自谋发展,即不外血缘和地缘两种途径。所谓血缘即跟随家人、亲戚外出经商,从而实现了商业移民。如文献所说的"少侍父商""少随兄贾""随兄贾于外"等。所谓地缘是指通过同藉同族、同乡或友人的帮助、提携和扶持才在流入地站稳脚,开展商业,从而实现了商业移民,或者以学徒、伙计、雇工等身份谋事于同族同乡商人之处而实现了商业移民。其主要表现方式包括:一是先到者为后到者提供各种服务,如前文关于木商为同乡人提供服务的有关论述;二是通过同乡组织为乡人提供服务,如会馆和同乡会等组织;三是接纳同乡人为学徒、雇工、伙计或掌柜,如笔者开展的口述史专题研究里面讲到,旅居上海的婺源木商俞仁耀收纳不少婺源同乡为学徒③。

中国社会经济史学界不少学者已经对会馆、公所和同乡会等同乡组织有

---

① 郭绪印《老上海的同乡团体》第一章《绪论》,上海:文汇出版社,2003年,第49~51页。
② 以婺源一邑为例,近代同乡会的组成依然以工商业人士为主,这可能与区域的传统密切相关。事实上,笔者查阅不少婺源旅外同乡会的文献资料,均表明这些同乡会的组成人员基本都是工商业人士。比如创立于民国二十四年的婺源旅浔同乡会,在《婺源旅浔同乡会职员一览表》中"职业"一栏,一个会长、两个副会长、九个董事、三个候补董事,毫无例外全部写明职业为"商"。详见《婺源旅浔同乡会公函》,档案资料《婺源县政府秘书室"民众申诉等卷"》,1935~1936,婺源县档案馆藏。
③ 何建木:《一个上海徽商的家庭及其生活——俞昌泰口述史》,载《史林》,2005年S1期。

着较为深入的研究①,结论都表明,同乡组织无一例外都是为流寓同乡排忧解难、提供各种服务。包括会员的生老病死、情感寄托、日常商业活动,以及与侨寓地土著居民群体的斗争等等,这些具体而微的事项,都离不开会馆的关照。在此意义上,"会馆实际上是同籍商人在客地复制的'移民乡井'"②。在实现从流寓到土著的过程中,也即实现"永久性移民"过程中,会馆起到了很重要的作用。一般情况下,先到的商人在有了一定的势力和规模后,便开始建造会馆;而会馆反过来又为商帮的壮大,提供了组织上的力量和保障。外来商人可以通过会馆找到工作,定居下来,会馆的建立为稳定商人队伍提供了保证。"商人的土著化发展有利于会馆的稳定维持,而会馆的稳定维持亦有利于商人的土著化发展"。"会馆规模的变化一定程度上可被看作商业活动盛衰的标志,商人在会馆建设上不断投入大量精力,也体现了他们力求以会馆显示自己的经济实力和家乡特色,从而在客地取得与当地人或别帮的对等文化交流和融合"。③徽州六邑的会馆、公所、同乡会遍及大江南北,它们对凝聚徽州商业移民的作用,功不可没。

这些移民方式导致的结果,集中反映在两个方面。

第一,聚族而居、同乡共居,形成"侨寓地中的徽州乡土社会"。徽商将原来乡土社会中的社会关系网络搬到了经商地。最典型的莫过于清代江宁上

---

① 对会馆的研究,可能始于郑鸿笙发表在《国闻周报》第 2 卷第 19 期(1925 年 5 月份)的《中国工商业公会及会馆、公所制度概论》,该文论述了民国期间工商业公会和工商业类型的会馆、公所制度。1945 年重庆正中书局出版了窦季良的《同乡组织之研究》一书,全面系统论述了四川设立的各地会馆等同乡组织,全书论述内容包括乡土观念、组织演化、集体象征和功能分析等四个方面,附录是组织章程等,该书对四川地区的会馆等同乡团体有深入细微的研究,在同乡团体研究史上具有重要学术价值。日本学者根岸佶在会馆、行会研究方面的几部名著,也极具学术深度。至于 1950 年代至 1990 年代会馆的研究状况,详见王日根著《乡土之链》,第 4~21 页。在 1990 年代之后至今,会馆、同乡会等同乡团体,依然是史学界一个重要研究内容,而且在研究的地域范围、研究的角度等方面有所深入。
② 王日根:《论清代商人经营方式转换的若干趋向》,载《浙江学刊》,2001 年第 1 期。
③ 王日根:《论清代商人经营方式转换的若干趋向》,载《浙江学刊》,2001 年第 1 期。

新河的婺源木商社区、黟县西递人在景德镇的"同族会"①,以及王振忠《明清徽商与淮扬社会变迁》一书所论述的徽州盐商社区等。

第二,业缘乡土化。具体表现在以下两个方面:一是店铺经营人员的乡土化。店铺或者后来出现的工厂、公司若为婺源人所创设,那么其合伙人以及其中的员工则大多为同乡,这种情况,比如近代在上海经营墨业的各大徽州墨号,其主要的墨工即来自家乡徽州。二是行业的垄断,这种情况比如在金陵上新河经营木业的同乡,若先到者从事木业,后来者也就多从事木业及其相关行业,其结果容易造成垄断侨寓的城市或市镇中某一二个行业由徽州人垄断局面。

关于业缘乡土化的问题,有学者指出,"徽州商人通过聘用伙计、雇佣雇工,招收学徒等方式,有效地利用了徽州的人力资源,为其商业活动服务,这就使徽人之中不但有资本者可以经商,而且无本者也可凭借其能力的大小,在商业上求得适合的位置。他们的身份、地位虽然各不相同,收益与报酬也很悬殊,但从总体上讲,他们都有可能在自己的位置上求得发展的机会。这种情况对徽商的兴盛是有积极意义的。同时,徽商所使用的从业人员,大多是其同族与同乡,他们因是同族同乡,足资信赖,便于配合,故能组合起来从事商业活动,而牢固的乡族关系,又反过来强化了徽州商帮内部的凝聚力。这种凝聚力又恰恰是当时徽州商帮得以发展的重要因素"。② 这种看法是从徽州商帮的角度出发,关注的是徽商自身的发展,从这一角度来看,业缘乡土化为更多的徽州人提供极为广泛而数量众多的就业机会,从而实现持续不断

---

① 民国初期,在景德镇的黟县西递人有200多人,在金融、绸布、南货、酱磨、国药和纸竹爆等行业中有大、中字号达20多家,在徽商中具有雄厚的势力。为了加强宗族团结,胡氏家族中以胡西垣、胡宝光、胡秉之、胡子佩等人为首,以原籍西递胡氏始祖明经为名,建立起"景德镇明经会",并在求子弄购置房屋一幢,作为集会和活动的场所;在童家栅门对面山脚建筑"胡氏总祭"一家,每到清明节胡姓男丁均前往公祭。详见程振武《景德镇徽商》,《江淮文史》1995年第3期。

② 王廷元:《徽商从业人员的组合方式》,载《江海学刊》,2002年第1期。

的、一波又一波的、前赴后继的商业移民①。

关于业缘乡土化现象,对于企业而言同乡团结既是筹集资金的需要,又是在企业内部形成一种和谐、亲密的人事关系的前提。若跳出单个企业的小圈子,同乡团结又体现为城市中同籍商人、企业主之间在更大范围内的联系和合作。这种联系的方式由来已久,其形式就是明清以来逐渐形成的商帮和会馆的传统。这种联系,加强了商人们横的社会联系,促进了同籍商人之间的互助,使其能较好地适应近代社会的变迁和急剧动荡。但,由于地域性会馆的普遍设立,也容易导致各省商人和移民之间的隔阂和分离,使中国商人在总体上呈一盘散沙的状态,缺乏跨省区的沟通联系。"似乎又与工业化社会和商品市场经济的发展要求相抵牾了"。② 马敏的这种看法是从商人整合的角度对业缘乡土化现象进行分析的。而王瑞成针对明清时期商帮聚落的现象,从城镇发展的角度予以讨论。他认为明清城镇社会构成的一个重要特点是"大杂居和小聚居"。作为开放的社会空间,城镇无论大小,或多或少汇集着外来移民。移民依据商业中心形成经营和居住为一体的商业区。商业区内又以会馆为中心,形成带有地域背景的商帮聚落。商帮聚落之间的关系是平行的,且各自具有相对封闭性,其社区视野往往为地域背景所限,社会管

---

① 笔者在翻阅历修《婺源县志》并辑录所有商人传记资料的过程中,感觉当年婺源人走出其生活于斯的乡土社会,外出到各地城镇或乡村务工务商,与今天背井离乡涌入城市中的民工潮有着惊人的相似性。因此笔者借鉴社会学界关于城乡人口流动研究中的一些常用理论和成果,如推-拉理论、移民的人口构成、"边际人""边缘人"等概念。当然,社会学与本文关于"移民""人口迁移""人口流动"的界定并不完全一致。由于上述定义的纷繁复杂,笔者统一使用"商业移民"一词概称经营外地的婺源商人。清民国时期的婺源商业移民是指婺源人因外出务工务商而侨寓外地者,包括几种类型:①长年累月居住于外地并取得户籍者;②长年累月居住于外地而没有取得户籍者;③在外地经商务工一年半载或三年五载、但归期未定者。总之,凡是因务工经商而侨寓异地的婺源人,本文尽将其归为商业移民。笔者又将商业移民按流动倾向划为两类:一为永久性商业移民,指不管有没有户籍,打算世代居住在流入地的,即有强烈的土著化倾向的移民;另一为暂时性商业移民,即指那些不管在侨寓地居住了多长时间,仍有归乡意图的移民。

② 马敏:《官商之间——社会剧变中的近代绅商》,天津:天津人民出版社,1995年,第173~180页。

理和公益事业也都在本帮聚落范围内。商帮各有自己传统活动区域,其在各城镇的势力有强有弱。在某一商帮占据重要地位的城镇,如徽商在扬州、苏州和杭州等地,他们的社会职能有时也会突破本帮聚落,涉及整个城市社会。但就总体而言,明清城镇社会为地域商帮社区所分割,尚缺乏内部的有机整合,带有明显的脱胎于乡土社会的痕迹。① 他虽然没有追溯城镇社会"大杂居和小聚居"与移民的组织方式的关系,但已经注意到了"城镇社会为地域商帮所分割"的现象。

血缘和地缘是乡土社会中商业移民的主要特征,表现为链条式地、滚雪球式地移民,这种状况与乡土社会的社会生活、传统习惯是紧密相连的,也受到当时中国社会结构背景的影响,如城镇经济不发达、城市化水平不高,相关制度不完善等因素。我们都承认这种组织方式在移民初期起到了一定的积极作用,以血缘、地缘为纽带联合起来,有利于壮大力量、增强势力、提高竞争力,从而有利于在新的环境下克服种种不适应,得以生存和发展。但如果换一种角度思考,我们或许会得出这样的结论:对于侨寓地而言,这种组织方式不利于他们融入当地的社会生活,不利于侨寓地的社会整合;具体到黟商而言,这种组织方式不利于他们对侨寓地认同感的形成,从而也就难以实现"真正意义上的移民"。② 从城市化的角度而言,他们的经商地多是当时的大中小城市,他们把乡土社会的关系网络搬了过去,形成了众多的"城中村落""市中村落",不利于现代意义上的城市的形成,减缓了城市化进程。因为"城市化不仅表现在人口与经济的集中,而且体现在城市人民观念及生活方式的变化"。③ 这恐怕是实现与侨寓地和其他商帮对等交流和融合的必要条件。实

---

① 王瑞成:《明清商业聚落与城镇社区——以徽商为主的分析》,载《中州学刊》,2002 年第 1 期。
② 在本文"真正意义上的移民"指的是不再以徽州人自居,也不再认为自己是异乡游子,有叶落归根的打算,而是永久性地居住在经商地,以当地人自居。
③ 陈栾平:《20 世纪前期美国加州城市化初探》,载《人口学刊》,2001 年第 2 期。

际上,后来某些地区的同乡组织有"地域观念逐渐消融"①,由地缘组织向业缘组织转化的趋势,也即所谓"超越乡井"的趋势。"会馆虽然最初是同乡籍商人的社会组织,但它并不只是封闭性的,会馆在谋求了自我内部的整合后,即开始谋求与外界的整合。会馆作为一种对家乡观念的认同组织首先是一个地域文化的集中表现,从而在移民社会中确立起自己的地位。通过会馆,地域文化可以开展与别地域文化或土著的对等的文化交流。在这种有组织的文化交流中,彼此各自保持自己的传统,同时又不断吸收别人的精华,必然导致文化的更新和提升,也推进当地经济文化事业的发展"②。实际也有人否定"地域观念消融""超越乡井"的说法。比如,范金民以江南为中心,通过考察清代徽州商帮的慈善设施,认为"徽商乃至所有的商帮直至清末仍保留了浓厚的地域观念和商帮特色"。③ 笔者认为,地域观念的强烈程度随着经商地区的不同而有差异,与当地的商业竞争的强烈程度、竞争方式等方面,都有一定的关系。商帮和土著之间、商帮和商帮之间为了坚持各自的乡土特色而进行的较量是相当持久的,完全的整合并不容易,清代以来汉口徽商的个案就是明证④。

同乡组织的称呼非常多样,既有称公所的,也有称会馆的,还有些称呼某某堂,某某善堂,某某祠,等等。公所意指公共会堂,是同乡组织所拥有和占据的房屋、地基及其对房屋地基所有权的持有,而且公所也指该组织本身,既拥有自己会所的组织。当然,公所一般是根据贸易行业组成的,而不仅仅是根据籍贯而组成,因此与会馆所指各有侧重。与公所一样,会馆既指一座建筑物,也指占有该建筑物的组织,会馆是一个相对稳定的地缘组织的驻地,在

---

① 何炳棣:《中国会馆史论》,台北:台北学生书局,1966年,第101页。
② 王日根:《论清代商人经营方式转换的若干趋向》,载《浙江学刊》,2001年第1期。
③ 范金民:《清代徽州商帮的慈善设施——以江南为中心》,载《中国史研究》,1999年第4期。
④ [美]罗威廉著,江溶、鲁西奇译:《汉口:一个中国城市的商业和社会(1796—1889)》,北京:中国人民大学出版社,2005年,第314页。

笔者对县志收录人物所作的研究中,发现会馆既是一个同乡聚会场所,也是一个促进贸易的方便之地。罗威廉在研究汉口行会组织时,指出在清代有三个因素标志着一个同业或同乡组织已具备正式组织的特征:一是拥有或长期租用一个会所,把它作为该组织单独使用的集会场所和商业办事处;二是拟定并公布控制该组织成员的规章制度;三是在一定程度上取得地方官府对该组织存在的权利给予法律上的承认。前两者本质上是内部事务,仅仅需要行会成员对长期保持已有会所与章程表示赞同,并做出决定募捐或通过其他方式筹集必需的经费;第三点则不仅需要行会内部的决心,还需要地方官府的支持。①

第二节 旅外徽商同乡组织及其公益慈善事业

徽商会馆是以旅居异地的徽州人,尤其是徽州商人为主而结成的社会团体,也是一种建筑物,其主要功能包括联络乡谊、为本帮商人提供方便、代表商人与官府交涉商业事务、为徽人举办公益事业,有的会馆还延师教习同乡子弟、有时也代为传递乡人信函和官府文告,等等。其经费由会馆所在地徽商提供。

近代以来,随着城市或市镇中徽州人员成分的多元化,会馆等组织往往满足不了团结徽州人的作用,因此逐渐被同乡会所替代,会馆成为弥补同乡会不足之处的一种组织。而在会馆和同乡会未能创建之地,义冢、善堂等组织也起到了类似会馆的功能。因此考察会馆、义冢、善堂、同乡会等徽商社会组织,尤其重要。

---

① [美]罗威廉著,江溶、鲁西奇译:《汉口:一个中国城市的商业和社会(1796—1889)》,北京:中国人民大学出版社,2005年,第314页。

表 4-1　清代民国婺源(徽州)同乡组织地理分布表

今省份	今名	同乡组织名称及事迹举例
北京	北京	京师婺源老会馆、京师婺源新会馆、京师文明会。
河北、山东		立义冢于直隶牛城及山东泊头镇
河南	开封	婺源善堂为詹姓徽墨店及同乡店员集资成立之同乡会馆
江苏	南京	金陵会馆、婺源会馆、义埋、义济堂、救生局、育婴公局、上新河徽商会馆、上新河义冢、广仁堂、江南北诸会馆
江苏	溧阳	徽州会馆、安徽会馆并义冢
江苏	苏州	吴郡义冢、同善堂、同仁堂、会馆、思义堂会馆、永仁堂局、苏州育婴堂、积功堂
江苏	扬州,江北	木商董事、安徽会馆、江北义冢;扬州新安会馆、扬州义冢、仙女庙公所、仙女庙义冢
江苏	镇江	润州义冢
江苏	常州	毘陵安徽会馆、养济院、育婴堂、义冢
江苏	武进	武进义冢
江苏	丹徒	丹徒会馆
江苏	宜兴	宜兴杨家巷镇徽州会馆、接婴堂、赈饥局、阳羡义济堂
江苏	通州	通州义冢
江苏	如皋	粥厂、义冢、皋南木业公所、通州泰州粥厂、敦仁祠
江苏	海门	星江会馆
江苏	上海	徽宁会馆、思恭堂、义堂、义地;敦梓堂(即星江茶叶公所);婺源旅沪同乡会、同济善堂
江苏	崇明	徽州会馆、徽婺停棺公所
浙江	桐乡	石门会馆、婺商义园
浙江	平湖	平湖徽商会馆、义冢
浙江	杭州	杭州木业同业公所、浙江会馆、徽商公所、惟善堂、同善堂义山、武林义冢
浙江	遂安	会馆、遂安横沿义冢
浙江	兰溪	会馆
浙江	衢州	徽州会馆、华园冈义冢

续表

今省份	今名	同乡组织名称及事迹举例
江西	景德镇	景德镇婺源会馆、徽州会馆、文公庙、文公祠、同仁局、新安书院、义瘗会、育婴堂
	波阳	饶州会馆、新安会馆、星江会馆;石门街徽州会馆、石门星江会馆、义冢、婺源码头、鄱阳彭家埠;芝阳星江书院
	德兴	星江书院
	万年,乐平	石镇同济堂(石镇街新安同济堂)、乐平徽州会馆、六邑同仁会、乐平商会
	九江	九江徽州会馆、婺源旅浔同乡会
	修水	宁州徽州文公祠、徽州会馆、宁州茶业会
	南昌	西江会馆
	铅山	沙溪市(即河口镇)义渡、河口镇育婴堂、新安善泽堂、婺源同善祀会、河口商会、育婴堂
湖北	汉口	汉口义冢、汉口徽州会馆、汉口安徽会馆、龟山汉口婺山义山会、同善堂
湖南	长沙	湖南徽州会馆、长沙徽州会馆、文公祠
	常德	德山义冢、常德书院
四川		川东同义会
广东	广州	广东归原堂、徽州会馆、朱子堂、广东婺源会馆
福建	福州	安徽会馆、义冢
	建宁	建宁会馆
		服贾闽汀,倡买义山以为同乡安葬地
安徽	芜湖	芜湖同乡建置、会馆、沿江商埠创兴会馆、义渡、义庵
	巢湖	星江会馆
	亳州	亳州会馆、义冢
	休宁	屯溪公济局、育婴局;溪口善堂
	婺源	义冢、停榇所、蚺城集善堂、育婴堂、停榇所、虹关善会

资料来源:(1)民国《婺源县志》各卷人物传记;(2)民国《婺源县志》卷六《建置三·学校·京师婺源新老会馆、附京师文明会》;民国《婺源县志》卷八《建置八·津梁·鄱阳船埠》;民国《婺源县志》卷七《建置五·宫室·景德镇婺源会馆》;民国《婺源县志》卷八《建置十·冢墓·归原堂义庄》;(3)徽宁旅沪同乡会第一届报告书》《徽宁思恭堂征信录》《星江敦梓堂征信录》《新安屯溪公济局征信录》;婺源墨商文书《詹标亭书柬》(长沙徽州会馆);婺源民间文书《静寄轩杂记》(衢州徽州会馆、华园冈义冢);(4)《旅汴同乡会馆的兴起和消失》(《开封日报》2004年12月28日《开封婺源善堂》)。
备注:因摘录自不同文献资料,对于同一组织可能有不同称呼,故本表的组织名称可能有所重复。

对于其他城市或市镇的婺源、徽州同乡组织,因人物事迹繁冗,不能备举,本表仅列举《婺源县志》和族谱等文献资料中所涉及的名称,详见表4-1《婺源(徽州)同乡组织地理分布表》。从该表看来,以婺源一邑命名的会馆并不多见,而大多数婺源商人所参与的同乡组织,则附骥于徽州府一级的同乡组织范围之内,由此可见在构建商人网络中,省、府、县各层级的同乡组织的目标是一致的,均为"敦梓乡谊"。下文拟以清代民国时期的北京、南京、上海、广州、景德镇等几个婺源商人群体最集中、最重要的城市或市镇为重点,详细探讨婺源同乡团体或组织的情况。

一、北京

北京婺源会馆的性质与其他城市的会馆性质不同。早在20世纪60年代,何炳棣即指出:"狭义的会馆指同乡所公立的建筑,广义的会馆指同乡组织。在京师者设置较早,现存史料可追溯至永乐年间。京师郡邑会馆最初是同乡仕宦公余聚会之所,逐渐才变成试馆,但始终不免同乡商人参加的痕迹。京师以外的会馆多属同乡工商组合的性质,但亦往往有仕宦参加的痕迹。"①此言一语道破京师会馆与全国各地城镇会馆的最大区别。

明中叶以来,北京的各地会馆建设始多。徽商之中,以歙人行贾为多。一般认为,创设于明嘉靖四十年(1560)的北京歙县会馆是最早的徽州会馆。婺源京师会馆之设,晚至清代乾隆年间。婺源京师会馆有两处,一为老会馆,一为新会馆。京师婺源老会馆:在正阳门外西河沿石侯儿胡同,乾隆庚辰建造,详见董桂敷《记》②。京师婺源新会馆:"在西河沿大耳胡同,嘉庆甲戌建,详编修董桂敷《记》,见《艺文》。条规勒石馆内,同治辛未重造,基升三尺,改开中门出入。"新会馆所拥有的房屋园地包括(据道光丁酉志):(1)本馆房屋三十八间。(2)西河沿石侯儿街中间路西老馆房屋十四间。(3)老馆前路东房屋三间半。(4)西河沿五斗斋路北铺房前后共九间。(5)中城东坊瓜子店

---

① 何炳棣:《中国会馆史论》,台北:台北学生书局,1966年,第11页。
② 民国重修《婺源县志》卷六《建置三·学校·京师婺源老会馆》,第136页。

北头路东楼房上下共十二间。(6)崇文门外大街路南门对五显庙老义园一局,自东抵西十六丈,自南抵北十五丈。"清初时,原址几失,汪汇川孝廉按图寻访,得旧碑,因定其址,嗣经王蓺亭银台厘正四至,王于庭员外捐建房屋二间,以为同乡到园者憩息之所。壬戌至甲子,在京诸绅士复捐赀修葺垣墉,其姓字节略具载园中厅额。一、中城上唐刀儿胡同路北新义园一局,自南抵北十六丈三尺。自东抵西五丈七尺。"①可见,京师婺源会馆的产业包括铺房和义园等,其后还有添加。

因婺源籍士子中式者颇多,到北京参加会试者亦多,因此会馆负担颇重。于是在会馆之外,另设文明会,以资金生息为原始资本,作为乡会试盘费,《婺源县志》中对"文明会公产"一项,记载颇详②:

> 我婺去京师四千余里,公车北上,每苦囊橐支绌。初,俞员外诵芬与王都转凤笙谋接济之法,已有成议,道光丁酉,俞员外虑北闱无实获,复集阖邑绅士程纫兰、单遗经、朱承启等集银三千二百两,存典生息,以为乡会试盘赀,嗣尽数置买宣武门外民房店铺,重盖沙土园民房,于甲辰年勒石垂后。

一、宣武门外大街桥头店铺两所。

道光辛丑二月,买王姓业两铺相连,一所门面排子共六间半一所门面二间,后房二间,共四间,均坐北朝南门面正价中代印契修墙等费,共用京纹一千六百四十二两六钱七分,细帐(账)悉存公匦,现在两所店租每月共大钱十三千五百文。

一、宣武门外大街中间路西民房一所。

道光辛丑八月买缪姓业全堂四进正价中代印契修盖等费共用京纹一千三百二十四两一钱二分。细帐(账)悉存公匦,现在每月房

---

① 民国重修《婺源县志》卷六《建置三·学校·京师婺源新会馆》。现在由于旧城改造,很多北京会馆的旧址已经被拆迁。据1997年调查,位于大耳胡同6号的婺源会馆已经破损,现为民居。详见宣武区文化馆编《北京的南城旧址考》。

② 民国重修《婺源县志》卷六《建置三·学校·京师文明会公》。

租大钱十二千五百文。

一、沙土园路东民房一所。

会馆原买价银三百两印契在外计房屋十间,道光甲辰二月于文明会公项内支京纹一百二十五两八钱五分,拆盖重新细帐(账)悉存公匣,现在房租每月大钱五千文,此业拨归文明会以公济永远照办。

事实上,不仅在北京的文明会承担着婺源籍举子的应试盘费,且在婺源故里,地方政府也多方筹措资金,以帮助婺源籍士子参加科举考试。关于婺源地方政府设立"膏火及乡会试盘费"一项,县志记载颇详[①]:"嘉庆二十四年,县令孙公敏浦节省茶牙项银四百两,又递年捐廉银二百两,加给肄业膏火禀府立案,此案自同治丙寅改归茶局正供项下拨银四百两。道光六年,县令朱公元理复于茶牙项下划出银六百两为乡会试盘费,禀府立案,此案迄今无稽,想行之未久,旋裁。同治五年吁请以茶捐每引四分拨入书院,以资膏火及乡会盘费,由督宪定案。又按老章给库纹银四百两,今由茶税局正供拨出归书院司理经领。光绪四年正月停捐,七月督宪沈札准仍按引捐四分,由县给票,由局带收,是年委员干宾胧禀请裁。五年邑绅请复,奉督宪吴、沈批准,由府宪何给示勒石。后茶商设公会,倡箱捐四分,引遂停办。民国元年,正税四百两改四百元,二年停发,三年、四年经江峰青二次函请,各发本年四百元公商经久之计,呈省批准,每年拨二百元。"可见,对于婺源人参加科举教育、乃至新式教育,婺源士人、商人均有重要贡献。

关于婺源京师两会馆创设之一般情形,董桂敷《京师婺源新建会馆记》说明颇详[②]:

乾隆庚辰岁(1760),我婺汪汇川孝廉北上,始以计偕诸君倡建会馆于京都前门外石侯街,以为公车下榻之所,其屋止十数楹。既而公车辐辏,半寄寓他所,欲稍增廓之,而苦其局于地也。岁在癸丑

---

① 民国重修《婺源县志》卷六《建置三·学校·(紫阳书院)膏火及乡会试盘费》。
② 民国重修《婺源县志》卷六十七《艺文四·序记四·京师婺源新建会馆记》。

(1793),王蒪亭银台创议重建,邑士多愿捐贵以助,有沮之者,议遂辍,自是屡议屡辍,愿助者亦稍懈。嘉庆辛酉壬戌(1801—1802)间,程纫兰中翰、蓉舫农部昆弟官京师,以千金为创,亦鲜继者。辛未春(1811),公车戾止,复议及之,桂敷乃与李椿田水部、汪芗林侍御,以书遍告同邑诸绅士,水部旋以居忧返里,复偕洪梅坪中翰、王竹屿通守、孙仲延朝议、施益堂知事诸君,翕力劝输,输者咸踊跃。至甲戌(1814)岁,乃购房屋三十余间,于旧馆附近之大耳胡同,明年春,撤其屋而更新之,夏五月工竣,以其余赀修治旧馆,其续收则增置房屋,赁取其入以供岁修公事之需。凡用金钱若干,汪侍御共李水部总其要,而张知事达泉佐之。工皆核实,财不虚费,盖二十余年间,屡议屡辍者至是幸臻厥成焉。虽然,天下事始则乐观其成,成则必图其久,今京师会馆不可数计,或久而逾新,或成而濅坏,其能久之,故惟视乎规条之整饬、出入之公明、经费之充裕而已矣继。自今方我宦学来京经理馆事者,务矢公正协心保持,以绅达识好义者念兹前功,随时续捐,以广所未逮,庶几相与以善其成而利赖久远也。(此后原列会馆房屋图地,今移载《学校》。)

董桂敷所撰《京师婺源新会馆记》中所涉及人物,根据《婺源县志·选举志》《婺源县志·人物志》以及《武口金源山头派王氏族谱》《程达璋砆卷》等文献资料,可以推断这些人员的家庭出身和职业其身份:①汪汇川孝廉名汪澎,字汇川,浯村人,乾隆九年甲子举人,吴江县教谕,见《学林传》。②银台,指明清时的通政司。王蒪亭银台即王友亮,字蒪亭,漳溪人,乾隆三十年举人,乾隆四十六年进士,见《名臣传》。③中翰,官名,内阁中书的别称。程纫兰中翰即程组,经魁,字纫兰,城西人,尚友子,任内阁中书,旋充内廷方略馆分校官坐办稽察房管理诰敕房事务,覃恩敕授征仕郎,见《学林传》。农部蓉舫,即指程组胞弟程绶,候选盐课大使。④李水部即名臣李承端,婺源北乡甲椿人,乾隆五十二年进士,历官工部都水屯田两司主事升都水司员外郎,制造库郎中,木仓监督宝源局监督并记名御史。⑤汪侍御即汪桂,婺源城南人,嘉庆四年进士,历官户部主事、会典馆纂修、户部贵州司员外郎、江西道监察御史。⑥董桂敷,婺源城东人,嘉庆十年进士,历官翰林院编修教习庶吉士。⑦洪梅坪中翰,即洪钧,字造深,号梅坪,鸿椿人,嘉庆十三年江南恩科举人,任内阁中书,见《孝友传》。⑧王竹屿通守即王凤生,字振轩,号竹屿,王秬亭次子。⑨孙仲延即大木商有爔:"孙有爔,字仲延,读屋泉人,四品衔。幼读书,以父抱疾,弃儒就贾,赀渐饶。建祖祠、立圭田、修祀典、葺宗谱,族之贫乏者周之,溺女者拯之。遇岁荒,赈饥平粜,置租兴社课文,及襄建本都书院、京师文明会,均领袖捐赀。道光乙酉、丙戌修邑志,及建造文庙考棚,倡输千金,工告竣,费缺,复捐五百金。其侨金陵,捐助江南北诸会馆,独造万福庵河桥。时有'孙善人'之号。子三,洪瑞,邑庠生。"①⑩施益堂知事,即诗春木商施应谦,字履思,号益堂,候补府知事,木商、赠征仕郎内阁中书德栾子。⑪张知事达泉即张图南,字搏万,甲道人,历任浙江桐庐秀水知县,升杭州府东海防同知致仕,见《宦绩传》。

  从以上参与兴建婺源新会馆的人员考察中,可以发现,在参与创建京师婺源新老会馆的主要人物中,以在京婺源籍官员为主。北京婺源会馆的建设自然离不开商人的支持,这也是婺源北京会馆同其他各邑会馆最大的不同之处。10余名主持创建京师会馆的婺源人士均具有功名,大部分均为京官;施应谦、孙有爔则为营业金陵的大木商。即便本人并非商人但也大多具有商人家庭的背景,比如上述人物编号第6的内阁中书洪钧,其父洪立登也热心于捐助京师婺源会馆的建设:"洪立登(1747-1835之后),号岸先,洪椿人,州同衔。少孤贫,事母汪氏唯谨。壮服贾,家渐裕,往来吴楚,岁暮必归省亲。性嗜学,隆师友。尝客金陵,命子钧重赀购地,增置贡院号舍及提调公馆。又京师别建会馆,婺邑创造考棚,均首捐巨赀。文公祠栋朽将更新,病笃未果,嘱钧踵成之,总计银壹万贰千余两。其增号舍也,督学沈作记,抚军色会题奉准建'乐善好施'坊。"②父子一商一仕,均对北京婺源会馆有重要贡献。此

---

① 民国重修《婺源县志》卷四十一《人物十一·义行七·孙有爔》。
② 民国重修《婺源县志》卷四十人物十一·义行六·洪立登》。

外,襄与京师婺源会馆建设的婺源商人,尚有西冲木商俞本仁。俞本仁曾经"与弟仲建家庙、置祀田祭器以备蒸尝。邑绅水部李、侍御汪并为之记"①。俞本仁之得以结识李水部和汪侍御,除了甲椿李氏与西冲俞氏长期通婚外,很可能起源于一件偶然事情,就是重建婺源京师新会馆。据新会馆倡建人之一的董桂敷所言:"辛未春,公车戾止,复议及之,桂敷乃与李椿田水部、汪芎林侍御,以书遍告同邑诸绅士,水部旋以居忧返里,复偕洪梅坪中翰、王竹屿通守、孙仲延朝议、施益堂知事诸君,禽力劝输,输者咸踊跃。"而俞本仁慷慨好施。建设京师婺源会馆也在捐输之列。"诸如京师会馆、本邑文庙考棚,以及军饷、城垣,均输金欤助"。因此商人俞本仁能得到同乡官员李承端、董桂敷和汪桂等人的墨宝,亦属常理。徽州附属各邑的京师会馆普遍被认为是为应试举子提供方便的场所,却免不了徽商出入的身影。远在京师新建会馆也离不开远在金陵经营木业的俞氏商人的支持。其实,不仅俞本仁,从董桂敷的序文中可知,与西冲俞氏交往甚密的读屋泉木商孙有燨亦积极参与此次创建,而孙有燨本人很可能没有到过京师,却在千里之外的金陵为乡梓事业而奔走,这都反映了婺邑京师会馆建设以士人为主、兼有商人参与的状况。

收入《婺源县志》和婺源族谱等地方文献资料的商人事迹,也有不少涉及京师会馆的捐助,兹举例如下:(1)"李登瀛,字亘千,理田人,职贡。凡至圣庙、义仓以及京都会馆、桥梁道路,无不踊跃乐输"。② (2)读屋泉孙氏两人:①"孙原灿,字庭辉,号蕴斋,太学生,读屋泉人。少业儒,能文,嗣以服贾供甘旨。建紫阳书院、造都中会馆,捐资悉署父名"。③ ②孙有燨,已见上文。(3)"俞观旺,字美光,官桥人,贡生。京都文明会及咸丰间本乡集团丁,均捐赀襄助。至造亭甃路,施槥赈饥,种种善行,难以枚举云"。④ (4)程世杰(1741—1797),"字怀邦,盘山人,授奉直大夫。笃于伦常,襟怀豁达。早岁由

---

① 民国重修《婺源县志》卷四十《人物十一·义行六·俞仁》。
② 民国重修《婺源县志》卷四十《人物十一·义行六·李登瀛》。
③ 民国重修《婺源县志》卷三十一《人物七·孝友五·孙原灿》。
④ 民国重修《婺源县志》卷四十一《人物十一·义行七·俞观旺》。

儒就商,往来吴楚,稍赢余,推以济众。京师创建会馆,捐金三百"。①

二、南京

自明代中叶起,南京即有大量婺源木商在此居住。这同明代中叶以来南京城市的繁华和商业的兴盛直接相关。自明初起,"南京因为临近大江,所以为四方船运汇集之所。城外江边有上下二关。上关(即上新河)尤为商船停泊之所,城内官街极阔,可容九轨;街道铺石,方整而厚;道旁左右各建廊房,上覆瓦甓,为人行道,可避日光和雨。官道中车马往来如织。城中工业以丝织为最有名,各种物品都有专门制造发买之所,例如珠玉在珠宝廊,绫绸在绫庄巷,绣货在锦绣坊,弓箭在弓箭坊,颜料在颜料坊,铜铁器在铜作坊和铁作坊,木器在木匠营。诸如此类,颇见实业分工的精神"。② 王孝通在《中国商业史》中对明代南京商业的状况也有详细的描述:"明都金陵,建立街巷,百工货物买卖各有区肆,如铜铁器则在铁作坊,弓箭则在弓箭坊,木器则木匠营,以及锦绣颜料珠宝等类,无不各有专地,其规模之盛,可以想见。顾起元《客座赘语》曰:'自大中桥而西,由淮浦桥达三山街,斗门桥以西,至三山门,又北自仓巷至冶城,转而东至内桥中正街而止,京兆赤县之所弹压也。其物力客多而主少,市魁驵侩,千百嘈呀其中。'顾氏又曰:'南都浮惰者多,劬勤者少,衣丝蹑缟者多,布服菲履者少,以是薪粲而下,百物皆仰给于贸居,而诸凡出利之孔,拱手以授外土之客居者。典当铺在正德前,皆本京人开,今则细缎铺、盐店,皆为外郡外省富民所据,而俗尚日奢,贸易之家,发迹未几,倾覆随之。'由此,知南京之商业最盛,多为外来之商,土著盖甚少也。"③而这些所谓的"外来之商"中,徽商占据多数。

在南京经营的婺源和徽州商人如此之众,以至于他们的同乡组织也颇为

---

① 民国重修《婺源县志》卷三十九《人物十一·义行四·程世杰》。程世杰具体事迹,详见《韩溪程氏梅山支谱》传记。
② 郑行巽:《中国商业史》,上海:世界书局,1932年,第163页。
③ 王孝通:《中国商业史》,上海:商务印书馆,1936年,第162页。

多样化。清代时期,南京有不少各地会馆等同乡组织。据同治年间的《续纂江宁府志》记载:"嘉道中,海内无事,商贾懋迁,晋人以皮,豫章以瓷器竹纸,闽以烟,汴以药材,吴兴以酱,皆名一时,各建会馆(山西在明瓦廊,江西在评事街,福建在油市,河南中州在酱米巷,湖州在牛市),其小邑馆以十数。(新安在马府街,今圮,泾在百花巷,旌德在小党家巷,石埭在东牌楼,潜山亦然。贵池在石坝街,新歙县馆在钞库街,太邑在甘雨巷,旌阳在油市道南,苏州洞庭在徐家巷)或圮或修,官不与也。兵燹后,湖南北、安徽会馆尤盛,则簪□之所以盖非货贿之栈也,故附记之(湖南在钓鱼台,湖北在水西门外,安徽在油市,即江宁府所僦居也)。"①从收入《婺源县志》的商人事迹,结合各姓氏族谱等文献资料,可以得知参与金陵徽州、婺源同乡组织建设的婺源商人有数十人。

因侨寓他乡的婺商甚多,因此处理生殁殓葬事项是一件大事。此处仅以康熙年间一例婺源木商在金陵所施行的义埋事迹加以说明:"公讳淡,字清言,默庵其号也。幼聪敏,八岁应童子试,咸以奇童目之。康熙甲寅,闽寇蹂婺……公之四叔曰:'梓公尝业木荆楚及闽中,运载重赀,屡以劫盗为虑。'以公才明敏,邀共事,公旦夕勤谨,区画有方,梓公名驰京省,群推江湖祭酒,名誉藉甚,皆公赞画功。南省之上河,行旅辐辏之区也,棺柩累累,恶犬成群队,将柩冲裂,入棺拖死者之骨而啮之,践骨遗道路,公恻然矜之,输赀鸠工,悉为瘗埋,其有主者,择高阜以厝柩,周围浚深阔之天堑,运水入其中以杜恶犬之涉,遐迩称快,咸以泽及枯骨颂公。公襟怀慷慨,见义必为,桥路倾圮,必修葺之;贫而无告,必周恤之;雀角斗争,必愉婉而排解之;顽冥蠹横,必多方而劝导之。"②由此可知,会馆等同乡组织的建设同义冢、义埋等事项是紧密相连的。

收入县志和族谱等地方文献资料中的金陵婺商对于同乡组织及其善行义举作出贡献的人员有很多。下面举例说明:

---

① 同治《续纂江宁府志》卷之七《建置》。
② (清)王天焕:《枧田王村默庵公传》,《鸿溪詹氏宗谱》卷首,雍正十三年撰。

(1)"汪之谦,号牧庵,城南立中子。幼颖悟,读书目数行下,工诗古文辞,用意遣词出人意表,吴公存义督学武林,聘谦父教读随侍幕下,不愿考试商籍,回本籍应试,入泮后游幕苏宁,时与诸名士相唱和,诗名大噪,由增贡生试用训导历署繁昌、太湖学师。课士有方。嗣经理苏宁一带徽州会馆,同乡推服。至芜湖讼争徽临滩地,谦力尤多。江绅峰青总办江西赈捐局务及襄办安徽铁路局,时均邀与共事,多所赞助"。①

(2)"戴文炘,字见三,候选县丞,桂岩人。在金陵管理木业,输金襄造上新河婺源会馆,朝夕视事,不辞劳瘁"。②

(3)"洪炳,字曜南,鸿椿人,兵马司指挥衔。乡贤洪钧冢子。钧好施与,炳先意承志,常得欢心。咸丰三年,贼陷金陵,祖母及庶祖母俱困城中,炳巨金购死士潜入城救出,迎归奉养以终。城外三山、聚宝二门,尸横遍野,捐货[资]掩埋,苏抚宪许嘉其'古谊可风'。素有典肆在姑孰,城陷后,即谓夥友曰:'鬻妻赍寇,孰若济人。'乃尽散给难民以归。性耽吟咏,积稿盈箧存于家。"③事实上,北乡洪村有很多侨居金陵者,堪称侨居金陵的大家族,除了上述洪炳之外,侨居上新河的鸿椿商人还有:①"洪修明,字启东,鸿椿人。父侨居鹭洲,昆季五,明居次,年十二,值洪杨乱,父患流离,令明归婺。后与四遇贼害,父携妻及三与五避金沙。难平,明闻父殁,挈眷奔丧,痛家贫不得厚葬,筑空圹于墓侧,附葬兄弟,岁时不亲诣祭扫,又日趋母所问安,婚教两弟成立,姊遇人不淑,妹少孀,明皆饫助,勿令冻馁。兄弟同业木,家渐丰。晚年来婺,构支祠、置祀田、修先茔、恤亲戚、辑宗谱、造桥梁,殁年七十二,今子侄居金陵润州数十人"。④县志编纂者在叙述洪修明回婺源构建祠堂之事迹时,不使用"来"而用"归、回"的措辞,本身即说明此人侨寓金陵已久的事实。②"洪宜琅、洪宜珂、洪修谊、洪立赋、洪宜钧、洪修森:皆洪椿人,侨居金陵(咸丰三年

---

① 民国重修《婺源县志》卷三十六《人物九·黉彦·汪之谦》。
② 民国重修《婺源县志》卷四十二《人物十一·义行八·戴文炘》。
③ 民国重修《婺源县志》卷四十《人物十一·义行六·洪炳》。
④ 民国重修《婺源县志》卷四十二《人物十一·义行八·洪修明》。

癸丑)。琅为志潜次子;贼至,与三弟宜珂、嫡侄修谊随母俞氏及嫂戴氏、戴女、洪氏全家殉难。立赋与子五人,宜钧与子修森,亦同时殉难,皆待旌"。①

③"洪修政,字敬书,鸿椿人,附贡捐职同知。性慷慨好义。咸丰癸丑发贼陷金陵,政闻向军门南下,迎至丹阳镇,上条陈兵事八则,输米百石犒军,向帅嘉纳之。丙辰后发逆扰婺,窜踞无常,政发愤首捐千金,倡办团练,设局清华,助官军攻垒攻城,屡著战功,四乡闻风响应,声势大振。丁卯贼踞婺城,政调集团丁五千人,随官军砍高沙贼卡,乘胜克复。戊午,贼大队由婺西来犯婺北,政督勇迎剿于船艚(船槽岭在今清华镇洪村附近),贼败,遂窜浮梁而去。由钦宪张叙功奏请以知府用,赏戴蓝翎,后因积劳归里养疴,旋病故,闻者惜之"。②

(4)"吴山南,字石湖,候选理问,水路(今鄣山乡中心所在车田村下属的一个自然村)人。绩学工文兼书法,弱冠游庠。父侨居江宁,随侍左右,孝养备至。江宁上新河旧有徽商会馆,年久就圮,南谋新之,捐赀[资]倡首,不辞劳瘁。遇公事辄以身先,期于有济"。③

(5)"程开绂,字泽云,江岸人,职员。侨居白下,有干济才。金陵义济、育婴公局,皆举绂董其事。夙夜勤劳数十金如一日。值岁祲,筹办赈务,不遗余力,全活甚众。咸丰癸丑,发逆窜金陵,方伯祁橄木横江屯兵安碳堵截上游,绂输木作筏,约费数千金。后官军克复镇江,两次采木制云梯,造浮桥,绂皆捐助江苏抚宪郭额以'储材报国'。子四,长学伊,宝应典史;三贻孙,吴县训导"。④

(6)"张广发,字裕元,贡生,冲源人。他如金陵义冢,燕子矶救生局,发皆捐赀,有义声。邑绅胡水部赠额'熙朝吁后'"。⑤

---

① 民国重修《婺源县志》卷二十六《人物六·忠节二·洪宜琅、洪宜珂、洪修谊、洪立赋、洪宜钧、洪修森》。
② 民国重修《婺源县志》卷四十一《人物十一·义行七·洪修政》。
③ 民国重修《婺源县志》卷三十九《人物十一·义行四·吴山南》。
④ 民国重修《婺源县志》卷四十《人物十一·义行六·程开绂》。
⑤ 民国重修《婺源县志》卷三十九《人物十一·义行五·张广发》。

(7)北乡施村施氏,是另一侨居南京的大家族。①"施德棨,字兰皋,候选布政司理问,诗春人,赠奉政大夫道台。子幼就塾,有文名。以父老,远趁江干,遂弃举业,随侍左右。父殁,哀毁逾礼。事母尤谨,孺慕终身。服贾三十余年,利均弟侄,培植读书,毫无私蓄。丙辰岁,季弟北上,亲送至维扬,谆谆握手,不忍别。其笃于所亲如此。至遇乡间戚属有孤孀无依、及旅邸困乏者,必时加存恤,无少吝。客金陵,督理会馆,以朴诚著誉。守江宁者屡举总商务,多有成劳。暇则寄情诗酒,著有《北山诗稿》,为袁太守所赏,采入《同人集》。大司寇熊赠额曰'北山华棣'。以弟彰覃恩赠征仕郎内阁中书;子应谦,候选府知事"。① ②施德棨子应谦(1775—1825),"字履思,候补府知事,赠征仕郎内阁中书。德棨子少失恃,随父远趁,得欢心。父病金陵,千里扶归,调护不暂离。比殁,哀毁,衄血暴流月余,几灭性。事继母如所生,抚异母弟如同怀。习计然三十余年,利均弟侄,只钱尺布不入私囊。先是,江南旧例,木商办官解,每为胥吏所胁,赔累不赀,谦率同事禀江宁府详,准官办官解,着为例,公私兼济。他如恤孤嫠、赒难厄、修祖庙、建义阡、输田入祠、捐金造路,善行种种,至今口碑载道云"。②

(8)北乡长滩俞氏家族,亦是侨寓金陵的大家族。①"俞焕(1703—1778),字文光,长滩人。少倜傥。壮以贵雄吴楚间,积而能散。饶州、苏州、金陵输建会馆。芜湖立螆蚍庙、修澛港堤,事载《太平府志》。客金陵最久,乾隆丙子济饥施槥,置义冢;癸未,捐修城工,费皆不赀。叠蒙议叙至运同知加二级授中议大夫。其居乡则捐修郡县文庙,造祖祠并墓祠,先后输赆始迁祖祠租,共费逾巨万。他如桥梁道路,所至好施。年七十,呼子孙折券弃债,不下六万金。至今称义举者,必首屈一指"。③ ②俞焕之兄"俞烈(1693—1755),字彦方,贡生,长滩人。性质直好施,尝捐金二千余两,独建泾县二折水石桥,

---

① 民国重修《婺源县志》卷三十《人物七·孝友四·施德棨》。
② 民国重修《婺源县志》卷三十一《人物七·孝友五·施应谦》。
③ 民国重修《婺源县志》卷三十八《人物十一·义行三·俞焕》;民国重修《婺源县志》卷十九《选举十二·封赠·俞能游、俞大漳》;《龙溪俞氏家谱》卷末《晓园公传》。

行旅德之。客上新河,居民不戒于火,延及百数十家,烈按户计口赈恤。他如施棺掩骼,煮茗建亭,不可枚举。何郡候有'德葆天和'之赠"。① ③俞焕之子"俞时(1714—1778),字与偕,长滩人,由监生候选刑部司狱。性豪爽。毁齿能诗。比长游吴楚,多与贤士往还。父烈,好施予,时能继志。乾隆壬辰(1772)侨寓金陵,疫大作,时施药施槥,观察王给额曰'心存利济'"。② ④"俞焕之兄"俞起元(1690—1755),字尔介,长滩人,贡生。生平乐善好施。所居村临溪径仄,议筑长堤,拓而护之,预储千五百金为之权舆,未竟其志殁,嘱子继志落成,费以倍计。龙腾族遭毁百二十家,元计口周恤。尝侨居金陵上新河,邻不戒于火者又四百余家,周之如龙腾,前后不下七百金,此其义行之尤著者"。③ ⑤"俞沧,国学生,龙溪人。读书明大义。郡邑试曾列前茅,因父患病吴郡,亟赴扶归,而父殁,遂绝进取。幼所从塾师卒,贫无以殡,为治丧具,复代集会百金恤其家。尝输德山义冢百余金,又输金陵义冢六十余金。又输晓岭亭、七里亭、双溪桥租金有差,尤力劝人。息纷争、敦义让终,沧世眷族鲜有讼牍焉"。④ 由此可知,长滩俞氏一族,对南京同乡施义举,争先恐后,父子相继,举族参与。

(9)北乡龙腾俞氏,也是侨居南京的大家族。该族参与金陵同乡组织建设的,从《婺源县志》可知有俞铨和俞其澍。①"俞铨,字以湘,龙腾人,候选中书科中书。幼失怙。性耽书史,后经商赀裕,为支祖立祀田祭扫,修葺本支谱牒,凡先茔未妥者,卜吉安葬,费不下千金。客金陵,见义冢倾颓七十余所,雇工掩埋。上新河俞家茶亭亦输赀修整。本里水口禅林被毁,捐银二百两,经理重造。至于济团饷、助军需,均有捐款。值岁歉给米给衣,贫乞多赖之。赀利邦,候选巡检"。⑤ ②"俞其澍,字焕章,龙腾人,州同衔。父光柏,重义疏财,澍能继志。值荒施米二百余石,以赈贫乏。尝游粤东,率同志倡建归原

---

① 民国重修《婺源县志》卷三十八《人物十一·义行三·俞烈》。
② 民国重修《婺源县志》卷四十四《人物十二·质行四·俞时》。
③ 民国重修《婺源县志》卷三十八《人物十一·义行三·俞起元》。
④ 民国重修《婺源县志》卷三十九《人物十一·义行五·俞沧》。
⑤ 民国重修《婺源县志》卷四十一《人物十一·义行七·俞铨》。

堂,施棺运榇。又于上新河重建茶亭,广置义冢,凡城工、军饷、团费,皆踊跃急公。尚书单额以'义行可风'"。①

(10)北乡延村金氏,是侨居金陵上新河的另一大家族,其参与同乡组织建设者甚众,事迹也多。金氏一族,以金芬、金芳兄弟及其后裔对金陵同乡组织建设的贡献最大。①"金芬,字耀三,号素斋,孝友文谏子,候选运同。父患瘘痹,扶持侍养,事继母孝。昆弟四,析产推肥受瘠,门内怡怡。仗义疏财,邑建紫阳书院,倡输千金。嘉庆壬戌、乙丑、己巳,婺屡祲,甲戌金陵大歉,芬倾囊赈恤,全活甚多。武口三修桥梁,仙女镇真武庙、上新河置义冢三,凡创祠宇、立茶亭,推解济困,诸义举不惜重赀。大宗伯恭赠额曰'令德寿岂'。陈玉方御史为之传。芬配俞氏、侧室马氏、魏氏,俞、马皆贤淑,魏尤仁慈知大体,邻某债急,将鬻妇,芬代偿,俾得完聚,焚逋券六百四十余道,约计数万金,皆魏赞助之。侨居维扬,尝念郡志百余年未修,文献阙略,慨然谓魏曰:'吾年老不及见修郡志,他日幸遇其时,嘱两子力输以毕吾愿。'芬卒,魏时以语其子,及魏病革,曰:'吾无以教汝,汝父有志未逮,汝兄弟须谨识之。'芬子四,俞未出;坡,马出也;桓、泽、照,魏出也;俱诰封恭人。子肯堂肯构,绰有父风,道光乙酉修郡志,遵父遗训,输千金为一邑倡,都人士闻之曰:'为之前者美既彰,为之后者盛必传。'金氏世世乐善,其昌炽宜哉。芬赠中宪大夫,旌表'乐善好施'建坊"。② ②金芬次子"金桓,字仲符,延村人,候选道衔。天性纯笃,自奉俭约而见义勇为。寓金陵则奠义冢、济凶荒,修上江考棚,本郡志乘及衙署城垣,均输多金。居家则续宗谱、储义仓、造庙亭、葺桥路、施棺施药、助葬助婚,远近咸称尚义之士"。③ ③金芬四子"金照,字封亭,延村人,科中书衔。性喜施与,业木金陵,尝捐赀置义冢一区,以安旅榇。又修上江考棚,府嘉义坊、婺邑城垣,共捐一千数百金。生平重义轻财,多类此"。④ ④金芬侄、金芳长子

---

① 民国重修《婺源县志》卷四十《人物十一·义行六·俞其澍》。
② 民国重修《婺源县志》卷三十九《人物十一·义行五·金芬》。
③ 民国重修《婺源县志》卷四十一《人物十一·义行七·金桓》。
④ 民国重修《婺源县志》卷四十《人物十一·义行六·金照》。

"金玉成,字受书,号履桥,候补道诰授通议大夫,延村人,赠通议大夫前志孝友芳长子。少奇颖,通经史诸子书,二伯父司铎曰源深器之。屡遇坎坷,见椿庭独力难支,因弃儒就商,往来白门湘汉间,累巨赀为堂上欢。弟三人(引者注:即金章、金毓、金荣先),出入友爱。仲、叔早逝,各遗一孤,成抚之犹子,以养以教。后侄纯熙候州佐治、鸿熙著誉胶庠,皆成力也。孀姊抱三月孤室叹,悬罄,成培植成立,俾其母得邀旌典。性好施,尝捐千金倡修紫阳书院。壬戌(1802)邑大饥,指囷平粜,且买金陵地数亩掩骼埋胔。其他建桥梁十余处,修道路数十里,功成,不喜勒石,曰:'此吾父志,谨行之以慰先人耳。'凡贫不能葬者、无室家者、客途坐困者,辄解囊以济,多焚券不责逋。癸亥(1803)丁父艰,泣血几绝,蹈皋鱼伯素斋谕以母在,始节哭,水浆强入,越数年,母滕太淑人殁,恸绝复苏者,三事庶母陈宜人甚谨。丁卯(1807)陈病笃,指其二子曰:'尔大兄佐父成家,善养吾志,尔宜善事之。'王太史泽为之传。道光乙酉(1825)檄修郡志,子缉熙、咸熙等,乐捐千金继父志、绳祖武,一门孝义节烈,而善行尤彰,不忝为金佛子后云。"①⑤金芳第四子金荣先(1791—1840)"字仪望,延村人。早失怙恃,遇忌日素食缟衣,忽忽若失。有程某,父故旧,贫病无依,迎归,衣食与共,终其身。初,侨居金陵,目击风涛危险,赍五百金于下关立局救生,好义者因襄成之。又于上新河建义济堂掩骼瘞暴。道光辛卯水灾,哀鸿遍野,散给衣食,全活以万计,并不忍藉灾邀荣,屡辞奖叙,林文忠公匾之,给额'抱璞全真'"。②⑥金芳孙、金玉成之子缉熙,"字敬夫,延村人,循例科中书。性孝友,事亲先意承志,内外无闲言。趁外经商,独任劳瘁,置产悉与弟均。抚幼弟尤加厚,完婚教始析居。营祖坟、建家庙,鸠工庀材,皆躬督匪懈。道光间岁饥,散米赈贫,水灾施棺掩骼。尝在苏郡独修齐门吊桥,糜费千金。及造德邑坑口渡船,又输五百金为善后计,尤便于行旅云"。③ 金氏一族,尚有金启镁参与金陵的善行义举:"字仲和,延村人,八品衔。性敦厚,

---

① 民国重修《婺源县志》卷三十一《人物七·孝友五·金玉成》。
② 民国重修《婺源县志》卷四十《人物十一·义行六·金荣先》。
③ 民国重修《婺源县志》卷四十《人物十一·义行六·金缉熙》。

事亲先意承志,内外无闲言。初,祖伾普议修,佐父荣先倡输金五百襄助,告竣,复以羡余孳息,又得金五百零,置祀田,供祭扫。尝寓金陵,会江潮泛滥,沿河居民旬日不能举火,锳市饼分给,首出重赀集同人设局赈恤,时疠疫流行死伤无算,因与同乡绅士请府宪立义济堂,锳肩其任,部署无差。杨中丞额以'伦纪克敦',吴督学额以'见义必为'。"①

(11)"单芳宗,字振文,和源人。父如仲,性孝友,尤推惠戚里,芳宗绰有父风,遇义举毅然自任,如金陵义济堂施棺,襄助钜数,婺人乡会两试,均送赆仪。芜湖设置义渡,计不下数千金。又上河水灾及婺邑岁歉,出赀赈恤,全活无算。尝欲重刊杨忠愍公文集,以风顽懦,命其子士修等缵成之,其慕义至老不倦"。②

(12)"孙有熺,字仲延,读屋泉人,四品衔。幼读书,以父抱疾,弃儒就贾,赀渐饶。建祖祠、立圭田、修祀典、葺宗谱,族之贫乏者周之,溺女者拯之。遇岁荒,赈饥平粜,置租兴社课文,及襄建本都书院、京师文明会,均领袖捐赀。道光乙酉、丙戌修邑志,及建造文庙考棚,倡输千金,工告竣,费缺,复捐五百金。其侨金陵,捐助江南北诸会馆,独造万福庵河桥。时有'孙善人'之号。子三,洪瑞,邑庠生"。③

(13)北乡西冲俞氏,也是侨居南京的一大家族。本书《木商与木业》一节已有所论及。兹仅列举其家族成员在南京施行的一些善行义举:①"俞兆灵,字节斋,候选布政司理问,诰赠朝议大夫,西谷人。兄弟六人,灵居二,兄绍伯为嗣,弟俱年幼,服贾孝养,在汉阳闻母病危,急遄归,阻风鄱湖,呼天泣号,风遽顺。抵家,躬汤药,衣不解带者七旬余。母又思食葡萄,灵逾百里外求之。父以灵独任家计,著有成劳,析产时另贴银五百两,灵仍均诸兄弟。三弟早亡,一子尚幼,五弟客殁,遗腹生男,皆扶持成立。经理金陵广仁堂义冢,恤嫠会公局,精神周至。嘉庆丁巳金陵大歉,捐赀平粜,更令侍者挈钱药相随,遇

---

① 民国重修《婺源县志》卷四十一《人物十一·义行七·金启锳》。
② 民国重修《婺源县志》卷四十一《人物十一·义行七·单芳宗》。
③ 民国重修《婺源县志》卷四十一《人物十一·义行七·孙有熺》。

贫病，厚意抚恤。他如创修道途，输入费尤巨。子仁、仲，俱职员"。① ②"俞芸斋(1972—1811)，西冲人。善事继母，克友于弟。旅次金陵，助赀赈饥，修造会馆。居乡，周恤邻里，人多颂之。② ③俞星焕，字泽民，西冲人。早失怙恃，事庶母、待异母弟，友爱备至。营木业于金陵，善会计，饶于财，族戚后进登其门者，无不代为荐引。为诸侄课读婚娶，不啻己子。重修祠庙桥路及金陵会馆，赈灾等善举，输金甚巨。以子烜职封奉直大夫"。③ ④"俞星灿，西冲人。性敦笃。少业儒，父早故，随兄业木，曾助常德书院膏火，又助金陵赈饥，及修大王庙、三元宫、新安会馆，并乐赀助"。④

(14)"俞宜烟，字景春，坑口人。质实敦厚，能孝友。侄某贫，畀重赀令娶。尝买金陵地，输建广仁堂义冢。路遇被盗窃赀欲投河者，倾囊相助，不使知姓名。至施棺药、修桥路，亦多义举。学宪白给额曰'天真纯朴'"。⑤

(15)北乡仁村胡氏一族，也是侨居南京的大家族。其参与南京的善行义举也颇多：①"胡徽光(1734—1814)，字从五，贡生，仁村人。少业儒，通大义，族有惇叙宗祠，向乏众产，捐金四百，置义田入祠赡族。尝客吴门，于同仁堂捐五百金，又于金陵广仁堂捐五百金，助行善举。居家，见义必为，乡邻倚赖，寿八十有一，以孙朝伟贵赠朝议大夫。长子尔登，字瀛望，亦善承父志"。⑥ ②徽光之弟"胡以和(1745—1791)，字康蕃，仁村人。性敦孝友，父世闹钟爱之。长兄(正谟，1731—1780)客金陵，闻其病，驰省，已卒，号泣动人，率侄扶榇归里。厥后三兄(近光，1743—1786)又客死于苏，其奔丧归榇也，亦如之。其他义行多类此。"⑦兹据《仁里明经胡氏支谱》卷六(中)《贵昌公礼公

---

① 民国重修《婺源县志》卷三十一《人物七·孝友五·俞兆灵》。
② 民国重修《婺源县志》卷四十七《人物十二·质行八·俞芸斋》。
③ 民国重修《婺源县志》卷四十二《人物十一·义行八·俞星焕》。
④ 民国重修《婺源县志》卷四十七《人物十二·质行八·俞星灿》。
⑤ 民国重修《婺源县志》卷四十五《人物十二·质行六·俞宜烟》。
⑥ 民国重修《婺源县志》卷三十九《人物十一·义行五·胡徽光》。《仁里明经胡氏支谱》卷六(中)《贵昌公礼公房世系图·廿六至三十世·(28世)正典》。
⑦ 民国重修《婺源县志》卷三十《人物七·孝友四·胡以和》。

房世系图·廿六至三十世·28世·正诰、正训》,以及同谱《卷首·传文·紫园公墓志铭》(胡以和,号紫园)记载,"辛酉壬戌岁大歉,恭人捐金减橐,为粥以食饿者。又金陵有议立义冢事,命日照速成之,其乐为善如此"。③以和之子"胡日章(1781—1855),字华川,仁村人,同知衔。幼孤业儒,事母克孝。尝因先茔未安,习堪舆家言,葬三代墓。嗣服贾,有余赀建祠立祀、设义仓、兴文会、教耕织,乡里颂之。与兄日照(1772—1837)友爱,怡怡无间。邑侯晏如额以'一门仁让',芜湖观察王额以'是亦为政'"。① 又据《仁里明经胡氏支谱》卷六(中)《贵昌公礼公房世系图·廿六至三十世·29世·日海、日江》:"金陵上新河,婺商屯泊所也,凡贫死者,鲜能归葬,暴棺无算,公创立广仁堂义冢,劳费不辞,始终称善。"

从上述材料可以看出,婺源商人会馆组织具有两大特点:一是会馆组织的善行义举,主要是为婺源同乡服务,同时也适当对侨寓地其他类型的居民开放。二是会馆组织的善行义举,婺源同乡参加者,往往父子相继、子孙相继,经久不衰,这也是婺源旅外商业移民家族的一大传统。

因侨寓金陵的婺源商人甚多,因此除了会馆等同乡组织及其创办的广仁堂义冢、上新河义济堂等慈善组织之外,婺源同乡还设立有专门教育团体,即"金陵婺源试馆",且有固定的资产,一直维持到民国时期。"同治八年十二月,买邱元恺业坐落江宁县城西镞子巷此字铺地方朝北迎街青墙四号,一道大门,内计一进朝南,五架梁平房并排四间,天井四号一方;第二进七架梁,平房并排三间,左首山墙通直一道,随房周围墙垣均依本房墙脚为界,照时估值杜绝卖价曹平四色半八五兑纹银二百五十三两整。光绪元年押契尾布字房屋四百六十八号契税银七两五钱九分。又,同治九年七月,买陈瀛、陈沆同侄元凤基地并楼房一业,坐落江宁县顾楼河字铺地方计坐北朝南迎街门面第一进基地并排八间,逐进天井同全内计食井二座,其食井已被瓦砾堆掩。又西北花园基地一大方朝东朽楼房上下八间,该正宅朝南八号六进基地计前至官

---

① 民国重修《婺源县志》卷四十一《人物十一·义行七·胡日章》。

街,后以陈姓与黄姓分界旧墙脚为界,东以临赵府巷一直老山墙脚为界,西以与费姓分界,本基地老墙及与江姓分界老墙并老墙脚为界,其花园基地四至有老围墙处以老围墙为界,无围墙处以挖出老墙脚为界,现已邀邻眼同埋立石界且正宅四方界址亦由陈姓指明照老墙脚埋立石界可凭后门向赵府巷,现有挖出旧址可凭照时估值杜绝卖价曹平纹银六百八十七两正[整]。光绪元年押契尾布字房屋四百六十七号契税银二十两六钱一分。又同治八年四月十九日买洪蕴辉屋地一全局坐落江宁县属南门四十五甲大字铺百花巷地方坐北朝南门面左边计五进,内二进大厅只存基地,右边六进全,一切间数装修另单点交,不在开内,计价实兑曹平实纹一千六百两正[整]。光绪八年禀请两江阁督宪左批准,每年于茶税正供下每引拨银四分,将试馆余地补造房屋。科举停后,归紫阳学社管理"。①

起初,婺源士子到南京应试,多寄居同乡亲友处。比如,康熙三十八年(1699)婺源县浙源乡嘉福里十二都庆源村秀才詹元相到江宁赶考,"同法叔进城访歇家,寓……予同元荣弟住江宁以舅公碾坊内,反觉济雅"。可见在没有设立试馆之前,大多数赶考的士子要解决住宿问题,要么是托庇旅馆(歇家),要么是通过投靠亲戚。而试馆的设立,大大便利了徽商子弟的应试。这一善举,首先是由士人推动的,比如"戴振清,号彝斋,桂岩人,庠生。适曾相国总制两江,商居停先容请以地方公款办地方公益,栽培士类,扩充试馆,奏奉谕照准拨发婺源茶税四成,以三十年为限,由曾公札县知会,邑绅禀覆承办,自是南京、北京婺源新试馆均得成立。似此大公益、大财用,未尝沾染分毫,乡人重之"。②"王凤生……生平慷慨慕义,京师婺源新馆、江宁上新河义济堂、广善堂之设,皆生为领袖。又念邑多寒士,输数千金生殖给乡会试卷资"。③ 由此两条史料可知,南京婺源试馆的成立,为时甚晚。根据上述戴振清事迹"自是南京、北京婺源新试馆均得成立"一句推测,南京婺源试馆至少

---

① 民国重修《婺源县志》卷六《建置三·学校金陵婺源试馆》。
② 民国重修《婺源县志》卷四十二《人物十一·义行八》。
③ 民国重修《婺源县志》卷二十四《人物五·宦绩传·王凤生》。

在同治年间之后方得以设立。

那么,清代早期,侨寓南京的婺源商人子弟,如何解决就学问题呢?笔者通过比对各种地方文献资料,发现"钟山书院"等教育机构,是婺源商人子弟的最主要选择。关于金陵钟山书院,收入《婺源县志》等地方文献的人物传记包括:①"程文运,字耕方,廪膳生,城西人。幼聪慧,过目成诵,年十五补诸生,十七食饩,历试优等,时肄业钟山书院,尹制军奇其文,优礼之"。① ②"董大田,字百谷,号中庵,城东邑庠生正巳仲子,候选州司马。少习举业,有大志,博览群书,善诗古文词。因父老,弃就商,本诗书,效计然,大江南北,义声遍著。子昌祠,查制台檄钟山书院肄业,掌教嵩南。宋太史为田作传,表为'伦行翘楚',实录也。子毅,邑增生;昌祠,壬子乡荐;孙国华,邑庠"。② ③"施仁,字寿卿,附贡生,诗春仁,赠奉政大夫道合子。少能文,郡试冠军,入县庠时,钱辛楣少詹③主讲钟山,往受业焉。为文原本经术,出入秦汉唐宋诸大家,为一时名宿所欣赏,以亲老肩家政,承欢左右,克终孝养。长兄栾自白下病归,养疴山馆,仁日省视再四,夜漏数十下甫归。居常与昆季联床风雨,惟以恪守先芬相砥砺。立学规训弟侄,口讲指画,矩镬先正,尤切切以器识为先,得其栽培者多所成就。事关祖墓宗祠,身任不避劳怨,恤孤鳌、解纷难、睦姻任恤,闾里至今思之。遗有《寿山诗文稿》四卷存于家。以子应铨诰赠奉直大夫"。④ ④"李麟辉,字日舒,号再生,甲椿庠生。笃志好学,贯穿经史,诸子百家玩素精思悉探底蕴,馆于金陵上河钟山书院,试辄前茅,乡闱亦膺堂备,后因赴书院月课坠驱驴伤股,归家授徒,淡于进取,有文稿百余篇,未梓"。⑤ ⑤"胡俊茂,字硕卿,玉川人。幼颖悟,十五经书读完,父就和源金陵木行聘,

---

① 民国重修《婺源县志》卷三十四《人物八·文苑一·程文运》。
② 民国重修《婺源县志》卷二十九《人物七·孝友二·董大田》。
③ 钱大昕(1728—1804),清代学者。字晓徵,号辛楣,一号竹汀,晚号潜研老人,江苏嘉定人。乾隆进士。官至少詹事。曾与修《续文献通考》《续通志》等。乾隆四十年起,先后主讲中山、娄东、紫阳等书院。治学涉猎颇广。参见《辞海》1999年版缩印本,第2059页。
④ 民国重修《婺源县志》卷三十四《人物八·文苑一·施仁》。
⑤ 民国重修《婺源县志》卷三十五《人物八·文苑二·李麟辉》。

母病,侍汤药不离左右,甚得欢心。弱冠应院试取佾生,郁郁不得志,随父往金陵,肄业钟山书院,王山长爱之,劝其乡试,用心过度,年二十六病故,妻单氏守志,已请旌。侄岁贡生亶时入绍"。①

金陵钟山书院之所以成为侨寓金陵的婺源商人子弟的首选教育组织,因为它是清代南京最著名的书院。据同治《续纂江宁府志》记载:"钟山书院,旧在府治北钱厂桥。道光十二年,布政使贺长龄增左右学舍各五重,连墙别院院屋五楹,共五十间,有碑记。咸丰二年毁。同治四年,权于城东漕坊院收买民基兴建,共计房屋 间。光绪五年,于远东建享堂,堂五间,神牌十七位。"②而根据当代新修的南京地方志记载:"钟山书院在现太平南路白下会堂和白下区职工业余学校一带,建于清雍正元年(公元1723)。清代,书院相当于大学,是学者讲学、士子学习的场所。钟山书院聘请名学者任山长(院长)主讲,以研习经史为主,兼学其它。历任山长如杨绳武、夏之蓉、钱大昕、卢文绍、姚鼐、朱珔、程恩泽、胡培翚、任泰等都是当时有名学者。其中姚鼐主讲时间最长,先后两次达20年之久,是钟山书院鼎盛时期。他是方苞以来'桐城派'的主要人物,影响最大。咸丰年间,钟山书院被毁,光绪七年(1882)两江总督在原址复建,先后聘李联琇、梁鼎芬、缪荃孙为山长。光绪二十八年(1902)废科举③,书院为废,改为江南高等学堂,聘缪荃孙为总教习(校长)。民国元年(1912)改为江苏省立第四师范,仇采任校长,至1927年改为江苏省立南京中学。1946年又在此开办江苏省立江宁师范学校,马客谈先生任校长。中华人民共和国成立后,江宁师范并入南京市立师范,此处先后为市示附小,太平路小学。'文革'中,太平路小学撤销,白下区职工学校迁入,现院内西南角,有一栋青砖小瓦带走廊的平房,依稀可见当年面貌。现为白下区财务、基建办公室。"④

---

① 民国重修《婺源县志》卷四十八《人物十二·质行九·胡俊茂》。
② 同治《续纂江宁府志》卷之七《建置·书院》,光绪七年刻本。
③ 废科举的时间,应是光绪三十二年(1905)。
④ 南京市白下区地方志编纂委员会:《白下区志》,南京:江苏科学技术出版社,1988年,第620~621页。

此外,侨寓商人子弟入学的方式,除了选择钟山书院之外,还有通过婺源塾师接受教育者。随着大量婺源商人侨寓上新河,有不少婺源塾师也跟着来到金陵开设馆塾,比如"黄翔鸿,字紫霞,环溪人,郡增生。笔游金陵,馆上新河。始娶,甫举一子,先续兄嗣。"①

三、上海

关于侨寓徽商的善行义举,最重要的资料莫过于《徽宁思恭堂征信录》和各种同乡会征信录等。上海徽宁会馆又称思恭堂,为旅沪安徽徽州、宁国同乡会馆。清乾隆十九年(1754)建,以旅沪歙县商人为主,集资购进上海县城小南门外民田30余亩,建立徽宁思恭堂,主要用于暂厝和埋葬客死在上海的徽宁二府人氏。后由于小南门发展成为商市,经上海县知县汪忠增批准,免税另征斜桥之地29亩8分作为义冢,设立思恭堂两局,原思恭堂地分割出让。咸丰年间小刀会起义和太平军东进上海时,思恭堂建筑和坟地被破坏殆尽。同治八年(1869),安徽六安人涂宗瀛出任上海道,又得到上海茶业巨擘汪乾记茶行的资助,重建思恭堂。光绪年以后,增建关帝殿、戏台、看楼等建筑。因朱熹为徽州婺源人,特建东厅供朱文公牌位。民国后,由于狭义的同乡观念逐渐被大团体观念所代替,思恭堂占地面积逐渐缩小。1949年后解散,坟地先后填平改作他用。今徐汇区徽宁路即因徽宁会馆而得名。

会馆的主要功能在于为客居地的同乡服务,这些会馆除了联谊同乡之外,还有一个重要的作用就是为同乡客居者解决部分的生殁葬等大事。在这些为徽州同乡提供服务和慈善事业作出重大贡献的木商中,籍贯为婺源城南的胡瑛,是非常突出的一位。"胡瑛(?—1911),字执卿。昆季六,瑛居幼。慷慨嗜学,好读《义田记》,手置义庄赡族。长兄老失业,赡其家,字其孙。内弟早故,恤其嫠孤。宗祠贼毁,输金八百复建。卜居沪南,营宅六所,均诸兄弟。父墓在沪,建祠置产,仿义田规则,以岁租所入供祭祀修理费。沪思恭堂为徽

---

① 民国重修《婺源县志》卷三十六《人物九·黄彦·黄翔鸿》。

宁公所,瑛董其事廿年,捐建义园并遗命节丧费五百金,为寄宿所、乡人医治疾病之补助。婺修《县志》,捐输从丰。顺直水灾,筹捐助赈,奉旌'乐善好施'匾额,由州判盐提举衔加级请三代从二品封典"。①

胡瑛是上海徽宁思恭堂的主要董事,其本人为徽宁会馆及其义冢思恭堂所付出的努力主要有三个方面。

第一,规划徽宁会馆和思恭堂的建筑图景。"婺邑胡君执卿,广有房产,于建筑事业阅历多而用心细,经两郡前董举任工程总理,君不辞劳瘁,虽严寒酷暑,必亲临监督,纤悉无遗,十余年如一日,此工程之所以坚固而总理之功愈不可泯也"。②"光绪辛卯春,同人又于老屋正厅倾坏有日,为此齐集妥议堂东首置有高田十亩,公举胡君执卿暨赵君怀甫,协同指挥建造,额曰'徽宁义园',将旧料择善取用"。③

第二,直接为徽宁会馆和思恭堂捐助棺木、捐地、捐钱。具体而言,"领取棺木者,由思恭堂出资,死者家属到胡裕昌木行领取堂材一具并石灰皮纸钉榫响园,计洋廿元零一角,或有先领棺木后缴纳费用者"④。除了成人棺木之外,胡瑛掌权的胡裕昌木行还施舍孩童棺木,可能是由于同乡从胡瑛处索取的棺木过多,以至于同乡们有时候竟产生了不安之感:"本堂创办各善举有年,规条井井,惟施孩儿棺木一项,向无此例,忆数年前鄙人曾为同乡朱姓带领幼棺,始知堂中缺此条目,转向胡君执卿处乞取,深抱不安。"⑤在不安之余,同乡们对于大木商胡瑛的善行义举,更多的表示出赞赏和感激:"本堂凡有善举,俱已粗备,则孩棺之助,似宜视为当务之急,不可独令向隅,此则本堂从光绪三十四年以后,添施孩棺及劝捐经费所由来也。然则是年以前之幼殇者,设非改行主胡执卿君见义勇为,慷慨施助,而谁助哉?"⑥地处沪南的徽宁

---

① 民国重修《婺源县志》卷四十二《人物十一·义行八·胡瑛》。
② (晚清)崔国昌《徽宁会馆全图记》,载《徽宁思恭堂征信录》。
③ (晚清)郑全魁《徽宁义园图记》,载《徽宁思恭堂征信录》。
④ (清)思恭堂同人《公启》,载《徽宁思恭堂征信录》。
⑤ (清)胡晋禄《劝捐幼孩棺木启》,载《徽宁思恭堂征信录》。
⑥ (清)思恭堂同人《劝捐幼孩棺木启》,载《徽宁思恭堂征信录》。

会馆,"东面转角马路,曲折狭窄,向逢龙华香市时,游人稍多,自沪嘉铁路成,而此路遂为南北通衢,车马往来,无日不喧嗔[阗]如五都之市,稍不介意,碰撞堪虞。江南制造局总办合肥张京卿殁楼,同乡宿学也,为预防危险起见,商诸会馆经董,劝将该处墙角改方为圆,以免车马之相撞,各经董亦以会馆东偏中段围墙屈曲,既不雅观,而墙外空地废弃,亦殊可惜。适胡君执卿捐助路左地三分,藉为推广马路之预备,以故议将墙角让进,而中段墙外余地应归会馆收回圈入,更将领棺殡所靠路业地,划出数尺,放阔公路"。① 胡瑛平时不仅捐助棺木、捐地入会馆和思恭堂义冢,而且也不断捐助现洋入馆,从光绪三十一年(1905)至三十四年(1908),以婺邑胡裕昌的名义,他总共捐助英洋八十六元②。在民国元年(1912)去世前,尚不忘为同乡的慈善事业尽最后之力,"遗捐规银五百两入堂"。③ 至民国五年(1916),胡裕昌木行尚捐赀三元④。值得一提的是,胡瑛去世之后,胡裕昌木行继续热心于旅寓上海徽州同乡的慈善事业,比如民国重修《婺源县志》时,胡裕昌依然是捐助最多的人之一:"城中区:胡裕昌捐元百两,兑洋百卅元。"⑤在县城诸捐助人中,排名第一位。

第三,偕同徽宁会馆、思恭堂其他董事,为同乡利益而出面同官方交涉。胡瑛在去世前,尚因某事而同其他董事向地方政府上禀,而蒙获地方政府的支持和肯定⑥。类似胡瑛这样的徽州木商,在客居地为同乡商人作出重大贡献者,还有不少。如西冲俞俊襜,"嘉庆甲戌之岁,金陵大荒,徽郡寄居于此者不下数千家,春园(即俞俊襜)集同人穷日夜之力,登查户口,按丁给散者数月,转凶年为乐岁,乡之人得以保全"。⑦ "潘大铦……营木业于浙江,所获赀财分润诸弟侄之贫乏者。尝充浙江惟善堂董事,勤慎自矢。精歧黄、善堪舆,

---

① 《徽宁会馆全图记》,载《徽宁思恭堂征信录》。
② 《乐输银洋(光绪三十一年至三十四年)》,载《徽宁思恭堂征信录》。
③ 《乐输银洋(民国元年)》,载《徽宁思恭堂征信录》。
④ 《婺邑长生愿(民国五年)》,载《徽宁思恭堂征信录》。
⑤ 民国重修《婺源县志》附录《捐助修志衔名》。
⑥ 《民国元年立案禀、县批》,载《徽宁思恭堂征信录》。
⑦ (清)丁应銮:《理斋公额序》,《西冲俞氏宗谱》卷十四。

安葬先人皆身独任,享年七十四"。① "(詹)德鸿,勤俭耐劳,营木业于浙,兵燹后居石门镇,该镇有婺商义园一所,基地及存款均被人侵吞,鸿禀请清厘,一仍其旧"。② 上文提及的朱昌孝也在客居地为同乡提供了大量服务,这些都为徽州木商营造了良好的经商环境。

由胡瑛的案例可知,徽商是旅外会馆的灵魂人物。关于上海徽宁思恭堂的研究较多③,兹不赘述。思恭堂的设立,婺源人有着重要的地位,这是因为晚清在上海经营的婺源茶商、木商极多的缘故。比如,嘉庆二十三年,婺源巨商胡炳南曾任徽宁思恭堂董事,其时任司事者、婺源有八个名额,其中有婺源茶帮四人、木业帮十人。除上述胡瑛外,再举收入县志的涉及的婺源人物传记加以说明。

(1)"胡鹏万,字炳南,城西监生。性纯一。少业儒,下帷苦读,迫于家计,乃随父商,外纾父劳,内解母忧。父病疯瘘,奉父归,千里长途,父忘痛苦。弱弟三,婚教成立,汗积余金,悉与弟分。客沪多年,遇亲戚困乏,多为调剂。尝捐金倡建义堂,复买义地为停棺埋骨之所。病笃,焚券千余金,人多德之"。④

(2)"詹文阶,字允成,同知衔,虹关人。业儒遭兵,父命往苏恢复墨业,年获赢余,积输督造通津石桥,七省行旅称便。又以母命修祠建庙,施棺给药,济灾拯厄,均不少吝。临殁,谓诸子曰:'吾志未竟者二,沪思恭堂当输五百两;杭惟善堂当输二百两。'子悉遵遗命,思恭堂为立木主。母年九十五,亲见七代曾元饶膝"。⑤ 又据《鸿溪詹氏宗谱》记载:"(36世)高赞,字允成,籍名文阶,国学生,道光丁酉九月廿四酉生。娶余氏,道光戊戌二月十八亥生。子真慨、真培、真福、真鹏、真爵,培出继兄高熏。"⑥

---

① 民国重修《婺源县志》卷四十八《人物十二·质行九·潘大铦》。
② 民国重修《婺源县志》卷四十六《人物十二·质行七·詹光俊》。
③ 主要成果包括郭绪印主编《老上海的同乡团体》第五章《徽商同乡团体》,上海:文汇出版社,2003年,第365~431页。
④ 民国重修《婺源县志》卷四十七《人物十二·质行八·胡鹏万》。
⑤ 民国重修《婺源县志》卷四十二《人物十一·义行八·詹文阶》。
⑥ 《鸿溪詹氏宗谱》卷十《鸿溪坦房世系·三六世至四十世·高赞》。

(3)"朱球,字绮琴,罗田人,候补县丞。四龄失怙,孀母汪鞠养成立。比长,业木于姑苏之常熟。遇捐修至圣庙,慨然输材木值千余金,蒙宪会奏给议叙。后设茶行于上海,凡思恭、敦梓二堂有公务,均输金襄助。既而以军功摄篆县丞,时克服苏州,英兵杂处,民散未归,知府王素知球习英语,调补昆山抚辑,球至,则设米肆,购药材,食用俱足,民乃旋归。刘中丞以'朴实勤能'四字飞檄称奖,惜莅半载染疫而终"。①

(4)"黄翔麐,字少云,环溪海子,议叙七品。工楷隶,尤精篆刻,寓书法于刀法,有印谱,名流题赠甚多。张子青相国抚苏时,招考江南铁笔,麐膺首选。龚仰篷方伯任沪道,礼延至署。徽宁会馆举司簿籍,勤慎罔懈。年八十四"。②

上海徽宁思恭堂确实是投入实体运作的,真正发挥了帮助同乡的作用,这在一些族谱资料可以找到佐证。比如西乡盘山程氏第62世"(业垂第六子)美之,即懋怏,名利仁,字济廷,号溥斋,邑庠生,行正九十三,同治庚午八月二十八丑生。性情真挚,行颇能不苟。宣统己酉六月二十三酉殁于申江,寄厝思恭堂"。③

除思恭堂之外,上海婺源商人的同乡组织,还有范围仅限于婺源一邑的敦梓堂(即星江公所),始创于清代咸同年间,创始人为胡正鸿。上海成为通商口岸之后,"婺源茶叶遂运沪销售,久之,洋商、洋行均舍广而就沪。到沪茶商或因货样不合,或因中途受潮,即于沪上设栈,以改制之。工匠参差,传习无所,于是群相计议,集资设立敦梓堂公所,以联乡情而资研究。初买平房二间于沪南(名其额曰星江敦梓堂,中供徽国文公朱子神主),合五乡人士而祀之,未期年竟为同乡不肖者私行盗卖。光绪八年,有董万林(新盛恒行主)、许攸等,以旅沪茶商日渐众多,若欲联络同乡感情,自非恢复敦梓堂不可。于是

---

① 民国重修《婺源县志》卷四十一《人物十一·义行七·朱球》。
② 民国重修《婺源县志》卷四十九《人物十四·方伎·黄翔麐》。
③ 《韩溪程氏梅山公支谱》卷十二《谱图·六一世至六五世·盘谷房思聪支·(六十一世)美之》。

邀集在沪茶商，集资购地，重立敦梓堂于城内花草浜，命名星汇公所，并有余屋出租生息，仍旧征收炒茶锅捐，以补经费之不足"。随后屡次扩建迁徙，民国五年"南迁至同吉里，未久遭火劫，于是再垫巨款，建造公所于小南门外糖坊弄，仍颜其额曰星江茶业公所，供奉朱子神主"。①

早在同治、光绪年间，胡正鸿就在侨寓地上海有诸多义举："胡正鸿，字作宾，在城人，州同衔。幼读书，成童后，父命服贾。先是，侨居沪城，闻香田祖祠被毁，约同宗某汇赀重建。某懋迁亏折，负所托，复命子得锦赍八百金，董成之。当发贼陷金陵、红巾踞沪遥应、甬东相继陷，鸿于沪创立敦梓堂、设粥厂恤流亡，及埋瘞局收暴骨义举，不一而足。享年七十有三岁。"②从胡正鸿、胡瑛父子的事迹来看，旅外同乡组织的创建、运营、管理和维护，还有同乡组织所兴办的公益慈善事业，在徽商内部参与的人数较多，比如参与敦梓堂公益活动的婺源商人被收录《婺源县志》的，还有上文述及的朱球等人。这些公益慈善事业的延续时间较长，基本能够代代相传不替，具有较高的稳定性。星江敦梓堂自咸同年间创办，一直存至1949年后。1956年，上海市民政局向上海市人民委员会提交了《关于社会团体登记和旧社会团体处理工作的意见报告》，8月6日获得同意批复，同月23日向上海市工商业联合会等10家单位发出《为归口社团的材料移请你处研究见复由》一文，就社会团体的归口整理事宜交换了意见，同时附上归口团体的清单，计71家。1958年，上海市工商业联合会经对有关行业进行了近3年的调查核实，上海所有公所的活动已告结束，遂对其房产或余留财产作移归于相关行业或市、区工商联的处理。根据1956年归口于市工商联整理的会馆公所情况表，星江敦梓堂代表人程子云，住址桃源路秉安里55弄23号。③

近代以来，上海还成立了婺源旅沪同乡会等团体，被称为"江南茶叶大

---

① 《星江敦梓堂征信录·星江茶业公所敦梓堂略历》，民国十五年刊，转引自彭泽益主编：《中国工商行会史料集》，北京：中华书局，1995年，第850～851页。
② 民国重修《婺源县志》卷四十《人物十一·义行六·胡正鸿》。
③ 上海市地方志办公室：《上海工商社团志》第一篇《会馆公所·名录》。

王"的郑鉴源①,就曾并被推为婺源旅沪同乡会理事长、同济善会董事长。在20世纪三四十年代的婺源回皖运动中,婺源旅沪同乡会会曾挑头向蒋介石发起请愿咨文,在这场运动中发挥重要作用。直至近十来年的当代时期,2003年婺源旅沪同乡会重新成立,由原卢湾区退休教师詹庆德等老同志牵头成立,目的在于联谊乡人、振兴家乡,在婺源和上海两地来回奔走,也帮助婺源家乡办了一些实事。

四、广州

上海未开埠之前,广州是婺源茶商最为重要的一个据点,本书第二章茶商一节已经进行了详细分析。同时,不少墨商也到广东营业,墨商文书《詹标亭书柬》即提及广州和佛山墨庄的贸易情形,直至民国时期,尚有不少婺源墨商集聚广州。前文关于婺源墨商的论述里面,笔者引用的墨商档案资料曾提及,婺源墨商将亲榇寄居安徽义山,这件事足以证明徽州人寄居广州的人数之众。正因为旅居广州的物业同乡人数众多,在此背景下,旅粤婺源商人因势利导,在广州创办了婺源同乡组织——广东婺源会馆和归原堂。据民国重修《婺源县志》记载:"归原堂义庄:在粤东省垣。道光四年,俞冠芳、齐大成、俞德隆、俞玉馨、洪长馨、俞瑞馨、俞兴泰、朱凝芳、汪高源、俞冠英、詹万孚、滕

---

① "郑鉴源(1889—1962),婺源县秋口乡沙城里村人,茶商。郑鉴源经营茶叶从帮工开始,大约在民国十年前后,开始替亲戚押运箱茶(婺源至上海)。后来他自己做外销茶运到上海销售。经过多年资金积累,才在上海租借房屋办起了源丰润茶栈,中介中外茶商之间的贸易,收取佣金。而后又在上海开办了鸿怡泰茶叶店、源利第一制茶厂、源利第二制茶厂、建中股份实业有限公司、茶叶贸易公司。还在江西上饶、玉山,安徽屯溪、祁门、婺源,浙江温州、诸暨、新昌、奉化等地设立茶庄,收购茶叶,加工箱茶。雇用工人总计达五六千人,财源滚滚而来。郑鉴源曾对其胞弟说起他赚钱的情况:好比庭室座钟的钟摆,往左边摆滴答一下进个大元宝,往右边摆答滴一下又进个大元宝。郑鉴源还将茶商资本投入实业,开始由商人向实业家过渡。他涉足的企业有绸缎布业、瓷器制造业等生产行业。曾任建中股份实业有限公司总经理、中国茶叶贸易公司总经理、久丰绸缎局公司常务理事、景德镇瓷器公司监事、中国茶叶协会常务理事、上海茶叶商业同业公会理事长、上海市政府特约委员会委员、上海市商会组织委员会委员等职。并被推为婺源旅沪同乡会理事长、同济善会董事长。"详见胡武林:《徽州茶经》,《茶人篇·郑鉴源》,北京:当代中国出版社,2003年,第135页。

碧孔、俞广绶、俞霖馨、董春园、俞寿熙，集银一千六百两，建造置产生殖，以为桑梓棺殓盘运及岁暮恤贫之资，又广州府知府汪忠增捐银一百两，扩充善举，并据情立案，移知沿途府州县，以利遄行。又光绪元年，于南海属之高岗广建一所，计税三亩二分二厘八毛一丝八忽。"①

《婺源县志》和婺源族谱等地方文献收录的人物传记，涉及广东归原堂的人物有不少。

(1)北乡龙腾俞氏家族。①俞其澍，字焕章，龙腾人，州同衔。父光柏，重义疏财，澍能继志。值荒施米二百余石，以赈贫乏。尝游粤东，率同志倡建归原堂，施棺运榇。又于上新河重建茶亭，广置义冢，凡城工、军饷、团费，皆踊跃急公。尚书单额以"义行可风"。② ②俞国桢，字德隆，龙腾人，监生。质直谨厚。少负贩孝养双亲。父殁，抚季弟婚教成立，克笃友恭。伯兄早卒，抚侄如子。协力经营，家道日起。岁甲子阖邑建紫阳书院，桢念父大凰好善乐施，偕弟鹏万，承先志，输千金以助膏火，思诒乃父令名。居平俭勤持家礼让，率下门庭雍睦，足式乡间。诸如造路修桥，平粜周急，义举不一，咸谓有长者风。诰赠奉直大夫，又晋中宪大夫。③ 另一条记载表明，俞国桢是俞大凤的第二子："俞国桢，字德隆，龙腾人，大凤次子，以子锽诰赠奉直大夫，以子镛晋赠中宪大夫，见《义行传》，配许氏诰赠恭人。"④俞大凤本人也是乐善好施、热心慈善义举之人："俞大凤，字圣祥，龙腾人。家始贫，以负贩供菽水，每日营趁得米数升，必贮一升，留给乞丐。家稍裕，输造近村道桥，周恤荒年贫乏。尝蓄余金付子生殖，以待义举。嘉庆九年，邑兴紫阳书院，大凤子将所殖金输一千两以助膏火，邑侯丁给额"为善不倦"，诰赠朝议大夫晋中宪大夫。"⑤

(2)"洪启煌，字烈云，鸿川职监。贾于粤，偕同志醵资立归原堂，以归同乡旅榇。近村有通衢峻岭，首捐重赀修葺。房侄岷单传贫困，煌赒恤备至，并

---

① 民国重修《婺源县志》卷八《建置十·冢墓·归原堂义庄》。
② 民国重修《婺源县志》卷四十《人物十一·义行六·俞其澍》。
③ 民国重修《婺源县志》卷三十九《人物十一·义行四·俞国桢》。
④ 民国重修《婺源县志》卷十九《选举十二·封赠·俞国桢》。
⑤ 民国重修《婺源县志》卷三十九《人物十一·义行四·俞大凤》。

为完婚以延宗祀。少承兄教,援例捐五品衔,俾受赐封"。①

(3)"俞镇连,字彝玉,汪口人。初业儒,后以亲老,任家政。季弟生数岁而父殁,连承父遗命抚恤,一粟一丝,随时生殖。比受室,财产与伯仲埒焉。尝在粤与同志创归原堂,购地瘞骸旅殁者,五年一归榇,至今是赖。他如宗祠、文阁、义仓,靡不竭力襄成。子孙蕃昌,叠膺封诰。孙文辉,领乡荐;曾孙多入庠"。②

(4)东乡官桥朱氏家族。①"朱文炽,字亮如,官桥人。性古直。尝鬻茶珠江,逾市期交易文契,炽必书'陈茶'两字,以示不欺,牙侩力劝更换,坚执不移,屯滞廿余载,亏耗数万金,卒无怨悔。在粤日久,见同乡旅殁者,多不能归葬,爰邀同志捐赀集会,立归原堂,限五年舁柩给赀,自是无枯骸弃外者。道光年间,两次襄助军需,蒙宪给奖。咸丰己未,又捐助徽防军饷数百金。生平雅爱彝鼎及金石文字,积盈箱箧,享年八十有五"。③ ②"朱文煊,字锦林,官桥人,同知衔。读书明大义,凡遇善举,慷慨乐施,煊为紫阳支裔,尝见祠宇颓坏,输五百金修之。邑侯陈修城垣,输八百金,工竣,遵例记录三次。在粤八载,凡徽郡流寓不能归者,概给路费十金,士人倍之,每岁不下二百余金。乡人殁在粤者,众商敛费立归原堂,首输千金,购地停棺,五载给赀归葬。同乡建安徽会馆,输银壹千二百两,兼董其事。居乡时建福泉庵,造新城庙,修晓秋岭,置义仓田,种种义举,不下数千金。训子以读书为事,孙曾多列胶庠"。④ ③"朱文炜,字锦明,官桥人,国学生。幼失怙,事继母克顺。家业茶,常往来珠江,适值朱子堂为匪占夺,炜讼于官,留粤两载乃复。又输金刻汪子遗书,捐地建本里文阁,雇人拾道上字纸,种种美行,布于人口。子隆勋,邑增生"。⑤

---

① 民国重修《婺源县志》卷四十六《人物十二·质行七·洪启煋》。
② 民国重修《婺源县志》卷四十一《人物十一·义行六·俞镇连》。
③ 民国重修《婺源县志》卷四十一《人物十一·义行七·朱文炽》。此人喜欢古代器物,性格古板,这也可能导致其不能适应新的市场需求。
④ 民国重修《婺源县志》卷四十《人物十一·义行六·朱文煊》。
⑤ 民国重修《婺源县志》卷四十一《人物十一·义行七·朱文炜》。

（5）"程泰仁，长径人，幼业儒，事重慈以孝著闻乡里，嗣因家食维艰，弃砚就商，随乔川朱日轩贩茶至粤，众举经理徽州会馆，六县商旅均服其才。比归，解橐修祠葺墓，不费众赀一文。本房支祠倾圮二百年许，捐银买基，输木造寝，仁先为之倡。咸丰间，业茶上海，独捐巨赀修广福寺，时发逆陷苏常，上宪以仁办团出力，札委运粮至嘉兴等处，保举五品。嗣随提督军门，曾克复金山广富林等处，巡抚薛题奏奉旨准予四品并赏戴花翎。惜因军务旁午，积劳致疾而终"。①

（6）"汪国仪，字羽丰，晓起人。家贫力学，后业瓷景镇，积赀设肆，运贩粤东，以信实见称。先是，瓷器往粤，关卡留难，仪结诸商控告，奉准示禁。旋捐巨款建婺源会馆，手订章程，遇事开会决议，乡人德之，立长生位于厅事旁。后生意失利，退老家居，问安求教者书札不绝，敦族睦邻，犹其余美"。②

（7）"詹世鸾，字鸣和，庐源人。资禀雄伟，见义勇为。佐父理旧业，偿夙逋千余。壬午（1822）贾于粤东关外，遭回禄，茶商窘不得归，多告贷，鸾慷慨饮助，不下万金。他如立文社、置祀田、建学宫、修会馆，多挥金不惜。殁之日，囊无余蓄，士林重之"。③

（8）"施添界，字秉初，诗春人，捐职县丞。尝业磁景镇，贩至粤东。藩宪方公联乡谊，推为商中君子。襄理徽州会馆，有条不紊。乐施与，焚借券，排解难纷，至今人犹称之"。④

（9）"俞瑞元，字辉南，思溪人，贡生。幼家贫，负薪养亲，营趁粤东，家稍裕，资分昆弟，性喜施予。文庙、城垣，捐助无吝，叠蒙奖叙。尝在广东襄建归原堂，掩埋泽枯，安徽藩台管赠额曰'见义必为'"。⑤

以上收入《婺源县志》的广东归原堂创办人、襄助人，与《婺源县志·建置·归原堂义庄》条目所罗列的人物，基本没有重叠。最主要的原因在于：第

---

① 民国重修《婺源县志》卷四十《人物十一·义行六·程泰仁》。
② 民国重修《婺源县志》卷四十二《人物十一·义行八·汪国仪》。
③ 民国重修《婺源县志》卷四十一《人物十一·义行七·詹世鸾》。
④ 民国重修《婺源县志》卷四十六《人物十二·质行七·施添界》。
⑤ 民国重修《婺源县志》卷四十《人物十一·义行六·俞瑞元》。

一,参与倡建和首捐归原堂义庄建设的旅粤婺源商人人数实在太多,如:俞其澍"率同志倡建归原堂";洪启煜"偕同志醵资立归原堂,以归同乡旅榇";俞镇连"尝在粤与同志创归原堂,购地瘗骸旅殁者,五年一归榇";朱文炽"邀同志捐赀集会,立归原堂,限五年舁柩给赀〔资〕",等等。县志《建置》条目并没能穷尽列明所有参与创建此项公益事业的婺源人物。第二,参与归原堂后续运营管理的旅粤婺源商人人数更多。县志《建置》条目所罗列的人物可能是最初的倡建者和第一批支持者,而县志《传记》部分的人物可能大多数是归原堂后续发展过程中的支持者,在时间上没有重叠。由此可以推测归原堂义冢的运营时间之长、参与运营的婺源商人之多。

以往学术界对婺源商人的研究,较少涉及广东区域。关于整个广东徽商的经营状况,目前的研究较为薄弱①。上述婺源北乡思溪人俞瑞元所创建的广东归原堂及婺源商人在广东的商业经营情况和同乡组织,也需要进一步深入研究。笔者发现,在民国十四年(1925),婺源归原堂曾发生一件因盗卖公产而发生的纠纷事件,其始末详见于《徽宁旅沪同乡会第一届报告书·会务撮要》,被列为当年需要提交同乡会决议的第二十件议事,会议文件的名称是《反对旅粤公产被卖事件》②。这份会议决议材料,把整个归原堂公产盗卖事件的前因后果、来龙去脉写得十分详细。通过这一份历史文件资料,可以窥见婺源商人在广东的经营状况和同乡会的运作情况。从徽宁旅沪同乡会处理归原堂产业被卖事宜来看,有几点值得注意:第一,在旅沪同乡和旅粤同乡之间,具有互相声援的责任与义务,说明在近代以来乡土观念依然牢不可破。徽州、婺源旅沪同乡不仅对归原堂表示支持,在20世纪三四十年代发生的婺源回皖运动中,也大力奔走,足以反映各同乡团体之间的合作倾向;而且,近

---

① 对于广东徽商的研究,目前所见成果主要包括:王振忠:《清代徽州与广东的商路及商业——歙县茶商抄本〈万里云程〉研究》,《历史地理》第十七辑,上海:上海人民出版社,2001年。黄忠鑫:《清代广东口岸贸易中的婺源商人群体》,载《江西社会科学》,2016年第8期。黄忠鑫:《清代旅粤婺源商人的地域构成与社会活动》,《徽学》(第十辑),北京:社会科学文献出版社,2018年。

② 《徽宁旅沪同乡会第一届报告书·会务撮要》,第18~23页。

代以来的先进科技手段已经被运用在各同乡团体之间声气相通上,使用电报、函件的方式在同乡团体之间进行协调,这也是同乡团体的一个重要任务。第二,上述引文中所提到的最重要斡旋人物柏文蔚①,在民国政界具有相当的实力,是安徽籍的国民党政要,由此可知"同乡"一词所具有的弹性空间和外延性,对于徽州商人和婺源商人的实用价值。

五、景德镇

景德镇历来是婺商经营的重要据点,婺商与徽属各县徽商,成为景德镇一大商帮。关于景德镇人口杂居和行帮的情况,景德镇地方史专家朱绍熹、俞昌鼎有所论及:"商业方面,绝大多数是徽州人。由于地域行业和利害关系的自然互相结合,逐渐形成了所谓'三帮':都帮、徽帮、杂帮。"②"徽帮"是徽州府所属六县旅京人士结成的帮会,他们集资建立了新安书院(即徽州会馆)为宗族春秋祭祀、聚会、议事、办学场所。他们绝大多数人都是经营商业,如钱庄、布店、南货、百货、油盐、粮食、银楼、药业以及陶瓷原料的瓷土、颜料等,可以说掌握了全市经济命脉,持垄断全市金融。他们人数最多的是黟县,其次是婺源、祁门,再次是休宁、绩溪和歙县。

另有一个数据可以表明徽州人在景德镇的势力。景德镇于光绪二十六年(1900)设立商会,当时不以商务为唯一内容,及至1909年设立总商会始以服务商业为宗旨,"当时会员名额以五十人为度,从形式上看,类似现在的代表会性质。由于当时景德镇工商界的都、徽、杂三帮的形势已成,总会的会员、议董和总协理按三帮来分配。商会成立之初,当时全体会员只有四十一人,按三帮分配如下:一、属于都帮会员十四人;二、属于徽帮会员十五人;属于杂帮会员十二人"。③ 在景德镇的徽州人,以黟县为多,婺源、祁门次之,这

---

① 柏文蔚(1876—1947),字烈武,安徽寿县柏家寨人。其生平事迹,详见寿县地方志编纂委员会编纂:《寿县志》第三十二章《人物》,合肥:黄山书社,1996年,第825~826页。
② 朱绍熹、俞昌鼎:《景德镇的都帮、徽帮和杂帮》,中国人民政治协商会议景德镇市委员会文史资料研究委员会编:《景德镇文史资料》第一辑,1984年编印。
③ 黄少眉:《景德镇最早的商会》,《景德镇文史资料》第一辑,1984年编印。

不无道理,因为从地图上看,这三个县距离景德镇最近。

正是因为婺源商人在景德镇的势力很大,因此集资建有婺源会馆。据《婺源县志》记载:"景德镇婺源会馆:光绪丁丑合邑捐建,在景德镇小黄家同,土名里仁,都二图九保。正屋二间,左边喻义堂并厨屋四间,右边义祭祠,外置戴家巷店屋一堂,苏家巷店屋一堂。又浮梁南乡长源辛合两都等处早晚田四十亩。经理詹同昌、程茂林、戴心田、齐铨芝、汪羽丰、詹立言、俞允敷。"①

《婺源县志》和族谱等文献资料收录的在景镇经营的婺商人物传记中,涉及会馆、文公庙、文公祠、同仁局、新安书院、义瘗会、育婴堂等同乡组织的包括以下数人。

(1)"王章,字树亭,号梅溪,太学生,城西人。性仁孝,历事三母悉如所生。尊师课子,能持大体。尤喜义举。尝客江右景镇,倡立文公庙,建同仁局,恤灾济贫,胥有成劳。嘉庆壬戌(1802)浮邑饥,佥议平粜,章独力董其事。邑侯湛有'才品堪师'之奖"。②

(2)①"郎国忠,字汝臣,庠生,沱口人。性孝友,年七十居犹未析,后因室隘人繁,乃构大厦处弟。尝之景镇,过浮邑,见古冢暴骸,悉买棺瘗之。初,景镇故有同仁局为忠父所创,承志经理,会大水,尸泛河无算,买棺殓葬局储几罄,忠复倡输给用至今犹裕。又喜施医药,多济人。子二,长邦祺,庠生。"③
②"郎兆林,字永山,沱口人。性仁厚,扶持母疾十余载弗懈。抚弟标,延师课读,俾入庠,从叔某老无依,敬养之惠谊尤多旁逮。尝客景镇,创同仁局,施棺埋瘗,又倡修通灵桥以济行旅,施药煮茗,远近称德,今子孙庠序林立,良有以云"。④

(3)"余席珍,字聘卿,沱川人,邑庠生。事亲孝,哀毁尽礼,承先人遗业,服贾景镇,其市廛为五方杂处,客死者多,徽商会馆向设义渡、义仓、义棺、义

---

① 民国重修《婺源县志》卷七《建置五·宫室·景德镇婺源会馆》。
② 民国重修《婺源县志》卷三十九《人物十一·义行五·王章》。
③ 民国重修《婺源县志》卷三十《人物十一·义行五·郎国忠》。
④ 民国重修《婺源县志》卷三十《人物十一·义行五·郎兆林》。

冢,赀竭难敷,珍集六邑绅士捐置田产为长久计,并倡义瘗会,每岁雇工培土泽及枯骸。又兴惜字会、建文昌宫,筹划备极周详。居乡禁赌博、养杉苗、立茶亭、修桥路、息争讼、济人之事,靡不勉力为之。治家悉遵《颜氏家训》,子三,均有声庠序,以孙丽元官浙江候补道,诰赠通奉大夫"。①

(4)"滕昌檀,字仲煌,太学生,云邱人。心存利济,惟日孜孜。居乡,倡首输赀,置田备修河桥,行之二十余年,至今保固。经商之景德镇,设同仁局施棺椁并置义冢。先是,议建新安会馆,部署难,其人众推檀,檀竭力筹划,阅十二载竣事,奉朱子入祠,礼成逾刻,檀竟卒,同郡人无不惋叹"。②

(5)"詹永樟,字树滋,秋溪人。性仁厚,才卓识超,随父客景镇,适建徽州会馆,众推樟廉正领袖督工,又举专司馆务。道光戊子(1828)蛟水横流,浮棺无算,樟雇人往援,认识者助赀畀归,不识者,代为掩埋。又于荒洲乱石中遍搜暴骴遗骸,给椁瘗之。嗣建中元会,展墓赈孤,在镇四十余年,力行不息"。③

(6)①"詹起镜,字蓉卿,贡生,庐源人。幼失怙,事母孝。族中节孝祠集各派采访孝贞节烈,立主入祀。客景镇,公举新安书院总理,及保甲局董、育婴堂董,每遇纷争,片言解决。创立义瘗会,修正莒溪渡章程,该渡前因争收渡钱,覆舟溺死三十余人,镜为捐款,置田给渡夫,禀县勒石,永远不准收钱。浮婺交界大路,屡次募修。年六十四无疾终。同乡为立主于新安书院,以昭崇报"。④ ②"詹士淳,字亦良,庐源人。性好学,工书法,精通医理,活人无算。善辞说,片言解纷。景镇创造徽州会馆,公推经理,旋举为三帮会首,市廛无争。重修宗谱,总理其事,不惮勤劳。遇有众务,乡人多推淳为领袖"。⑤

(7)①"胡文耀,字挹辉,清华人。好读书,因贫,改商浮梁。粤氛起,襄办清华团练局,奖五品翎顶。事嫡母、生母均敬谨。抚两弟婚教成立。在景镇

---

① 民国重修《婺源县志》卷四十一《人物十一·义行七·余席珍》。
② 民国重修《婺源县志》卷三十八《人物十一·义行三·滕昌檀》。
③ 民国重修《婺源县志》卷四十一《人物十一·义行骑·詹永樟》。
④ 民国重修《婺源县志》卷四十八《人物十二·质行九·詹起镜》。
⑤ 民国重修《婺源县志》卷四十二《人物十一·义行八·詹士淳》。

立掩埋会,修徽州会馆,倡捐置义冢山,兴会课筹宾,兴费建婺源会馆。景镇水灾,议停各会演剧费以施衣食。他如桥路茶亭,罔不捐助。居乡修谱,及敬义祠,并本里种德聚星彩虹三石梁,均捐巨赀。置戚党周贫恤匮,犹其余事"。① ②"戴炽昌,字云客,国学生,清华人。负才应试,未售,遂托业窑器于景镇。有徽州会馆,施棺木常缺费,昌理其事,首输金,徽各行皆踊跃,得不废弛。又倡修利川亭路数十丈,行人便之焉。金华太守余赠额曰'硕德高风'"。②

(8)"齐振声,字蔼然,例贡生,冲田人。诚朴好善,家贫,服贾苏浙、江西等处,积累余赀,在景镇置有房屋。光绪二十一年输入景镇育婴堂,价值千金。本村育婴成立,亦输金襄助。里人有鬻子者,助金挽回。其他义举尤多"。③

(9)"洪大鼎,字公华,虹钟坦,贡生。性孝友。闽变,贼党聚徽饶,祖廷杰遇害,鼎未弱冠,号辕请兵,亲为向导剿靖。兵燹,乃率众造崇睦祠,输寝室地,置祀田,敬宗收族。崇文教,襄建朱子庙。恤商旅,输屋地助景镇会馆,造吴巴岭及浮梁小里亭,捐田施茗,后入籍江右乐邑,尤多义举,官绅钦之,具载《乐平邑乘》。寿八十有二,邑候吴公亲书赠'徽猷贤胄',复为之赞。郭候存问悉其行,题曰'仁心义事',后闻讣临丧,状赞像,人称遗爱两江云"。④

(10)昌江⑤新安会馆:①"詹必亮,字镜心,庆源人,职监,以子启奎遇覃恩诰赠通奉大夫。幼业儒,屡试不遇,乃营趁昌江,业瓷兼擅所长,众工慑服。

---

① 民国重修《婺源县志》卷四十二《人物十一·义行八·胡文耀》。
② 民国重修《婺源县志》卷四十六《人物十二·质行七·戴炽昌》。
③ 民国重修《婺源县志》卷四十二《人物十一·义行八·齐振声》。
④ 民国重修《婺源县志》卷三十八《人物十一·义行二·洪大鼎》。由于地缘上的接近,入籍乐平的婺源人不少,尤其是与其接壤的婺源西乡,比如与洪大鼎同属虹钟坦的洪大新,也入籍乐平。
⑤ 昌江,鄱江北源。在江西省东北部。源出安徽省祁门县,西南流经江西省景德镇市,到鄱阳县与乐安江汇合为鄱江,入鄱阳湖。祁门以下可以通航。昌江全长267千米,流域面积7000平方千米。详见《辞海》(1999年版缩印本)第1673页"昌江"条。此处"昌江"即指景德镇,今景德镇市下辖昌江、珠山二区及乐平市和浮梁县,渊源有自。

后总理新安会馆,春秋祀事及诸公务,调剂咸宜,合郡推重。浮东路圮,集议复修,亮倡捐巨数并劝六邑绅商佽助,逾年告竣,遂成康庄。其他建荦,靡不踊跃赞襄。子三,伯仲俱职监,季启奎,江苏补用道"。① ②"詹启奎,字守遗,号星垣,庆源人。潜心经史,屡试未售,乃客昌江,总理新安书院。就地办团,罗忠节公见而器之,款留幕府,运筹助剿,所向多捷。李忠武公接统湘军,委办全军营务,叠著劳勋。合肥爵阁督部堂李公熟知其才,推诚委任,叠保以江苏道员补用。同治癸亥从提督萧公进营孝陵卫。甲子夏,与诸军克服金陵,赏戴花翎。李公以奎久历戎行,调赴淮军,旋委霆军公干,积劳成疾,殁于济宁州军营,李公奏请优恤,奉旨奖恤光禄寺卿衔,荫一子入监读书,六年期满,以知县注册铨用"。②

景镇婺源会馆曾因地产与他人发生纠纷,涉及此次纠纷的士人、商人包括:①"齐之倓,字绍先,举人,拣选知县,冲田人。在景镇买屋建文公祠,因不得管业缠讼,与汪文枢、戴文诰、齐运昌等锐身任事,始得屋归业主,邑人钦其劳绩,议入主袝祀,村内支祠被燬,倡首重建,育婴、修谱皆尽其义务"。③ ②"同治三年甲子江南乡试:汪文枢,乐平籍,中(同治)壬戌江西乡试,见进士。同治七年戊辰洪钧榜进士:汪文枢,字冠中,号幹廷,凤砂人,吏部主事。吏部主事"。④ ③"戴文诰,字赞先,号筠谷,桂岩举人。性豪迈,为文倜傥不群。家居敦内行,时有暮夜馈金数百,却不受。就馆于外,严师范。婺人买景镇屋基被占,诰慨然赴省控归业,俾众捐赀创建会馆。其慷慨好义类如此。丁丑会试以额满见遗,士林惜之"。⑤ 戴文诰与西乡盘山程氏木商为姻娅之亲:"祥,即懋慈,名体仁,字子和,国学生,行正十一,道光丁未二月二十九午生,光绪戊申正月十九丑殁于苏郡木号,厝莳门外庆昌丰木号屋背段。娶仁

---

① 民国重修《婺源县志》卷四十一《人物十一·义行七·詹必亮》。
② 民国重修《婺源县志》卷二十五《人物六·忠节一·詹启奎》。
③ 民国重修《婺源县志》卷四十二《人物十一·义行八·齐之倓》。
④ 民国重修《婺源县志》卷十五《选举一·科第》。戴文诰中式同治六年丁卯江南乡试,拣选知县。
⑤ 民国重修《婺源县志》卷四十二《人物十一·义行八·齐之倓》。

村文庠生胡炳中女掌珍,道光丁未十月二十寅生,子二:(隆)宜、旦,女八,长菊蕊适桂岩举人戴文诰长子启仁。"①④"齐运昌,字铨之,冲田附贡生。性豪爽。尝在江西景镇倡建文公祠,至今袝祀祠内。其他义举,量力捐助。从堂侄贫苦无依,出赀为谋婚娶,并置田租土碓以赡其家。知事葛赠额'急公好义'"。②

自晚清民国以来,随着通讯设施的进一步改善,旅居景德镇的徽商与全国各地的徽商更加声气相同,互相帮助。比如,1930年景德镇徽商受到损失,在此之后的一年内,曾组织代表团到南京请求同乡支持,据《中央日报》报道:"江西景德镇、去岁惨遭匪劫,徽商损失綦重,旅景徽商,特组织匪灾难民善后委员会,分向各方劝募款项,救济灾民,日昨该会派代表时霖、舒子湘、胡苇等到京,向中央呼吁,闻已晤及徽州旅京同乡会常务委员范汉生,日内召开会议,表示欢迎,并将晋谒赈务委员许主席世英,陈商办法,然后再赴沪上,联络同乡,□为救济云。"③

从上述对各婺源乃至徽州同乡组织或慈善组织的分布地域及其运作等具体情况的勾勒,可以看出两点明显的特征。

第一,婺源商人群体所组成的同乡组织,从参与人员来源和组成成分来看,具有广泛性。徽州人在侨寓地设立的同乡社会团体,其组成人员、参与者、捐助者,都不止于徽商一种职业,而且还包括在异地游幕的徽州文人和仕宦异地的徽州籍官员,甚至还包括只是应试路过异地的徽州籍生员。不过,这些并非徽商的徽州人,却大多具有徽商家庭背景,或其父、或其祖是徽商,或其子、或其孙是徽商,因此,从广义的角度看,这些徽州同乡社会团体可称徽商的社会团体,但"徽商"一词涵盖了极为广阔的社会成员,涵盖了"徽商"这个习惯名词掩盖下的各种社会人群,反映出徽州区域社会中"徽商"作为一

---

① 《婺源韩溪程氏梅山支谱》卷十二《谱图·六一世至六五世·盘谷房思聪支·(61世)业坦》。程业坦即木商程震蕃的长子。

② 民国重修《婺源县志》卷三十六《人物九·黉彦·齐运昌》。

③ 《安徽商人代表募捐振济灾民,范汉生等允为协助》,《中央日报》1931年5月28日,第八版。

个最醒目关键词在历史上的作用。同时,在上述参与同乡组织的徽商中,不乏父子相继、祖孙相继者。可见,徽商之重视同乡地缘观念也是世代相沿的惯性思维,这种思维既为构建"乡土之链"创造了心理基础,又为徽商在经营行业的业缘上同地缘关系密切结合,但制约了徽商经营行业的拓展,在某些行业和地域形成的垄断局面,既是徽商成功的条件,也制约了徽商社会网络的进一步拓展,尤其是近代以来,随着乡土观念的弱化,同乡组织的大量存在与时代的进步相互抵触,可能是导致徽商衰落的一个因素。因此,对于徽商同乡组织的作用必须加以正确评判。

第二,婺源乃至徽州同乡社会团体的地域分布,同徽商的经营范围大体相互吻合。大凡有徽商活动的地点,均设立有同乡组织或由同乡为主导的慈善组织。这种地域分布上的吻合,恰好说明敦睦乡谊对徽商经营之重要性。一方面,各类同乡组织满足了同乡在侨寓地的生存和发展之需、生活社交之需。另一方面,各类同乡组织对侨寓地婺源人士日常经营提供了重要帮助,同时对侨寓地的居民亦有所恩溥。笔者认为,在此意义上,婺源人的同乡组织在更加广阔的地域空间和社会活动中,弥补官方社会事业的重要资源之不足,更是寻求构建清代民国时期基层社会和谐的有效方式,是地方政府组织之外的"第三组织"。因此,从政治学、社会学等专业领域对传统社会各种同乡组织进行深入研究,仍有着十分广阔的学术探讨空间。

第三节　徽商的人口结构与流动倾向

一、人口结构

婺源商业移民的人口构成主要涉及两大部分,即自然结构及其社会经济结构两大类。婺源商人的人口自然结构主要指其年龄和性别构成,而人口社会经济结构则指其受教育程度和职业状况等主要指标。

第一,年龄结构。徽州人十几岁甚至更小就外出务工经商,正如徽州俗谚所云"前世不修,生在徽州,十二三岁,往外一丢"。婺商作为徽州商帮的重要一支,也不例外。大量婺源商人的事迹,都证实了这一点,被录于《婺源县志》各卷帙或各姓氏族谱的婺源商人传记,注明"少业贾""少随兄贾""少侍父商"等语句者,比比皆是。

更有价值的是其中有些商人传记,还记录了外出经商的具体年龄及其兄弟或其他家庭成员的年龄,对此类现象理应多关注。关于徽商外出经商的年龄,一般认为"成童"左右还算太小。"成童"是一个男子是否成熟、具有独立行使能力的界限①,因此婺源地方文献中使用"比""甫"这样的副词来表示当时人对于外出经商年龄的看法,"比""甫"都表示还不算大,这个年龄外出经商就是有点小的意思。比如:①"张元耀,世居盘山。父客游,家计日落。耀甫成童,负贩养母,旋迎父归,连举二弟,竭力经营,积余蓄,赎祖居,置田产,孝养双亲,婚教二弟,推产与均。乡里群称其孝义"。② ②"吴时镇,号芳谷,蕉源人。生而歧嶷,知大义。年十二,邻有负逋出妻者,归劝其父代偿完聚,费五十金。比成童,随父贾浙西,所积余赀,待同乡滞外之人,居助膳赀,行给路费"。③ ③"游鋐济妻曹氏,上鳙女,年十八归济溪,二十七,夫客姑苏卒,遗孤甫七龄,氏矢志抚育,比成童,就商于外,又死,复继族子绍基为孙,守节四十一年,现年六十八"。④ ④"汪延庆,字必余,闻善坊人。年九龄,父之正负贩江右,母祝病故,居丧,哀毁如成人。成童即代父劳,续为弟延俊婚娶,俊夫妇偕亡,抚其子及孙过于所生。房祖敬儒后裔乏绝,露骸五棺,为之安葬。邑侯张给额'质直好义'"。⑤ ⑤"余国镇,字康亭,沱川人。性醇厚,家贫鲜,兄

---

① 成童,指年龄较大的儿童。具体年龄说法不一。《礼记·内则》:"成童,舞象,学射御。"郑玄注:"成童,十五以上。"《后汉书·李固传》:"固弟子汝南郭亮,年始成童,游学洛阳。"李贤注:"成童,年十五也。"因此十五岁以上的说法较为确切。详见《辞海》1999年缩印本,第 2000 页。

② 民国重修《婺源县志》卷四十四《人物十二·质行三·张元耀》。
③ 民国重修《婺源县志》卷四十一《人物十一·义行七·吴时镇》。
④ 民国重修《婺源县志》卷五十三《人物十七·列女四·节孝三·游鋐济妻曹氏》。
⑤ 民国重修《婺源县志》卷四十四《人物十二·质行四·汪延庆》。

弟年未成童,之吴治墨业,主人称其能,厚遇之,得俸以养亲,后赀裕,睦族敬宗,建祠置产,尤友爱"。① ⑥"潘懋升,太白人。父故贫。升成童即卓立,奋励经营,娱亲晚景。母好施,升必请所与。友爱昆季,贾息余赀常均之,弟殁,抚孤侄如己子。捐倡葺祠宇,构亭施茗。两关薛冲临河,开坦途若干里,赀不下数百,行旅赖之"。② ⑦"齐兆传,字继薪,冲田人,州同衔。兄弟四人,传最幼。未成童失怙,家贫,经商浮乐,渐饶裕。善体亲心,以二兄拙于持筹,同居十载,分巨赀以济。嘉庆甲戌大水,独力创置义仓,里无饥人。凡救灾捍患,皆先为族周防事,至力任之,不惜劳费。邑侯黄额以'乐善好施'"。③ 上述材料中我们不难理解当时人对于刚刚到了成童年龄段便外出经商所持有的态度,很明显,县志编纂者及接受县志采访的对象(包括那些传主本人或者其族人)认为即便达到"成童"这个年龄,能承担经商的责任,也是一种了不起的行为。究其原因一方面是因为家庭困难或者其他不幸的变故;另一方面是对于传主年幼即能承担家庭责任的赞赏。

而比"成童"更小的年龄外出经商者也不在少数,多为十一岁至十五岁之间,通过阅读地方文献,十一岁可能就是婺源人外出经商的年龄底线。试举数例加以说明:①见于记载的商人年龄最小者,仅有十一岁:"程鉴同弟程钥:鉴(1836—1901)字俊三,国学生,上溪头人。九岁失怙,家极贫,事母至孝,与幼弟钥每日上午采薪易米供母,下午入校读书,十三岁贸易湖州,至老未易主,亲友间济困扶危,解囊不惜。兄弟友爱,弟有子三人,住屋半所,鉴仅取一房,余让弟居。光绪辛丑(1901),弟殁于家,讣到湖州时,鉴年六十六岁,呼曰'随吾弟去也',登时亦殁。钥(1839—1901)字汉三,太学生,少兄三岁,年十一出贸兰溪,遭发匪乱,改就石镇街习业,精筹算,工书法,兄弟友爱,白首不衰,遇兄疾辄寝食不安。堂叔乏嗣,遗产颇厚,钥虽有三子,让兄一子双祧,为

---

① 民国重修《婺源县志》卷四十《人物十一·义行六·余国镇》。
② 民国重修《婺源县志》卷三十八《人物十一·义行二·潘懋升》。
③ 民国重修《婺源县志》卷四十一《人物十一·义行七·齐兆传》。

人所难。母丧,奔里尽礼尽哀,并营地安葬祖父,卒年六十三,子煊,邑增生。"①②北乡仁村胡近光:"公讳近光,字敷言,敬斋其号也,明经昌翼公苗裔,世闻奉直公直第三子。同怀者五,均克卓立,而状貌奇伟,襟怀磊落。公则如五常之白眉,年十四弃举子业,随兄往来吴楚间,货财生殖,不让前贤,奉养所需,依时次附,匪特孩提知爱也。嗣贾姑苏,独任经理,基业弥大,每逢义举,乐于赞襄。"②③"李良苑,万田人,贡生。家贫服贾,年十四涉历江湖,垂老方归家,小康。为堂侄完娶,村首双桥圮,良捐赀重修并造石栏以护宵行,间闾均颂。享年八十有六,举人王忠为之传"。③ ④"李振琛,号富文,严田国学生。幼失怙恃,惟兄嫂是依,年十四便懋迁,人称练达。中年经商吴楚,备历艰辛,家渐裕,为父起厅堂奉祭祀,建家塾教子弟读书,暇则偕兄弟煮茗清谈,更阑始散,十有余年。怡怡如也。精歧黄,活人无算,不受谢,乡人称道不衰"。④ ⑤"戴逢交,字兰契,桂岩贡生。少贫笃志,年十四往外佣趁,及长稍积,聚为祖母余百龄请旌建坊"。⑤ ⑥"李亦科,字隽贤,国学生,理田人。九龄失怙,家甚贫,赖母吴氏苦节扶持。尚书曹曾有'慈竹生香'之赠。科年十二,往趁江北,所获圭撮悉归奉母。母病,驰省,勤侍经年不懈。兄弟五,伯兄根早世,抚侄如子。三四五弟继卒,恤孀抚孤勤备至。壬戌岁侵,预备米接济族以无饥。仆姓灾,率众捐金造屋,俾安堵如故。精歧黄,贫无力者,施方药以济焉。他义举类是"。⑥ ⑦"汪启逊,字志修,大畈人。幼孤贫,晨昏就塾,日伴母入山采薪。十二岁往海阳佣于商家,每语人曰:'食人之食,当忠其事。'竭蹶操作,无刻偷安。嗣与程某共贾获利,清厘市籍,分无求多。尤重伦谊,叔世僖无子,客死余杭,逊往扶榇归葬。支祠圮坏,输赀重建,祖茔被侵,

---

① 民国重修《婺源县志》卷三十三《人物七·孝友七·程鉴同弟程钥》。
② 《仁里明经胡氏支谱》卷首《传文·敬斋公传》。
③ 民国重修《婺源县志》卷四十一《人物十一·义行七·李良苑》。
④ 民国重修《婺源县志》卷四十七《人物十二·质行八·李振琛》。
⑤ 民国重修《婺源县志》卷三十《人物七·孝友四·戴逢交》。
⑥ 民国重修《婺源县志》卷三十九《人物十一·义行四·李亦科》。

极力保全,族人至今犹称道之"。① ⑧"詹光溥,字泽周,直州同衔,庆源人。少家贫,好读书。父廷树贾于松江,咸同间避乱归家,无担石,藉母汪纺绩持家计。溥年十二,罢学就商,佣于乐城,以忠信为居停器重,渐升经理,亿则屡中。性孝友。父晚年丧明,奉养尤隆。母年老患足疾,亲为敷药,不避秽亵,出入必扶持。弃养之日,一恸几绝。待弟光济友爱怡怡,弟年未四十客殁,溥携子亲往,扶榇归葬。旅乐岁久,尤为商场推重,凡经理会馆、襄办保甲、组织商会、维持地方等事,皆卓卓有声。又并六邑同仁会以备停棺。镇二公祠后寝坍坏,溥同房兄兆起、弟铨、应钟等,倡捐重建并兴祝崧会祀典。其他公益事,指不胜屈。卒年五十七"。② ⑨"齐学模,字式堂,玉池人。性质朴,寡言辞。十二岁习木业,父殁苏邸,哀毁逾常。长为人经理出纳,清如白水,有以倍俸聘者,不就,居停益器重之。堂兄早逝,抚侄诸孤俾教成授室,自甘淡泊,妻亦俭勤,美食锦衣终身不御"。③ ⑩"李全义,字灿卿,严田贡生。年十二便习计然术,将及冠,以父六旬,劝之归,而自肩父任,五木行并湖广木业,悉义主之,朝夕不遑,出纳唯谨,每岁末必归省亲。晚年训诲子孙无少懈。寿年七十有七,无疾而终"。④ ⑪"程兆枢,原名兆递,字宸中,上溪头人。少业儒,年十五失怙恃,弃砚就商,业木,奉宪委航海采办材料,入河套、赴都门,由监生考授州同。归家创祠宇、助祀田、建义仓,督造水口桥梁及文昌阁,勤劳六载。敬兄抚侄,人无闲言。邑侯吴颜其堂曰'孝友'。妻汪贤淑,年六十以戚友祝仪醵资集会生殖,修源头百丈冲岭并石栏杆。乾隆甲戌(1754),邑侯俞聘邑绅修志乘,公举枢总理,坚辞未就,后以内翰王京函特荐,复请,乃偕子台奎在局襄校。辛酉(1801)得元孙如榉,五世一堂,享年九十有三"。⑤ ⑫"吴炳阳,字仲华,清贡生,蕉源人。父客维扬,年十五往习典业,五日一省视,居停奇

---

① 民国重修《婺源县志》卷四十一《人物十一·义行七·汪启逊》。
② 民国重修《婺源县志》卷四十二《人物十一·义行八·詹光溥》。
③ 民国重修《婺源县志》卷四十六《人物十二·质行七·齐学模》。
④ 民国重修《婺源县志》卷四十七《人物十二·质行八·李全义》。
⑤ 民国重修《婺源县志》卷四十一《人物十一·义行七·程兆枢》。

之,迨侍父还家,与兄改习业茶,渐获巨赀。凡有善举,乐输不倦沓,如文昌阁、沙岭观音阁、天竺庵,皆阳领袖。生平重气谊,怜孤寡、息纷争,足为乡邻矜式,邑绅李侍郎额以'积善余庆'。殁年八十有一,子孙多列胶庠"。①

⑬"余国炳,字明辉,贡生,沱川人。年幼采樵午归,父母与食必与兄共。成童后,往粤习墨业,居停倚重,家渐裕。宿债尽偿。闻母病,星夜遄归"。②

当时人比较认可的外出经商年龄,可能就是"弱冠"。古代男子二十岁行冠礼,故"弱冠"一词被用以指男子二十岁左右的年龄。请看一条商人传记:"汪巨班,字成瑞,段莘人,理问衔。孝友性成。甫及成童,念父客屯溪,往视定省。比弱冠,自任牵车服贾,所获俸金,悉奉双亲。后饶裕,造广厦、置田产,与弟平分。咸丰年间,发贼寇婺,班即绸缪未雨,往秋口买米二百余石,并罄家所有,以济族人。村边大河为阆山、晓庄诸村通衢,木桥每被霉水冲圮,班造渡济众,行旅德之。又输巨赀重葺金花墩以杜水患。他如祭乏嗣、修水口、施棺椟,所费不下二千余金。"③汪巨班"甫及成童",不时往屯溪看望其父亲,这个时候尚未营商,而只是到了"比弱冠"之时,方"自任牵车服贾",看起来这样的现象较为普遍。

很多婺源人迫于生计,或者遭遇家庭不幸的变故,或者为了继承祖业,婺源人涉足商业的平均年龄可能不会超过"弱冠",或者在"弱冠"左右。婺源人少年习贾,当是一个普遍的情况。步入商界往往要从学徒做起,借此熟悉商业规矩,学习从商技能。④ 学徒期间,要受到种种严格约束,若有作风不正、行为不端、懒惰粗心等毛病或者违背店规的事情发生,轻则挨打受骂,重则被

---

① 民国重修《婺源县志》卷四十二《人物十一·义行八·吴炳阳》。
② 民国重修《婺源县志》卷三十三《人物七·孝友七·余国炳》。
③ 民国重修《婺源县志》卷四十《人物十一·义行六·汪巨班》。
④ 关于徽州学徒的生活情形,王振忠利用徽州文书进行过详细探讨,如对民间文书《便蒙习论》相关介绍和研究。王振忠:《徽州社会文化史探微》,上海:上海社会科学院出版社,2002年,第312~322页。

逐出店门,遣还乡里。① 学徒一旦被遣送还乡,便被讥为"茴香萝卜枣",而为乡里所不齿,其前途大受影响。学徒出师后,或被留在本店当伙计,或在亲友推荐下另投别店,逐渐挤进商人的行列。② 笔者推测,这批在外经商的婺源人以少年、青年为主。

第二,性别结构。除男性外,徽州妇女也是重要的考察对象。总体来说,传统社会中妇女的活动空间很小,她们一般不直接参与商业,只是起辅助作用。其中最重要的表现是为丈夫提供商业经营的原始资本,这种情况在县志中比比皆是,比如"沱川女,归诗春贡生德橹,端重谨朴,家贫,劝夫服贾,脱簪珥佐夫营木业。事舅姑和妯娌,人无闲言。性慈善,凡橹修桥造路、建亭施茶,十余年工匠盈门,氏不惮中馈之劳而赞成子。子三,次应迎,邑庠生;三应道,按察司经历。"③除了为徽商提供原始资本之外,唐力行认为徽商事业的成功离不开妇女的支持,妇女的作用还包括:一是"姻戚互助,组成商业网络";二是"攀援封建政治势力";三是"主持家政,使商人无内顾忧";四是"直接参与商业经营"④。

不过,就婺源一邑而言,直接参与商业经营的妇女并不多见。直接参与商业经营环节的妇女即使偶尔有之,也只是参与商业经营的前期准备(比如手工业生产)或者维持管理店铺,直接卷入流动性的商业懋迁则甚少。直接卷入商业经营的妇女,大体可以分为两种类型:(1)亲自参与制茶、制墨等生产环节。如①上文关于茶业的论述中,有不少妇女也直接参与了茶叶的采摘和炒制等环节。②比如凤山墨商查仁堃妻俞氏:"龙腾景高女,名宽爱,封恭人,廿四岁夫故,抚前室子如己出,维持先人墨业,极费苦心。于慈善公益事,

---

① 王振忠收藏的徽商尺牍中,有些便是学徒家长与店主的来往信函。有的甚至因学徒无法承受而轻生自尽而导致诉讼。
② 王廷元:《徽商从业人员的组合方式》,载《江海学刊》,2002年第1期。
③ 民国重修《婺源县志》卷六十三《人物十七·贤淑·施德橹妻余氏》。
④ 唐力行:《商人与中国近世社会》,北京:商务印书馆,2017年,第141~148页。

尤慷慨输助,殁年五十六。"①(2)在徽州各地市镇维持店业的,比如:①"詹逢耿继妻林氏,年二十适庐坑国学生耿,耿侨居景镇业磁,内事赖氏经纪,旋为舅老多病归里奉养,得舅欢心。舅殁,哀毁骨立。嗣夫殁于景镇,扶榇归,葬祭毕,携子往镇复旧业,房屋突被二府占据,氏理论追回,时子珏、璇均幼,氏勤俭苦积,延师课读,应试屡列前茅,嗣因停试,仍在镇经商,寿六十九,子孙林立。"②②在婺源维持店业的,比如在江湾经营的江氏:"游培余妻江氏,江湾女,年廿八夫殁,越七月,遗腹生子,家贫灌园,抚育成立,营业江湾,年三十又病故,所营商业由氏支持,渐至小康,现年七十九。"③

但是,在地方志的人物传记部分,妇女只是被安排在"烈女、节孝、贞女、淑媛"等名目下,而且大多没有留下真名实姓,只是以"××妻×氏"被记录下来,且形象凄苦,不是自杀殉节,便是丈夫亡后,矢志守贞。据资料判断,她们大多作为"留守妇女"留在婺源家乡,也有一部分作为商人的家属移民到经商地。所以总体而言,商业移民中女性所占比例不大,相对于男性商业移民来说,处于附属地位。民国时期,随着妇女解放运动的兴起,有不少女性接收了新式教育,有些甚至到远方学习,或者参与各种社会活动(详见民国重修《婺源县志》卷六十三《贤淑》所收录的数十位女性传记)。因此,此时的人口构成与清代相比已经有了一定的变化。

第三,教育背景和知识结构。从收入《婺源县志》和族谱等地方文献中的婺源商人传记资料来看,所记录的商人大多受过私塾教育。有的因家贫"辍学习贾""弃儒而贾",有的"儒贾兼治",也有的由于种种原因而"弃贾归儒"。④ 其中不乏从贾多年也于百忙之中习儒不辍者:"婺自朱子后,政界学界,代有伟人,乡人荣之。生子皆欲读书,必不堪造就者,始遣之从事商途,若

---

① 民国重修《婺源县志》卷六十一《人物十七·列女四·节孝十一·查仁堃妻俞氏》。
② 民国重修《婺源县志》卷六十三《人物十七·列女八·贤淑·詹逢耿继妻林氏》。
③ 民国重修《婺源县志》卷六十一《人物十七·列女四·节孝十一·游培余妻江氏》。
④ 例如有的是经商致富后弃贾归儒,有的则是因对经商缺乏天份和兴趣而放弃。

农若工,则更厌弃鄙夷,惟寄迹市廛,挂名庠序者比比焉。"①"挂名庠序"一词道破婺源商贾中人的教育状况。

而且,这种评价并非虚誉。婺源商人群体里面有不少人直接参与文学艺术活动,在文学、艺术甚至经学等专业研究领域取得较高的造诣,甚至有不少著作传世。

(1)清代婺源大儒汪绂(1692—1759),少时也曾经佣工景镇,画碗为生,最后终成一代经学大师。"汪绂,一名烜,字灿人,号双池,尚书应蛟元孙。父士,极贫,负才不羁,贫而善游。绂少不能从师,母江氏博通经史,授以四书诸经,数年皆成诵。往景德镇佣瓷画,以居丧不御酒肉,群佣交笑侮之。寻入闽,陈总兵延课子弟,执礼甚恭"。② 虽然,画碗不能算是严格意义上的商人,而只能是手工业艺人。不过,身处婺源的商人,因为沐浴着紫阳遗泽,大多数能够在经商之余,雅好儒业或文学,这是十分普遍的现象。

(2)婺源北乡诗春的木商兼诗人施德棻(1746—1800)。根据胡永焕为施德棻所撰《墓志铭》,施德棻是旅居江宁上新河的木商施道合之子,与同乡木商、胡永焕之父胡开熙为忘年交:"君讳德棻,字兰皋,一字北山,父封君为吾父执扶周先生。先是,吾乡多世业木,岁采木黔中,循江而下江宁城西曰上新河者,图经所载古白鹭洲地也。龙江关权于此,众木汇焉。吾乡人之去来者,亦侨居于此,遂以成市。君少即从封君驻上新河,先君亦采木驻上河。君虽少艺书计外服劳习苦,得封君心。先君一见奇之,誉君口不置后,与君为忘年友,故先君于君家交在纪群之间云。封君中年倦游,委君,君往来黔楚,生计日饶。君为人和厚精详,居心以忱,办事以敏,守江宁者举君总商务会。是年,关税不及额定例,比校关税,有赢无黜,绌责权关使者偿如额,于是使者疑关吏侵渔,将兴狱,雅重君,君至,为言商少,实不如额,使者取君结状,据入告,事旋解。自是,诸关吏感君甚。向所为与诸商事宜有扞格者,君左提右

---

① 《陶甓公牍·婺源民情之习惯·从成绩上观察民情·职业趋重之点》。
② 民国重修《婺源县志》卷二十一《人物二·儒林·汪绂》。

挈,委曲办公,和衷一气,五省三邦之侨居者数百户,事有胶葛无大小,得君至立解。且起履常满户外,君亦乐从事,或漏数下未归,而君亦不能支矣。暇辄为诗,工剑南律体,《随园诗话》多采入,称为'施诗人'。著有《北山诗集》四卷,藏于家。"①嘉庆二十年(1815),施德棨长子施应谦请婺源同乡董桂敷删定后,将《北山诗稿》刊刻成书。诗集刊刻时,仅保留一卷,共收录了八十八个诗题、一百○七首各种题材的诗歌作品。仔细分析这些作品,可以发现有几个特点:一是诗歌作品类型的多样性。施德棨《北山诗歌》收录的诗歌作品类型,包括感怀诗、赠答诗、题画诗、写景诗、纪游诗、挽诗等几大类。从体裁来分,以五言律诗和七言律诗为主,"特长于近体"②。二是从诗歌的内容完全看不出来作者的商人身份。假设把诗稿的卷首序言和墓志铭等内容都拿掉,只保留诗歌作品,读者很难发现这部诗集的作者是长期旅居上新河的婺源木商。这是因为,施德棨的诗歌作品完全是按照清中叶诗人的行文习惯来进行创作,在文学创作过程中,已经把诗歌创作与自身商业经营行为作了思想上的分割。实际上,施德棨少年时期曾有志于儒学,其文学功底深厚,只不过为生计所迫才改为从事木业经营。正如胡开熙为《北山诗稿》作序所言:"吾亲翁兰皋先生,少事铅椠,以丁蕃父老,甫冠则远游黔楚,躬亲末业,持筹握算,人固以文渊士安钦仰矣。讵知长才货殖,只为文豹一斑,而雅怀夙抱,犹有流露于笔墨间者。每当名胜佳辰,辄形篇什,鼓吹风雅,啸咏江山,洵可叶于骚坛,更含和于忠爱,此真不悖于三百篇之旨者。"③三是诗歌的唱和对象以婺源籍同乡为主。虽然《北山诗稿》里也有四首作品涉及当时的诗坛领袖袁枚,但更多的诗歌作品基本都是与婺源同乡相互唱和。笔者把这八十八个诗题所涉及的诗友名字作了统计,结果发现,施德棨所唱和较多的诗友,包括王麟生(五首)、胡永焕(四首)、王廷言(四首)、胡小山(三首)、王凤生(二首)、施璋

---

① (清)胡永焕:《施兰皋墓表》,见施德棨著《北山诗稿》卷首。
② (清)胡永焕:《跋北山诗草》,见施德棨著《北山诗稿》卷末。
③ (清)胡开熙:《北山诗稿序》,见施德棨著《北山诗稿》卷首。

(二首)、程竹溪(二首)，这几位诗友全部是婺源籍同乡；其他诗题涉及的人名，包括俞汉翔、俞丹书、齐彦槐等十余人，每名诗友均只有一首唱和之作，但这些诗友也基本都是婺源籍同乡。为施德栾《北山诗稿》作序的共有五人，分别是胡开熙、董桂敷、陈其松、李承端、王凤生，除陈其松为鄱阳人之外，其他四人都是婺源籍同乡，而且胡开熙跟施德栾一样，也是同样旅居上新河的婺源木商、婺源北乡清华人。由此可见，明清以来徽州区域社会"贾而好儒"的区域总体特征对婺源商人群体有着深刻影响，加上施德栾个人的人文气质和文学基础，让他在经商之余，能够将旅途奔波之苦、思乡之情等各种人生感悟和目寓的山水胜景，通过笔端进行诗歌创作，同时也借由诗歌创作这个媒介，拓宽自己在侨寓地的交游交际圈。

(3)婺源城东董氏一族是非常典型的儒商世家。其中商人参与文学创作，并且留下文学作品的人员，举例如下：①"董邦超，字亦吾，城东人，理问衔。少读书，工诗词。后就木业，尝在南康见一舟坏，舟中人抱桅号泣，超购渡拯之，乃南赣兵备道邓公子也，翼日府官迎去，将厚酬不受。又在河北口舟中救一米商，米商言有金在坏舟内，为觅善泅者，取而还之。后在六合拯乡试六人，赠金雇船，送至金陵。卒年八十有三，著有《补笙堂诗》《露花词》。子桂山，青阳训导，覃恩敕封修职郎"。① ②邦超堂弟邦直："董邦直，号古鱼，国学生，城东人。昆季五，俱业儒，食指日繁，奉父命就商，奔走之余，仍理旧业，出必携书盈箧，经纪三十余年，无私蓄，无矜容。客姑熟，闻母讣，奔归哭踊不欲生。终身言之，泪涔涔下。自此，事继母若所生。友兄弟益怡怡如孺子。善交游，大江南北名宿时相往还，稍暇，手一编不撤，喜歌诗兼工词，著有《停舸诗集》四卷，《小频伽词集》三卷。唐邑侯额以'才优学赡'，雨芃徐御史赠以'艺苑清芬'。子桂林，拔贡生；桂台，庠生。"②又比如："程徽五，军功五品衔，溪头人。随父贾于维扬，性豪迈，所交多当时伟人。留心经世之书，兵防河务

---

① 民国重修《婺源县志》卷四十《人物十一·义行六·董邦超》。
② 民国重修《婺源县志》卷三十《人物七·孝友四·董邦直》。

尤为切究。尝谒黎勤襄、林文忠及黄军门魁榜襄办时务。晚徜徉山水，兼善堪舆。所著《靖氛要略》《河车图说》，板存仙女镇。"①

可见，婺商无论家境贫富，都能够保留有浓厚的"贾而好儒"的徽商特色。关于徽商的贾而好儒，徽学界已多有论述。进入民国时期，在《婺源县志》和族谱等地方文献资料中，我们发现了一些新的迹象：商人的子孙不仅受到了新式教育，而且在外经商的商人大多还接受新学。到晚清时期，婺源人受教育的程度，大体情况如下："婺邑女界多不识字，男界则喜读书，畴习科学未停，应童子试者千余人。据光绪三十四年劝学所报告，公私学堂共五十八处，男女学生只一千四百零八名，然如城西明伦小学校生徒廿余人，而报告称五十五人，则人数容有未实，各处私塾未列报告者尚多，以昔日受学者之数相比例，殊觉衰耗，已甚风气未开，欤抑办法未善也。姑就识字人数约计之，男界百分之七，女界百分之一。"②从《陶甓公牍》这段话"殊觉衰耗"一词可推测当时人认为清代婺源的教育状况应该比晚清还要好一些，晚清时候有些倒退。

纵观收入《婺源县志》和族谱等地方文献资料的人物传记资料，可以发现，婺源商人在经商前无论家境多贫富，到后来大都有了科举功名。不过，这种科举功各并非通过科举考试获得，而主要是由捐纳所获得。《婺源县志》的人物传记部分没有载明有功名者，未必都是没功名的，因为通过《婺源县志》的《选举·封赠》《人物·忠节传》等记载，往往发现有很多《人物·义行传》《人物·孝友传》《人物·质行传》这三部分内容里面没有记载者，在《选举·封赠》这一部分里面，却连篇累牍地记载其功名。由此可以断定，婺源商人获有功名的比例在所有商人中所占的比例相当高；没有功名的商人，子孙辈也多会为其争取封赠或追赠功名。这些商人的功名既有通过科举取得，亦有捐纳而得，这两部分主要是其子孙考取科举功名而封赠一门、或因子孙致富发家而荣耀一门，还有类似《人物·忠节传》所记载的甚多因军功而受赏的。不

---

① 民国重修《婺源县志》卷四十七《人物十二·质行八·程徽五》。
② 《陶甓公牍·婺源民情之习惯·从教育上观察民情·受学者百分之比例》。

过,主要成分还是以经商为主,其子孙也大多具有功名,可见经商为他们向上流动提供了契机,商业移民中已有相当一部分是绅商,绅商有一体化的趋势。

至于商业移民的职业状况,因前文已经论述了其经营行业,兹从略。祝碧衡在兰溪市、金华县、龙游县、衢县、常山县、建德市、淳安县等地的档案馆翻阅了大量关涉徽州人的档案资料,并整理出了各地民国三十四年(1945)至三十六年(1947)的主要行业的同业公会会员名册和徽州人的同乡会委员名册,表中列有会员的姓名、年龄、公司行号、教育程度、职务等项,从中可见金衢严地区徽商的人口结构。其中关于教育程度一项,多用"私塾、高小、中学、专科、初中、旧制中学"等词语;关于职务一项则有"店主、店员、职员、股东、经理"等不同称谓。① 由此可见,在徽商移民的职业状况、教育程度等上,应该说具有徽州区域特色,这个特色就是教育(科举)与商业两大人文特征,同时并举,在这两大人文特征方面,普遍优于当时全国其他区域,至少是走在前列的。

婺源商人不乏白手起家而积资巨万、富甲一方的成功者,比如晚清以来的延村金氏茶商等,均获得了巨大的成功。当然,商海有浮便有沉,终身碌碌无为,甚而贫窭羁旅,无所返乡者也大有人在。在民国年间有人便感慨失业人数多,生意难做:"通都巨镇成业寥寥。商而佣者十居八九,小失意而罢归,归又旋出。"② 可见婺源商人中为数众多的还是小商小贩。

婺源商人不仅仅有着经济上的分化和贫富差距,而且在职业上、社会地位上的分化也比较明显。中国的社会阶层"1840 年以前是不分化时期,长达两千年的时间内社会的主要阶层始终是士、农、工、商。1840－1949 年是中国社会的剧烈分化时期,新出现了买办阶级、官僚资本家阶层、民族资本家阶层、专业技术人员阶层、产业工人阶层和商业服务人员阶层"。③ 从各种文献

---

① 参见祝碧衡硕士论文《明清以来浙东金衢严的徽州人群及其社会影响》附录部分。
② 《新安思安堂征信录·序》,民国九年第一刻。
③ 石秀印:《晚清以来中国社会的阶层分化、合化及其社会后果》,载《江苏社会科学》,2002 年第 4 期。

资料的情况看,婺源商人也基本上含括了这几个新兴社会阶层。

买办是最早同西方人进行直接而广泛接触的中国人,他们的知识结构也不于同传统商人:"东西两种文明的融合,在地域上首先发生在通商口岸,在阶层上首先体现在中西经济的纽带人物——买办身上。"① 之所以买办会首先出现知识结构的转变,乃是由于"从事不同的职业须要不同的知识结构,而不同的知识结构在一定意义上可以说决定了人与人之间的差异,包括能力、社会地位和作用的差异。近代商人作为一个复杂的职业群体,在其不断发展成熟的过程中,其知识结构也相应地经过了不断丰富和完善的过程,这一过程即是商人的受教育过程"。② 因为买办出于业务需要,所以他们都热心于外语学习。近代商人学习外语,在近代是非常便利的事情,一方面可以通过专门的教育培训机构,比如教会学校和各种外语培训班,接受英语训练;据统计,19世纪70年代仅上海一地至少就有24所教授英语的学堂③。除了专业洋学堂的培训外,可能还有些出身寒微的买办主要是通过平时积累获得英语水平的,因为在长期的商业实践中、在同外国人打交道的接触中,都使得买办们的英语水平大大提高,并且掌握一定程度的国际经济贸易知识,甚至了解国际商事习惯,掌握一定程度的资本主义经营之道。这批人,已经同传统商人有所不同,如曾经在远东经商的美国商人在1878年的《买办人物》一文中指出:"外国人同中国人这种交往的结果并不是完全有利于外国人的。中国人(买办)学会了外国人无形中教给他们的生意经,并且学得很好。现已证明,他是一个比他的导师更加强大的对手。在所有的中国口岸,都有华人的钱庄、华人的保险行、华人贸易团体、华人轮船公司以及其他企业。"④

---

① [美]郝延平著,李荣昌等译:《十九世纪的中国买办:东西间桥梁》,上海:上海社会科学院出版社,1988年,第246页。

② 阎广芬:《经商与办学:近代商人教育研究》,石家庄:河北教育出版社,2001年,第106页。

③ 张仲礼:《近代上海城市研究》,上海:上海人民出版社,1991年,第949页。

④ [美]郝延平著,李荣昌等译:《十九世纪的中国买办:东西间桥梁》,上海:上海社会科学院出版社,1988年,第145页。

利用从外国商业对手那里学到的知识运用于商业经营管理的实践,充分显示了买办作为一种新式商人所具有的知识优势,也正是这种与传统商人不同的知识结构优势奠定了他们在近代化过程中的地位,因此他们能够在当时传统习惯依然非常强大的社会背景下,顺应时势,积极地投身近代商业实践,从而在地方志或族谱等文献资料的人物传记中,明显与其他人不同,都标明一条"懂英语",这从编纂于1924年的民国《婺源县志》对延村金氏等习英语的婺源商人的描述上可以得到证明。

延村金氏一族,有诸多人显系买办阶层。比如:(1)"金维城,字羽仪,延川人,监生 清光禄寺署正晋中议大夫。九龄失怙,哀毁如成人,善事继母、继祖母,友爱异母弟。初业茶义宁,蜚英商界。嗣游幕闽南,外舅倚为腹心。晚经商屯溪,任茶栈职三十余年,群推忠厚长者"。① (2)①"金銮,字绍棠,延川人,太学生,花翎通奉大夫。佐父经商沪汉间,以茶叶起家,习英语,为洋商所信服,遂为茶业领袖。父年高退养,事事副父意,无少违拂。弟二,或商或读,独任仔肩。季弟早逝,遗孤三,珍惜逾己出。从昆弟十一人,均贴给千余金。县志、义冢、众祠、支祠、祭祀、学校、桥梁、道路,及报效公家,盈千累万,难以枚举。他如梦券不责偿、排解多赔累。学使毓给额'一乡善士',知县魏赠额'孝友传家'"。② ②金銮之弟"金国振,字绍卿,延川人,绍叔世荣后。清通奉大夫。幼从父兄行商海上,遂家焉。佐兄经营茶栈,习英语,为茶商通事。重气谊,人咸听指挥。各省灾荒,无不乐为捐助。家庙未兴,与兄銮各捐二千金为倡,其好义如此"。③ (3)①"金大震,字润文,延川人,赠通奉大夫。由儒改商,往来浔沪间,积赀稍裕,便思济众。五旬后居家,凡修路造桥、赈灾救荒,无不乐输。子廷芳、钰等,旅申,习英语,为通事,遇各省灾荒,无不捐助。宗祠被毁,首捐五百金,钰尤见义勇为,急人之急,亲旧告贷,无不应该。邑侯魏

---

① 民国重修《婺源县志》卷四十八《人物十二·质行九·金维城》。
② 民国重修《婺源县志》卷四十八《人物十二·质行九·金銮》。
③ 民国重修《婺源县志》卷四十八《人物十二·质行九·金国振》。

赠额'疏财仗义'"。① ②金大震之子"金廷芳(1868—?)字焕堂,延川人,太学生,江苏候补知州。兄弟六人,芳居次,友爱无间。兄殁,寄赀抚育其孤嫠,历久勿懈。自少经商沪汉间,习英语为通事。宗祠被毁,首输银币七百元,为一族倡。各省水旱荒灾,靡不乐捐巨金。同乡陷外者,津贴旅费"。② 据档案资料《上海商务总会备选戊申年(1908)议董台衔录》这一名单记载,金焕堂(印"廷芳"),籍贯安徽婺源,年岁41,执业徽帮茶号,店号"天保祥茶栈"。而当年同被选为议董的茶业界代表,除金廷芳之外,仅有另两人,即金禄甫(印"昌运"),浙江嵊县人、53岁,平水帮茶栈业;梁钰堂(印"荣翰"),广东高要人,55岁,徽帮茶楼业,店号"永泰源"。③ 而该份名单中,收录的总人数为69人,来自当时经营上海的各行各业,其中不乏当时最著名的大商人,如虞洽卿、黄楚九、朱葆三、李云书、祝兰舫、夏粹方、谢纶辉、袁联清等人,而且主要是江浙商人,该名单中的安徽人仅有四名,分别来自天保祥徽帮茶号业的金焕堂、南帮汇业的怀宁人丁价侯、裕源纺织公司的安徽泾县人朱砚涛、阜丰面粉公司的安徽寿县人孙荫庭。由此可知,金廷芳在当时上海的茶业界有着很重要的地位和影响。(4)"金世祥,号积庵,延川人,两次署唐县、苍台县丞。值发捻窜扰,祥与绅民奉檄团练御,寇退,该处莠民山东东山土匪势复鸱张,祥亲督团勇剿平,地方安堵。事竣,保五品蓝翎。后代理氾水县,清积案数十,民怀吏畏"。④ ①金世祥从兄"金大坤,号容斋,延川人,清中议大夫。业木金陵,为众推重,后改业茶,以诚信著,发捻迭起,佐从弟世祥帮办河南唐县团练,奖蓝翎。嗣主管如皋石庄质库,襄办义仓,输助善后。邑侯刘赠额'乐善不倦'。卒年八十四"。⑤ ②金世祥长子"金瀚,号仰椿,延川人,太学生。侍父河南唐

---

① 民国重修《婺源县志》卷四十二《人物十一·义行八·金大震》。
② 民国重修《婺源县志》卷四十八《人物十二·质行九·金廷芳》。
③ 档案资料《有关各地商会组织人选及更调人事改选等卷》(三),苏州档案馆藏。转引自上海市工商业联合会、复旦大学历史系编:《上海总商会组织史资料汇编》,上海:上海古籍出版社,2004年,第98页。
④ 民国重修《婺源县志》卷二十四《人物五·宦绩·金世祥》。
⑤ 民国重修《婺源县志》卷四十八《人物十二·质行九·金大坤》。

县帮办团堵,奖五品蓝翎,父清风解组,始就商供菽水,信义服人,营谋渐裕。少年练达,领袖茶商。父殁,哀毁逾礼,事继母、抚异母二幼弟,孝友克敦,人皆称之"。① ③金世祥次子"金树焜,字汝勤,延川人,宦绩世祥子,蓝翎五品衔。少习儒,试不售,随兄经商浔沪间,习英语,为茶业通事,忠于谋人,群商倚如腹心。性真实,善事亲友兄弟,重然诺。居乡退让明礼,称忠厚长者"。②根据档案资料《上海总商会第一届同人录》所收入的《民国元年上海总商会同人录》名单,当年总商会合帮会员名录(总计各行各业有102人)中,上海茶业界总共有三名代表加入总商会,分别为:"合帮入会会员姓名张云书(祥),籍贯浙江余姚,年岁47岁,董事上海茶业会馆代表,执业和茂茶栈;陈翊周(兆焘),籍贯广东番禺,48岁,上海茶业会馆代表,谦顺安茶栈;金介堂(廷蔚),籍贯安徽婺源,38岁,上海茶业会馆代表,执业新泰隆茶栈③"。又根据档案资料《1916年上海总商会同人录》名单所示,当年加入总商会的合帮会员名录中,茶业界总共有5名会员,其中包括金介堂、陈翊周,胡哲明(思邃),安徽黟县人,47岁,茶业会馆,万和隆;谢蓉斋(祖荫),浙江绍兴人,46岁,茶业会馆,谦益,俞出槎(熙沐),江苏上海人,57岁,茶业会馆,森盛恒;金介堂依然名列会员榜④。由此可见,晚清至民国初年,延村金氏一族,作为茶业界的一支重要力量,在上海茶业界具有重要的影响力。

除了延村金氏一族之外,见于《婺源县志》记载的懂英语的婺源商人,还有:(1)"朱球,字绮琴,罗田人,候补县丞。四龄失怙,孀母汪鞠养成立。比长,业木于姑苏之常熟。遇捐修至圣庙,慨然输材木值千余金,蒙宪会奏给议叙。后设茶行于上海,凡思恭、敦梓二堂有公务,均输金襄助。既而以军功摄

---

① 民国重修《婺源县志》卷四十八《人物十二·质行九·金瀚》。
② 民国重修《婺源县志》卷四十八《人物十二·质行九·金树焜》。
③ 上海总商会《上海总商会第一届同人录》,1912年7月,上海市工商业联合会档案史料室藏。转引自上海市工商业联合会、复旦大学历史系编:《上海总商会组织史资料汇编》,上海:上海古籍出版社,2004年,第149页。
④ 上海总商会:《上海总商会同人录》,1918年6月,转引同上,第172页。

篆县丞,时克服苏州,英兵杂处,民散未归,知府王素知球习英语,调补昆山抚辑,球至,则设米肆,购药材,食用俱足,民乃旋归。刘中丞以'朴实勤能'四字飞檄称奖,惜莅半载染疫而终"。① (2)"胡国麟,字文辉,清华人,二品封职。幼聪善读,因咸丰间发匪扰婺,父办团练保桑梓,麟年十六任家政,遂废儒业。二兄避乱迁徙,麟以亲老不忍离,事父母及祖母均克尽孝道,并为祖母请旌建坊。二兄殁,麟以祖遗产业让诸侄,为侄男女教养婚教。后以业茶起家,而早□夜思,布衣蔬食,不改常度,岁时祭祀必躬必亲。建祠修谱,桥路赈恤及华川小校,均输赀赞助。又公举商会特别会董。寿八十三,黄殿撰思永赠额'厚德好义',张殿撰謇赠额'孝友传家'。子玉如、其慎,均高等商校毕业,玉任本邑劝学所长,慎任商校教员"。② ①胡国麟三子"胡彦蓁,字赞西,清华人。上海英文专修科毕业,国麟第三子。少绍伯父声灿为嗣,事伯母孝,伯仅遗一女,遗衣物尽让与之。好施与,在校时遇有力学而艰于赀者,推解无德色。后任事德和洋行,同事汪某殁,家贫母老,蓁谋集赀助,首捐五十金,其他慈善事,不一而足"。③ ②胡国麟次子"胡其慎,字德良,清华人,性孝谨,幼聪颖,读书过目成诵,稍长,作文援笔立就,年十四试列前茅,明年停科举,慎有远志,留学江沪梅溪学校,考最优等,毕业奖廪生。嗜诗词,工书画、中西文字、算术,靡不贯通。弱冠有志实业,由江苏省教育会保送江南商业学校,时张修撰謇监督选入高等专科履修三年,校长黄殿撰思永考优等,毕业奖商科学士。归与父老创办华川小学,任科学教授,纯尽义务,旋任新安商业学校主任教员,为省视学,嘉许居常温恭谦抑。配江氏,进士峰青女,亦工诗文,时相唱和数月赋悼亡抑郁伤怀,以亲老辞商校讲席,就本县模范学校,年三十四殁。著有《小石凤因生诗文集合》《银行簿记》《商业通论》《算理精蕴》。知事孙赠额'学无不窥'"。④ 清华胡氏父子,已经从传统商人转向近代商人,从其习英

---

① 民国重修《婺源县志》卷四十一《人物十一·义行七·朱球》。
② 民国重修《婺源县志》卷三十三《人物七·孝友七·胡国麟》。
③ 民国重修《婺源县志》卷四十八《人物十二·质行九·胡彦蓁》。
④ 民国重修《婺源县志》卷三十六《人物九·黉彦·胡其慎》。

语、接受新式商业知识训练、创办新式小学校等社会活动看来,说明婺源商人随着时代的发展而不断调整着自己的社会角色,走向近代。

总之,买办"作为资产阶级的一部分,其出现早于民族资产阶级和官僚资产阶级。自从中国和西方接触以来,买办的活动遍及社会生活的各个领域,特别是在早期经济现代化过程中,买办最先投资新式企业,改造了传统的工商行会,使广大农村融入资本主义市场体系,促进社会阶层的分化,从沿海城市到穷乡僻壤,对中国社会的变迁产生了深远影响"。① 因此可见,至少晚清以来,婺源商人在人口结构的职业状况特点上,已经具有近代社会转型的特征。同时,值得注意的是,由于在上海等通商口岸出现的婺源买办,对其故里婺源区域社会也产生了较大的影响。比如,上述延村金氏茶商家族在上海的成功,对故里延村的面貌产生了巨大的影响,迄今依然保存完好,成为婺源最著名的旅游景点之一的延村民居建筑群,最大的房屋建筑面积竟达上千平方千米,昭示了金氏一族在茶业界的成功。在延村小巷中实地行走,即便雨天也不必担心沾湿鞋底,因为延村金氏建筑,均为比屋构建,具有极强的宗族凝聚力,这同延村茶商的成功不无关系。又比如,实地考察北乡二十三都豸下村(今龙山乡豸峰村),见有一幢建于民国初年的西式建筑"涵庐",至今完好地屹立在桃溪岸边。临溪一面,是传统徽派建筑的山墙。传统徽派建筑的山墙极少开窗,但由于"涵庐"入口在临溪的一面,因此"在立面处理上,虽然保持了马头墙的外轮廓,墙面上却大大小小凿开数十个门窗洞,这些门窗洞的形式各式各样,既有传统的徽式小窗,也有给人视觉冲击的拱券门窗。它们不但开口大,其上的拱券线脚和上海西式石库门建筑基本无二,这种样式在当时应是十分大胆和新奇的。原来豸峰的近代建筑,虽身处偏僻的山村,已受'西风'的影响,在建筑的外形和传统的徽派建筑呈现出'异化'的倾向"。② 在涵庐右侧临河入口的客馆山墙上,用英文字母 A—M 作为屋檐装饰,可能

---

① 金普森等:《买办与中国近代社会阶层的变迁》,载《浙江大学学报》,2002 年第 3 期。
② 龚恺:《中国古村落·豸峰村》,石家庄:河北教育出版社,2003 年,第 97 页。

因为工匠不懂得英文或者屋主疏忽,字母"D"被写反了;而屋顶也被拗弯成西洋式拱券,原来传统徽派建筑的坡顶被扭曲成徽派建筑与西洋建筑中西合璧的徽派"巴洛克"建筑。

晚清以来,中国商业界还有一个特点,就是新式商会的出现。一般能跻身侨寓地当地商会,成为地方名流者,多为有一定财力和势力的企业主或店主。据档案资料《1918年上海总商会同人录》,当年来自上海商界各行各业的合帮会员(总共123名)中主要是江浙商人,来自安徽的人数寥寥无几,其中仅有合帮会员胡芸轩(光熏),籍贯安徽婺源,年岁54岁,代表木商会馆,执业聚丰(木号);当年木商会馆仅有两名代表成为合帮会员,另一名是干兰坪(城),籍贯浙江鄞县,71岁,代表木商会馆①。

根据档案资料《1920年上海总商会同人录》,当年入会的各业分帮会员中名单(总计有来自上海商界各行各业的306名,同样的主要来源是江浙商人,安徽商人甚少)中,依然有两人为婺源人,分别为:①汪新斋(世铭),籍贯安徽婺源,35岁,执业同新祥、增新祥蛋厂申庄;②程锦章(文),籍贯安徽婺源,54岁,执业恒源永茶栈②。《1922年上海总商会同人录》名单(总计386名,依然以江浙商人为主,安徽商人寥寥无几,以下各年份的情况均同,不复赘),各业分帮会员中,汪新斋、程锦章依然名列其中,汪新斋情况同前;但程锦章的情况有所改变:程锦章(文),籍贯安徽婺源,56岁,执业祥记丝行经理。同时会员名单中,新增婺源商人一名,即俞静波,籍贯安徽婺源,29岁,执业天开祥制造厂③。《1924年上海总商会会员录》名单,合帮会员中,即有婺源人,即汪新斋(世铭),籍贯安徽婺源,39岁,代表中国蛋厂公会,执业同

---

① 上海总商会《上海总商会入会同人录》,1918年4月,上海市工商业联合会档案史料室藏。转引自上海市工商业联合会、复旦大学历史系编:《上海总商会组织史资料汇编》,上海:上海古籍出版社,2004年,第254页。

② 《民国九年庚申岁上海总商会同人录》,上海市工商业联合会档案史料室藏。转引同上,第299、303页。

③ 《民国十一年壬戌岁上海总商会同人录》,上海市工商业联合会档案史料室藏。转引同上,第363页、366页、369页。

新祥、增新祥申庄。在分帮会员中,有一些婺源人:①汪新斋(世铭),籍贯安徽婺源,39岁,执业同新祥、增新祥蛋厂申庄;②程锦章(文),籍贯安徽婺源,58岁,祥记丝行经理;③俞静波,籍贯安徽婺源,31岁,执业天开祥制造厂①。《1925年上海总商会会员录》名单,合帮会员中就有婺源人,即汪新斋(世铭),籍贯安徽婺源,41岁,代表中国蛋厂公会,执业同新祥申庄;同时,分帮会员中,上述程锦章、俞静波依然名列其中②。《1927年上海总商会会员录及各业会员名单》,在合帮会员名单中,上述汪新斋(世铭),籍贯安徽婺源,42岁,代表中国蛋厂公会,执业新昶号,依然名列其中。在分帮会员名单中,依然有三位婺源人名列其中,即①汪世斋(世铭),籍贯安徽婺源,42岁,执业同新祥蛋厂申庄;②俞静波,籍贯安徽婺源,34岁,代表天开祥制造厂;③程锦章(文),籍贯安徽婺源,61岁,祥记丝行经理③。《上海县商会会员名单》(1928年印),也发现一个婺源商人的名字,即杂粮北货业,姓名俞朗溪(思源),籍贯安徽婺源,58岁,代表俞永泰杂粮北货行,执业本行行主兼经理,住址新闸桥北长安路④。

整体而言,近代至新中国成立前在上海商帮中,徽帮已经处于衰落的地位,而宁波等帮占据了整个上海商界,因此徽帮处于陪衬的地位。不过,在茫茫商人名录中勾勒出来的少数优秀婺源商人,连同来自徽州其他县域的少数优秀商人依然在上海商界有着一定的影响力,在某些行业,包括传统的茶业和木业,也包括新兴的工厂制造业,发挥着徽商的作用。上述侨寓上海的婺商汪新斋、程锦章等企业主、店主等,大多当已经属于近代商人行列中的民族

---

① 《上海总商会会员录》,1924年5月印,上海市档案馆藏。转引同上,第389页、393页、395页、399页。

② 《上海总商会民国十五年会员录》,上海市档案馆藏。转引同上,第512页、515页、526页。

③ 上海总商会《上海总商会会员录》,1927年。转引同上,第559页、562页、564页、569页。

④ 《上海县商会会员录》(1928年印),上海市工商联合会档案史料室藏。转引同上,第853页。

资本家阶层。

同样地,徽商垄断了景德镇的金融业。清末民初,全镇大小100多家钱庄和钱店全为徽州人所开设。"1914年,中国银行在景德镇开展了业务。但那时钱庄的期索有三个月限期,收到期票,可得期限内利息,所以银行发行的钞票在市面上却敌不过钱庄开出的期票,银行业务准以开展。到了1933年,国民政府实行"废两改元,白银国有"政策,银行业务才逐渐开展起来。这时中国银行主任又改由黟县人舒鹤群担任。由中国银行、交通银行、中国农民银行、江西裕民银行、江西建设银行、江西源源长银行、安徽地方银行、中央合作金库和邮政储蓄金汇业局等联合成立'景德镇银行业同业公会',又推选舒鹤群为理事长,任职到1948年"。① 舒鹤群便是亦官亦商,属于官商阶层。而店员、职员则多为专业技术人员和产业工人。

总而言之,随着时代的演进,婺源商人连同其他徽州各邑商人一起,走向了衰落。他们的职业构成,已经发生了急剧的变化,从传统的几大行当中抽身出来,转而投身于更多的新式行当。同时,近代侨寓各地的婺源乃至徽州商人,也不断处于分化重组的过程,既有上升为买办、民族资本家等上层工商业者,也有依然保存着店主、商号经理等传统商人的角色。同样的,也有的同其他区域人群一道,成为近代产业工人,或者现代白领。这个变化的结构,同样也对徽商故乡的区域社会面貌产生了一定影响,比如上述延村、豸峰商人带动的村落社区变迁,即是明证。

二、流动倾向

所谓流动倾向即指这些在外经商者是倾向于"永久移民"还是"暂时移民"。"永久移民"指移居者对流入地有相当程度的认同感,并且整个家庭都搬过去,长期、永久定居,甚至入籍,殁葬于斯,不再返回家乡,或者返回家乡的次数很少,而至其子孙辈、曾孙辈以下,则更与故乡徽州产生更多了隔膜;

---

① 程振武:《景德镇徽商》,载《江淮文史》,1995年第3期。

暂时移民则指移居者仅仅把流入地看作获取经济资源的地方,对侨寓地缺乏认同感,在经商期间居住,年老后仍会叶落归根,归乡居住。

由县志与族谱中收录的人物传记资料来看,绝大多数商业移民自视为"异乡游子",将流入地称为"异乡""客地",自己是"客居他乡",可见还是倾向于"暂时移民"。实际上,清代以来的普遍情况是家庭中一两个或几个成员经营于异地,整个家庭仍留居家乡,经商者按时将钱物寄回家,以接济家用。如果经商者在流入地获得了成功,为了经营的方便,也为了减少往返家乡的流动迁徙成本,在其财力允许的前提下,也可能将家属接过来,或者在侨寓地组建新家庭,从而实现由个体移民转向家庭移民。有了家庭移民,就有可能实现"永久移民",在此情况下,虽然第一代对故乡还怀有感情,但第二代、三代及其以后,对故乡的感情就有可能变得淡漠,并且有可能把出生地作为故乡。笔者在对旅居上海的婺源木商俞仁耀家族研究中,发现其孙辈、曾孙辈都没有回过婺源,"对婺源也无感情可言";在语言上,俞仁耀出生于上海的几位儿子尚且通晓婺源话,而至其孙辈、曾孙辈,已经完全只会讲上海话。不过也未必尽然,有些婺源商人即使在侨寓地发家致富,甚至实现了家庭移民,但仍有相当一部分人还是要回流故里,当商业衰落之际、在侨寓地遭遇不幸事故、兵燹或其他时代变故时,尤其如此。比如:①民国年间"徽州会馆之设,各个镇市可说无处莫有。溯自民元以来,徽人大半解职归田,旅外者渐稀"。①②1924年上海徽帮墨工风潮暴发,"罢工的300多人,在6月23日起陆续携带铺盖,结帐[账]出店,因人物众多,无处存身,乃暂借徽宁馆住宿。但因徽宁会馆基事中有墨作店主多人,故会馆不容住宿……在沪又衣食无着,不得已,多数工人乃搭车赴杭,换船回婺源原籍。正当此时,苏州、杭州两地的墨工,也有因生活艰苦,又受上海墨工风潮影响,群起一致声援,愿意响应集体

---

① 《蕲春县徽州会馆之近状》,《徽侨月刊》第十六期,转引王振忠《徽州社会文化史探微》,上海:上海社会科学院出版社,2002年,第484页。

回徽州原籍者在沪约100余人"。① ③"俞焕圭,字焕垣,龙腾从九衔。性质直,与弟铨服贾金陵,兵燹后归里,遇创祠立祀修谱妥先办团周急,以及修造桥路诸善举均输金不吝。子三,利彬,湖北候选巡检"。② "俞品,字育之,龙腾监生。经商吴楚,兼擅歧黄,以药施贫,不受馈谢。黔阳范明府额以'着手成春'。兵燹归里,家中落,每岁犹费数十金制药济人。殁后,人咸思之"。③

实际上,由于徽州人多是"少小离家老大回",因此大多时候他们居住在异乡的时间比居住在故乡的时间还长,正所谓"一世夫妻三年半","健妇持家身作客,黑头直到白头回。儿孙长大不相识,反问老翁何处来"。④ 比如"汪楷,字翼舒,严田人,国学生。少客外经商,晚年归里,见乡人多自相冰炭,挺身排解,争端渐息,村风为之进化。地方桥梁道路,靡不捐资服务。殁年八十四,吊客盈门,多为出涕"。⑤ "余其洵,号燮堂,沱川人。佣于狮江,辛资悉以奉亲,毫不浪费,居停重之,任事三十余年,事无巨细,悉决于洵,尤精于外科,五旬归里,医药广济。浙藩宪奖额'鹤寿天增'"。⑥ 县志和族谱资料里面,"及老归里""贸易归里""少客外,老归里"等字眼出现的频率较高,可谓比比皆是。这充分说明很多徽商在外经营打拼,大多数晚年还是回归故里。但即便是这样,商人心中的"异乡"和"家乡"还是那样的泾渭分明,"他乡富贵有何为","因为我们徽人侨居于外的人数很多很多,抛家背井,精神上的痛苦,自然一言难尽,并且孤立无援"。⑦ 这些言辞便是其写照。徽商在外的生活经

---

① 刘石吉:《一九二四年上海徽帮墨匠罢工风潮——近代中国城市手艺工人集体行动之分析》。

② 民国重修《婺源县志》卷四十七《人物十二·质行八·俞焕圭》。

③ 民国重修《婺源县志》卷四十六《人物十二·质行七·俞品》。

④ 王元瑞:《黟县竹枝词》,欧阳发、洪钢编著:《安徽竹枝词》,合肥:黄山书社,1993年,第64页。相关论述,见王振忠:《徽州社会文化史探微》,上海:上海社会科学院出版社,2002年,第324、514~518页。

⑤ 民国重修《婺源县志》卷四十八《人物十二·质行九·汪楷》。

⑥ 民国重修《婺源县志》卷四十六《人物十二·质行七·余其洵》。

⑦ 《徽侨月刊》,转引王振忠:《徽州社会文化史探微》,上海:上海社会科学院出版社,2002年,第474页。

历和经商生涯,即便再成功,也并未消融"叶落归根"的传统观念,并且诸多徽商在归乡后一直致力于家乡的慈善和公益事业,这在县志等地方文献中的记载不胜枚举。

正因如此,一般徽商如果远游无音信,其家人或同乡必想方设法将其寻归。在婺源当地流传着很多令人凄婉的故事,比如(1)"詹文锡,字禹功,秋溪人。生数月,父远游不归,年十七,誓欲寻亲,历楚蜀,入滇南,终年不遇,哀号震天。一夕梦神告曰:'汝父在贵州,速往可途遇。'急走百里许,经济渡处有往黔商舶,附之兀坐长吁,商疑问,锡告之故,商曰:'汝吾子也。'相持哭,自是偕眷属归。后承父命往蜀,至重庆界涪合处,有险道名'惊梦滩',悬峭壁,挽舟无径,心识之,数载后,积金颇裕,复经此道,殚数千金凿山开道,舟陆皆便,当事嘉其行谊,勒石表曰'詹商岭'"。① 詹文锡之父身为木商,其故事之凄怆,令人垂泪。(2)"齐元宏,北山头人。年十四,以父远游音息久耗,哭泣辞母远寻父归"。② 即使这些旅外商人不幸客死他乡,其子孙、弟侄,或其他亲友,往往会不惜代价,将尸首运回家乡归葬,"千里扶榇归里"这样的事例,比比皆是。兹举数例以说明之。(1)商人本身谆谆告诫其子孙必须将其归葬故里的,比如①"张金城,字镜人,监生,甲道人。少业儒,博览群书,久客沪上,官商往来,推诚相与,儿女均入高等学校毕业,祖父凤债,归婺清还,并为祖立祀安葬,临终命子熊扶榇归葬家山"。③ ②类似张金城这样的商人,直至1989年去世的末代婺源木商俞仁耀,仍然谆谆告诫其儿子必须将其归葬归里。(2)父卒于外,子侄扶榇归里:①"戴式溶,字殿辉,桂岩人。事亲孝,兄弟六人,溶居次。经商为诸弟谋生计,凡见人拮据,勉力扶持,溶早卒,妻张氏守节抚三孤成立。长崇业,以父卒于外,偕弟扶榇归,事孀母弥谨,母殁,与弟复就商,见义必为,崇业亦早卒,继室邓氏守节未育,二弟鸿翔、三弟崇钌并以子经

---

① 民国重修《婺源县志》卷二十九《人物七·孝友二·詹文锡》。
② 民国重修《婺源县志》卷二十九《人物七·孝友二·齐元宏》。
③ 民国重修《婺源县志》卷四十八《人物十二·质行九·张金城》。

淦、经袯绍其后"。① ②"李世铉，字鼎扶，理田人。兄弟三人，铉居季，叔父盛茔业木金陵，病殁，父命铉扶榇归葬，复擩挡微赀，命铉随兄鎰同往营运，业日隆起。铉归，分给铉与仲兄世钟，均能推让，不与校。晚年家居解纷释竞，有长者风"。② ③最为令人凄婉的事迹，莫如程永传："程永传，字子亮，城西人。性醇悫。甫四龄父即远游，年十五父殁于四川重庆，未之知也。逾年母殁。又逾年，祖继殁，传竭蹶成礼。既葬，子身入蜀，始知父已死，大恸，见乡人，访问遗骸，云向厝某所有石姓旧好徙葬高原，遂力请其人偕往，遍觅累日不得，其人倦，辞去。于是独之原厝所，呼天哀号，誓曰'不得棺，不还乡矣'。忽有老僧来示曰'惟祷神，庶可得'，因如其言，复迤逦行，过一山，见一碑屹立，视之则父墓也。乃扶榇数千里以归。服除后，方娶，生一子一女。"③（3）弟兄殁于外，同胞为其扶榇归里者：①"吴国华，字明江，赋春人，国学生。同胞四人，华行三。父经商本邑肆中，殁欠约千余金，析箸时华让田产分与昆季，甘受市籍，父母欣然。后弟瑜业茶，殁于粤东，华往扶榇归里，风餐露宿，经三月余，未尝一夕投寓，人尤难之。临殁，命索旧逋契籍，悉焚之。享年八十，后嗣克振家声"。④ ②"金长泰，字得荣，城南监生。善事亲，友于谊笃。长兄早世，四弟业茶，殁于粤，泰间关千里扶榇而归。抚二孤侄并为婚教。业歧黄，活人甚众。邑绅程赞其像，略曰'寿人寿世如良相'焉"。⑤（4）夫卒于外，商人妇扶榇归里的，比如"李文玉妻曹氏，上鳙曹允祖女，归理田文玉，玉客游数年不归，母暮年丧明，饮食起居皆赖氏力已卒，殡祭如礼。后随玉徙家江宁，姑俞病痢，氏手自浣濯，迨扶榇回婺，途遇暴风，邻船半没，氏抚膺号恸，抱棺欲俱溺，忽洪涛冲击，氏舟飘入小港，得免，人咸惊为孝感。子三人，元旭、元晟，夫死后，氏悉教以义方。氏归李，三十年艰苦备尝，孝节兼至。江宁耆儒刘然王

---

① 民国重修《婺源县志》卷四十七《人物十二·质行八·戴式溶》。
② 民国重修《婺源县志》卷四十七《人物十二·质行八·李世铉》。
③ 民国重修《婺源县志》卷三十一《人物七·孝友五·程永传》。
④ 民国重修《婺源县志》卷四十一《人物十一·义行七·吴国华》。
⑤ 民国重修《婺源县志》卷四十六《人物十二·质行七·金长泰》。

辑其实闻于官,旌其门。少司马罗公为立传,采入《江宁志》"。① (5)借助于友人之力,得以扶榇归里的,比如"王文怡,字伯和,城北人。家贫,习艺事。年十九父客殁粤西,闻丧奔赴,以路歧误入贵州,囊空无措,赖南宁商人,乃得附骥转舆,扶榇归葬,侍萱堂加谨,待两弟及诸侄友爱殷勤,人罕能及"。② 也正因如此,会馆、公所、善堂等徽商同乡团体所从事的主要社会事业就是"设义冢""寄柩归葬""祭祀神灵""留养遗资"。③ 这是当时徽州社会的普遍情况④,也是传统社会乡籍观念的最重要体现之一。

当然,并不排除有一部分家庭还是实现了"永久性移民"。比如,笔者对婺源漳溪王氏等家族定居上新河的事例⑤,王振忠对淮扬一带徽州盐商的移居所作的研究,唐力行对休宁月潭朱氏在上海地区市镇迁徙定居的研究⑥,这些研究对象,都属于"永久性移民"。康熙《徽州府志·风俗》认为:"徽之富民尽家于仪扬、苏松、淮安、芜湖、杭湖诸郡,以及江西之南昌,湖广之汉口,远如北京,亦复挈其家属而去。甚至舆其祖父骸骨葬于他乡,不稍顾惜。"由此可见,徽州区域当时已有相当数量的向外迁徙的"永久性移民",但有时会遭人指责,所以不被提倡。为了赚取钱财养家糊口,为了过上较为丰裕日子的"暂时移民"似乎占较大比例,只有部分殷实大户有"永久性移民"倾向。尽管婺源是高商业人口输出区,且有些人或家庭会自迁徙后就基本脱离婺源,转而在移居地定居下去,但相当多的商业移民家族还是会以不同的形式,回报故里;或者在特定的时间点或者契机,返回故里。从商业移民所修纂的宗谱传记资料来看,即使移居异地之后,他们仍与祖源地家族保持着一定程度的

---

① 民国重修《婺源县志》卷五十《人物十七·列女二·孝妇·李文玉妻曹氏》。
② 民国重修《婺源县志》卷四十七《人物十二·质行八·王文怡》。
③ 王振忠:《徽州社会文化史探微》,上海:上海社会科学院出版社,2002年,第150页。
④ 如陶水木:《浙江商帮与上海经济(1840——1936)》,北京:生活·读书·新知三联书店,2000年,第208~211页。
⑤ 何建木:《袁枚与地域诗人交游交往实证研究——以徽州婺源诗人为中心的考察》,载《地方文化研究》,2014年第5期。
⑥ 王振忠:《徽商与淮扬社会变迁》第二章。唐力行:《徽商在上海市镇的迁徙与定居活动》,载《史林》,2002年第1期。

联系。比如,定期回乡省墓,盐商家族所留下的《大阜潘氏展墓日记》就是例证①。即使是"永久性移民",往往也会在若干年之后,通过返乡、修谱、参加祖源地的慈善公益事业等追溯祖源的形式,挑起侨寓地和故里徽州两端的区域社会。

商业移民对地方社会的作用随着商人财力大小、社会地位、职业的不同而有所差异。吴仁安谈到过徽商在上海地区的历史作用,主要涉及五个方面:一是徽商促进了上海地区工商业城镇的进一步发展;二是徽商在推动上海地区商品经济发展过程中发挥了积极作用;三是徽商为上海地区先进生产技术的推广和资本主义萌芽的产生等方面作出了历史贡献;四是徽商为了维护自己的经济利益和个人名声,往往对一些社会公益事业较为关心,这在客观上也有益于上海地区社会秩序的安定;五是徽商促进了上海地区教育文化事业的发展。② 王振忠在《明清徽商与淮扬社会变迁》一书里面,详细探讨了徽州盐商在东南盐业城镇的变迁中所起的作用,并在此基础上论述了徽州盐商与东南文化变迁的关系。他指出河下盐商社区"通过模仿、消融苏州文化的特质,逐渐掺以徽州的乡土色彩,最终孕育出独具特色的扬州城市文化",这是从文化地理的角度对徽商在流入地的历史作用进行的探讨。

实际上,婺源商人在商业经营商取得成功后,会积累不少商业资本。这些商业资金,除了用于扩大再生产、继续投资商业经营之外,其他部分商业资金的流向大致有三个:一是流向家庭;二是流向宗族;三是流向移居地、经营地或婺源家乡的公益事业。商人对于移居地的作用,主要指其在侨寓地的善行义举及其对侨寓地区域社会所起到的作用。一般而言,婺源商人在侨寓地的公益活动多载于侨寓地的地方志中,但作为移民输出地,《婺源县志》中也多有体现。马敏在谈到绅商与社会公益时,引入了"公"的领域,"所谓'公'的

---

① 王振忠:《徽商展墓日记所见徽州的社会与民俗——以〈(歙县)大阜潘氏支谱附编文诗钞〉为中心》,原文见上海图书馆编:《中国谱牒研究》,上海:上海古籍出版社,1999年。

② 吴仁安《论明清徽商在上海地区的经营活动与历史作用》,载《大连大学学报》1999年第5期。

领域,在内容上,一是指属地方所有的'公产',如公田、公屋、社仓、书院、义学、各类善堂等。二是指官方不直接插手,但私人又无力完成的地方公事和公差,诸如保甲、团练、防火、修路、铺桥、水利、民间赈济以及育婴、恤孤、养老、掩骸等慈善事业"。① 他认为明清时期的地方公益事业主要由绅士和绅商赞助及主持,并将这些公益事业分为三类,即桥梁、道路、津渡和水利;义仓、社仓、义学、义赈;扶孤、恤贫、丧葬、施粥等善举。② 从收入《婺源县志》等地方文献的资料来看,婺源籍绅商在经商地所从事的公益活动,也基本上符合上述三大类善行义举。当然,上述三个方面的善举并不能概括徽商的所有善行义举行为。比如,在战乱时,商人还凭借自己的财力和势力对地方商业秩序的维持所做的努力,这应该作为第四类,也是大量婺源商人在移居地和经营地所开展的慈善公益活动。比如:①"程开绂,字泽云,江岸人,职员。侨居白下,有干济才。金陵义济、育婴公局,皆举绂董其事。夙夜勤劳数十金如一日。值岁祲,筹办赈务,不遗余力,全活甚众。咸丰癸丑,发逆窜金陵,方伯祁橄木横江屯兵安驳堵截,商游绂输木作筏,约费数千金。后官军克复镇江,两次采木制云梯,造浮桥,绂皆捐助江苏抚宪郭额以'储材报国'。子四,长学伊,宝应典史;三贻孙,吴县训导"。③ ②"程泰仁,长径人,幼业儒,事重慈以孝著闻乡里,嗣因家食维艰,弃砚就商,随乔川朱日轩贩茶至粤,众举经理徽州会馆,六县商旅均服其才。比归,解囊修祠葺墓,不费众赀一文。本房支祠倾圮二百年许,捐银买基,输木造寝,仁先为之倡。咸丰间,业茶上海,独捐巨赀修广福寺,时发逆陷苏常,上宪以仁办团出力,札委运粮至嘉兴等处,保举五品。嗣随提督军门,曾克复金山广富林等处,巡抚薛题奏奉旨准予四品并赏戴花翎。惜因军务旁午,积劳致疾而终"。④ ③"詹承恩,字秉庄,环川人。

---

① 马敏:《官商之间——社会剧变中的近代绅商》,天津:天津人民出版社,1995年,第220页。
② 马敏:《官商之间——社会剧变中的近代绅商》,天津:天津人民出版社,1995年,第221页。
③ 民国重修《婺源县志》卷四十《人物十一·义行六·程开绂》。
④ 民国重修《婺源县志》卷四十《人物十一·义行六·程泰仁》。

贸易江苏娄县。咸丰三年，发逆陷金陵、苏松，居民闻风迁徙，恩奉府宪赵谕，募勇防寇，筹策安民，着有成效，又集合郡绅董劝捐助饷，前后解沪营数万金，上游嘉其能，从优给奖。恩在商夥中，众推有干济才，故临事不避艰险，可委以机务。尤慷慨仗义，时流民遍野，靡所瞻依，恩为作启数千言，情词哀恻，尚义者因之踊跃捐输，交相留养，人以为厥功匪小云"。① 事实上，收入《婺源县志》等地方文献中的类似事迹比比皆是。上述三例，不过是对婺源商人在侨寓地所作贡献的举例说明而已。婺源商人这种贡献，是"超越乡土"的，不仅仅在家乡婺源施行慈善义举，更在侨寓地施行公益义举，本身就说明了婺源商人的"双重身份"，一边是家乡，一边是侨寓地；婺源商人通过这样的善心善行，也很好地连接起两地的区域社会。

从《婺源县志》及族谱等资料的人物传记资料来看，有些慈善公益活动是商人响应他人或官府的号召而施行，有些则是首倡并捐金捐资，有些则是独立承担，并亲自督工、亲自董理，而且负责对其维修和维护。商人这些慈善义举，往往受到当地人的称赞，并深受地方官的嘉奖，有的甚至给予封衔。中国古代慈善事业的思想基础主要有四个：一是西周以来的民本主义思想；二是儒家仁义学说；三是佛家的慈悲观念与善恶报应学说；四是民间善书所反映的道教思想。加上社会因素的作用，推动了中国古代慈善事业不断趋向兴盛。② 在涉及婺源商人在流入地的超越乡土的慈善公益活动的动机时，除了上述四个思想基础因素外，还有着现实目的。婺源商人乃至整个徽州商人群体在移居地、经营地开展慈善义举，是为了改善自身形象、提高地位、提高声誉，从而获得更大的经济效益；同时，也是为了使自己能够融入当地社会，为当地社会所接纳。以上几个方面，均能从《婺源县志》等地方文献资料中得到体现。《婺源县志》不乏记载有些商人喜读"功过格"，有的热心于"劝善规过"，有些甚至亲自主持刊印善书。各种地方文献资料都表明，相当多的商人因为从事于流入地的慈善公益活动而赢得了很好的口碑，享有很高的声望，

---

① 民国重修《婺源县志》卷四十一《人物十一·义行七·詹承恩》。
② 王卫平：《论中国古代慈善事业的思想基础》，载《江苏社会科学》，1999年第2期。

地方志在关于这方面记载时,其常有"官绅赖之""民尤念之"之语,表明他们已由此赢得了上层官绅和下层民众的认可,无疑为他们融入当地社会铺平道路,并且提高了融入的档位,当然这又进一步促进他们的商业经营活动。

徽商何以会在流入地从事超越乡土的慈善公益活动?上述所列几个因素似乎远不足以对此作出解释。徽商与流入地肯定存在一定程度的共同利益,这个共同利益便是社会秩序。良好的社会秩序是从事商业活动的前提和基础,我们可以发现他们的公益慈善活动都是围绕维护传统秩序和建立符合传统正统的秩序来进行的,即建立有利于自己的社会秩序。达到这一目的的手段,便是手中的财富。在同一地点经商的众多商人、甚至众多商帮正是在对这一共同利益认同的基础上,才会纷纷投资于慈善公益事业,一人的财力、一人的力量或许是有限的,但众多商人联合起来对于当地社会秩序的作用便不可低估了。[1] 民国时期为什么有如此显要的社会慈善事业呢?究其原因有两个方面:一是客观方面的原因。民国时期社会多灾多难,千疮百孔;二是主观方面的原因。部分人自主自觉地办社会慈善事业,其中一部分是外国传教士,另一部分是包括商人在内的一批中国人士。他们推动了慈善事业的兴起与发展。总之,通过研究民国时期的社会慈善事业,可以清楚地了解民国时期各个阶级、阶层的动向,以及社会的延续、变迁和发展等。[2] 在将自己的财富作用于社会秩序的过程中,他们获得是公共身份,是权威地位,是或大或小的权力——即一定程度的社会管理的权力。从这方面看,商人是以财富换取了对当地社会的一定程度的控制和干预权力。这是从边缘进入主流

---

[1] 比如,卞利研究了明清时期徽商对灾荒的捐助与赈济,指出:"明清两代是我国自然灾害的频发的时期,而严重的自然灾害,单靠封建各级官府的赈济,显然无济于事的,更何况一些赈灾官员在赈灾时又乘机大肆克扣与侵吞呢?"通过大量的史料证明"徽商捐赈灾荒的力度是很大的",并且他还列举了针对大灾之后出现的疫病流行情况,徽商在直接捐钱捐粮的同时,还广为灾民采置药品,对因自然灾害所引起的物价上涨,徽商所从事的平抑物价的活动,以及灾后的重建活动等。详见卞利:《明清时期徽商对灾荒的捐助与赈济》,载《光明日报》,1999年10月23日。

[2] 周秋光:《民国时期社会慈善事业研究刍议》,载《湖南师范大学社会科学学报》,1994年第3期。

的途径之一。这种权力作用于当地社会,导致了社会面貌、社会经济的变迁。并且他们在此过程中培养出来的社会参与意识也是市民社会的形成所不可或缺的因素。在此意义上,对清代民国时期徽商包括婺源商人群体所参与的社会公益事业进行社会学和政治学视角的专业分析,很有必要。

参考文献

一、原始资料

(一)方志类

(宋)罗愿纂修:《新安志》,"宋元方志丛刊",北京:中华书局,1990年。

(明)弘治:《徽州府志》,"天一阁藏明代方志选刊",上海:上海古籍书店,1981年。

(明)冯炫、汪思等纂修:《婺源县志》,嘉靖十八年刻本,北京图书馆藏。

(明)刘光宿、詹养沉等纂修:《婺源县志》,康熙八年刊本,12卷,北京图书馆藏。

(清)蒋灿等纂修:《婺源县志》,康熙三十三刻本,12卷,"中国方志丛书·华中地方",台北:成文出版社,1985年。

(清)俞云耕等纂修:《婺源县志》,乾隆十九年刻本,39卷24册,"中国方志丛书·华中地方",台北:成文出版社,1985年。

(清)彭家桂等纂修:《婺源县志》,乾隆五十二年刻本,"中国方志丛书·华中地方",台北:成文出版社,1985年。

(清)赵汝为等纂修:《婺源县志》,嘉庆十二年刻本,中国科学院图书馆藏。

(清)黄应昀等纂修:《婺源县志》,道光五年刊本,"中国方志丛书·华中地方",台北:成文出版社,1985年。

(清)吴鄂等纂修:《婺源县志》,光绪八年刻本,"中国方志丛书·华中地方",台北:成文出版社,1985年。

(清)董吉符著:《婺源乡土志》,光绪三十四刻本,"中国方志丛书",台北:成文出版社,1985年。

(清)董万墨等著:《婺源地理教科书》,婺源:婺邑畅记公司光绪丙午年(1906)初版、光绪戊申年(1908)再版。

(民国)李絜非著:《婺源风土志》,载《学风》第3卷第9期,安庆:1933年11月15日。

(民国)江峰青等纂修:《婺源县志》,民国十四年刻本,"中国地方志集成·江西府县志辑"第27—28册,南京:江苏古籍出版社,1996年。

(清)马步蟾等纂修:《道光徽州府志》,"中国地方志集成·安徽府县志辑"第48—50册,南京:江苏古籍出版社,1998年。

(清)蒋启勋、赵佑宸、汪士铎纂:《同治续纂江宁府志》,光绪七年刻本,"中国地方志集成·江苏府县志辑"第2册,南京:江苏古籍出版社,1991年。

叶义银主编:《婺源县志》,北京:档案出版社,1993年。

婺源县地名委员会办公室编:《江西省婺源县地名志》,婺源:婺源县地名委员会1985年印。

(二)族谱类

(明)戴廷明、程尚宽等撰:《新安名族志》,朱万曙等点校,合肥:黄山书社,2004年。

顾廷龙主编:《清代硃卷集成》,全420册,台北:成文出版有限公司,1992年。

《武口王氏金源山头派支谱》,清道光五年木活字本,上海图书馆谱牒部藏。

《新安武口派梅田王氏支谱》,清光绪十年敦义堂木活字本,上海图书馆谱牒部藏。

《婺南云川王氏世谱》,清乾隆二十一年刻本,上海图书馆谱牒部藏。

《环溪吴氏家谱》,清光绪二十九年宝诰堂木活字本,上海图书馆藏。

《婺源查氏族谱》,清光绪十八年木活字本,上海图书馆藏。

《星源西冲俞氏宗谱》,民国十五年木活字本,西冲俞氏 39 世孙俞昌泰（1933—）藏。

《西冲俞氏正和堂家谱》,西冲俞氏 39 世孙俞昌泰纂修,上海:2005 年 6 月打印本。

《龙溪俞氏家谱》,清乾隆四十七年木活字本,上海图书馆藏。

《鹄溪俞氏棣萼谱》,清乾隆五十年木活字本,上海图书馆藏。

《泗水俞氏干同公支谱》,民国十一年思本堂木活字本,上海图书馆藏。

《敦煌郡洪氏家谱》,清乾隆四十七年新田和顺堂木活字本,上海图书馆藏。

《星源严田李氏家谱》,清乾隆四十七年刻本,上海图书馆藏。

《汝南项氏宗谱》,清康熙四十九年刻本,上海图书馆藏。

《婺源韩溪程氏梅山支谱》,清宣统元年木活字本,上海图书馆藏。

《尤溪程氏支谱》,清咸丰四年世德堂木活字本,上海图书馆藏。

《婺西香山程氏文信公新修支谱》,清道光十年木活字本,上海图书馆藏。

《济溪游氏宗谱》,清乾隆三十三年叙伦堂木活字本,上海图书馆藏。

《庆源詹氏宗谱》,清乾隆五十年惇叙堂木活字本,上海图书馆藏。

《庆源詹氏宗谱》,民国三十八年詹福堂钞本,上海图书馆藏。

《鸿溪詹氏宗谱》,光绪五年刻本,民间私人收藏。

《象山明经胡氏支谱》,清光绪十三年刻本,汪村胡氏 35 世孙胡树开（1930—）藏。

《考川明经胡氏宗谱》,清道光九年木活字本,上海图书馆藏。

《明经胡氏续修宗谱》,明嘉靖二十三年刻本,上海图书馆藏。

《明经胡氏宗谱》,清康熙五十九年木活字本,上海图书馆藏。

《仁里明经胡氏支谱》,清道光四年惇叙堂木活字本,上海图书馆藏。

《仁里明经胡氏支谱》,清同治八年惇叙堂木活字本,上海图书馆藏。

《清华胡氏宗谱》,民国六年勋贤堂木活字本,上海图书馆藏。

《清华胡氏统会族谱》,明嘉靖二十九年刻本,上海图书馆藏。

《清华胡氏统会族谱》,清钞明嘉靖三十年刻本,上海图书馆藏。

《清华东园胡氏勋贤总谱》,民国五年木活字本,上海图书馆藏。

《续修胡氏文敏公宗谱》,清乾隆二十七年刻本,上海图书馆藏。

《清华文敏公宗谱》,清嘉庆二十三年木活字本,上海图书馆藏。

《清华胡仁德堂续修世谱》,民国六年仁德堂木活字本,上海图书馆藏。

《嵩峡齐氏宗谱》,光绪二十七年刻本,景德镇图书馆特藏部藏。

(三)文集、诗集、年谱、笔记、传记、日记、文书、政书、档案、资料汇编等

(宋)范成大著:《骖鸾录》,《范成大笔记六种》,"唐宋史料笔记丛刊",北京:中华书局,2002年。

(明)澹漪子著:《士商要览》,杨正泰《天下路程图引》,太原:山西人民出版社,1992年。

(明)李晋德撰:《客商一览醒迷》,杨正泰《天下路程图引》,太原:山西人民出版社,1992年。

(明)黄汴辑:《一统路程图记》,杨正泰《明代驿站考》,上海:上海古籍出版社,1994年。

(明)程春宇辑:《士商类要》,杨正泰《明代驿站考》,上海:上海古籍出版社,1994年。

(清)詹元相著:《畏斋日记》,《清史资料》第四辑,北京:中华书局,1983年。

(清)夏炘著:《景紫堂文集》,沈云龙主编"近代中国史料丛刊",第934种第一册,台北:文海出版社,1986年。

(清)王友亮著:《双佩斋文集》,嘉庆十年刻本,"清代诗文集汇编"第401册,上海:上海古籍出版社,2010年。

(清)王友亮著:《双佩斋诗集》,嘉庆十年刻本,"清代诗文集汇编"第401册。

许隽超整理:《王友亮集》,南京:凤凰出版社,2018年。

(清)王友亮著:《金陵杂咏》,嘉庆十年刻本,"南京稀见文献丛刊",南京:南京出版社,2012年。

(清)王凤生著:《汉江纪程》,道光十一年刻本,上海图书馆古籍部藏。

(清)董桂敷辑:《汉口紫阳书院志略》,嘉庆十一年刻本,赵所生、薛正兴编《中国历代书院志略》第3册,江苏教育出版社,1995年。

(清)施德棻著:《北山诗稿》,嘉庆十八年刻本,南京图书馆藏。

(清)王佩兰著:《松翠小菀裒诗集》,嘉庆十二年刻本,"清代诗文集汇编"第363册。

(清)黄鼎著:《秋园吟草》,宣统三年铅印本,"清代诗文集汇编"第525册。

(清)江南春著:《静寄轩见闻随笔·静寄轩杂录》,咸丰年间钞稿本,王振忠教授藏。

(清)刘汝骥著:《陶甓公牍》,宣统三年刻本,载《官箴书集成》,合肥:黄山书社,1997年。

(清)档案资料《屯溪公济局曹汝骥与洪廷俊等纠纷案诉讼信函》(清光绪二十九年),黄山市屯溪区档案馆。

(晚清)婺源民间文书《詹标亭书柬》,王振忠教授藏。

王钟翰点校:《清史列传》,北京:中华书局,1987年。

(清民国)许承尧撰:《歙事闲谭》,合肥:黄山书社,2001年。

(清民国)洪廷俊辑:《徽属义赈征信录》,宣统二年刻本,上海图书馆藏。

(民国)陈去病:《五石脂》,"江苏地方文献丛书",南京:江苏古籍出版社,1999年。

(清)孙华梁、洪廷俊等辑:《新安屯溪公济局征信录》(三种),分别为光绪十五年刻本、光绪十七年刻本、光绪廿七年刻本,婺源县图书馆藏。

(清民国)徽宁思恭堂辑:《徽宁思恭堂征信录》(第37刻),民国六年石印本,上海图书馆藏。

(民国)《徽宁旅沪同乡会第一届报告书》,上海:东南印刷局,1925年。

(民国)婺源县回皖运动委员会辑:《婺源县回皖运动特辑》,婺源县回皖运动委员会民国三十五年7月编印,婺源县档案馆藏。

(民国)《县政府建设科·改进茶技术及产量调查表卷》,档案资料(1939年1月—1942年10月),婺源县档案馆藏。

(民国)《县政府合作室·豸峰村茶叶产销合作社卷》,档案资料(1947年),婺源县档案馆藏。

(民国)《县政府合作室·余灶香状程肇贵茶款纠葛案》,档案资料(1939年),婺源县档案馆藏。

(民国)《县政府教育科·各区毛茶产销状况学生一览表卷》,档案资料,婺源县档案馆藏。

(民国)《税务局行住商登记稽征清册卷》,档案资料(1946年),婺源县档案馆藏。

(民国)《县政府教育科·程绥之、程郁周互讼,茶叶改良场茶量清册》,档案资料(1939—1941年),婺源县档案馆藏。

(民国)《婺源县政府秘书室·商业纠纷卷》,档案资料(1939—1942年)婺源县档案馆藏。

(民国)《婺源县税务局·商业呈请开歇业案卷》,档案资料(1942年2月—1943年4月),婺源县档案馆藏。

(民国)《婺源县司法处·村落调查表人口交通状况》,档案资料(1932年3月—1934年1月)。

(民国)《县政府秘书室·民众申诉等卷》,档案资料(1936—1938年),婺源县档案馆藏。

(民国)《婺源县税务局·猪商、木材乐捐卷》,档案资料(1940—1941年),婺源县档案馆藏。

(民国)《婺源县联合日报》,散件若干,婺源县档案馆藏。

(民国)《安徽实业杂志》,民国七年至民国八年,上海图书馆藏。

(民国)建设部经济调查所编:《中国经济志·歙县、休宁》,民国二十八年编印。

(民国)洪素野著:《皖南旅行记》,"旅行杂志丛刊"之二,上海:中国旅行社1944年印行。

华东军政委员会土地改革委员会编:《安徽农村调查》,北京:1952年编印。

张海鹏、王廷元主编:《明清徽商资料选编》,合肥:黄山书社,1985年。

唐德刚译注:《胡适口述自传》,上海:华东师范大学出版社,1993年。

胡适著:《四十自述》,合肥:安徽教育出版社,1999年。

潘旭辉、王鸿平编著:《王凤生年谱》,南昌:江西高校出版社,2018年。

苏州历史博物馆等编:《明清苏州工商业碑刻集》,南京:江苏人民出版社,1981年。

彭泽益主编:《中国工商行会史料集》,北京:中华书局1995年。

政协景德镇市委员会文史资料研究委员会编:《景德镇文史资料》之第九辑《景德镇徽帮》,景德镇市政协:1993年印刷。

二、论著

(一)著作

[日]藤井宏著:《新安商人的研究》,傅衣凌、黄焕宗译,载《江淮论坛》编辑部编《徽商研究论文集》,合肥:安徽人民出版社,1985年。

傅衣凌著:《明清时代商人及商业资本》,北京:人民出版社,1980年。

傅衣凌著:《明清社会经济变迁论》,北京:人民出版社,1989年。

傅衣凌著:《明清农村经济》,北京:生活·读书·新知三联书店,1961年。

叶显恩著:《徽州与粤海论稿》,合肥:安徽大学出版社,2004年。

唐力行著:《商人与中国近世社会》,北京:商务印书馆,2003年。

唐力行著:《明清以来徽州区域社会经济研究》,合肥:安徽大学出版社,1999年。

唐力行主编:《国家、地方、民众的互动与社会变迁》,北京:商务印书馆,2004年。

唐力行著:《唐力行徽学研究论稿》,北京:商务印书馆,2014年。

王振忠著:《徽州社会文化史探微》,上海:上海社会科学院出版社,2002年。

王振忠著:《乡土中国·徽州》,北京:生活·读书·新知三联书店,2001年。

王振忠著:《明清徽商与淮扬社会变迁》,北京:生活·读书·新知三联书店,1996年。

张海鹏、王廷元主编:《徽商研究》,合肥:安徽人民出版社,1995年。

张海鹏等著:《中国十大商帮》,合肥:黄山书社,1993年。

周绍泉、赵华富主编:《'98国际徽学学术讨论会论文集》,合肥:安徽大学出版社,2000年。

周绍泉、赵华富主编:《95国际徽学学术讨论会论文集》,合肥:安徽大学出版社,1997年。

赵华富主编:《首届国际徽学学术讨论会文集》,合肥:黄山书社,1996年。

赵华富著:《两驿集》,合肥:黄山书社,1999年。

赵华富著:《徽州宗族研究》,合肥:安徽大学出版社,2004年。

刘淼辑译:《徽州社会经济史译文集》,合肥:黄山书社,1987年。

《江淮论坛》编辑部编:《徽商研究论文集》,合肥:安徽人民出版社,1985年。

安徽大学徽学研究中心编:《徽学》2000年卷,合肥:安徽大学出版社,2001年。

安徽大学徽学研究中心编:《徽学》第二卷,合肥:安徽大学出版社,2002年。

安徽大学徽学研究中心编:《徽学》第三卷,合肥:安徽大学出版社,2004年。

卞利著:《明清徽州社会研究》,合肥:安徽大学出版社,2004年。

周晓光、李琳琦著:《徽商与经营文化》,上海:世界图书出版公司,1998年。

李琳琦著:《徽商与明清徽州教育》,武汉:湖北教育出版社,2003年。

邹怡著:《明清以来的徽州茶业与地方社会(1368—1949)》,上海:复旦大学出版社,2012年。

张小坡著:《旅外徽州人与近代徽州社会变迁研究》,北京:中华书局,2019年。

卜永坚、毕新丁编:《婺源的宗族、经济与民俗》,上海:复旦大学出版社,2013年。

黄山市徽州文化研究院编:《徽州文化研究》(第二辑),合肥:安徽人民出版社,2004年。

龚恺著:《中国古村落·豸峰村》,石家庄:河北教育出版社,2003年。

陈五元编:《婺源历代作者著作综录》,婺源:婺源县图书馆,1997年编印。

周绍良著:《清墨谈丛》,北京:紫禁城出版社,2000年。

周绍良著:《蓄墨小言》,北京:燕山出版社,1998年。

周绍良著:《清代名墨谈丛》,北京:文物出版社,1982年。

尹润生著:《墨林史话》,北京:紫禁城出版社,1985年。

胡武林著:《徽州茶经》,北京:当代中国出版社,2003年。

谢国兴著:《中国现代化的区域研究——安徽省,1860—1937》,中央研究院近代史研究所专刊(64),1991年。

梁淼泰著:《明清景德镇城市经济研究》,南昌:江西人民出版社,1991年。

吴承明著:《中国的现代化:市场与社会》,北京:生活·读书·新知三联书店,2001年。

李伯重著:《多角度看江南经济(1250—1850)》,北京:生活·读书·新知三联书店,2003年。

刘石吉著:《明清时代江南市镇研究》,北京:中国社会科学出版社,1987年。

范金民著:《明清江南商业的发展》,南京:南京大学出版社,1998年。

石忆邵著:《商人迁徙与城市化发展》,上海:同济大学出版社,2003年。

冷鹏飞著:《中国古代社会商品经济形态研究》,北京:中华书局,2002年。

郑昌淦著:《明清农村商品经济》,北京:中国人民大学出版社,1989年。

王家范著:《中国历史通论》,上海:华东师范大学出版社,2000年。

张杰著:《清代科举家族》,北京:社会科学文献出版社,2003年。

严昌洪主编:《经济发展与社会变迁国际学术研讨会论文集》,武汉:华中师范大学出版社,2002年。

梁其姿著:《施善与教化——明清的慈善组织》,石家庄:河北教育出版社,2001年。

全汉升著:《中国行会制度史》,台北:食货出版社有限公司1986年。

[日]上海出版协会调查部编著:《支那の同业组合と商惯习》,东京:大空社株式会社,1998年。

[美]罗威廉著,江溶、鲁西奇译:《汉口:一个中国城市的商业和社会(1796—1889)》,北京:中国人民大学出版社,2005年。

[美]何炳棣著:《中国会馆史论》,台北:台北学生书局,1966年。

王日根著:《乡土之链——明清会馆与社会变迁》,天津:天津人民出版社,1996年。

冯尔康著:《18世纪以来中国家族的现代转向》,上海:上海人民出版社,2005年。

冯尔康等著:《中国宗族社会》,杭州:浙江人民出版社,1994年。

钟水映著:《人口流动与社会经济发展》,武汉:武汉大学出版社,2000年。

张善余著:《人口地理学概论》,上海:华东师范大学出版社,1999年。

[英]迈克·布朗著:《文化地理学》,南京:南京大学出版社,2003年。

王尔敏著:《近代文化生态及其变迁》,南昌:百花洲文艺出版社,2002年。

[加]卜正民著,方骏、王秀丽、罗天佑译:《纵乐的困惑:明代的商业与文化》,北京:生活·读书·新知三联书店,2004年。

张仲礼著:《中国绅士:关于其在十九世纪中国社会中作用的研究》,上海:上海社会科学院出版社,1991年。

张仲礼著:《中国绅士的收入》,上海:上海社会科学院出版社,2001年。

许大龄著:《清代捐纳制度》,载氏著《明清史论集》,北京:北京大学出版社,2000年。

马敏著:《官商之间——社会剧变中的近代绅商》,天津:天津人民出版社,1995年。

周荣德著:《中国社会的阶层与流动:一个社区中士绅身份的研究》,上海:学林出版社,2000年。

徐茂明著:《江南士绅与江南社会》(1368－1911年),北京:商务印书馆,2004年。

王德昭著:《清代科举制度研究》,北京:中华书局,1984年。

[德]马克斯·韦伯著:《新教伦理与资本主义精神》,彭强、黄晓京译,西安:陕西师范大学出版社,2002年。

[美]施坚雅著:《中国农村的市场和社会结构》,北京:中国社会科学出版社,1998年。

[美]克利福德·格尔兹著:《地方性知识》,北京:中央编译出版社,2000年。

(二)论文

王振忠:《明清文献中"徽商"一词的初步考察》,载《历史研究》,2006年第1期。

王振忠:《晚清婺源墨商与墨业研究》,原文见樊树志主编:《古代中国:传统与变革》(复旦史学集刊第一辑),上海:复旦大学出版社,2005年。

王振忠:《徽商小说〈我之小史〉抄稿本二种》,载《华南研究资料中心通讯》,2004年第34期。

王振忠:《明清时代南京的徽商及其经营文化》,载《浙江社会科学》,2002年第4期。

王振忠:《稀见清代徽州商业文书抄本十种》,载《华南研究资料中心通讯》,2000年第20期。

王振忠:《清代徽州与广东的商路及商业——歙县茶商抄本〈万里云程〉研究》,《历史地理》第17辑,上海:上海人民出版社,2000年。

[日]臼井佐知子:《徽商及其网络》,载《安徽史学》,1991年第4期。

[日]臼井佐知子:《徽州汪氏家族的迁徙与商业活动》,载《江淮论坛》,1995年第1期。

赵力:《商业移民与社会变迁——以1644-1949年黟县为例》,复旦大学历史地理研究所硕士论文,2003年。

祝碧衡:《论明清徽商在浙江衢严二府的活动》,载《中国社会经济史研究》,2000年第3期。

祝碧衡:《明清以来浙东金衢严的徽州人群及其社会影响》,复旦大学历史地理研究所硕士论文,2000年。

刘石吉:《一九二四年上海徽帮墨匠罢工风潮——近代中国城市手艺工人集体行动之分析》,载邢义田、林丽月主编:《社会变迁》,"台湾学者中国史研究论丛"第5辑,北京:中国大百科全书出版社,2005年。

曹国庆:《清代婺源的茶商与茶叶贸易》,载《农业考古》,1991年第2期。

王钟音:《婺源茶史》,载《农业考古》,1992年第2期。

叶文心:《商业、职业与近代上海商界》,载《读书》,2005年第10期。

周晓光:《论道光中叶以后上海在徽茶贸易中的地位》,载《历史档案》,1997年第6期。

陈琪:《徽州茶事古碑刻》,载《农业考古》,2004年第2期。

张雪慧:《论明清徽商与西南民族地区社会经济关系》,载《徽州社会科学》,1991年第3期。

张雪慧:《徽州历史上的林木经营初探》,载《中国史研究》,1987年第1期。

胡子丹:《江苏境内的木材市场》,载《江苏文史资料集粹·经济卷》,江苏文史资料编辑部,1995年编印。

金勤:《清末三大行业之一的上新河木市》,载《南京史志》,1985年第1期。

吴仁安:《论明清徽商在上海地区的经营活动与历史作用》,载《大连大学学报》,1999年第5期。

范金民:《清代徽州商帮的慈善设施——以江南为中心》,载《中国史研究》,1999年第4期。

范金民:《明代地域商帮的兴起》,"社会转型与多元文化"国际学术研讨会论文集。

卞利:《明清时期徽商对灾荒的捐助与赈济》,载《光明日报》,1999年10月23日。

谢国兴:《安徽的对外贸易与经济变迁(1877—1937)》,载《中央研究院近代史研究集刊》第11期。

何建木:《一个上海徽商的家庭及其生活——俞昌泰口述史》,载《史林》,2005年S1期。

何建木:《徽州木商世家——婺源西冲俞氏》,载《寻根》,2005年第6期。

何建木:《婺源漳溪王氏》,载《寻根》,2012年第5期。

何建木:《从〈福熙自述〉透视民国时期徽商的命运》,载《寻根》,2013年第5期。

何建木:《袁枚与地域诗人交游交往实证研究——以徽州婺源诗人为中心的考察》,载《地方文化研究》,2014年第5期。

何建木:《家族社区变迁与地方和国家的互动——以婺源西冲俞氏为中心的考察》,载《地方文化研究》,2018年第1期。

后 记

平时看别人写作好像很容易,一旦自己来写点什么,感觉就很难。历史学专业写作尤其难。读大学时,入学报到当天,我购买的第一本专业课外书是法国年鉴学派代表学者马克·布洛赫所著《历史学家的技艺》。作者认为历史学研究的对象不是过去,而是"人",是"复数的人",是"时间中的不同的人。"又说,历史学家的工作包括历史的考察、历史的考证和历史的分析。可见历史学研究和历史写作要求之高,历史学者必须具备高超的综合技艺。

这本小书的写作缘起是我的博士学位论文。二〇〇六年,经由导师王振忠教授悉心指导,我最终提交了《商人、商业与区域社会变迁——以清民国的婺源为中心》这篇论文,多角度、全方位考察了商人群体与区域社会之间的互动。婺源地方不算太大,但历史文化底蕴十分深厚。我的研究选题时间跨度长,研究对象数量庞大,涉及内容和角度很多,要做好这个选题确实不易。好在那几年,相对而言自己读书比较专心专注,有点心无旁骛的状态,最后竟也有了一些体会和收获。及至毕业后,不再从事学术研究,对长时段商人群体和区域社会互动的研究也被搁置一旁。近几年,利用工作之余的闲暇时间,我努力把在校时收集的史料,重新进行认真的整理、考证、挖掘、分析,陆续又公开发表了一些专业学术论文,加深了我对这个课题的理解。当然,已经公开发表的论文,均不再收入本书。必须指出,毕竟远离学术界十余年,我对专业领域的新情况、新发展了解不多,如今利用业余时间开展专业研究,难免存在不少疏漏。

历史学专业写作固然不易,历史学专著出版恐怕更难。今年,经安徽大学徽学研究中心主任周晓光教授、张小坡研究员关心并力荐,我的研究成果得以纳入国家出版基金项目《徽学文库(第二辑)》;两位教授还曾邀请我出席"新时代·新徽学:徽文化的守正与创新"首届徽学学术大会,令我倍感荣幸之至。近期,安徽大学出版社责任编辑吴泽宇老师细致审读书稿,提出不少建设性意见。当年读书期间,许多老师、同学和亲友都给予我许多慷慨热情的帮助和鼓励;我参加工作之后,更有许多领导、同事和朋友给予了方方面面的关心和帮助。借此机会,谨向大家表达最诚挚的谢意。

何建木

2020 年 11 月 21 日